Y GOLYGIADUR

Llawlyfr i awduron, golygyddion a chyfieithwyr

Y Golygiadur

*Llawlyfr
i awduron,
golygyddion
a chyfieithwyr*

Rhiannon Ifans

Argraffiad diwygiedig: Ebrill 2025
Argraffiad cyntaf: 2006

© Hawlfraint Rhiannon Ifans, 2025

Mae hawlfraint ar gynnwys y llyfr hwn ac mae'n anghyfreithlon i lungopïo neu atgynhyrchu unrhyw ran ohono trwy unrhyw ddull ac at unrhyw bwrpas (ar wahân i adolygu) heb gytundeb ysgrifenedig y cyhoeddwyr ymlaen llaw.

Dymuna'r cyhoeddwyr gydnabod cymorth ariannol Cyngor Llyfrau Cymru a Cymdeithas Cyfieithwyr Cymru.

Dyluniwyd gan Olwen Fowler

ISBN 978 1 80099 693 9

Cyhoeddwyd ac argraffwyd yng Nghymru
gan Y Lolfa Cyf., Talybont, Ceredigion, SY24 5HE
e-bost ylolfa@ylolfa.com
y we www.ylolfa.com
ffôn 01970 832304

Cyflwyniad i'r argraffiad cyntaf

Llyfr i galonogi ysgrifenwyr a golygyddion Cymraeg wrth eu gwaith bob dydd yw'r gyfrol hon, a gosodir yma ganllawiau a fydd yn hyrwyddo pob ymdrech i ysgrifennu Cymraeg safonol. Nid egwyddorion gramadeg a gaiff y sylw pennaf, er bod lle a pharch i'r rheini yma, ond sut i *ddefnyddio*'r Gymraeg. Trafodir y pwyntiau gramadegol hanfodol yn syml yng nghorff y gyfrol, ond am fwy o wybodaeth ramadegol gellir ymgynghori â'r llyfrau gramadeg safonol. Llyfr sy'n argymell ffordd benodol o ysgrifennu yw hwn, nid llyfr sy'n disgrifio popeth sy'n bosibl. Dywedir sut i fynegi rhywbeth yn gywir ar bapur ond nid yw hynny o reidrwydd yn gyfystyr â dweud mai dyma'r unig ffordd gywir o'i gyflwyno. Gobeithir y bydd y gyfrol yn gyfraniad i'r byd cyhoeddi Cymraeg, ond ni fydd yn ateb pob problem – byddai'n amhosibl i unrhyw gyfrol unigol gwmpasu pob pwynt a phob cywair.

Wrth gyflwyno'r gyfrol hon i'r wasg dymunaf ddiolch yn gynnes i nifer o gyfeillion a chydnabod a fu o gymorth imi wrth ei llunio. Y mae arnaf ddyled hefyd i awduron gramadegau ar yr iaith, yn Gymraeg ac yn Saesneg, ac i lawer o awduron erthyglau a gweithiau hwy a fu'n ymdrin â'r iaith – fe'u cefais oll yn ganllawiau tra defnyddiol.

Yn bennaf hoffwn ddiolch i Dafydd, Gwyddno, Seiriol, ac Einion am eu hyfrydwch a'u hysbrydoliaeth.

Rhiannon Ifans

Cyflwyniad i'r argraffiad diwygiedig

Ar ôl i'r Golygiadur dderbyn croeso brwd yn 2006, daeth yn amser i'w ddiweddaru. Yn y cwta ugain mlynedd o ddefnydd a fu arno, mae'r byd wedi symud ymlaen.

Diolchir i Gymdeithas Cyfieithwyr Cymru am gefnogaeth ariannol i gyhoeddi'r argraffiad diwygiedig hwn, ac yn enwedig i Gwyn Williams am yrru'r fenter yn ei blaen. Gan nad oes corff, bellach, i ddeddfu ar ddatblygiad yr iaith, hyderir y bydd y gyfrol hon yn fodd i gysoni arferion ieithyddol trwyddi draw.

Diolch i'r Lolfa am ymgymryd â'r cyhoeddiad ar gyfnod pan mae nawdd cyhoeddus i lyfrau Cymraeg ar drai, yn enwedig i Lefi Gruffudd am lywio'r gyfrol drwy'r wasg, a Ceri Jones a Cedron Siôn am ddiwygio'r cysodi.

Rhiannon Ifans
Mawrth 2025

Cynnwys

Rhagair	9
1. Canllaw i awduron	
Mynd ati i ysgrifennu	11
Cyflwyno copi i gyhoeddwr	27
Gweithio'n electronig	34
2. Llywio llyfr drwy'r wasg	
Golygu testun	36
Teipograffeg	44
Cywiro proflenni	47
Cywiro enghreifftiol ar bapur	56
Golygu ar sgrin	58
3. Materion technegol	
Hollti geiriau	59
Teip italig a rhufeinig	65
Rhifau	73
Byrfoddau	94
Atalnodi	102
Dyfynnu	139
Cyfeirio at ffynonellau	146
Llunio mynegai	165

4. Defnyddio'r Gymraeg

Geiriau	180
Dywediadau	214
Geiriau tramor	220
Sillafu	230
Dyblu llythrennau	230
Geirfa	234
Acen grom	252
Acen ddyrchafedig	260
Acen ddisgynedig	261
Didolnod	262
Heiffen	264
Termau defnyddiol	291
Enwau	292
Rhagenwau	295
Ansoddeiriau	306
Y fannod	313
Berfau	321
Adferfau	339
Cysyllteiriau	342
Arddodiaid	357
Treigladau	372
Brawddeg negyddol	404

Llyfryddiaeth ddethol   411

Gwefannau dethol   413

Mynegai   415

Rhagair

Nid oes amheuaeth nad cyfrifiaduro, yn ei amrywiol weddau, sydd wedi peri'r newid mwyaf sylfaenol yn nhechnegau cysodi ac argraffu er pan ddyfeisiwyd argraffu â theip symudol yn y bymthegfed ganrif. Arweiniodd y newid hwn at ailddiffinio crefftau traddodiadol yr argraffydd a'r cyhoeddwr, ond canlyniad arall oedd rhwyddhau'r ffordd i unigolion fod â rhan weithredol yn y gwaith o gynhyrchu eu llyfrau eu hunain, wrth gydweithio â'r gweisg proffesiynol.

Pwrpas y llyfr hwn yw cynnig canllawiau a chyfarwyddyd i bawb sy'n ymwneud â chynhyrchu llyfrau Cymraeg, boed yn awduron, yn gysodwyr, yn olygyddion, yn argraffwyr neu'n ddylunwyr, er mwyn hybu'r cydweithio hwn sy'n nodweddiadol o'r fasnach lyfrau heddiw, ac yn wir yn anhepgor iddi.

Y mae arweinlyfrau helaeth ar gael yn Saesneg, ond fel y pwysleisiwyd yn ei gyfrol arloesol gan Elwyn Davies, *Cyfarwyddiadau i Awduron*, Gwasg Prifysgol Cymru, Caerdydd, 1954, nid yr un yw arferion ac anghenion y Gymraeg â'r Saesneg; nid yr un ychwaith yw confensiynau golygu'r unfed ganrif ar hugain â'r hyn oedd yn arferol hanner can mlynedd yn ôl. Yn y llyfr hwn ceisir dilyn hynt llyfr o'r symbyliad cyntaf ym meddwl yr awdur, drwy'r broses olygyddol hyd at y cyhoeddi, gan gofio bod arddull briodol a mynegiant eglur a chywir yn gwbl angenrheidiol wrth gyflwyno gwaith pob awdur, ni waeth beth fyddo'r pwnc.

Ymddiriedolwyr Undeb Cymru Fydd a welodd yr angen am lawlyfr fel hwn, a chronfa'r Undeb sydd wedi gwneud ei baratoi'n bosibl. Penodwyd pwyllgor gweithredol, sef Glyn Tegai Hughes, Dewi Morris Jones, Richard Morgan, Menna Davies, Brynley F. Roberts a Dylan Williams, i lywio ac i arolygu'r gwaith. Derbyniodd Dr Rhiannon Ifans wahoddiad i lunio'r gyfrol a buom yn ffodus iawn fod awdur a golygydd mor brofiadol ar gael i ymgymryd â'r gorchwyl. Mawr yw ein dyled hefyd i Janet Davies am fynegeio, i'r dylunydd, Olwen Fowler, a'r cyhoeddwr, Cymdeithas Lyfrau Ceredigion, dan arweiniad cyfewin y Rheolwr, Dylan Williams, sydd wedi bod â rhan ym mhob agwedd ar y gwaith ac a lywiodd y llyfr trwy'r wasg. Hyderwn y bydd pawb sydd â diddordeb yn y maes eang hwn yn cael *Y Golygiadur* yn gydymaith gwerthfawr i droi ato am oleuni, cyfarwyddyd a chymorth.

Brynley F. Roberts
Aberystwyth 2006

Canllaw i awduron 1

Mynd ati i ysgrifennu

Cyflwynir yma ganllawiau bras gyda'r nod o helpu awduron i gyflwyno gwaith graenus a chywir i'w ystyried ar gyfer ei gyhoeddi. Gellir cymhwyso'r canllawiau hyn ar gyfer swyddogaeth golygydd yn ogystal gan fod prif elfennau golygu testun yn gofyn sgiliau digon tebyg.

Mae cyhoeddi gwaith yn ddigwyddiad di-droi'n-ôl. Unwaith y bydd wedi'i gyhoeddi mae ei eiriad yn aros felly am byth. Os bydd darllenydd yn camddeall y neges, neu'n ei chymryd yn angharedig, mae'n rhy hwyr. At hynny, mae'r broblem o arddull, a holl helynt gramadeg a sillafu, yn broblemau anorchfygol yng ngolwg llawer o ddarpar awduron.

Yr unig ffordd i orchfygu'r problemau hyn yw drwy ysgrifennu. Mae ambell un yn mynd yn rhy ymwybodol ohono'i hun wrth feddwl rhoi gair ar bapur. Efallai y bydd y cynnig cyntaf yn un amherffaith, ond wrth ymarfer crefft mae ei pherffeithio. Dewiswch destun syml, er enghraifft stori casglu'r car o'r garej leol, portread o ferch yn eistedd mewn caffi, neu ddadl o blaid neu yn erbyn rhyw safbwynt; casglwch eich syniadau amdanynt fesul un, rhowch hwy mewn trefn, penderfynwch ar y cywair, a bwrw iddi.

Wedi cael cynllun, safiad a geiriad, darllenwch eich gwaith. Bydd hyn naill ai'n peri syndod pleserus ichi, neu yn eich siomi, ond peidiwch â digalonni. Chwiliwch am y brawddegau gwael ac ailysgrifennwch hwy; rhowch air cryf yn lle un gwan; gwyliwch fod mydr y frawddeg yn esmwyth; ewch ati i gaboli'r iaith. Tanlinellwch bopeth nad ydych yn sicr ohono, boed hynny'n atalnodi, sillafu, neu dreiglo, cyn mynd ati i gywiro.

Mae'n bwysig *ymarfer* ysgrifennu, ac un ffordd o feithrin eich sgiliau yw drwy gadw dyddiadur. Os nad ydych am wneud hynny, ysgrifennwch gofnod dyddiol beth bynnag ac yna'i daflu i'r fasged sbwriel. Yr hyn sy'n hanfodol yw eich bod yn bwrw prentisiaeth.

Geirfa

Mae gan bawb ohonom gronfa fechan o eiriau bob dydd. Dyma'r geiriau a ddefnyddiwn i fod yn ni'n hunain. Pan ddaw dieithriaid atom byddwn yn defnyddio geirfa ychydig yn fwy sylweddol oherwydd ein bod yn ymwneud â phrofiadau ehangach nag arfer, a hwyrach rhag creu argraff anffafriol. Efallai y byddwn yn defnyddio llai o eiriau Saesneg yn eu gŵydd. Ond fe wyddom lawer iawn mwy o eiriau nag a ddefnyddiwn. O'r geiriau a glywn ar wefusau pobl eraill, yr ydym yn deall llawer na fyddem yn ddigon hyderus i'w defnyddio ein hunain. O'r geiriau a ddarllenwn, fe ddeallwn lawer mwy nag y byddem yn barod i'w hysgrifennu yn ein gwaith ni'n hunain neu eu llefaru yn ein sgwrs. Lleihau'r bwlch rhwng yr eirfa a ddefnyddiwn a'r eirfa mae'n bosibl i ni ei defnyddio yw un o dasgau mwyaf pleserus awdur. Pan glywch air na chlywsoch o'r blaen, rhowch ef ar bapur a nodwch sut y'i defnyddiwyd. Chwiliwch mewn geiriadur am ystyr geiriau anghyfarwydd a dysgwch eiriau newydd wrth ddarllen.

Er mwyn casglu geirfa a allai fod yn ddefnyddiol wrth ysgrifennu, mae'n hanfodol darllen yn gyson. Byddai'n fanteisiol darllen y math o waith y dymunwch ei gynhyrchu eich hun, ond at hynny darllenwch wahanol arddulliau iaith: nofelau, barddoniaeth, cofiannau, llyfrau hanes, papurau bro a phapurau newydd trwm ac ysgafn, chwedlau, llyfrau garddio, llyfrau ffotograffiaeth – popeth dan haul – a phorwch mewn geiriaduron. Os darllenwch yn gyson bydd yr eirfa gennych ar flaenau eich bysedd, yn barod i'w gosod yn y man priodol yn eich gwaith. Lluniwch eirfâu penodol ar gyfer ysgrifennu golygfeydd penodol yn eich ffuglen.

Geiriaduron

Mae'n hanfodol fod gennych eiriaduron wrth law.
- Mae geiriadur un-gyfrol yn gwbl angenrheidiol. Ynddo ceir amrediad helaeth o eiriau sylfaenol, cyffredin, at ddefnydd pawb. Gwnewch ddefnydd helaeth ohono i gadarnhau pob sillafiad yr ydych yn amheus yn ei gylch, ac i sicrhau bod

cenedl enwau'n gywir, sef mai *y llyfr hwn* y dylid ei ysgrifennu, er enghraifft, nid *y llyfr hon*.
- Mae geiriadur amlgyfrol yn cynnig gwybodaeth am ystyr geiriau, eu tarddiad, eu defnydd ar hyd y canrifoedd, ynghyd ag unrhyw wybodaeth ramadegol berthnasol amdanynt.
- Ceir hefyd eiriaduron arbenigol, a chyfrolau o eiriau sy'n gysylltiedig â phwnc arbennig, er enghraifft drama, cyfrifiaduron, termau meddygol, daearyddiaeth, gwau a gwnïo.
- Mae thesawrws, sef llyfr sy'n rhestru geiriau mewn grwpiau o gyfystyron neu gysyniadau cydberthynol, i'w gael yn y Gymraeg, yn ogystal â chyfrolau geiriadurol ar briod-ddulliau a dywediadau ardal.

Rhoir mwy o bwysigrwydd i rai geiriaduron na'i gilydd. Brenin y geiriaduron Cymraeg yw *Geiriadur Prifysgol Cymru*. Mae pob darn ohono'n amhrisiadwy i'r sawl sydd o ddifrif ynglŷn â'r Gymraeg. Sicrhewch hefyd gopi o *Orgraff yr Iaith Gymraeg Rhan II*, gol. Ceri W. Lewis (Caerdydd: Gwasg Prifysgol Cymru, 1987), sy'n eirfa benigamp. (Ymhellach gweler **Llyfryddiaeth ddethol**, tt. 411–12.)

Defnyddio geiriadur

1 Rhestrir geiriau yn eu ffurf gysefin, sef ffurf y gair cyn ei dreiglo.

2 Y dangosair yw'r gair sy'n cael ei drafod, er enghraifft *ymherodr*. Lle ceir dau ddangosair neu ragor, er enghraifft *ymherodr, ymherawdr, ymerawdwr*, gosodir y sillafiad mwyaf derbyniol yn gyntaf, yna unrhyw ffurfiau eraill sydd hefyd yn dderbyniol, weithiau yr un mor dderbyniol â'i gilydd. Os oes dewis, defnyddiwch y dangosair cyntaf; os am ryw reswm ei bod yn well gennych un o'r ffurfiau eraill a gynigir, byddwch yn gyson eich defnydd o'r ffurf honno. Mae defnyddio mwy nag un sillafiad mewn un darn o waith, er bod pob un yn gywir, yn annerbyniol. Weithiau fe awgrymir gan olygydd fod sillafiad awdur yn anghywir er bod dewis mewn gwirionedd. Cadarnhewch unrhyw newidiadau.

Y Golygiadur

3 Yn *Geiriadur Prifysgol Cymru* rhestrir berfau o dan y person cyntaf unigol presennol. Dyma enghreifftiau: *cwynaf: cwyno; rhedaf: rhedeg; ysgrifennaf: ysgrifennu*. Felly, i ddarganfod tarddiad y berfenw *mynd*, mae'n rhaid edrych o dan *af*. Ond lle ceir gwahaniaeth sylweddol rhwng y person cyntaf unigol presennol a'r berfenw, fel yn achos y pâr *af: mynd*, mae *Geiriadur Prifysgol Cymru* yn nodi'r berfenw (*mynd*) ac yn cyfeirio'n ôl at y person cyntaf: *mynd* gw. *af: mynd*. Mae'r *Geiriadur Mawr* a *Geiriadur Gomer* a rhai geiriaduron eraill yn gosod berfau dan y berfenw.

4 Os yw gair yn perthyn i wyddor arbennig, er enghraifft gramadeg, cerddoriaeth, athroniaeth, ac ati, nodir hynny'n union o flaen y diffiniad (â byrfodd fel arfer).

5 Wrth edrych am gyfuniad o eiriau, er enghraifft *llygad y dydd*, neu *bara gwenith*, edrychwch o dan y gair cyntaf, hynny yw o dan *llygad* a *bara*. Os nad yw yno, edrychwch o dan yr elfen bwysig nesaf, sef *dydd* a *gwenith*.

Llif geiriau

Dylai darn da lifo'n rhwydd. Fel arfer fe fyddwch yn ysgrifennu gyda'r bwriad o gael rhywun i ddarllen eich gwaith yn y meddwl, yn hytrach na'i ddarllen yn uchel. Ond mae'n haws penderfynu a oes gan waith y llif hyfryd hwnnw sy'n ei wneud yn ddymunol i'w ddarllen os darllenwch chi'r darn yn uchel i chi eich hunan cyn ei drosglwyddo i sylw neb arall. Ni fydd brawddeg sydd wedi ei llunio'n flêr yn rhedeg yn esmwyth. Gallai hyn fynd o dan groen darllenydd, felly ailysgrifennwch bob brawddeg sy'n anodd ei darllen yn uchel. Mae un gair chwithig yn ddigon i ddifetha llif brawddeg. Ar y llaw arall mae llif o feddyliau trefnus, wedi eu gosod yn frawddegau ystwyth, yn bleser i'w ddarllen. Ceisiwch sicrhau y bydd gennych ddigon o amser i ysgrifennu heb i ddim dorri ar eich canolbwyntio. Gall ymyrraeth o'r tu allan atal llif esmwyth yr ysgrifennu.

Geiriau ansafonol

Wrth ysgrifennu'n ffurfiol dylech ddefnyddio geirfa ffurfiol. Ystrydeb yw dweud mai defnyddio geiriau priodol yn y drefn orau yw cyfrinach ysgrifennu llwyddiannus, ond weithiau mae angen teilwra'ch dewis o eiriau at ddisgwyliadau'r darllenydd.

Jargon

Mae dau ystyr i'r gair:
- y geiriau a'r ymadroddion hynny sy'n perthyn i broffesiwn arbennig, er enghraifft meddygaeth, cymdeithaseg, economeg, ac ati
- iaith ymhongar, sy'n cymryd arni ei bod yn well nag yw trwy ddefnyddio geiriau anghyffredin i greu argraff dda.

Dyma enghreifftiau o eiriau ac ymadroddion sy'n rhan o eirfa arbenigwyr mewn cyfrifiadureg:

> y brif ddewislen; WIMP; ROM ochr; RAM ochr; adwy NEU; adwy NID; digid hecs; rhaglen ddiagnostig; llinyn didau; dyfais M/A; egwyddor nain-mam-merch

Nid y gair ei hun sy'n jargon ond defnydd amhriodol ohono. Nid oes dim o'i le mewn cadw termau technegol at ddefnydd proffesiwn penodol; mae byd addysg yn llawn o dermau technegol sy'n gwneud synnwyr i eraill o fewn y proffesiwn. I drafod yn effeithiol mae'n rhaid i arbenigwyr wrth y termau technegol hyn, ond pwysleisir mai o fewn y proffesiwn hwnnw *yn unig* y dylid eu harfer. Tu allan i'r ffiniau hynny mae perygl na fydd pobl yn eu deall, ac i'r awdur gael ei ystyried yn un rhodresgar.

Mae'n hawdd rhagdybio gwybodaeth; mae'n ddoethach rhagdybio anwybodaeth. Drwy ddefnyddio jargon eich pwnc yr ydych yn cymryd yn ganiataol fod y darllenydd yn gyfarwydd â'r cysyniad, a'i fod yn gwybod y term cywir am y cysyniad hwnnw. Nid yw hynny'n wir bob amser. Os yw arbenigwyr am ddenu diddordeb mwy o bobl gyffredin yn eu pwnc dylent osgoi termau technegol os gellir defnyddio gair cyffredin i ateb yr un diben, neu dylent esbonio'r term yn fanwl cyn ei ddefnyddio.

Geiriau ac ymadroddion treuliedig

Diogi meddwl sy'n gwneud i awdur ddefnyddio hen ymadroddion sydd wedi eu defnyddio ganwaith o'r blaen hyd syrffed. Daw rhai geiriau'n ffasiynol dros dro a phawb yn eu defnyddio'n ddiatal. Wrth lunio gwaith a'r amser yn fyr, mae'n demtasiwn syrthio i'r trap o ddefnyddio ymadroddion treuliedig. Meddyliwch am ffordd fwy cyhyrog o fynegi eich meddwl. Lluniwch eich sgript eich hun yn lle llyncu ymadroddion parod.

Arddull

Gall dod o hyd i'r gair cywir fod yn waith llafurus ond, o safbwynt darllenydd, proses hawdd yw gweld bai ar ddarn o ysgrifennu, a gellir bob amser gynnig toreth o eiriau mwy pwrpasol ar gyfer gwaith pobl eraill. Fe fydd y darllenydd yn sylwi os ailadroddir gair yn ddiangen o fewn brawddeg, neu os defnyddir gair amlwg ddwywaith neu dair yn yr un paragraff. Ni ellir osgoi hynny bob amser, ond os oes modd defnyddiwch air cyfystyr yn lle'r un amlddefnydd. Rhaid hefyd osgoi undonedd brawddegau. Ceisiwch sicrhau nad yw pob brawddeg yn dilyn yr un patrwm, neu'n gyfres a gysylltir ag *a* neu *ac*. Mae'n bwysig amrywio patrymau'r brawddegau.

Ond nid yw cywirdeb gair o ran ystyr, sillafiad, lleoliad, nac amlder ei ddefnydd yn ddigon; mae'n rhaid ei osod mewn testun ac mae'n rhaid iddo siarad â'r darllenydd mewn dull uniongyrchol. Wrth ysgrifennu erthygl neu adroddiad, er enghraifft, byddwch yn ymwybodol o'r darllenydd drwy'r amser. Ewch â'r darllenydd gam wrth gam drwy bob brawddeg. A fydd yn deall y geiriau? A fydd yn deall y frawddeg? Dyna'r ffon fesur. Ceisiwch angori'r profiad trwy osod darllenydd penodol o flaen eich meddwl. Peidiwch â meddwl am y cyhoedd fel *nhw* niwlog, pell. Casgliad o unigolion yw'r cyhoedd, felly dewiswch un ohonynt a chanolbwyntiwch ar ysgrifennu darn fydd yn ddealladwy i'r person hwnnw. A fydd eich gwaith yn taro deuddeg yn ei olwg? A yw pob gair yn angenrheidiol? Dim ond os yw'r darllenydd yn hapus y dylai'r awdur fod yn hapus.

Meddyliwch hefyd am naws y gwaith. A yw'n rhoi syniad o orchest? A yw'n cyfleu urddas, neu urddas benthyg? A yw'n foneddigaidd? Yn falch? O'i ddadansoddi fe welwch mai eich dewis o eiriau a'u safle o fewn brawddeg sy'n creu'r naws. Ystyriwch y frawddeg hon:

> Mae'r cyfnewidiadau hyn yn cydredeg â pholisi Llywodraethwyr sefydliad addysgol i blant o roi ymborth rhad i unigolion difreintiedig hyd gyrrau pellaf y dalgylch.

Naws gymysglyd, ffroenuchel sydd i'r frawddeg uchod. Mae'r awdur hefyd wedi rhoi gormod o eiriau hir, diangen, nesaf at ei gilydd nes bod y frawddeg wedi colli'r sigl sy'n hanfodol mewn brawddeg daclus. Byddai'n wiriondeb deddfu mai dim ond geiriau unsill, neu ddwy sillaf fan bellaf, sy'n addas; ond gwiriondeb hefyd yw defnyddio casgliad o eiriau hir lle byddai casgliad o rai amrywiol eu hyd yn llai herciog ac yn fwy dealladwy. Gellid ailysgrifennu fel hyn:

> Mae'r newidiadau hyn yn cyd-daro â pholisi Llywodraethwyr yr ysgol o roi cinio am ddim i blant difreintiedig y dalgylch.

Dylech wneud eich gorau i gyfleu eich neges yn ddi-lol. Dylai'r darllenydd fwynhau darllen, nid ei oddef. Os defnyddiwch ormod o eiriau fe foddwch yr ystyr, felly peidiwch ag ysgrifennu ymadrodd (sefydliad addysgol i blant) lle byddai gair (ysgol) yn ddigon.

Arddull yw steil neu ddull o ysgrifennu, y ffordd mae awdur yn saernïo ei waith; nid rhywbeth y byddech yn ei fabwysiadu dros dro er mwyn ysgrifennu ydyw. Yn ei hanfod mae eich arddull bersonol eich hun gennych eisoes, a pho fwyaf o ysgrifennu a wnewch, amlycaf fydd eich arddull. Er hynny, mae modd addasu a hyd yn oed newid arddull i raddau, drwy wneud ymdrech ymwybodol i ysgrifennu'n fwy cynnil, neu'n symlach, neu'n fwy/llai uniongyrchol, ac ati, yn hytrach na dilyn eich greddf naturiol.

Bai aml yw geiriogrwydd, lle defnyddir gormod o eiriau i ddweud peth syml. Weithiau mae hynny'n fwriadol. Er enghraifft, efallai nad oes gan awdur fawr i'w ddweud, a bod yr hyn sydd ganddo i'w ddweud yn hen stori. Cuddir hynny drwy geisio dallu â geiriau. Gellir osgoi'r gwendid hwn drwy gymryd pwyll, meddwl cyn ysgrifennu, a gwrthod yr ysfa i ddilladu syniad mewn arddull gwmpasog.

Ond mae eithriadau gwiw i'r rheol. Un o ddynion mwyaf hirwyntog llenyddiaeth Gymraeg oedd Capten Trefor. Pan ofynnwyd iddo a oedd yn meddwl bod gobaith i Bwll y Gwynt ailagor, dyma'i ateb:

> Syr, ... ni fynnwn er dim a welais greu gobeithion gau. Nid peth amhosibl ydyw i Bwll y Gwynt ail gychwyn, ond y mae hynny yn bur annhebyg. Os ail gychwynnir ni fydd â wnelwyf i ddim ag ef ond ar un telerau—sef y caniateir i mi fy ffordd fy hun, a chwi wyddoch, Mr. Jones, mor anodd ydyw i ddyn—pan na fydd ond gwas i'r Cwmpeini—gael ei ffordd ei hun er i'r ffordd honno fod yr un orau. Fel mater o ffaith, syr, pe cawswn i fy ffordd fy hun, fe fuasai Pwll y Gwynt heddiw nid yn unig yn mynd, ond hefyd yn talu yn dda i'r Cwmpeini. Ond rhyngoch chwi a fi—dim pellach *just* yrwan, Mr. Jones?—rhyngoch chwi a fi, mae fy llygad nid ar Bwll y Gwynt, ond ar rywle arall. Cewch glywed rhywbeth rai o'r dyddiau nesaf. Mewn cymdogaeth fel hon, sy mor gyfoethog mewn mwynau, fe egyr Rhagluniaeth ryw ddrws o ymwared yn fuan. Mewn ffordd o siarad, nid ydyw hynny, i mi yn bersonol, nac yma nac acw. Ar ôl yr holl helynt, y pryder a'r siomedigaethau, mae'n bryd i mi gael gorffwys. Ond sut y medraf orffwyso tra na allaf fynd allan o'm tŷ heb gyfarfod â degau o ddynion truain yn segura, ac nid hynny yn unig, ond yn dioddef angen? Na, syr, er fy mod wedi cyrraedd yr oedran hwnnw pryd, mewn ffordd o siarad, yn ôl trefn natur, y dylai dyn gael gorffwys a hamdden i feddwl am bethau pwysicach ac ymbaratoi ar gyfer y siwrnai fawr sy'n ein haros oll—pa fodd y medraf orffwyso? Nid wyf yn anghofio, syr, eich bod chwi, ac eraill sydd yn y cyffelyb amgylchiadau, o'ch caredigrwydd, wedi coelio'r gweithwyr, druain, â digon o ymborth i gadw corff ac enaid wrth ei gilydd—nid wyf yn anghofio, meddaf, fod arnoch eisiau eich arian—hynny ydyw, nid am na ellwch wneud hebddynt—ond am fod yn iawn i chwi eu cael. Na, syr, gyda thipyn o ysbryd anturiaethus ar ran y rhai sydd wedi llwyddo tipyn yn y gymdogaeth, a bendith Rhagluniaeth, fe fydd golwg arall ar bethau ymhen ychydig wythnosau, Mr. Jones.

Daniel Owen, *Profedigaethau Enoc Huws*
(Caerdydd: Hughes a'i Fab, [d.d.]), tt. 118–19

Byddai 'ydw' neu 'nac ydw' wedi bod yn ddigon o ateb. Ond rhan o arddull gyson y cymeriad hwn yw ei ragrith a'i arddull gwmpasog, rodresgar, ac felly mae'r portread ar ei ennill wrth fabwysiadu arddull addas i'w gymeriad wrth ei ddarlunio. Nid eglurder yw diben pob awdur neu lefarydd, a dyma enghraifft o guddio ystyr drwy gyfrwng arddull arbennig.

Cywair

Wrth ysgrifennu gwaith hir, er enghraifft nofel, byddai'n ddoeth amrywio ongl yr ysgrifennu. Un ffordd o wneud hynny yw drwy fabwysiadu cyweiriau gwahanol. Mae'n bwysig fod cymeriadau yn gyson â hwy eu hunain. Gallech bortreadu cwynwr, y sawl sy'n cynnig am swydd, yr arbenigwr, y newyddiadurwr, y ffrind twymgalon, y gwas suful, y swyddog sy'n ymchwilio i'r farchnad datws – amrywiaeth o gymeriadau mewn un gwaith, ac mae sawl safiad y gallai eich cymeriadau ei gymryd. Peidiwch â drysu cyweiriau'r cymeriadau. Mae'n rhaid gosod y cywair cyn dechrau, a chadw at gwmpas y llais hwnnw.

I wneud hynny'n llwyddiannus dylech dalu sylw manwl i naws geiriau. A siarad yn gyffredinol, mae pedwar cywair iaith:

1 iaith lenyddol, draddodiadol
2 iaith ffurfiol, gyfoes
3 iaith anffurfiol
4 tafodiaith

1 *Iaith lenyddol, draddodiadol*
Mae modd ysgrifennu yn y cywair llenyddol traddodiadol; fe'i defnyddir, er enghraifft, wrth drafod testunau academaidd, ac wrth greu ffuglen.

> Un gerdd a gadwyd inni o waith Hywel ab Einion Lygliw, sef ei awdl foliant enwog i Fyfanwy Fychan o Gastell Dinas Brân yn Llangollen. Ychydig a wyddys am y bardd, ac eithrio ei fod yn ei flodau ganol y bedwaredd ganrif ar ddeg, a'i fod yn ewythr i'r bardd Gruffudd Llwyd ap Dafydd ab Einion Lygliw, yn frawd ei dad.
> *Gwaith Gruffudd Llwyd a'r Llygliwiaid Eraill*, gol. Rhiannon

Ifans (Aberystwyth: Canolfan Uwchefrydiau Cymreig a
Cheltaidd Prifysgol Cymru, 2000), t. 3

> Tarddu mae'r nant ar ben craig Maesglasau. O ddyfrhaen y graig,
> cyfyd i fedyddio wyneb y tir mawn. Llifa'n dawel a bwriadus at
> ymyl y graig cyn dymchwel yn bistyll ewynnog, grymus, gannoedd
> o droedfeddi islaw. Tyr y llif yn gandryll ar greigiau'r ceunant, cyn
> i'r nant gyrchu ar ei chwrs anorfod tua gwastadedd llawr y cwm,
> dros gerrig llonydd llif y sgri, dros greigiau bollt a mariannau, hyd-
> ddynt, trwyddynt, heibio iddynt ac oddi tanynt yn foddfa o fedyddio.

Angharad Price, *O! tyn y gorchudd: Hunangofiant Rebecca
Jones* (Llandysul: Gomer, 2002), t. 9

2 *Iaith ffurfiol, gyfoes*
Dyma'r cywair a ddefnyddiech wrth lunio beirniadaeth ar
gystadleuaeth lenyddol yn yr Eisteddfod Genedlaethol, neu
mewn cylchgrawn safonol. Wrth ysgrifennu iaith ffurfiol mae
rhwydd hynt i chi gadw at ffurfiau cryno'r ferf, hyd yn oed y
rhai lleiaf cyfarwydd. I gyd-fynd â'r ffurfioldeb hwnnw dylech
dreiglo'n ffurfiol, a chadw at eirfa safonol, er enghraifft gallech
ddefnyddio *y mae* yn hytrach na *mae*, a'r ffurf *chwarddodd ef*
yn hytrach na *chwerthodd ef* neu *chwerthinodd ef*.

> Caf fy synnu'n gyson gan y ffaith fy mod yn hapusach yn
> ysgrifennu cerddi am drallodion bywyd nag am ei fendithion, a
> hynny pan nad ydwyf, diolch i'r drefn, wedi dioddef profedigaethau
> gwerth sôn amdanynt. Buaswn wrth fy modd â thestun fel 'Cam',
> er enghraifft, o ddeall y gair hwnnw i olygu 'camwedd'.

'Cystadleuaeth Barddoniaeth *Taliesin*', Grahame Davies,
Taliesin, Gaeaf 2002, t. 93

3 *Iaith anffurfiol*
Dyma iaith y rhan fwyaf o nofelau cyfoes. Wrth ysgrifennu
iaith anffurfiol dylech dalu sylw manwl i ffurfiau'r ferf. Gallwch
fod yn fwy hyblyg wrth eu defnyddio, ond wedi dewis un dull
dylech fod yn gyson eich defnydd ohono o fewn yr un cywair
iaith. Er enghraifft, mewn testun ffurfiol gallech ddewis y ffurf

canasom, ond mewn testun anffurfiol efallai y byddai'n well gennych arddel *cansom*, neu *canon ni*. I gyd-fynd â'r anffurfioldeb hwnnw gallech ddewis y ffurf *pentre* yn hytrach na *pentref*, a defnyddio *pan mae* yn hytrach na *pan fo/yw*. Mae modd cymryd y llwybr canol rhwng bod yn orswyddogol a bod yn rhy lafar. Ond pa mor anffurfiol bynnag yw'r cywair a ddewiswch, mae'n rhaid i'r dull o gofnodi'r cywair hwnnw fod yn dynn ac yn gwbl gyson. Gall iaith fod yn gartrefol a chroesawus ei harddull, ond ni ddylai'r ffordd y'i cofnodir ar bapur fod yn flêr a diamcan. Dyma enghraifft o iaith nofel gyfoes, dynn ei chywair:

> Nid oedd gan ddau o drigolion Lôn y Coed ddim i'w ychwanegu at yr hyn yr oedden nhw eisoes wedi'i ddweud wrth Eifion Rowlands a Wyn Collins, ond roedd y trydydd, Mrs Doreen Moore, gwraig weddw saith deg a thair oed, wedi bod yn meddwl yn ddwys am yr hyn roedd hi wedi'i glywed yn oriau mân fore Iau. Ers i'w gŵr farw bedair blynedd ynghynt, anaml iawn y cysgai Doreen Moore drwy'r nos, ac ni fu nos Fercher yr ugeinfed o Hydref yn eithriad. Y ffaith fod pob noson yn debyg i'w gilydd oedd wedi ei gwneud hi'n ansicr ynghylch yr hyn roedd hi wedi ei glywed a phryd, ond tra oedd yn gorwedd ar ddi-hun nos Iau dechreuodd y darnau ddisgyn i'w lle.

Elgan Philip Davies, *Fel y Dur* (Aberystwyth: Cymdeithas Lyfrau Ceredigion Gyf., 1998), t. 141

4 *Tafodiaith*

Mae ffuglen yn aml yn cofnodi deialog mewn tafodiaith, ac yn defnyddio tafodiaith yn gyfrwng storïol. Sicrhewch fod y dafodiaith a ddefnyddiwch yn gyson â hi ei hun. Os oes unrhyw amheuaeth yn eich meddwl ynghylch cywirdeb y seiniau, neu'r dull o'u cofnodi, ymgynghorwch. Byddwch yn hynod ymwybodol o gysondeb wrth ddefnyddio sillgoll.

> Cwta flwyddyn sydd rhwng Jac mrawd bach a fi. Fi'n cael fy ngeni ym mis Miharan, a Jac ym mis Mai wedyn am bod nhad yn dryi doc yn cael trwsio'i bropelar. Ar môr mae nhad, a hannar blwydd ydi babi goits. Silver Cross ydi enw goits, coitsus duon s'gin merchaid erill, ond mae 'na lot o gromiyn plêt gloyw yn

Y Golygiadur

> goits ni. Mae mam yn ddynas reit dal, dyna pam daru nhad ordro coits lwynion mawr. Rydan ni'n cael y lwynion i neud tryc pan fydd mam yn barod, pryd bynnag bydd hynny.
>
> W. S. Jones, *Dyn y Mynci* (Talybont: Y Lolfa, 1979), t. 6

Gellid dadlau mai sgript yw'r testun uchod. Nid yw pob awdur yn dymuno mynd i'r un eithafion tafodieithol. Mewn ffuglen gellir awgrymu tafodiaith yn gynnil heb o angenrheidrwydd geisio'i hadlewyrchu gant y cant. Dylid meddwl am y darllenwyr: a yw'r dafodiaith yn rhy eithafol i'r gynulleidfa? Ystyriaeth arall yw natur y traethiad: a yw'n benthyg ei hun i dafodiaith? Cofier hefyd nad yr un peth yw iaith lafar a thafodiaith. Dylai awdur fod yn glir *pam* mae'n defnyddio tafodiaith. Yn aml mae modd gwahaniaethu rhwng natur y traethiad a natur y ddeialog drwy gadw'r traethiad yn fwy safonol ei arddull a chyfyngu'r defnydd o dafodiaith i'r ddeialog.

Y neges

Peidiwch ag ysgrifennu os nad oes gennych rywbeth i'w ddweud. Mae hynny'n gyngor digon amlwg ond nid pawb sy'n cadw at y canllaw hwnnw. Wedi dweud yr hyn sydd gennych i'w ddweud, gorffennwch. Nid llanw papur yw gwaith awdur.

Weithiau mae gan awdur neges glir a phendant, dro arall dim ond syniad cymysglyd o neges sydd ganddo. Gwreiddyn y broblem o fethu ag ysgrifennu'n effeithiol yw'r ffaith nad yw'r awdur ei hun yn gwbl glir ei feddwl o ran yr hyn sydd ganddo i'w ddweud. Mae ganddo syniad niwlog o'r cyfeiriad y mae am fynd iddo, ond nid yw'r syniad eto wedi ymffurfio'n iawn nac wedi aeddfedu'n llawn.

Yn aml gall ysgrifennu am y peth ddod â'r neges i'r amlwg; gall fod yn sianel i'r meddwl ei egluro'i hun. Os felly, byddwch yn barod i ail-lunio'r hyn a ddaeth yn amlwg wrth ysgrifennu. Gweithiwch eto ar y testun. Fe ysgrifennodd Tolstoy *Rhyfel a Heddwch* saith gwaith drosodd cyn ei gyhoeddi.

Cynllunio

Nid yw pob awdur yn credu mewn cynllunio'i waith yn fanwl ymlaen llaw. Os yw hynny'n gweithio i chi, popeth yn iawn. Ond nid yw pob awdur yn sylweddoli pa mor ddefnyddiol y gall cynllun fod. O safbwynt golygydd a darllenydd byddai'n braf petai mwy o awduron yn creu cynllun manwl cyn dechrau ysgrifennu. Rhowch eich syniadau cyntaf ar bapur. Ymchwiliwch i'r pwnc, meddyliwch, holwch, darllenwch, gwnewch bopeth sydd angen ei wneud. Yna cynlluniwch y gwaith drwyddo draw.

Wrth ysgrifennu golygfeydd penodol byddwch yn sicr eich meddwl beth yw'r pwnc dan sylw, neu beth yw pwynt yr olygfa. Trefnwch y syniadau'n baragraffau a phenderfynwch beth sydd i'w ddweud ym mhob paragraff. Lluniwch frawddeg agoriadol i bob paragraff sy'n datgan testun y paragraff hwnnw.

Nid gwastraff amser yw cynllunio gwaith – i'r gwrthwyneb. Mae cynllunio'n dod â dwy fantais fawr yn ei sgil: mae'n gosod trefn y rhesymu ac felly fe fydd eich meddwl yn glir i fedru ymorol am y geiriau a'r arddull; ac yn ail, pe dôi rhywun i dorri ar eich traws cyn i chi orffen ysgrifennu byddech yn gwybod ble i ailafael yn y gwaith.

Drafft cyntaf

Ysgrifennwch ddrafft cyntaf yn weddol sydyn. Peidiwch ag edrych dros eich ysgwydd a mynd yn ôl i ailysgrifennu bob munud. Dechreuwch ysgrifennu a pheidwch â chodi eich pen nes byddwch wedi gorffen adran hir. Peidiwch ag adolygu neu fe gollwch rediad eich meddwl a difetha rhediad y gwaith ar yr un pryd. Dylai'r cynllun fod yn ddigon da i'ch cario chi o ddechrau'r gwaith i'w ddiwedd yn ddiogel. Nodwch ar ymyl y ddalen wrth fynd heibio unrhyw beth y dylech sylwi arno wrth adolygu'r gwaith – unrhyw bwynt yr ydych yn ansicr ohono, unrhyw bwynt gwan, y mannau hynny lle dylech gael rhagor o ffeithiau i gefnogi eich safiad, ond peidiwch â llunio nodiadau llafurus. Bydd seren i ddynodi diffyg, dwy i ddynodi gwall, marc cwestiwn i ddynodi ansicrwydd, ac felly ymlaen yn gyflym i'r diwedd yn hen ddigon.

Nid oes ots ar y dechrau sawl *n* sydd yn *esbonio* na sut i dreiglo *bod*. Diogelu undod y gwaith sydd bwysicaf. Tasg anodd yw ailddechrau ysgrifennu ac ni wneir hynny'n effeithiol os bu toriad hir cyn gorffen y gwaith. Mae'r tensiwn sydd yn yr ysgrifennu yn newid ac oherwydd hynny gall diddordeb yr awdur a'r darllenydd fynd ar chwâl. Nid oes ots pa mor herciog yw'r gwaith, na pha mor wallus, na pha mor arw ei gyflwyniad; mae cael drafft llawn cyntaf o unrhyw waith yn rhywbeth cadarn i weithio arno.

Adolygu

Os oes modd rhoi'r drafft cyntaf o'r neilltu am gyfnod bydd hynny'n well na mynd yn ôl ato i'w adolygu'n union wedi ysgrifennu'r frawddeg olaf. Gall newidiaeth meddwl cyn dychwelyd at y gwaith fod o fantais.

Gwaith araf yw adolygu. Yn lle strancio yn ei erbyn a cheisio dod o hyd i ffordd fyrrach drwy'r dasg, derbyniwch hynny'n ffaith cyn dechrau. Mae'n rhaid cael popeth yn hollol gywir. Peidiwch â gadael dim ar ôl i'w adolygu eto. Ewch drwy bopeth, o ran cynnwys a gramadeg. Ail-luniwch eich brawddegau dro ar ôl tro ar bapur glân nes eu bod yn gwneud synnwyr ac yn rhedeg yn esmwyth. Wrth ddod at y diwedd gwrthsefwch y demtasiwn i frysio. Nid cyrraedd y diwedd yw'r nod, ond adolygu'r gwaith yn drwyadl.

Os sylwch ar eiriau a ddefnyddiwyd yn anghywir, newidiwch hwy. Dim ond yr union air cywir sy'n ddigon da. Defnyddiwch thesawrws a sawl geiriadur er mwyn dod o hyd i'r gair hwnnw. Efallai mai trefn y geiriau sy'n anghywir. Gall hynny greu amheuaeth ym meddwl y darllenydd a pheri iddo ddyfalu synnwyr y frawddeg yn hytrach na derbyn arweiniad gennych chi ar yr ystyr. Lle'r awdur yw llunio brawddegau eglur; nid lle'r darllenydd yw dyfalu eu hystyr. Byddwch yn ddidrugaredd wrth adolygu eich gwaith. Mae cynnwys geiriau amhriodol yn cymylu'r ystyr yn hytrach na thaflu goleuni. Ble bynnag y gwelwch ryddiaith dda sy'n ymddangos yn ysbrydoledig o rwydd ei rediad, canlyniad gwaith caled ac ail-lunio ydyw. Mae ysgrifennu ymddangosiadol ddiymdrech yn gofyn ymlafnio dygn a disgyblaeth lem.

Ar ôl ei adolygu, sicrhewch fod y gwaith gorffenedig yn cael ei gyflwyno'n daclus, a'i bod yn hawdd darllen pob gair ohono. Creu copi electronig fyddai'n ddelfrydol. Dyddiwch bob drafft, hyd yn oed y rhai cyntaf.

Unwaith y byddwch chi eich hun wedi'ch bodloni na fedrwch wella dim ar y gwaith, efallai y byddwch am i rywun arall daro golwg drosto. Os gwêl y person arall gamgymeriadau, sicrhewch fod y newidiadau'n gywir ac nad yw'n camgywiro eich deunydd. Gofynnwch am esboniad os nad ydych yn deall pam y gwneir y cywiriad. Manteisiwch ar wybodaeth eraill ar bob cyfrif, ond dysgwch ysgrifennu'r iaith drosoch eich hun. Arnoch chi mae'r cyfrifoldeb terfynol am ansawdd eich gwaith. (Ymhellach ar y dull o gyflwyno gwaith i wasg gweler isod, tt. 27–35.)

Eglurder

Y canllawiau gorau ar gyfer ysgrifennu effeithiol yw meddwl, cynllunio, ysgrifennu ac adolygu. Wrth ysgrifennu cadwch gydbwysedd rhwng y meddwl a'r emosiwn a cheisiwch ymbellhau ychydig oddi wrth brif lif y gwaith.

Eglurder
    Traethwch y naratif yn syml a chlir.

Trefn
    Trefnwch eich deunydd yn y ffordd orau bosibl. Newidiwch drefn y cyfan os bernwch fod angen. Byddwch yn arbennig o ofalus gydag amseru gwybodaeth – rheolwch y llif.

Perthnasedd
    Dim ond y manylion perthnasol sydd i'w cynnwys. Gallech ladd dadl neu bortread neu ddisgrifiad drwy dagu'r darllenydd â manylion amherthnasol.

Cydbwysedd
Ceisiwch weld pob ochr i safbwynt eich cymeriadau
a chadw cydbwysedd rhyngddynt.

Cyfleu argyhoeddiad
Darbwyllwch y darllenydd fod pob cymeriad yn 'gywir'
yn ôl ei weledigaeth ei hun, a gwnewch bob ymdrech
i'w cynnal drwy ddadl a thystiolaeth.

Cysondeb
Sicrhewch fod pob enw, disgrifiad, manylyn corfforol,
ac ati, yn gyson.

Cywirdeb
Darllenwch dros eich gwaith i weld bod pob manylyn
ffeithiol yn gywir ac nad oes gwallau iaith yn y testun.

Crynoder
Mae angen sylwi'n fanwl ar eich testun a bod yn ymwybodol
o'r perygl o ailadrodd. Nid oes angen esbonio dim byd
ddwywaith; os ydych wedi gwneud hynny, ail-luniwch
yr esboniad cyntaf. Sicrhewch nad yw eich brawddegau'n
ailadroddus:
   Weithiau mae'n bwrw glaw ond *nid yn aml*.
Gwyliwch rhag ysgrifennu deialog, ychwanegu adferf sy'n
ailadrodd tôn yr araith union, ac yna ysgrifennu brawddeg
annibynnol yn dweud yr un peth am y trydydd tro.
   'Dos o 'ngolwg i,' meddai'n gas. Roedd John yn grac.

Cyflwyno copi i gyhoeddwr

Pan fydd awdur yn gwbl hapus nad oes dim mwy y gall ei wneud i wella ei waith, bydd am ddenu diddordeb un o'r gweisg a dwyn perswâd arnynt i'w gyhoeddi. Ond nid oes rhaid nac angen aros cyhyd â hynny cyn chwilio am gyhoeddwr. Gall awdur gysylltu â gwasg ar unrhyw adeg i drafod posibiliadau cyhoeddi, efallai pan mae ar ganol y gwaith, neu hyd yn oed cyn iddo ddechrau arno.

Wrth geisio denu diddordeb cyhoeddwr, gall awdur anfon copi o'r gwaith llawn at y wasg, neu ddarn enghreifftiol sy'n cynrychioli'r gwaith llawn, ond bydd angen anfon tuag ugain tudalen, neu ddwy bennod. Nid oes rhaid anfon tudalennau cyntaf y gwaith. Yn aml mae'r rheini'n llai esmwyth eu harddull, ac yn fwy cyflwyniadol eu naws na'r gweddill, a gallai fod yn fwy manteisiol anfon darn o waith diweddarach, darn a luniwyd ar ôl sefydlu rhythm y mynegiant a dod yn fwy cartrefol â'r deunydd.

Anfonwch lythyr cyflwyniad gyda'r gwaith. Dylai fod yn fyr, ac wedi'i deipio. Nodwch *genre* y gwaith (er enghraifft nofel, straeon byrion, drama, cofiant), a sut mae'n cymharu â chyhoeddiadau eraill o'r un math sydd ar y farchnad. Esboniwch natur y gynulleidfa sydd gennych mewn golwg.

Anfonwch synopsis byr (dim hwy na dwy ochr o bapur A4) o weddill y gwaith, neu o'r cyfan os anfonir y gwaith cyflawn. Lluniwch synopsis crefftus; os na allwch ysgrifennu dwy ddalen ddiddorol, pa reswm sydd gan y cyhoeddwr dros gredu y byddwch yn ysgrifennu llyfr cyfan fydd yn ddiddorol?

Rhag ofn y caiff y gwaith ei wrthod, amgaewch amlen sy'n ddigon o faint i'w ddal yn rhwydd, a rhowch eich cyfeiriad a stamp arni.

Dewiswch wasg sy'n arbenigo ar gyhoeddi'r math o waith sydd gennych ar y gweill. Os drama neu gyfrol o ganeuon sydd gennych, cofiwch nad yw pob gwasg yn ymddiddori ym myd y theatr ac nad yw pob un yn arbenigo i'r un graddau ar gyhoeddi cerddoriaeth. Ewch at y wasg y bernwch sydd agosaf at yr hyn sydd ei angen arnoch, gan gofio mai cymharol fychan yw gwerthiant dramâu, er enghraifft, a bod gofyn i gyhoeddwr gadw llygad ar dueddiadau ac anghenion y farchnad.

Chwiliwch am wasg sy'n croesawu awdur, yn ogystal â'i waith. O safbwynt yr awdur, adran olygyddol y wasg yw ei chalon. A oes yn y wasg olygydd profiadol sy'n medru helpu'r awdur drwy ddangos iddo wendidau ei waith? Un sy'n medru ei gynghori ynghylch lle y dylid tocio – efallai i'r hanner – os yw'r deunydd yn ailadroddus; un sy'n medru ei helpu i ail-greu cymeriad yn fwy credadwy; un sy'n ei helpu i weld bod angen uno penodau, neu efallai eu rhannu; un sy'n medru cryfhau dechrau, ac yn enwedig ddiwedd, ei waith. A fyddech yn fodlon cydweithio â'r golygydd penodol hwnnw i'r graddau hyn? Gydag awdur sydd heb gyhoeddi o'r blaen, mae'n well gan rai golygyddion dderbyn darn o waith anorffenedig ganddo: gall golygydd da arwain awdur llai profiadol a'i arbed rhag y corsydd, yn hytrach na threulio oriau yn rhacsio gwaith mwy gorffenedig sy'n ymddangos yn ddi-fai i'r awdur.

Gofid pennaf rhai awduron yw na chaiff y gwaith ei dderbyn i'w gyhoeddi. Ond mae ystyriaethau eraill i gnoi cil drostynt. Mae angen golygydd creadigol a golygydd copi ar bob awdur. Yn y lle cyntaf, golygydd creadigol sydd bwysicaf i awdur. Gwaith golygydd creadigol yw sicrhau bod pob agwedd ar y gwaith yn foddhaol o ran cynnwys; bod y plot yn taro deuddeg, bod y cymeriadu'n dderbyniol, bod safiad y traethydd yn addas, ac ati. Pan fydd yr awdur a'r wasg yn hapus fod y golygu creadigol ar ben, yna bydd angen sicrhau gwasanaeth golygydd copi. Nid yw'n dilyn mai'r un person yw'r golygydd creadigol a'r golygydd copi. A oes yn y wasg olygydd copi sy'n feistraidd ei Gymraeg, ac sy'n ofalus hyd at fai wrth ddarllen proflen? Os nad oes, ceisiwch sicrhau bod gan y wasg drefniant ar gyfer gweithredu'r cam pwysig hwn yn foddhaol. Mae'r berthynas rhwng awdur a golygydd(ion) yn un glòs a gwerthfawr, felly peidiwch â gollwng gafael ar olygydd(ion) da. Os yw eich golygydd(ion) yn symud o un wasg i un arall, ystyriwch chithau symud.

Yn y lle cyntaf dylech ofyn yn y wasg pa wasanaethau y

gallant eu cynnig. Edrychwch ar y gwaith a gyhoeddwyd ganddynt eisoes i weld a yw'r safon yn dderbyniol, a gofynnwch i awduron profiadol sydd wedi defnyddio'r wasg honno am eu barn. Bydd eich dewis o wasg i raddau'n dibynnu ar eich chwaeth a'ch barn bersonol chi.

Wedi dewis gwasg a chael eich gwaith wedi ei dderbyn ganddi, bydd golygydd y wasg honno'n darllen y gwaith yn fanwl. Bydd yn gwirio mai opera gan Mozart yw *Don Giovanni* ac nid drama gan Beckett; nad oes chwe dydd Iau ym mis Medi'r nofel; bod manylion gwisg a gwedd y cymeriadau'n gyson drwy'r testun yn ogystal ag yn y llun(iau) lle y'u ceir. (Mae'r lluniau fel arfer yn cael eu comisiynu gan y wasg, ond bydd gofyn eu gwirio yn ystod y camau terfynol.) Efallai y bydd yn rhestru manylion pellach y dylai'r awdur eu gwirio, ac yn anfon rhestr o bethau sy'n ei daro'n chwithig ac yn annaturiol ond nad yw wedi medru eu datrys; neu efallai fod anghysonderau yn y naratif y dylai'r awdur eu cysoni. Mae'r materion hyn yn mynd ag amser golygydd, ac mae costau'r wasg yn cynyddu a'u helw'n gostwng – o ganlyniad, bydd llai o obaith i'ch ail gyfrol gael ei derbyn. Ceisiwch sicrhau bod eich gwaith mor gywir ag sy'n bosibl – o ran ffeithiau ac iaith – a byddwch yn fanwl ac yn effeithiol wrth ateb ymholiadau'r golygydd.

Busnes yw gwasg ac mae'n gorfod gwneud arian. Po leiaf o waith sydd i'w wneud ar deipysgrif, parotaf oll fydd y wasg i'w chyhoeddi. Gallwch wneud llawer i hwyluso gwaith golygydd drwy gyflwyno gwaith ar ffurf sy'n ateb gofynion y wasg. Mae'r cyfarwyddiadau isod yn gyffredinol dderbyniol yn y byd cyhoeddi, ond bydd gan rai gweisg eu hargymhellion eu hunain.

- Sicrhewch ffont sy'n medru cyflwyno ŵ ac ŷ. Os nad yw hynny'n bosibl, dewiswch ffont Times New Roman ar y cyfrifiadur.
- Gosodwch faint y ffont ar 12 pwynt fel nad yw'r print yn rhy fân i'w ddarllen yn gyffordus.
- Gosodwch ofod dwbl rhwng y llinellau er mwyn i'r golygydd gael lle i gywiro'r testun; mae hefyd yn fwy pleserus i'w ddarllen.

- Gosodwch un tab 0.5 cm o'r marjin chwith.
- Gosodwch farjin llydan (o leiaf 3 cm) bob ochr i'r testun, a digon o le ar frig ac ar droed y papur i farcio anghysonderau yn y naratif a gosod sylwadau golygyddol eraill.
- Unionwch y testun ar y chwith yn unig; mae'n ei gwneud yn haws gweld unrhyw anghysonderau a allai fod yn y gofod a roddwyd rhwng geiriau. Fodd bynnag, os ydych yn dymuno unioni ar y dde, diffoddwch y ddyfais sy'n gosod heiffen yn awtomatig, neu bydd yn hollti *ll*, *dd*, ac ati, ar ben llinell.
- Diffoddwch y ddyfais sy'n troi pob *i* yn briflythyren *I*.
- Gosodwch rif tudalen ar yr ochr dde ar frig y ddalen. Peidiwch â rhifo tudalennau pob pennod gan ddechrau â rhif 1 neu bydd y golygydd yn gorfod rhifo tudalennau'r gyfrol gyfan o'r ail bennod ymlaen i'r diwedd â llaw. Argymhellir hyn rhag ofn i'r dalennau rhydd gael eu cymysgu drwy anhap neu amryfusedd a hynny'n difetha trefn y dalennau.
- Yn ddelfrydol, rhowch eich enw a theitl y gwaith ar droed y ddalen.

Unwaith mae'r cyfrifiadur wedi'i osod, fe fydd y gwaith yn ffitio i'r patrwm yn ddi-lol, a golygydd y wasg cymaint â hynny'n hapusach. Wrth deipio'r gwaith dilynwch y canllawiau canlynol:

- Gosodwch linell paragraff cyntaf y testun ar ymyl y marjin; peidiwch â'i mewnosod. Peidiwch â mewnosod llinell gyntaf pennod, nac ychwaith linell gyntaf adran, na llinell gyntaf yn dilyn pennawd.
- Mae angen mewnosod llinell gyntaf pob paragraff, ac eithrio'r cyntaf. Defnyddiwch fysell tab yn hytrach na bylchwr i greu paragraffau.
- Peidiwch â rhoi bwlch rhwng pob paragraff.
- Dylech baragraffu yn hytrach na blocio.
- Fel rheol, peidiwch â theipio penawdau nac isbenawdau mewn priflythrennau, a pheidiwch â rhoi atalnod llawn ar eu hôl.
- Os dymunwch ddangos bod uned o'r gwaith yn dod i ben,

rhowch fwlch o un llinell i ddangos man terfyn yr adran. Gall y bwlch ddynodi diwedd golygfa, toriad amser, newid naws, newid cyfeiriad, ac ati.
- Peidiwch â mewnosod llinell gyntaf y paragraff cyntaf sy'n dilyn toriad.
- Dylech fewnosod pob llinell gyntaf deialog.
- Peidiwch â rhoi sêr rhwng unedau'r gwaith oni bai fod toriad yn digwydd syrthio yn union ar waelod un tudalen neu ar frig y nesaf, a bod yna bosibilrwydd na fydd y darllenydd yn sylwi arno. Gellir eu defnyddio hefyd lle mae gofod eisoes o boptu dyfyniad neu dabl, ac ati. Mewn sefyllfa o'r fath mae un seren yn ddigon.
- Argraffwch eich gwaith ar bapur gwyn o ansawdd da, o leiaf 80 g. Dim ond ar un ochr i'r papur y dylech argraffu'r testun.
- Peidiwch â styfflu'r gwaith at ei gilydd; defnyddiwch glip papur o faint addas.
- Gellir lleihau camgymeriadau sillafu drwy redeg rhaglen CySill.

Ar ôl i'r awdur anfon ei waith at y wasg yn gwbl derfynol, hynny yw ar ôl cydweithio â'r golygydd, mae'n ddealledig i'r wasg nad yw'r awdur am newid dim pellach ar y testun. Os yw'r awdur yn newid ei feddwl ar ryw bwynt, ac yn dymuno ail-lunio adran yn helaeth i'r graddau fod cysodwyr y wasg yn gorfod ailgysodi, yna gall y wasg hawlio tâl gan yr awdur. Nid yw hynny'n digwydd yn aml gan y byddai'n fwy cyffredin y dyddiau hyn i'r awdur orfod ailgyflwyno'r gwaith, a hynny ar ôl ymgynghori â'r golygydd.

Gall cryn fwlch o amser fynd heibio rhwng anfon y gwaith at y cyhoeddwr, cael penderfyniad ynghylch cyhoeddi neu beidio, a'r dasg o fformatio'r gwaith a llunio proflen.

Mae yna drefn gydnabyddedig i'w dilyn wrth osod gwahanol adrannau'r llyfr at ei gilydd. Rhestrir isod bob darn yn y drefn briodol, ond ni fydd pob cyfrol, o bell ffordd, yn cynnwys y rhain i gyd. Fel rheol, y golygydd, y wasg a'r cyhoeddwr sy'n paratoi'r tri phwynt cyntaf a nodir isod, ond bydd yr awdur a'r cyhoeddwr wedi cytuno ar deitl y llyfr ymlaen llaw, pwnc a all fod yn un cynhennus gan fod safbwynt marchnata'r wasg, er enghraifft, i'w ystyried.

- rhagdeitl (yn rhoi teitl llawn y gyfrol, gan gynnwys isteitl; teitl y gyfres a rhif y gyfrol yn y gyfres honno; ni roddir enw'r awdur yma); gadewir y ddalen chwith yn wag
- wyneb-ddalen (yn rhoi teitl llawn y gyfrol, ynghyd ag enw'r awdur); os oes wyneb-ddarlun dylid ei osod ar y ddalen gyferbyn â'r wyneb-ddalen
- manylion llyfryddol (sef enw a chyfeiriad y cyhoeddwr a'r argraffwyr, symbol hawlfraint rhyngwladol © ac enw'r sawl sy'n dal yr hawlfraint, dyddiad yr argraffiad cyntaf a'r argraffiadau dilynol, ISBN, cofnod catalogio, ac ati); y golygydd, y wasg a'r cyhoeddwr sy'n arfer paratoi'r ddalen hon
- cyflwyniad neu epigraff; gadewir y ddalen chwith yn wag
- rhestr gynnwys
- rhestr ddarluniau (yn y drefn a ganlyn: platiau, ffigurau, mapiau)
- rhagair o waith rhywun heblaw awdur y gyfrol
- rhagair yr awdur
- diolchiadau
- byrfoddau
- rhagymadrodd
- testun
- atodiad(au)
- nodiadau a chyfeiriadau ar gyfer y gwaith i gyd
- geirfa
- llyfryddiaeth
- mynegai
- Rhifir y dalennau sy'n dod o flaen y prif destun mewn rhifau bach rhufeinig, ond ni nodir y rhif ar rai tudalennau (er enghraifft rhagdeitl, wyneb-ddalen, ac ati). Trowch i rifau arabaidd ar gyfer tudalen agoriadol y prif destun, ond gwaith y cyhoeddwr yn bennaf fydd gweithredu'r drefn hon.

Yn achos cyfrol ffeithiol bydd angen i awdur a golygydd gytuno
ynghylch y defnydd o droednodiadau, neu nodiadau terfyn. Mae'n
bosibl eu gosod ar ddiwedd pob pennod, neu, os dymunir, gellir
gosod y nodiadau i gyd ar ddiwedd y gyfrol. Dylid defnyddio
uwchrifau cyfeirio, a'u gosod i ddilyn unrhyw atalnodi a allai
fod yn y testun:
    Taliesin o Heilin hil.[1]
Ond yn bwysicach na'u lleoliad mae angen i awdur fod yn glir
ynglŷn â'u natur. Nid cyfle i lunio ychwanegiadau lled helaeth
yw troednodyn neu nodyn terfyn, ond yn hytrach gyfle i roi
cyfarwyddyd byr. Lluniwyd rhai erthyglau Cymraeg sydd â'u
troednodiadau'n hwy na'r erthygl ei hun, ac i bob pwrpas yn
erthygl newydd. Ni ddylai hyn fod, ac mae'r awdur yn manteisio ar
y cyfleuster wrth ei ddefnyddio felly. Os yw cynnwys y troednodyn
yn ddigon perthnasol a phwysig, dylid ystyried ei gynnwys yn y
prif destun.

Gweithio'n electronig

Mae manteision amlwg i'r wasg pan fydd awdur yn cyflwyno ei waith yn electronig, cymaint felly nes bod rhai gweisg yn mynnu mai dim ond gwaith ar ffurf electronig y maent yn fodlon ei ystyried. Nid yw gweisg yn hoffi derbyn gwaith wedi ei deipio, ac mae'r awduron hynny y derbynnir eu gwaith mewn llawysgrifen yn eithriadau prin bellach.

O weithio drwy gyfrwng y system electronig dylai'r awdur sicrhau bod ganddo gopi wrth gefn o'r gwaith, a bod hwnnw'n cael ei ddiweddaru'n ddyddiol. Problem amlwg gyda'r dull electronig yw firysau. Gall firws ddifetha oriau o waith, felly gosodwch becyn gwrthfirws ar eich cyfrifiadur cyn dechrau.

Mae'n hawdd newid cystrawen neu gynnwys brawddeg yn electronig, ac mae'n demtasiwn gwneud mân newidiadau ac ychwanegu paragraffau, hyd yn oed ar ôl anfon y gwaith i'r wasg. Gallwch arbed amser i'r wasg drwy sicrhau na fyddwch yn newid dim ar y gwaith wedi i chi ei gyflwyno. Peidiwch ag anfon tudalennau wedi eu diweddaru at y wasg bob dau funud. Os oes rhaid newid darn anfonwch y darn newydd ar bapur A4 gyda'r newidiadau wedi eu marcio'n eglur.

Problem arall yw golwg y gwaith. Gan ei fod yn edrych yn debyg i ddarn wedi ei argraffu'n derfynol, mae'n anodd meddwl amdano fel yr hyn ydyw, sef drafft y gellir gweithio arno. Peidiwch â'i wneud yn rhy debyg i dudalen llyfr drwy roi gofod cul rhwng llinellau, a theip mor fân i uwchrifau fel nad oes modd eu gweld yn rhwydd. Creu copi gwaith ar gyfer y golygydd yw tasg awdur, ac felly gwnewch bethau'n hawdd iddo.

Mantais y dull electronig yw rhwyddineb math penodol o gywiro. Drwy gyfrwng y cyfleuster chwilio-a-newid gall golygydd restru newidiadau y dylai'r awdur fod yn gyfrifol amdanynt. Gall gysoni ei ddefnydd o briflythrennau (megis Caer Efrog/Caerefrog), sillafiad enw megis Anne/Ann os yr un cymeriad yw, newid teip trwm am deip italig, newid cyfeiriadau op.cit. yn gyfeiriadau awdur–dyddiad, ac ati. Dylai'r awdur ddod o hyd i bob un enghraifft o wall penodol drwy ddefnyddio'r dull hwn – rhywbeth na allai golygydd fod yn sicr o'i gyflawni'n gwbl gyson cyn dyddiau'r cyfrifiadur. Os oes angen newid maint y gofod sydd rhwng llinellau, gellir gwneud hynny'n rhwydd drwy ddefnyddio'r dull electronig, a gellir ychwanegu at lyfryddiaeth neu ei chwtogi os dymunir gwneud hynny.

Dylech nodi unrhyw anghenion penodol y dylai'r wasg fod yn ymwybodol ohonynt cyn cyhoeddi. Os oes angen llythrennau Groeg neu Hebraeg, neu angen cyhoeddi llinell o gerddoriaeth, rhowch wybod i'r wasg mewn da bryd. Os nad yw'n bosibl rhoi rhai neu'r cyfan o'r symbolau hyn ar y ffeil, dylech eu hysgrifennu â llaw yn eich gwaith, ac yna uwcholeuo'r darn. Neu gallech ddefnyddio symbolau penodol yn lle'r rhai nad ydych yn medru eu cynnwys, os ydych yn sicr nad yw'r symbolau hynny'n cael eu defnyddio mewn man arall yn y testun. Byddwch yn gwbl gyson eich defnydd o unrhyw symbolau sy'n cael eu defnyddio i gynrychioli symbolau eraill, a rhestrwch hwy ar gyfer y golygydd.

Unwaith mae'r golygydd yn fodlon nad oes mwy y gall awdur ei wneud i'r gwaith, gall fynd ati i ychwanegu ei gywiriadau ei hun. Trefn arferol y gweisg yw fod allbrint yn cael ei wneud o waith gorffenedig yr awdur, a bod unrhyw newidiadau mae golygydd y wasg am eu gwneud yn cael eu nodi ar yr allbrint. Cywiro ar bapur a wneir felly, ac fe anfonir y gwaith cywiredig at yr awdur, ar bapur, er mwyn iddo fedru gweld pa newidiadau a wnaed. Disgwylir i'r awdur ddarllen y broflen hon, nodi arni unrhyw gywiriadau pellach, unrhyw newidiadau golygyddol y mae'r awdur yn anghytuno â hwy, ac unrhyw sylwadau pellach sydd ganddo. Gwnewch hyn mewn inc du, neu las tywyll, yn unol â'r marciau a argymhellir gan British Standard 5261, ac a nodir isod (tt. 47–9). Peidiwch â gwneud eich newidiadau ar ddisg a'u hanfon i'r wasg.

Bydd cysodydd y wasg, neu gysodydd hunangyflogedig sy'n gweithredu ar ei ran, yn ymgorffori'r cywiriadau ar ffeiliau'r wasg. Caiff yr awdur ail broflen, sef copi caled arall, i'w chywiro, a bydd angen gwirio pob rhan ohoni.

2 Llywio llyfr drwy'r wasg

Golygu testun

Pan ddaw testun i law mae'n hanfodol ei fod yn cael ei olygu mewn ffordd sensitif a manwl, a bod y golygydd yn cadw at gywair sy'n briodol i'r darn. Cywirwch bob brawddeg o ran cynnwys, gramadeg, cysonder ffurfiau, cywair, a mydr. Cywirwch bob paragraff gan ddilyn yr un canllaw. Efallai y bydd yn rhaid newid trefn brawddegau neu baragraffau, dileu geiriau, neu dalpiau o waith. Tynhewch strwythur bob paragraff er mwyn rhoi dyfnach graen i'r cyfan. Byddwch yn amyneddgar. Os collwch eich synnwyr o ymrwymiad i'r gwaith, bydd yr un frawddeg yna nad oedd gennych y dyfalbarhad i'w gwella yn fan gwan amlwg yn y cyfanwaith.

Isod rhoddir fersiwn cyntaf, ynghyd â fersiwn golygedig, gwahanol ddarnau o destun mewn gwahanol gyweiriau. Mae gan bob golygydd ei ddull ei hun o olygu, a phwysleisir mai darnau o olygu *enghreifftiol* yw'r rhain.

Darn 1: Iaith ffurfiol, gyfoes
(a) Heb ei olygu
Wrth olygu testun am y tro olaf mae'n waith caled. Mae hefyd yn gallu bod yn waith diflas iawn. Dylai'r syniadau fod yn eu lle, ac yn anffodus mae teimladau cyffrous y nofelydd wedi marw i lawr. Does dim byd i'w wneud ond cywiro a chael pethau'n gyson, a hynny am amser hir. Yn gyntaf cywirwch y cynnwys, yna'r gramadeg, yna'r cywair, ac yn olaf y mydr. Dylech wneud hyn i bob brawddeg ac i bob paragraff. Mae'n siŵr y bydd y gwaith yn haeddu llawer o newid trefn brawddegau a pharagraffau, tynnu allan llawer o eiriau, ac mae'n siŵr tynnu allan llawer o olygfeydd. Gwnewch bob paragraff mor dynn ag sy'n bosibl. Dyma'r haen o waith caled a fydd yn rhoi sglein i'r gwaith gwreiddiol. Bydd yn gwneud y gwaith yn dynn a chyfan. Peidiwch â theimlo stress. Bydd yr un frawddeg yna doedd gennych chi ddim amynedd na nerth i'w gwella, os collwch chi eich drive a'r meddwl cryf eich bod eisiau gwneud rhywbeth, yn sefyll i'ch cyhuddo am weddill eich oes ac yn difetha'r gwaith.

(b) Wedi'i olygu
Mae golygu testun am y tro olaf yn waith caled, ac yn aml yn waith digon diflas. Mae'r syniadau yn eu lle, a chyffro'r dweud drosodd. Bellach dim ond

cywiro a chysoni sydd o'ch blaen. Cywirwch bob brawddeg o ran cynnwys, gramadeg, cywair, a mydr. Cywirwch bob paragraff gan ddilyn yr un canllaw. Efallai y bydd yn rhaid newid trefn brawddegau neu baragraffau, dileu geiriau, neu dalpiau o waith. Tynhewch strwythur bob paragraff er mwyn rhoi dyfnach graen i'r gwaith. Peidiwch â bod yn ddiamynedd. Os collwch eich synnwyr o ymrwymiad i'r gwaith, bydd yr un darn yna, efallai yr un frawddeg yna nad oedd gennych y dyfalbarhad i'w gwella, yn eich cyhuddo weddill eich oes, yn fan gwan amlwg yn y cyfanwaith.

Darn 2: Iaith anffurfiol

(a) Heb ei olygu

Buodd sawl ymwelydd yma heddiw. 'waeth i chwithau gael gwybod pwy oeddent hwy ddim.

Gweinidog oedd yr unfed, ond nid fy un personnol i'n hun. 'Doedd o ddim yn un o y rheiny sy'n gwisgo jîns a chlyst-dlyssau a trainers gwyn, budr 'chwaith, ac yn crefu ar bobol i'w alw'n 'Will'. Na, 'roedd hwn yn gwisgo'n deidi ac wedi'n rhybyddio'i fod ar ei ffordd. Fe drefnodd amser i drafod.

'Pryd sy'n gyfleus i chwi,' gofynodd.

'Well, mae genni fabi.'

'O help! Prynhawn felly, îa.'

'Mi fyddai'r borre yn haws. Mae gennyf i un babi drwy'r dydd, tri o blant erbyn amser tê, ac y mae'n berygl y bydd yma rwng saith a dêg ar rôl hyny.'

''Tydi hi fel Eisteddfod yr urdd acw.'

Ond fe ddaeth draw yr un fath yn inion.

Pedwar myfyrwyr ddaeth accw nesaf. Bwriadodd un rhedeg hairdressers. Yno, byddai'n golchi gwalltiau pawb a âi drwy'r drws a'i rhoi i eistedd yn res o benau sôcan gyda magasîn a coffi nes fod y ferch oedd wedi arfer, ac oedd yn gweithio iddi, yn cael chance i roi crîb ynddo. 'Roedd un am gynnhyrchi llyshai organic ar fferm ei dâd—dim byd sgleini na dim byd felly, dim ond ychydig o fresych drwy'r amser ac un neu ddau o pethau di-drafferth arall. Roedd un am bod yn ddyn cerddorruaeth yn Chicago, a'r llall am bod yn agent llennyddiaeth, pŵr dab.

(b) Wedi'i olygu

Bu sawl ymwelydd yma heddiw. Waeth i chithau gael gwybod pwy oedden nhw ddim.

Gweinidog oedd y cyntaf, ond nid fy ngweinidog i fy hun. Doedd o ddim yn un o'r rheini sy'n gwisgo jîns a chlustdlysau a *trainers* gwyn budr

chwaith, ac yn crefu ar bobl i'w alw fo'n Wil. Na, roedd hwn yn gwisgo'n deidi ac wedi fy rhybuddio ei fod ar ei ffordd. Fe drefnodd amser i drafod.
'Pryd sy'n gyfleus i chi?' gofynnodd.
'Wel, mae gen i fabi.'
'O'r arswyd! Pnawn felly, ia?'
'Mi fyddai'r bore'n haws. Mae gen i un babi drwy'r dydd, tri o blant erbyn amser te, ac mae'n beryg y bydd yma rhwng saith a deg ar ôl hynny.'
'Tydi hi fel Steddfod yr Urdd acw.'
Ond fe ddaeth draw yr un fath yn union.

Pedwar myfyriwr ddaeth acw nesaf. Bwriadai un redeg siop trin gwallt. Yno, byddai'n golchi gwallt pawb a ddeuai drwy'r drws a'u rhoi i eistedd yn rhes o bennau diferol gyda chylchgrawn a choffi nes bod y ferch brofiadol a fyddai'n gweithio iddi yn cael amser i roi crib drwyddo. Roedd un am gynhyrchu llysiau organig ar fferm ei dad – dim byd sgleiniog na dim byd felly, dim ond ychydig o fresych drwy'r flwyddyn ac un neu ddau o bethau didrafferth eraill. Roedd un am fod yn gerddor yn Chicago, a'r llall am fod yn asiant llenyddol, druan bach.

Darn 3: Llifymwybod anffurfiol

(a) Heb ei olygu

Maes y Mellden
Llan-fihangel Maesnant
Clwyd
MN1 9YH
Gorffenaf 25, 1994

Anwyl Eirian

Dyma fi yn y tŷ tri o'r gloch ar prynhawn Ddydd Gwener yn aros nes i'r amser bassio nes aiff Huw i casgli'r blant o'r yscol. Mae wedi cymrryd bnawn o'i waith er mwyn immi gael llonnydd i poeni, achos mae fi gyn eitem go mawr ar fy calendr heddiw. Fi yn mynd i fy cynadledd cyntaf, ac yn Aros Dros Nos.

Bûais yn Howells yn prynnu coban â phôb dim. Yr oedd beth oedd fi gyn ddim yn ffit i weld yn le or math. Un â botymmau perrl arnu a brynnais i am hi'n *Keyser*, ac am hi ar pris gostyngedig.

Poinais drwy'r wythnos am mae'r llythyr yn dweid i pawb or in ardal teithio gyda'u gilidd. Beth fi'w dweid am awr ac haner yn tu nôl gar i pobl ti ddim yn ei hoffi. Gorffen y cân yw hin—dim in o nw'n ofyn immi find yn car nw eniwê

Bûais wrthi drwyr didd yn feddwl peth i gwisgo fel fi'n edrych fel byswn i ddim yn malio ddim am y beth. Mai'n hannodd. Ond mai popeth yn iawn. Mae fi gen sgert gyn cwmni Cotwm a blows Plant y Byd. Rhoiodd fi *Pledge* ar esgidiau fi—rei ddu a prynais fi yn Aber-sôch llynedd—nes bod nw'n tywynnu fel hael. Mae angen dalli pawb 'does? Dyna am pamm mai pobol yn mind ir fâth pethai?

Mae nain yn sâl. Buodd mam ar ei draed gida hi drwyr nôs.

Dîolch am y siwmper ir blant. Brill. Yr un mewn llin y tîm bêldroid ar aeth i lawr yn mwyaf da.

Fi'n mind i cymryd dau Panadol at y nerfs. Fi'n ysgrifennaf eto pan fydd llaw fi'n crynnu llai

Hwyl
Carys-Meleri

P.S.
Just as well bod fi wedi dod a ddyddiadir i'r cynadledd ofnadwi hwn. Mae'n cwmni mwy gwell nag bobol. ... Pan gyrreiddais yr oedd yma ddim neb yr oedd fi'n nabod. Daeth in Arolygwyr eu Fawrhydi allan o'r drws fel roedd fi'n gyrrhaedd. Roidd hi gyn wàd o gwalld felyn ar pen hi a blows streips gôch a gwyn amdan hi a hono'n dangos drwy sgert hi.Ond roedd hi ddim mor gwylld ac hi'n edrych.

Ond tê ag bisgedi oedd i tê. Roidd bol fi'n rymblo drwy'r gyfarfod wedin. Pawb â'i Farn oedd y gyfarfod, in or hên ffefryniadau. Cêg y cynadledd dechreiodd a naith o ddim sdopio drwy'r ben-wythnos. Wedin dymma riw lembo o'r Cannol-fan Cyd-gordio yn tynu papurrau bwysig o bag fo a ddechrau ei ddarllen gair am air. Yr oedd o ddim yn gwybod yn iawn y stori mai'n ammlwg gan i fo hitio wal un waith a gorfod ddechrai'r brawddeg eto gida stress wahanol. Roidd yn gwell felly, ond yr wyf fi ddim yn hollol sicr eto bod fi wedi gael gafail ar dadl fo.

Fe gwnês i sioe da. Pryd dywedodd riwin rhywbeth am editio ddeunydd i plant ar gyfer gystadleiaith, fe ddechraiodd fi ddweud am y stuff ofnadwi mai oidolion yn ddisgwyl eu cail wedi'u cyhoeddi ag fe dechreiodd bawb siarad ar fy traws fi. Gadawais i llonnydd i nw fynd ynmlain nes bod ddim ond dau neu tri yn siarrad ar yr in bryd a nêb yn clywed dim un o nw'n iawn. Dyna pan dywedodd y ceg mae ond haner frawddeg oedd fi wedi cael ddweud ag am i nw adael llonnydd immi gorffen. gofynodd fi am twenti-K i'r gwasg fi'n gynrychiolu so hi'n fedri fforddio gael fi. Oedd bawb yn amazed.

Y Golygiadur

(b) Wedi'i olygu
Maes y Fellten
Llanfihangel Maesnant
Clwyd
MN1 9YH
25 Gorffennaf 1994

Annwyl Eirian

Dyma fi yn y tŷ am dri o'r gloch ar bnawn dydd Gwener yn aros i'r amser fynd heibio nes bydd Huw yn mynd i gasglu'r plant o'r ysgol. Mae wedi cymryd pnawn o'i waith er mwyn imi gael llonydd i boeni, achos mae gen i eitem go fawr ar y calendr heddiw. Dwi'n mynd i fy nghynhadledd gyntaf, ac yn Aros Dros Nos.

Fues i yn Howells yn prynu coban a phob dim. Doedd beth oedd gen i ddim ffit i'w gweld mewn lle o'r fath. Un a botymau perl arni brynais i am ei bod hi'n Keyser, ac am ei bod hi ar bris gostyngol.

Poenais drwy'r wythnos am fod y llythyr yn dweud fod yn rhaid i bawb o'r un ardal deithio hefo'i gilydd. Beth sydd i'w ddweud am awr a hanner yn sedd gefn car wrth bobl dwyt ti ddim yn eu hoffi? Diwedd y gân oedd hyn – wnaeth dim un ohonyn nhw ofyn imi fynd yn eu car nhw p'un bynnag.

Bûm wrthi drwy'r dydd yn meddwl beth i'w wisgo fel fy mod i'n edrych fel taswn i'n malio dim am y peth. Mae'n anodd. Ond mae popeth yn iawn. Mae gen i sgert gan gwmni Cotwm, a blows Plant y Byd. Rhois Pledge ar fy sgidia – rhai du brynais i yn Aber-soch llynedd – nes eu bod nhw'n tywynnu fel haul. Mae angen dallu pawb 'does? Dyna pam mae pobol yn mynd i'r fath bethau.

Mae Nain yn sâl. Bu Mam ar ei thraed hefo hi drwy'r nos.

Diolch am y siwmperi i'r plant. I'r dim. Yr un a llun y tîm pêl-droed arni aeth i lawr orau.

Rwy'n mynd i gymryd dwy Panadol at y nerfau. Mi sgwenna i eto pan fydd fy llaw i'n crynu llai.

Hwyl
Carys-Meleri

ON
Llawn cystal fy mod wedi dod â dyddiadur i'r gynhadledd ofnadwy yma. Mae'n gwmni gwell na phobl ... Pan gyrhaeddais doedd yma neb roeddwn i'n ei nabod. Daeth un o Arolygwyr ei Mawrhydi allan drwy'r

drws wrth 'mod i'n cyrraedd. Roedd ganddi wàd o wallt melyn ar ei phen a blows streipiau coch a gwyn amdani a honno'n dangos drwy ei sgert hi. Ond doedd hi ddim mor wyllt ag yr edrychai.

Dim ond te a bisgedi oedd i de. Roedd fy mol yn cadw sŵn drwy'r cyfarfod wedyn. Pawb â'i Farn oedd y cyfarfod, un o'r hen ffefrynnau. Ceg y gynhadledd ddechreuodd, a thawodd o ddim drwy'r penwythnos. Wedyn dyma ryw lembo o'r Ganolfan Gydgordio yn tynnu papurau pwysig o'i fag a dechrau eu darllen air am air. Nid oedd yn gyfarwydd iawn â'r llith, mae'n amlwg, gan iddo fynd i'r wal unwaith a gorfod dechrau'r frawddeg eto gyda phwyslais gwahanol. Roedd yn well felly, ond dwi ddim yn hollol sicr eto fy mod wedi cael gafael ar ei ddadl.

Fe wnes i sioe dda. Pan ddywedodd rhywun rywbeth am olygu deunydd i blant ar gyfer cystadleuaeth, fe fachais ar hynny a dechrau dweud am y deunydd ofnadwy mae oedolion yn disgwyl ei gael wedi'i gyhoeddi ac fe ddechreuodd pawb siarad ar fy nhraws i. Gadewais lonydd iddynt fynd yn eu blaenau nes bod dim ond dau neu dri yn siarad ar yr un pryd a neb yn clywed yr un ohonyn nhw'n iawn. Dyna pryd y dywedodd y geg mai dim ond hanner brawddeg yr oeddwn i wedi cael ei dweud ac am iddynt adael llonydd i mi orffen. Gofynnais am £20,000 i'r wasg yr oeddwn yn ei chynrychioli, fel ei bod yn medru fforddio fy nghynnal i. Roedd pawb yn gegagored.

Darn 4: Tafodiaith

(a) Heb ei olygu

Oedd Carys-Meleri ar y ffon bron cyn ir wawr dorri.

'Hiya! Ti ddim yn mynd i credu. Siaradodd y ben fran hefo'r gêg mwyaf mawr nes haner y nos – neu haner y borre yn dibynu prud aeth riwin i'i wely!!!'

'Carys-Meleri! Dim ond pump o'r gl-'

'Yeah! Ti'n cofio ti'n … '

Ond 'roedd y llinnell yn farw.

'Be syn bod hefo *ti*?!'

Fentrodd Carys-Meleri ddim yn agos at ei *Nokia* tan amser cinio.

'Fi sy'ma. Amser breccwast just immi fynd odan yr bwrdd. Ddôth yr ddynes Llundain i fewn. Sbiodd bawb ar hi ac ddechrau cega am hi cyn i hi cael i jiws.'

'Carys-Mel-'

'Gormod o stuff ar gwyneb hi, meddai bawb.'

'Carys-'

'Oedd llgada hi amser swpper neithiwr yn pôb lliwr ennfys. Amser breccwast heddyw ryw frown oedd nw mwyaf, a'r merchaid wirion yn disgusted bod hi wedi crafir oll o'r lliwiau hyny i'r basged spwrriel a newid yr décor erbyn heddiw.'
'Plis Car-'
'Ond oedd hyny yn fwy gwell na gwrando ar nw yn deid am yr dyn oedd yn pigo ei glust yn ddarlith hi.'
'CARYS!'
'Well fi tewi. Mai riwin o Los Angeles yn mynd i deid am darllen bromides.'

(b) Wedi'i olygu
Roedd Carys-Meleri ar y ffôn bron cyn i'r wawr dorri.
'*Hiya!* Ti ddim yn mynd i credu. Siaradodd y ben frân hefo'r geg mwyaf mawr nes hanner y nos – neu hanner y bore yn dibynnu pryd aeth rhywun i'w wely!'
'Carys-Meleri! Dim ond pump o'r gl—'
'*Yeah!* Ti'n cofio ti'n ... '
Ond roedd y llinell yn farw.
'Be sy'n bod hefo *ti*?!'
Fentrodd Carys-Meleri ddim yn agos at ei Nokia tan amser cinio.
'Fi sy yma. Amser brecwast just imi fynd o dan y bwrdd. Ddoth y ddynes Llundain i fewn. Sbiodd bawb ar hi a ddechra cega am hi cyn i hi cael 'i jiws.'
'Carys-Mel—'
'"Gormod o stuff ar gwyneb hi", meddai bawb.'
'Carys — '
'Oedd llgada hi amser swper neithiwr yn pob lliw'r enfys. Amser brecwast heddiw ryw frown oedd nhw mwyaf, a'r merchaid wirion yn *disgusted* bod hi wedi crafu'r oll o'r lliwiau hynny i'r basged sbwriel a newid y *décor* erbyn heddiw.'
'Plîs Car—'
'Ond oedd hynny'n fwy gwell na gwrando ar nw yn deud am y dyn oedd yn pigo ei glust yn ddarlith hi.'
'CARYS!'
'Well fi tewi. Mae rhywun o Los Angeles yn mynd i deud am darllen *bromides*.'

Efallai y byddwch yn teimlo bod angen mynd gam ymhellach wrth olygu'r darn uchod, a'ch bod yn ystyried mai bratiaith yn gymysg â thafodiaith sydd yma. Mae'n amhosibl penderfynu hynny wrth edrych ar un darn a hwnnw allan o'i gyd-destun. Dylid edrych ar thema a diben y gwaith cyfan cyn dod i gasgliadau rhy bendant, a dylid pwyso a mesur pa mor bwysig yw'r arddull uchod wrth gyfleu'r thema honno. Dylid gwrthbwyso hynny yn erbyn amynedd tybiedig y gynulleidfa. Os oes gormod o dafodiaith gref neu o fratiaith garbwl mewn darn hir, gall y darllenydd ddiflasu a rhoi'r gorau i'w ddarllen. Pwysleisir y dylai awdur a golygydd drafod yn fanwl cyn mynd ati i olygu darnau mewn tafodiaith, neu ddarnau lle mae Cymraeg anffurfiol yn cael lle amlwg. Mae'n hanfodol bwysig fod cytundeb ar sut i gysoni sillafiad pob gair ac ymadrodd a gyflwynir mewn cywair anffurfiol.

Ar y cyfan awgrymiadau yw'r newidiadau neu'r gwelliannau a gynigir gan olygydd, a hwyrach mai gan yr awdur y mae'r gair olaf yn eu cylch (heblaw am y cywiriadau o ran orgraff, cystrawen a gramadeg). Ond nod golygydd, bob amser, yw gwella ansawdd y testun, a hynny er lles y darllenydd a'r awdur fel ei gilydd.

Teipograffeg

Gwaith teipograffydd yw dewis y teip gorau i gyflwyno testun a'i ystyr. Mae dewis deallus o wyneb, steil, gofod, ac unrhyw ofod ychwanegol a osodir rhwng llinellau, yn allweddol i gynhyrchu cyhoeddiadau sy'n apelio at y llygad yn ogystal ag at y meddwl. Un o swyddogaethau golygydd yw rhoi gwybod i'r teipograffydd beth yw natur y gwaith o dan sylw, ac yna drafod y posibiliadau teipograffyddol a gynigir iddo. Dylid bod yn neilltuol ofalus wrth ddewis y math o deip a ddefnyddir i gyflwyno testun Cymraeg. Gall dewis yn ddoeth wella golwg y testun a hwyluso llithrigrwydd ei ddarllen. Cynhyrchwyd nifer o ffontiau yn benodol ar gyfer argraffu yn yr iaith Saesneg. Ni wnaed hynny yn y Gymraeg hyd yma, ond mae rhai o'r ffontiau a luniwyd ar gyfer y Saesneg yn gweithio'n dda wrth argraffu testunau Cymraeg yn ogystal. Ymysg y rhai gorau y mae Times New Roman, Plantin Light, a New Baskerville. Ond gellid dadlau nad oes y fath beth â theip gwael, dim ond defnydd gwael ohono.

Mae i bob iaith ei phriod nodweddion, felly mae'n rhaid i olygydd ystyried y pwyntiau canlynol cyn bod teip yn cael ei ddewis:
- pa lythrennau sydd ag acenion arnynt neu oddi tanynt
- pa mor aml mae'r gwahanol lythrennau'n digwydd
- pa gyfuniadau o lythrennau sy'n digwydd a pha mor aml y'u defnyddir
- pa mor hir yw geiriau'r iaith, ar gyfartaledd

Mesurir llythyren yn ôl uchder 'x', sef uchder y llythyren fach x mewn unrhyw ffont. Dyma uchder 'dolen' y llythyren (llythrennau megis *c, i, m, o,* ac ati). Mae i lawer o lythrennau esgynnydd (*d, h*), sef cynffon sy'n codi o'r ddolen, neu ddisgynnydd (*g, y, j, p*), sef cynffon sy'n disgyn o'r ddolen. Peidiwch â dewis teip sy'n tynnu sylw at esgynyddion a disgynyddion.

Gan fod nifer o lythrennau'r Gymraeg yn rhai llydain a'u bod yn digwydd yn aml, er enghraifft *y, w, dd, ch,* dewiswch deip sy'n culhau'r llythrennau hyn.

Acenion: ŵ ac ŷ

Dim ond y Gymraeg sy'n rhoi acen grom ar *w* ac *y*. Gallwch brynu pecyn sy'n cynnwys pum ffont sy'n darparu ŵ ac ŷ. Mae sefydliadau fel Prifysgol Cymru yn rhaglennu eu cyfrifiaduron i dderbyn yr acenion ar ffontiau eraill, ac mae tai cyhoeddi'n defnyddio dulliau penodol i osod acenion ar *w* ac *y* mewn unrhyw ffont. Os nad oes gan awdur y symbolau ŵ ac ŷ ar ei gyfrifiadur gall fynd i Insert Symbol, dewis ^w ac ^y a rhoi *assign key* iddynt. Dewis arall yw i awdur roi symbol anghyffredin i mewn yn eu lle er mwyn i'r wasg fedru rhedeg cyfleuster chwilio-a-newid, ond dylid trafod hynny â'r wasg cyn cyflwyno'r gwaith. Pa ddull bynnag a ddewisir mae problemau'n codi pan geisir symud y testun o un cyfrifiadur a'i gymathu ag un arall. Dylid sicrhau bod pob ŵ ac ŷ wedi trosi'n llwyddiannus.

Bylchau

Mae'r bylchau sydd rhwng llythrennau'n newid o ffont i ffont, a rhwng llythrennau mewn teip rhufeinig a theip italig, a rhwng priflythrennau a llythrennau bach. Gan gadw hynny mewn cof, gwyliwch fod y bwlch sydd rhwng un llythyren a'r llall o fewn gair yn edrych yn gymesur. Oherwydd siâp y gwahanol lythrennau gallant edrych fel petai gormod o fwlch rhwng rhai a'i gilydd, a dim digon rhwng rhai eraill. Mae ambell gyfuniad o lythrennau'n gweithio'n dda, ac ambell gyfuniad, er enghraifft *wy* ac *yw*, lle mae'r llythrennau'n edrych fel petaent yn rhy bell oddi wrth ei gilydd. Wrth ddarllen proflen dylai awdur a golygydd dynnu sylw'r cysodydd at hyn er mwyn iddo gornio'r llythrennau at ei gilydd i wella golwg y testun.

Gwyliwch fod y bylchau sydd rhwng un gair a'r llall yn edrych yn gymesur. Gall caniatáu gormod o wynder rhwng geiriau dorri ar rediad y darllen ac achosi i 'afonydd' gwyn ymddangos ar hyd y tudalen. Wrth ddarllen proflen mae'n bwysig mynd i'r afael â'r broblem hon. Gall cysodydd ei datrys drwy sicrhau bod y bylchau sydd rhwng y geiriau'n gyson, ac osgoi cael gormod o eiriau byrion o lythyren neu ddwy mewn brawddeg, os yw hynny'n bosibl. Mae hon yn broblem arbennig yn Gymraeg, ac yn aml nid oes dewis ond cadw rhibyn o eiriau byr; serch hynny, dylai'r sawl sy'n darllen y broflen, yn awdur ac yn olygydd, dynnu sylw atynt er mwyn i'r cysodydd, efallai, eu cornio'n nes at ei gilydd. Dylai golygydd nodi'r materion hyn ar y broflen, nid eu newid ar y peiriant.

Mater arall i fod yn ymwybodol ohono yw maint y bwlch a ddylai fod rhwng y llinellau rhag bod gormod neu ry ychydig o wynder rhwng pob llinell o destun. Gan fod *y* yn digwydd cynifer o weithiau yn Gymraeg, a chan fod y llythrennau dwbl (yn enwedig *dd, ff, ll, th*) yn creu cynifer o esgynyddion, caniatewch ddigon o wynder rhwng y llinellau i wneud y gwahaniaeth rhwng un llinell a'r llall yn gwbl eglur. Po fwyaf fydd uchder 'x', mwyaf oll o wyn y bydd ei angen rhwng y llinellau.

Nodwch ar y deipysgrif bob peth y dylai'r dylunydd fod yn ymwybodol ohono wrth ddewis teip. Os oes mwy nag un iaith yn y gyfrol (oni bai mai ychydig frawddegau sydd yn y gwaith cyfan), llythrennau Groegaidd, symbolau ffonetig, ac ati, dylech eu nodi.

Pwysleisir mai materion y dylai awdur a golygydd fod yn ymwybodol ohonynt yw'r rhain. Dylunydd a theipograffydd y wasg fydd yn gwneud y penderfyniadau technegol, ond mae bob amser yn dda bod awdur a golygydd yn deall digon i ddal pen rheswm, a'u bod yn manteisio ar bob cyfle i gymryd rhan yn y penderfyniadau.

Cywiro proflenni

Proflen yw copi prawf o destun, wedi ei gysodi ar gyfer ei wirio neu ei gywiro. Wrth gywiro proflenni mae'n hanfodol defnyddio'r un marciau ag a ddefnyddir drwy Brydain (ac sy'n gyffredin yn Ewrop ac America), sef y rhai a restrir yn British Standard 5261, *Copy Preparation and Proof Correction*. Rhestrir isod ddetholiad helaeth o'r marciau hynny.

Symbolau cywiro

ystyr	symbol yn y testun	symbol ar ymyl y ddalen
Newidiadau testunol		
Diwedd y cywiriad	dim	/
Anwybyddu'r cywiriad	...... o dan y testun perthnasol	⊘
Dileu nod/testun, a chau'r bwlch	neu ⊢———⊣	
Dileu, heb gau'r bwlch	/ drwy'r testun/nod	
Ychwanegu	∧	yr hyn a ychwanegir ac yna ∧
Cyfnewid	/ neu ⊢———⊣	yr hyn a ychwanegir ac yna /
Ffont, maint teip		
Ffont anghywir	cylch o amgylch y llythyren	⊗
Nam ar y ffont	cylch o amgylch y ffont	✗
Teip italig	_____ dan y testun	⁄⁄⁄
Newid italig i rufeinig	cylchu'r hyn sydd i'w newid	⌐⁄⌐
Priflythrennau	≡ dan y testun	≡
Priflythrennau bach	= dan y testun	=
Cyfuniad o'r ddau uchod	≡ =	= ≡
Teip trwm	∼∼∼∼ dan y testun	∼∼∼∼

47

Y Golygiadur

Teip trwm italig	〰〰〰	≈≈≈
Newid priflythrennau i lythrennau bach	cylchu'r hyn sydd i'w newid	≢
Newid priflythrennau bach i lythrennau bach	cylchu'r hyn sydd i'w newid	≠
Cyfnewid/ychwanegu nodau		
Troi'r arwydd, e.e. dyfynnod, oddi amgylch	cylchu'r hyn sydd i'w newid	↻
Cyfnewid neu ychwanegu'r nod yn y safle uchaf	/ drwy'r nod neu \	ˇ dan y nod, e.e. ˇ²
Cyfnewid neu ychwanegu'r nod yn y safle isaf	/ drwy'r nod neu \	ʌ dros y nod, e.e. ʌ₂
Cyfnewid neu ychwanegu atalnod	/ drwy'r nod neu \	⊙ ⊙ ; , yn ôl y gofyn
Cyfnewid neu ychwanegu elipsis	/ drwy'r nod neu \	...
Cyfnewid neu ychwanegu collnod neu ddyfyn(n)od(au)	/ drwy'r nod neu \	ʾ ʿ " " yn ôl y gofyn
Cyfnewid neu ychwanegu cysylltnod	/ drwy'r nod neu \	⊢⊣
Cyfnewid/ychwanegu llinell en neu em	/ drwy'r nod neu \	⊢n⊣ ⊢m⊣
Cyfnewid/ychwanegu blaen slaes/llinell ar osgo	/ drwy'r nod neu \	⌀
Gosod y testun		
Dechrau paragraff newydd	⌐	⌐
Dim paragraff newydd	⊂⊃	⊂⊃
Trawsosod nodau neu eiriau	⊔⊓	⊔⊓
Trawsosod llinellau	⊇	⊇
Canoli	[y deunydd i'w ganoli]	[ ]

Cywiro proflenni

Instruction	Mark in text	Mark in margin
Mewnosod	⌐	⌐
Peidio â mewnosod	⊢⊏	⊢
Unioni'r golofn yn ôl a ddangosir	⊢→⊣	⊢→⊣
Symud deunydd i'r dde neu i'r chwith	⊢⊏ neu ⊐→	⌐ neu ⌐
Cario nod(au) drosodd i'r llinell nesaf	⌐	(y symbol eisoes ar yr ymyl)
Cario nod(au) yn ôl i'r llinell flaenorol	⌐	(y symbol eisoes ar yr ymyl)
Codi lefel y deunydd	—↑— dros y deunydd ⌐⌐ dan y deunydd	⌐⌐
Gostwng lefel y deunydd	⌐⌐ dros y deunydd —↓— dan y deunydd	⌐⌐
Cywiro unioni'r ymyl	‖	‖
Cywiro unioni llorweddol	llinell dros ac o dan $y\ t^{es}t_{u_n}$	=
Cau'r bwlch	y bwlch ⌒ i'w gau	⌒
Ychwanegu gofod rhwng nodau	│ rhwng y nodau	Y
Ychwanegu gofod rhwng geiriau	Y rhwng y geiriau	Y
Lleihau'r gofod rhwng nodau	│ rhwng y nodau	↑
Lleihau'r gofod rhwng y geiriau	↑ rhwng geiriau	↑
Sicrhau gofod cyfartal rhwng nodau neu eiriau	│ rhwng y nodau/geiriau	Ƭ
Sicrhau'r gofod arferol rhwng llinellau	(y naill ochr a'r llall i'r golofn gan gysylltu'r llinellau)	
Ychwanegu gofod rhwng llinellau/paragraffau	———(neu)———	
Lleihau'r gofod rhwng llinellau/paragraffau	———) neu (———	

Y Golygiadur

1. Dylai'r wasg a'r awdur gytuno ar ddyddiad darllen y proflenni fel bod y ddwy ochr yn cadw at yr amserlen gyhoeddi.

2. Peidiwch â brysio wrth ddarllen proflen. Darllenwch yn ofalus, un llythyren ar y tro, gan gymharu'r broflen â'ch copi gwreiddiol. Rhowch bapur gwyn o dan y llinell er mwyn ei hynysu, ac er mwyn sicrhau nad yw'r llygad yn cael ei ddenu ymlaen yn rhy sydyn.

3. Nodwch bob gwall yn y testun a gosodwch bob cywiriad yn y marjin ar ymyl dde'r tudalen, yn union gyferbyn â'r gwall. Os bydd y cywiriad ar ymyl y ddalen wedi ei leoli'n rhy uchel neu'n rhy isel yn y marjin, bydd yn fwy anodd i'r cysodydd weld i ba linell y perthyn y cywiriad ac mae'n bosibl y bydd y cywiriad yn cael ei wneud o fewn y llinell anghywir. Os bydd mwy nag un cywiriad yn y llinell, nodwch y cywiriadau yn yr un drefn (o'r chwith i'r dde) ag y digwydd y gwallau. Os nad oes lle yn y marjin ar y dde i'r holl gywiriadau, rhannwch hwy rhwng y marjin chwith a'r dde, eto gan gadw at drefn y gwallau.

4. Defnyddiwch inc o liw priodol. Dylai'r argraffydd nodi camgymeriad a wnaed ganddo ef ei hun mewn gwyrdd; dylai'r cwsmer neu'r asiant nodi camgymeriad a wnaed gan yr argraffydd mewn coch; a dylai'r cwsmer neu'r asiant nodi eu camgymeriadau neu eu newidiadau hwy eu hunain mewn du neu las tywyll. Dyna'r sefyllfa ddelfrydol, ond ni ddilynir y drefn hon yn gaeth bellach.

5. Nodwch bob enghraifft o bob gwall oni bai fod y gwaith ar gael yn electronig. Os felly, defnyddiwch y cyfleuster chwilio-a-newid.

6. Cywirwch gamgymeriad un llythyren drwy roi llinell drwy'r llythyren anghywir a rhoi'r llythyren gywir yn y marjin a

llinell ar osgo (/) i'w dilyn. Peidiwch ag ysgrifennu'r gair cyfan yn y marjin os nad oes camgymeriad o fwy nag un llythyren ynddo. Ar y llaw arall efallai y bydd yn rhaid ysgrifennu cymal cyfan yn y marjin os oes newid cymhleth i fod yn nhrefn y geiriau. Os byddwch am ysgrifennu cyfarwyddyd i'r cysodydd, cylchwch y cyfarwyddyd neu fe fydd y cysodydd yn ei roi i mewn gyda'r testun. Os ydych yn gwybod bod y cysodydd yn deall Cymraeg, gallwch roi'r cyfarwyddyd yn Gymraeg.

7 Un uned yw llythyren sydd ag acen arni. Os rhoddwyd acen grom (sef to bach) ar *tô*, rhowch linell drwy'r llythyren a'r acen, a rhoi'r cywiriad yn y marjin. Ystyrir cyfuniadau eraill yn unedau. Un uned yw *ff, fi, fl, ffi, ffl*, er enghraifft, ac os oes gwall o fewn un ohonynt rhowch linell ⊢──⊣ drwy'r uned gyfan a rhoi'r cywiriad yn y marjin.

8 I ddileu gair neu eiriau, nodwch yn union sawl gair sydd i'w ddileu. Byddwch yn ofalus nad ydych yn rhoi llinell drwy fwy o destun nag y bwriadwch. Byddwch yn ymwybodol o unrhyw farciau atalnodi, a sicrhewch fod y cysodydd yn gwybod a ydych am ddileu neu am gadw'r atalnodi. Petaech am ddileu *meddai* o'r frawddeg a ganlyn, byddai'n rhaid dileu'r ddau goma hefyd.
      Yr oedd, meddai, yn gwbl sicr.

9 Mae'r bwlch sydd rhwng dau air yn cyfrif fel uned i gysodydd, felly os byddwch am ddileu heiffen mae'n bwysig nodi a ydych am roi bwlch rhwng y geiriau sydd ar ôl. Wrth ddileu'r heiffen o'r frawddeg a ganlyn dylid nodi'n glir a ddylai'r cysodydd gau'r bwlch rhwng *prif* a *ddinas*, neu adael bwlch rhyngddynt.
      Washington yw prif-ddinas America.
Pan ddigwydd gair â heiffen ar ddiwedd y naill linell a dechrau'r nesaf, bydd yn werth nodi 'cadwch yr heiffen' rhag ofn i'r heiffen ddiflannu os aildrefnir y llinellau.

10 Wedi nodi gwall, dylid ailddarllen y frawddeg. Mae'n hawdd neidio dros y geiriau sy'n agos at gamgymeriad.

11 Lluniwch restr o eiriau y dylid eu cysoni wrth fynd drwy'r testun, er enghraifft sillafiad enwau, y dull o dreiglo *bod*, cenedl enw lle ceir dewis, ffurfiau tafodieithol, ac ati, a dilynwch eich rhestr yn slafaidd cyn cyflwyno'r testun terfynol (ynghyd â'r rhestr) i'r wasg.

12 Marciwch â phensel os oes ansicrwydd, fel bod modd dileu'r marc yn nes ymlaen heb adael dryswch ar y tudalen a rhoi achos i'r wasg golli cywiriad, neu wneud camgymeriad.

13 Os byddwch am godi cwestiwn, gofynnwch ef yn blaen. Nid yw marc cwestiwn yn y marjin yn ddigonol. Mae'n rhaid nodi pa ran o'r testun sydd dan sylw, a nodi pam mae dan sylw. Rhowch *?ystyr* neu *?cystrawen* yn y marjin, a marcio'r fan lle mae amheuaeth yn codi.

14 Peidiwch â chysoni neu gywiro sillafiad gair sydd o fewn dyfynodau. Gwirio'r sillafiad yn erbyn y gwreiddiol yw'r cyfan sydd ei angen.

15 Os newidir pennawd, sicrhewch eich bod yn newid y rhestr gynnwys i gyfateb.

16 Byddwch yn ofalus gyda lluniau, tablau, ac ati. Gwiriwch fod yr wybodaeth sydd yn y tabl yn gyson â'r wybodaeth sydd yn y testun. Yn achos llyfrau plant sicrhewch fod pob llun yn cyfateb yn union i'r geiriau sydd yn y testun, yn cadw naws y testun, ac yn addas ar gyfer oedran y gynulleidfa. Sicrhewch hefyd fod lleoliad y llun a'r testun yn foddhaol. Peidiwch â chaniatáu gormod o fwlch rhwng safle'r llun a'r testun sy'n sôn amdano. Gwyliwch nad yw ymyl y llun, er enghraifft lliw glas yr awyr, yn mynd dros y testun a'i wneud yn aneglur.

17 Os nad oes lle ar y broflen i'ch cywiriadau, rhowch hwy ar bapur ar wahân. Peidiwch ag anfon mân ddarnau o bapur i'r wasg gyda'r proflenni. Os oes gennych gywiriadau sylweddol i'w gwneud, nodwch hwy ar ddalen A4. Mae gludio darnau o Post-it neu'r cyffelyb yma ac acw drwy'r proflenni yn mynd i greu problemau gan nad oes sicrwydd y byddant yn aros yn eu lle. Dim ond darn *cyfan* o bapur A4 sy'n ddoeth i'w anfon. Marciwch yn eglur ar y ddalen ychwanegol ac ar y broflen beth yw'r newid a ble y mae i gael ei weithredu. Pastiwch unrhyw fân bapurau ar ddalen A4. Mae'n amhosibl ysgrifennu dros Sellotape neu'r cyffelyb felly peidiwch â'i ddefnyddio.

Mae angen pwysleisio na ddylai awdur wneud unrhyw newidiadau i'r gwaith ar ôl ei gyflwyno i'r wasg, oni bai fod golygydd y wasg yn gofyn iddo wneud hynny. Os yw'r awdur yn newid ei farn ar ryw bwynt erbyn i'r proflenni ei gyrraedd a bod newidiadau sylweddol i'w gwneud i'r gwaith gwreiddiol, nodwch hwy mewn du neu las tywyll ond cadwch mewn cof y gallai'r wasg godi ffi ar yr awdur am y newidiadau.

18 Cofiwch nad dim ond y testun sydd angen ei wirio. Dylech sicrhau bod y rhifau tudalen a rhifau penodau'n rhedeg yn gywir a'u bod yn cyfateb i'r hyn sydd yn y rhestr gynnwys. Byddwch yn eithriadol o ofalus gyda throednodiadau, gan ofalu bod y rhifau'n rhedeg yn gywir a bod dechrau'r troednodyn ar yr un tudalen â'r rhif sydd ar ei gyfer yn y testun. Gwiriwch benawdau brig-y-ddalen (gweler pwynt 19 isod), y croesgyfeiriadau, a'r tudalennau rhagarweiniol.

19 Yn draddodiadol rhoddir pennawd ar frig pob tudalen yn gymorth i'r darllenydd weld ei ffordd o fewn y gyfrol. Fel rheol gosodir y pennawd ar yr un gwastad â rhif y tudalen. Ni roir pennawd ar y tudalennau a ganlyn: rhagdeitl, wyneb-ddalen, manylion llyfryddol, cyflwyniad, epigraff, rhestr gynnwys, rhestr ddarluniau neu restrau eraill, rhagair, atodiad(au), mynegai, dalennau gwag; ni chynhwysir penawdau brig-y-ddalen ar ddalennau sy'n cael eu troi, sef ar ddalennau a gyflwynir ar batrwm tirlun, nac ar ddalennau sy'n cynnwys tablau neu ddarluniau sy'n gwthio i'r gofod ar frig y ddalen, nac ar ddalen gyntaf pennod.

Gellir gosod y pennawd mewn priflythrennau bach, neu mewn teip rhufeinig neu italig (sy'n cymryd llai o le). Os yw'r pennawd delfrydol yn rhy hir i'r gofod sydd ar frig y ddalen, mae'n rhaid i'r awdur a golygydd y wasg gytuno ar fersiwn byr.

Defnyddir penawdau gwahanol ar y ddalen dde a'r ddalen chwith. Gellir rhoi teitl y llyfr ar y chwith a theitl y bennod ar y dde; posibilrwydd arall yw rhoi teitl y bennod ar y chwith a theitl yr adran ar y dde. Pan roir pennawd adran ar y dde ac adran newydd yn dechrau ar ganol tudalen, dylid rhoi pennawd yr adran sy'n cloi ar y tudalen hwnnw yn hytrach na phennawd yr adran sy'n agor. Os oes mwy nag un awdur i'r gyfrol gellir rhoi enw'r cyfrannwr ar yr ochr chwith a theitl y bennod neu'r erthygl ar yr ochr dde.

Wrth argraffu drama dylid nodi rhif yr act a'r olygfa yn y pennawd brig-y-ddalen.

Yn achos elfennau rhagarweiniol cyfrol, os nad oes i'r elfen raniad(au) dylid ailadrodd yr un pennawd ar frig y tudalennau chwith a de.

Os nad oes teitl i bennod, fel yn achos rhai nofelau, nid oes angen pennawd brig-y-ddalen.

20 Ni ddylai llinell olaf unrhyw baragraff fod yn unsill yn unig, nac yn rhifau yn unig.

21 Ni ddylai llinell olaf uned neu bennod gael ei lleoli ar frig tudalen, hyd yn oed os yw'n llinell gyfan, a gweddill y ddalen yn wag. Gelwir llinell o'r fath yn llinell weddw. Gwnewch yn siŵr hefyd nad oes gair neu linell olaf paragraff yn rhedeg drosodd i dudalen newydd ac yn weddw ar frig y tudalen, hyd yn oed os oes paragraff pellach yn dilyn. Yn yr un modd dylid osgoi un llinell yn unig o destun yn dilyn isbennawd ar waelod tudalen.

22 Ni ddylai mwy na dwy linell yn ddilynol ddechrau â'r un gair, na diweddu â'r un gair.

23 Ni ddylai tudalen ochr dde orffen â cholon sy'n cyflwyno rhestr.

24 Lle ceir llinellau o destun wedi eu rhifo, dylid gosod rhifau llinellau testun rhyddiaith ar yr ochr dde yn y marjin chwith, a rhifau llinellau testun barddoniaeth ar yr ochr chwith yn y marjin chwith.

25 Os gosodir mwy nag un golofn dylai pob colofn fod yr un hyd. Os yw'r colofnau'n gorffen yn agos i ddiwedd tudalen mae'n well gadael y tudalen yn fyr na rhoi gormod o ofod rhwng llinellau'r colofnau.

26 Os canolir teitl, er enghraifft teitl pennod neu deitl adran, ceisiwch osgoi rhannu geiriau, a chadwch y gofod rhwng y llythrennau'n gyson. Peidiwch â llanw'r llinellau i'w terfyn; canolwch bob llinell fesul un. Byddai'n ddoeth osgoi cael un gair byr yn y llinell olaf oni bai fod rheswm digonol dros wneud hynny.

27 Byddai'n fanteisiol cywiro proflen ddwywaith.

Cywiro enghreifftiol ar bapur

Fe welir isod ddarn enghreifftiol wedi ei gywiro yn ôl y dull a gymeradwyir yn British Standard 5261.

Erthygl ar gyfer *Y Bywgraffiadur Arall*
John Erasmus Pughe (1870–1959)

Ganwyd John Erasmus Pugh yn yr India, lle bu ei dad yn genhadwr am bum mlynedd a deugain. Er fod plentyndod y gwrthrych yn anghyffredin, nid ymddengys fod y profiad hwnnw wedi cael unryw effaith andwyol arno. Deellir bod ei fam yn dod yn wreiddiol o Iwerddon a bod arni hiraeth mawr tra bu yn India. Byddai'n crio bob nos.

Ysgrifennodd John Erasmus Pughe gant naw deg ac wyth o lyfrau a phamffledi i gyd. Dywedodd y Dr John Elidir Jones am ei gynnyrch: 'Darllenaf fod J.E. Pughe yn hyddysg mewn nifer o ieithoedd. Cefais flas ar ei gyfrol *Paris aujourd'hui* a'i phartneres *S'il vous plait*. Darluniaf fy hun yn eistedd dan balmwydden ar lan y Môr Canoldir yn darllen dwy ddalen o'i ddyddiadur. (Byddai hynny'n rhoi cymaint o bleser imi â darllen *The Diary of Samuel Pepys*.) Byddai hynny'n haws o lawer i mi na darllen rhai o'r erthyglau uchaf eu parch sydd i'w cael yng nghylchgronau Cymru heddiw. Daethum o hyd i'w lyfrau gyntaf wrth grwydro gwinllannoedd Ffrainc a phrofi gwinoedd hyfryd. Mae'n sicr fy mod wedi darllen pob un o'r un ar ddeg llyfr cyntaf a ysgrifennodd. Ni cheir awdur tebyg iddo fyth. Yr oedd yn gwbl unigryw. Byddwn yn darllen un o'i lyfrau yn rheolaidd bob blwyddyn a'i ailddarllen hefyd weithiau. Rhaid dweud *Au revoir* wrth yr awdur hoff hwn bellach.'

Cyhoeddwyd ei lyfr Cymraeg cyntaf, *Ffenestri tua'r Mynydd* (Llandysul, 1927), cyn iddo ddychwelyd i Gymru. Dywedir bod ei ail gyfrol, *Yn ôl i Rawalpindi* ([Caernarfon], 1929), yn cynnwys adleisiau o waith Rudyard Kipling. Priododd â Helen (née Harris) a chawsant bump o blentyn.

Cywiro proflenni

O ddilyn y cyfarwyddiadau uchod, dylech gael copi fel yr un isod.

Erthygl ar gyfer *Y Bywgraffiadur Arall*
John Erasmus Pughe (1870–1959)

Ganwyd John Erasmus Pughe yn India, lle bu ei dad yn genhadwr am bum mlynedd a deugain. Er bod plentyndod y gwrthrych yn anghyffredin, nid ymddengys fod y profiad hwnnw wedi cael unrhyw effaith andwyol arno. Deellir bod ei fam yn dod yn wreiddiol o Iwerddon a bod arni hiraeth mawr tra bu yn India. Byddai'n crio'n hidl bob nos.
    Ysgrifennodd John Erasmus Pughe 198 o lyfrau a phamffledi i gyd. Dywedodd Dr John Elidir Jones am ei gynnyrch,
    Darllenaf fod J.E. Pughe yn hyddysg mewn nifer o ieithoedd. Cefais flas ar ei gyfrol *Paris Aujourd'hui* a'i phartneres *S'il vous plaît*. Darluniaf fy hun yn eistedd dan balmwydden ar lan y Môr Canoldir yn darllen dwy dudalen o'i ddyddiadur. (Byddai hynny'n rhoi cymaint o bleser imi â darllen *The Diary of Samuel Pepys*.) Byddai hynny'n haws o lawer i mi na darllen rhai o'r erthyglau uchaf eu parch sydd i'w cael yng nghylchgronau Cymru heddiw. Deuthum o hyd i'w lyfrau gyntaf wrth grwydro gwinllannoedd Ffrainc a phrofi'r gwinoedd hyfryd. Mae'n sicr fy mod wedi darllen pob un o'r un llyfr ar ddeg cyntaf a ysgrifennodd. Ni cheir awdur tebyg iddo fyth eto. Yr oedd yn gwbl unigryw. Byddwn yn darllen un o'i lyfrau yn rheolaidd bob blwyddyn a'i ailddarllen hefyd weithiau. Rhaid dweud *"au revoir"* wrth yr awdur hoff hwn bellach.
    Cyhoeddwyd ei lyfr Cymraeg cyntaf, *Ffenestri tua'r Mynydd* (Llandysul, 1927), cyn iddo ddychwelyd i Gymru. Dywedir bod ei ail gyfrol, *Yn Ôl i Rawalpindi* ([Caernarfon], 1929), yn cynnwys adleisiau o waith Rudyard Kipling. Priododd â Helen (née Harris) a chawsant bum plentyn.

Golygu ar sgrin

Mae rhai golygyddion yn cywiro proflen ar sgrin, gan ymgorffori cywiriadau gramadegol yn ogystal â dylunio wrth fynd yn eu blaen. Gyda chyfrol gyfansawdd lle ceir mwy nag un awdur, gall hyn fod yn fanteisiol. Wrth ddilyn y dull hwn o gywiro mae'n bwysicach nag erioed cael cydweithrediad yr awdur(on) gan na fydd copi caled o'r gwaith yn cael ei gylchredeg. Dylai'r awdur fynnu bod y golygydd yn defnyddio pecyn golygu sy'n uwcholeuo'r cywiriadau a wnaed ganddo. Gellir marcio'r cywiriadau mewn coch ar rai pecynnau golygu. Os nad oes gan yr awdur y pecyn cyfatebol ar ei gyfrifiadur ef, a'i bod yn amhosibl iddo weld y cywiriadau, dylai ofyn i'r wasg am gopi caled o fersiwn terfynol ei waith, wedi ei farcio'n eglur ym mhob un o'r mannau hynny lle bu newidiadau. Mae'n hollbwysig fod yr awdur yn gwybod am bob un newid a wneir i'w waith, a'i fod yn medru ymddiried yn y wasg i beidio â gwneud newidiadau munud olaf heb ei gydsyniad.

Dylai'r awdur a'r wasg fod yn wyliadwrus wrth anfon gwaith at ei gilydd drwy ddulliau electronig. Mae'n angenrheidiol gwneud hynny ambell dro pan fydd amser yn brin, ond os felly dylid anfon copi caled hefyd pan fydd amser yn caniatáu. Mae'n haws gweld camgymeriadau ar bapur nag ydyw ar sgrin; mae hefyd yn hawdd colli pethau wrth drosglwyddo ffeil o un system electronig i un arall, er enghraifft colli'r acenion oddi ar $\hat{y}$ ac $\hat{w}$, neu golli teip italig, ac ati. Dylai'r awdur a'r wasg, yn annibynnol ar ei gilydd, gadw cofnod o'r hyn a gytunwyd rhyngddynt bob amser rhag i anghydfod godi yn nes at y dyddiad cyhoeddi, ond yn enwedig felly wrth ddilyn y dull hwn o weithredu.

Materion technegol 3

Hollti geiriau

Wrth ddarllen proflen mae rhai rheolau syml i'w dilyn wrth hollti geiriau. Yr egwyddor sylfaenol yw rhannu cyn lleied ag y bo modd er mwyn hwyluso'r darllen. Mae angen cydbwysedd rhwng rhannu geiriau a chreu'r hyn a elwir yn 'afonydd'. Mewn cylchgrawn byddai gosod ymyl dde heb ei hunioni yn ateb y broblem, ond nid yw hyn yn arferol mewn llyfr. Os oes colofnau cul mewn gwaith argraffedig, mae hynny'n creu mwy o angen hollti geiriau.

Holltir geiriau mewn ffordd sy'n helpu'r darllenydd i fynd o un llinell i'r llall yn y ffordd rwyddaf posibl. Os yw'n baglu ar ddiwedd llinell oherwydd nad yw'r cymorth a gynigiwch wrth hollti gair yn gymorth digonol, ailystyriwch. Dylai'r darllenydd fedru rhag-weld y gair cyfan o'r rhan a adawyd ar ben y llinell.

1 A siarad yn gyffredinol, mae dwy ffordd o hollti geiriau. Petai'r gair *llyfrau* yn dod ar ben llinell a bod dim lle i'r gair cyfan ar y llinell, gellid ei osod fel hyn: *llyfr-au*. *Llyfr* yw'r enw, ac fe'i dilynir gan y terfyniad priodol ar gyfer ffurfio'r lluosog, sef *-au*. Dangosir yma darddiad y gair, a'r gwahanol elfennau sy'n ei greu. Yn yr un modd gyda'r gair *beiblaidd*, gallech ei rannu fel hyn: *beibl-aidd*. Dangosir mai *Beibl* yw'r enw, a bod y terfyniad *-aidd* wedi ei ychwanegu ato i greu ansoddair.

Ond yr arfer gyffredin yn y Gymraeg yw hollti'n sillafog, nid yn darddiadol. Y rheol wrth wneud hynny yw diweddu sillaf â chytsain oni fydd y geirdarddu'n amlwg, hynny yw rhoi un gytsain (ac eithrio *h*) gyda'r llafariad sy'n dod o'i flaen, dim ots sawl cytsain sydd i gyd. Felly y patrwm yw: sillaf gyntaf y gair hyd at y llafariad + un gytsain + heiffen + gweddill y gair ar y llinell nesaf.

llyfrau	llyf-rau
beiblaidd	beib-laidd
camgymeriad	cam-gymeriad
dinistr	din-istr

gwefusgoch   gwef-usgoch
gwridog   gwrid-og

Yn achos *gwridog*, nid llafariad yw'r *-w-*. Cytsain ydyw a'r ynganiad yw *gwrid-og* ac nid *gŵr-idog*.

- Weithiau bydd yn fwy synhwyrol, yn enwedig yn achos terfyniad lluosog, i hollti'n darddiadol.

  Beibl-au

  A bod modd hollti gair mewn mwy nag un man, dylid ystyried safleoedd hollti posibl eraill hefyd.

  cam-gymeriad neu **camgym-eriad**
  gwef-usgoch neu **gwefus-goch**

  Mae'r ail yn well o ran ystyr ac o ran y llygad. Ceisiwch osgoi rhaniadau a allai fod yn gamarweiniol.

2 Diffoddwch unrhyw drefniant heiffeneiddio sydd wedi ei osod i ddod ymlaen yn awtomatig ar y cyfrifiadur. Nid yw rheolau heiffeneiddio'r iaith Saesneg yn addas ar gyfer yr iaith Gymraeg.

3 *i* Peidiwch â rhannu'r llythrennau dwbl, sef *ch, dd, ff, ng, ll, ph, rh, th*. Un llythyren yw pob un o'r rhain. Os oes rhaid hollti gair gellir gwneud hynny y naill ochr neu'r llall i lythyren ddwbl yn unol â'r rheolau a nodir isod, ond nid trwy ei chanol. (Y mae *nn* ac *rr* yn wahanol, gweler t. 62, nodyn 8.)

ch	iech-yd	nid	iec-hyd
dd	swydd-ogaeth	nid	swyd-dogaeth
ff	ymgorff-ori	nid	ymgorf-fori
ng	rhyng-wladol	nid	rhyn-gwladol
ll	holl-ti	nid	hol-lti
ph	tra-phlith	nid	trap-hlith
rh	an-rheg	nid	anr-heg
th	gwerth-fawr	nid	gwert-hfawr

ii Mae geiriau sy'n cynnwys y ddwy lythyren *n* + *g*, yn hytrach na'r llythyren ddwbl *ng*, yn rhannu fel a ganlyn:

Llan-gefni   Llan-gwyryfon
Llan-gernyw   Llan-grannog
Llan-gollen

Hollti geiriau

Wrth rannu geiriau sy'n gorffen â'r ffurf -*garwr* neu'r ffurf -*garol*, os yw'r elfen gyntaf yn gorffen yn -*n*, er enghraifft *ariangarwr*, *gwingarwr*, nid *ng* sydd yng nghanol y gair ond *n* + *g* ac felly dylid rhannu fel hyn ar ddiwedd llinell: *arian-garwr*, *gwin-garwr*.

iii Sylwch ar raniad y gair *dangos*. Mae Gogleddwyr yn ei ynganu *dang-ngos* a Deheuwyr yn ei ynganu *dang-gos*. Y sillafiad cywir yw *d* + *a* + *n* + *g* + *o* + *s*, ac nid *d* + *a* + *ng* + *o* + *s*. Wrth rannu'r gair *dangosaf*, felly, rhannwch ar ôl yr *n*.

        dan-gosaf nid **dang-osaf**

Ond gorau i gyd os gellir peidio â'i rannu, neu ei rannu *dangos-af*. Enghraifft debyg yw *Ban-gor*.

4 Peidiwch â rhannu deusain, sef *ae, ai, au, aw, ay, ei, eu, ew, ey, iw, oe, oi, ou, ow, oy, wy, yw*, na'r cyfuniadau *eo, ia, io, wa, we*.

ae	cae-au	nid	ca-eau
ai	eng-hraifft	nid	enghra-ifft
au	tra-hauster	nid	traha-uster
aw	taw-el	nid	ta-wel
ei	gweis-ion	nid	gwe-ision
eu	treul-io	nid	tre-ulio
ew	trew-ais	nid	tre-wais
ey	swydd-feydd	nid	swyddfe-ydd
ia	sian-el	nid	si-anel
io	diog-el	nid	di-ogel
iw	lliw-iau	nid	lli-wiau
oe	glaf-oerio	nid	glafo-erio
oi	parat-oist	nid	parato-ist
ou	cyff-rous	nid	cyffro-us
ow	godidowg-rwydd	nid	godido-wgrwydd
wa	pedwar-edd	nid	pedw-aredd
we	pedwer-ydd	nid	pedw-erydd
wy	parwyd-ydd	nid	parw-ydydd
yw	benyw-aidd	nid	beny-waidd

5 Peidiwch â gwahanu triseiniaid, sef *ayw* ac *oyw*.

ayw	gwayw-ffon	nid	gway-wffon	na	gwa-ywffon
oyw	gloyw-af	nid	gloy-waf	na	glo-ywaf

6 Rhoir *i* gytsain neu *w* gytsain gyda'r elfen ddilynol.
>gwyl-iwr
>gwyl-wyr

7 Ni ddylai'r marciau diacritig (ˆ ´ ` ¨ -), heblaw am yr heiffen, effeithio ar y drefn o rannu geiriau ar ddiwedd llinell. Serch hynny, mae'n syniad da rhannu ar ôl llafariad sy'n cario didolnod.
>gweddï-au
>cwmnï-aeth
>trö-edigaeth

Yn achos y gair *gweddï-au,* disgwylid cario tair llythyren drosodd i'r llinell nesaf oni bai fod y llinell honno'n un fer, er enghraifft mewn papur newydd. Felly byddai'r rhaniad *gweddï-au* yn dderbyniol ar gyfer llinell fer ond yn annerbyniol ar gyfer llinell hir.

- Dylid hefyd rannu gair ar ôl deusain neu drisain sy'n dod o flaen llafariad.
>ieu-anc
>gloyw-on

8 Rhennir *nn* ac *rr* ar ôl y gytsain gyntaf.
>pen-nau
>car-reg

9 Rhennir clymiad o gytseiniaid sy'n cynnwys *h* o flaen yr *h*:
>mwyn-hau
>ang-hysbell
>cym-hleth

ac eithrio *lrh, nnh, nrh* sy'n cael eu rhannu ar ôl y gytsain gyntaf (un gytsain yw *rh).*

lrh	ol-rhain
nnh	an-nherfynol
nrh	an-rhydedd

Pan ddaw *h* rhwng llafariaid mae'n mynd gyda'r ail lafariad.
>gwa-hanu

10 Os cewch ddyfyniad Saesneg mewn gwaith a bod angen hollti gair o fewn y dyfyniad, holltwch ef yn ôl y dull Saesneg. Ceir y rheolau yn *New Oxford Style Manual* (Rhydychen: Oxford University Press, 2016).

11 Wrth osod geiriau yn union o dan ddarn o gerddoriaeth mae angen hollti geiriau fesul sillaf, a gosod pob sillaf o dan y nodyn y'i cenir arno. Sicrhewch ei bod yn gwbl glir pa sillaf sydd i'w chanu ar ba nodyn. Wrth rannu geiriau'n sillafau i gyfateb i nodau miwsig dilynwch y rhaniad seiniol. Rhowch gytsain unigol (gan gynnwys *ch, dd, ff, ng, ll, ph, rh, th*) gyda llafariad yr ail sillaf:
 y-dyw
 pry-nu
 no-ddwr
 Gwa-re-dwr

Gellir dilyn cyfarwyddyd *Orgraff yr Iaith Gymraeg Rhan 1* (t. 69) os dymunir, a rhoi *p, t, c, m, ng, ll, s* gyda llafariad y sillaf acennog:
 ing-ol
 prys-ur ond **pry-su-ro**

Os oes dwy gytsain, rhowch yr heiffen rhwng y ddwy gytsain:
 am-naid
 ton-nau

Os oes tair cytsain, dilynwch y ffurf a ganlyn:
 as-trus
 Ar-glwydd

Weithiau mae *i* ac *w* yn gytseiniaid, felly holltwch i gyfateb i hynny:
 E-nein-iog
 Ceid-wad
 ne-wydd
 gwyl-io
 tor-iad

Dyma enghraifft o rannu geiriau pennill yn sillafau i gyfateb i nodau cerddoriaeth:
 Roedd yn y wlad hon-no fu-geil-iaid yn gwyl-io
 Eu praidd rhag eu llarp-io'n un lle;

Daeth a-ngel yr Ar-glwydd mewn di-dwyll fodd de-dwydd
I drae-thu i-ddynt ne-wydd o'r ne';
Gan hy-ddysg gy-hoe-ddi fod Crist we-di'i e-ni,
Mawr y-dyw da-io-ni Duw Iôr:
Bu-geil-iaid pan ddae-thon i Feth-lem dre dir-ion,
Hwy gaw-son un cyf-ion mewn côr.
Mab Duw tra-gwy-ddol-deb yn gor-wedd mewn pre-seb,
Tri'n un-deb mewn pur-deb heb ball!
Cyd-ga-nwn o-gon-iant yn fe-lys Ei fol-iant,
Fe'n tyn-nodd o fedd-iant y fall.

12 Ni ddylid hollti geiriau unsill. Ni ddylid ychwaith hollti geiriau o lai na phum llythyren, a dylid symud o leiaf dair llythyren i'r llinell ddilynol.

13 Ni ddylid hollti enw priod, a dylai'r enw bedydd a'r cyfenw fod ar yr un llinell oni bai mai llinellau byrion sydd i'r testun; felly hefyd flaenlythrennau enwau bedydd (megis W. J.) a'r cyfenw. Os teitl ac enw a ddefnyddir (e.e. Syr John Jones), peidiwch â'u rhoi ar linellau gwahanol.

14 Ni ddylid hollti acronym, er enghraifft UMCA (Undeb Myfyrwyr Cymraeg Aberystwyth).

15 Dylid osgoi rhannu teitl pan mae'r gair cyntaf yn fyr. Ni ddylid hollti *Y/Yr/A/Ac* neu air byr arall, pan mae'n rhan o deitl, oddi wrth weddill y teitl; dylent fod ar yr un llinell. Peidiwch â rhoi *Y/Traethodydd*, er enghraifft, ar ddwy linell wahanol.

16 Ni ddylid hollti rhif; ni ddylid ychwaith wahanu'r rhif oddi wrth yr uned fesur.
   £33.2m
   €1.05 biliwn ond nid €1.05/biliwn
Ond gellir gwahanu un swm sy'n cyfateb i swm arall ac yn ei esbonio. €9.80/(£8.08)

17 Ni ddylid hollti'r gair olaf ar y tudalen.

Teip italig a rhufeinig

Fel rheol cyflwynir pob testun mewn teip rhufeinig. Ond yn amlach na pheidio mae elfennau o fewn pob testun sy'n gofyn am gael eu gosod mewn llythrennau italig.

1 Italeiddiwch deitl pob llyfr ac eithrio'r Beibl a'r Corân. Nid yw teitl llyfr, cylchgrawn, rhaglen, na'r un teitl arall, yn treiglo.
>Yn *Gwaith Dafydd ap Gwilym* fe gyhoeddir holl gywyddau'r bardd.
>Yn *Siwan*, y prif gymeriad yw Siwan.

- Gellir nodi teitlau llyfrau'r Beibl mewn teip rhufeinig heb ddyfynodau:
  >Llyfr y Proffwyd Eseia
  >Llyfr y Salmau
  >Ail Lyfr y Cronicl

  neu mewn teip rhufeinig rhwng dyfynodau:
  >'Llyfr y Proffwyd Eseia'
  >'Llyfr y Salmau'
  >'Ail Lyfr y Cronicl'

  ond mae cysondeb ffurf yn hanfodol. Ni ddefnyddir dyfynodau wrth ddefnyddio ffurf gryno ar y teitlau hyn, er enghraifft:
  >yn y Salmau
  >yn Eseia
  >yn Luc

- Rhowch deitl cyfres o lyfrau mewn teip rhufeinig rhwng dyfynodau yn y prif destun ac mewn llyfryddiaeth.
  >*Gwaith Meilyr Brydydd a'i Ddisgynyddion* oedd cyfrol gyntaf y gyfres 'Beirdd y Tywysogion'.

2 Italeiddiwch deitl cylchgrawn, papur newydd, neu bapur bro.
>Yn *Taliesin* y cafwyd y ddadl ar ei mwyaf tanbaid.
>Papur wythnosol yw'r *Cymro* ond papur misol yw'r *Tincer*.
>Pwysleisiodd Thomas Jones bwysigrwydd delweddu llafur diwydiannol yn y *Welsh Outlook*.

Os *y/yr* yw gair cyntaf y teitl llawn (er enghraifft *Y Cymro, Y Wawr, Y Traethodydd, Yr Herald Cymraeg*) a'i fod yn dilyn llafariad, gallwch ddefnyddio *'r* mewn teip rhufeinig.
>Hysbysebwyd y swydd ar dudalennau'r *Cymro*.
>Ei hoff gylchgrawn yw'r *Wawr*.

Os nad yw *y/yr* yn dilyn llafariad, defnyddiwch briflythyren ac italeiddiwch y teitl llawn.
> **Golygydd Y Cymro yw Rob Jones.**

- Wrth enwi papurau newydd a chylchgronau Saesneg mewn testun Cymraeg, hepgorwch *The* a rhowch *y/yr/'r* yn ei le o fewn brawddeg (llythyren fechan a theip rhufeinig).
> **Mae'r Western Mail yn gwerthu'n dda yn y cylch ond nid y Daily Post.**
>
> **Yn y Daily Telegraph y darllenais am y mater gyntaf.**
>
> **Ceisiodd y Welsh Outlook gydio Cymru wrth wledydd Ewrop o ddyddiau'r Rhyfel Mawr ymlaen.**

Mae *The Times* a *The Economist* yn eithriadau am eu bod yn dymuno cadw at y teitl llawn, ond mae'r *Sunday Times* a'r *New York Times* yn caniatáu gollwng *The*.

- Yn achos teitlau papurau tramor cadwch at y gwreiddiol.
> *Le Monde*
> *Die Welt*

- Cadwch *The,* wedi'i italeiddio, wrth ddyfynnu teitl cyfrol.

3 Italeiddiwch deitl cerddi hir sydd fwy neu lai yn llyfr, er enghraifft epigau ac arwrgerddi megis *Æneid*, *Paradise Lost*, *Y Storm* (ond nid awdlau a phryddestau).
> **Cerdd hir yw Bywyd a Marwolaeth Theomemphus ac mae'n disgrifio tröedigaeth enaid.**

Gosodwch deitl cerdd, cân, ac alaw (heb ei dreiglo) mewn teip rhufeinig rhwng dyfynodau.
> **Canodd yr hen ŵr 'Carol Nadolig' ar yr alaw 'Cainc Dafydd Broffwyd'.**

4 Italeiddiwch deitl ffilm, rhaglen (radio neu deledu), drama, sioe gerdd, albwm caneuon; italeiddiwch unrhyw ddyddiad(au), rhifau, neu atalnodi sy'n rhan o deitl.
> **Humphrey Bogart ac Ingrid Bergman yw sêr Casablanca.**
>
> **Nid oedd y rhaglen A Good Smack? yn fodlon deddfu o blaid nac yn erbyn cosfa dda; trafodwyd hynny ar Manylu bnawn Llun.**

> Llwyfannwyd *Cymru Fydd* am y tro cyntaf yn Eisteddfod Genedlaethol y Bala, 1967.
>
> Agorodd y sioe gerdd *Taboo*, sy'n gasgliad o ganeuon gan Boy George, yn Llundain yn 2002.
>
> Rhyddhawyd albwm Big Leaves *Pwy sy'n galw?* ym mis Chwefror 2000.

Dylid italeiddio unrhyw atalnodi sy'n rhan o deitl, er enghraifft y marc cwestiwn yn *A Good Smack?* Gosodwch unrhyw atalnodi sy'n digwydd cyn teitl neu ar ei ôl, ond nad yw'n rhan o'r teitl, mewn teip rhufeinig.

> Mae'r ferch 'co'n darllen *Y Treigladau a'u Cystrawen*!

5 Yn achos dramâu gosodwch gyfarwyddiadau llwyfan mewn italig.

6 Italeiddiwch deitl gweithiau celf.

> Ychydig sy'n gwybod bod darlun enwog Curnow Vosper, sef *Salem*, wedi cael ei ddosbarthu am ddim gyda sebon Sunlight.
>
> Cynhyrchwyd y darn cerameg *Edward Matthews, Ewenny*, tua'r flwyddyn 1892 gan berson anhysbys.

7 Italeiddiwch enwau llongau, awyrennau a llongau gofod. Os enw Saesneg ydyw, a hwnnw'n dechrau gyda *The*, rhowch *y/yr/'r* (llythrennau bach mewn teip rhufeinig) yn ei le os digwydd yng nghanol brawddeg. Os yw HMS yn rhan o'r enw, defnyddiwch briflythrennau mewn teip rhufeinig i HMS: disgrifio statws llong y mae HMS ac nid yw'n rhan o'r enw.

> Daeth *Prydwen* i dir ym Mhorth Clais, bum milltir o Dyddewi.
> Suddodd y *Mary Rose* wrth ymladd â'r Ffrancwyr yn 1545.
> HMS *Dreadnought*
> *Spirit of St Louis*
> y llong ofod *Challenger*

Defnyddiwch briflythyren a theip rhufeinig wrth drafod mathau o longau, awyrennau, ceir, ac ati.

> Spitfire   Cunard
> Boeing 747   Rolls-Royce

8 Mewn testun Cymraeg italeiddiwch unrhyw eiriau mewn iaith dramor. Defnyddiwch gyn lleied o eiriau tramor ag sy'n bosibl, a pheidiwch â'u defnyddio ar draul defnyddio gair Cymraeg. Os yw gair tramor wedi ymgartrefu yn y Gymraeg nodwch ef mewn teip rhufeinig. Os yw gair yn cael ei ddefnyddio'n naturiol ar lafar, fod iddo sillafiad Cymraeg, a'i fod yn cael ei dreiglo fel petai'n air Cymraeg, yna gellir dweud ei fod wedi'i fabwysiadu. Ond nid yw pob achos mor ddu a gwyn â'i gilydd.
> Ysgrifennodd ei thesis mewn byr o dro.
> Rhyw brosiect ceiniog a dimai oedd y cwbl.

Nid oes angen italeiddio'r gair *genre* mewn testun Saesneg ond mae angen ei italeiddio mewn testun Cymraeg.
> Mae meddwl am *genre* fel teulu yn fan cychwyn ardderchog.

(Ynglŷn â geiriau ac ymadroddion tramor mewn testun Cymraeg, gweler hefyd **Geiriau tramor**, tt. 220–9.)

- Ni ddefnyddir italig wrth ddyfynnu o'r Saesneg nac wrth nodi deialog Saesneg (ond mae rhai awduron yn italeiddio deialog Saesneg er mwyn tynnu sylw at y Saesneg o fwriad).
> Dywedodd mewn cyfweliad diweddar, 'I have a sense that I've become the person that I always should have been.'

Ond mae'n ddigon cyffredin italeiddio deialog mewn iaith dramor, ar wahân i Saesneg, er nad yw hynny'n gwbl angenrheidiol. Mae hefyd yn arferol cynnwys cyfieithiad o ddyfyniadau o bob iaith estron ac eithrio Saesneg.
> Dywedodd y ferch, '*Do chlaind Adhaim dam*' ('Rwy'n ddisgynnydd i Adda'), ond nid oedd neb yn malio.

- Nodir enwau personol, enwau strydoedd, enwau tafarnau, sefydliadau, undebau, catrodau, cymdeithasau, ac ati, mewn teip rhufeinig heb ddyfynodau, waeth beth fydd yr iaith.
> Vladimir Kramnik a enillodd dwrnamaint y Grand Prix du Sénat a gynhaliwyd yn y Salle de Clemenceau ym Mharis yn y flwyddyn 2002.

9 Fel rheol cyflwynir symbolau mathemategol mewn italig.
- Yn achos hafaliadau italeiddir y rhifau a'r symbolau, ond rhoddir geiriau llawn (a byrfoddau o eiriau) mewn teip rhufeinig.
- Wrth ysgrifennu fersiwn testun o theoremau mathemategol, rhoddir hwy mewn teip rhufeinig, ond wrth eu gosod mewn iaith fathemategol (hynny yw, drwy gyfrwng cyfuniad o rifau, symbolau mathemategol, a geiriau), fel rheol fe italeiddir y theorem gyfan.
  > Dysgwch Theorem Pythagoras, sef: mewn triongl ongl sgwâr mae'r sgwâr ar yr hypotenws yn hafal i gyfanswm y sgwariau ar y ddwy ochr arall. Neu mae'n bosibl gosod y theorem fel hyn: *pan mae a yn hypotenws mewn triongl ongl sgwâr, a phan mai b a c yw'r ddwy ochr arall, yna a2 = b2 + c2.*
- Pan ddilynir theorem gan brawf ohoni, italeiddir y theorem a rhoddir y prawf mewn teip rhufeinig. Rhowch symbol megis Ÿ ar derfyn y prawf er mwyn gwneud yn glir fod y prawf wedi dod i ben.
- Italeiddiwch newidynnau mathemategol (gan gynnwys pwyntiau geometrig, er enghraifft *(x, y)*; a chysonion cyffredin, megis cysonion integriad).
- Peidiwch ag italeiddio gweithredyddion: + ÷ ∫
- Peidiwch ag italeiddio elfennau cemegol: Au Mg Fe.

I gynhyrchu testun mathemategol ar lefel broffesiynol, addas i'w gyhoeddi, gellid defnyddio'r system baratoi dogfennau LATEX. Gweler http://www.miktex.org am fwy o fanylion.

10 Wrth ymdrin ag astudiaethau natur italeiddiwch enw pob tylwyth, rhywogaeth, ac amrywiad neu isrywogaeth.
> *Bellis perennis* *Sternbergia lutea angustifolia*

Ond wrth nodi ffurf luosog (er enghraifft staphylococci), neu wrth arfer y geiriau mewn cywair heb fod yn dechnegol, defnyddiwch deip rhufeinig a llythrennau bach.
> Mae gen i facteria yn fy ngwddf.
> Rhyw staphylococcus a achosodd y salwch.

11 Mewn gweithiau cerddorol italeiddir teitl gwaith sylweddol ei hyd, er enghraifft opera, bale, cylch o ganeuon, cerddi symffonig, oratorio, a sonata.

Hywel a Blodwen (Joseph Parry)
Le Nozze di Figaro (Mozart)
Swan Lake (Tchaikovsky)
Lieder eines fahrenden Gesellen (Mahler)
Prometheus (Liszt)
Elijah (Mendelssohn)
Grande sonate pathétique (Beethoven)

- Italeiddir byrfoddau ynghylch cryfder sain mewn cerddoriaeth.

    pp, f

- Nid italeiddir geiriau sy'n rhoi cyfarwyddyd yn ymwneud â chyflymder mewn cerddoriaeth.

    largo
    allegro non troppo

- Defnyddiwch deip rhufeinig rhwng dyfynodau wrth enwi teitlau caneuon unigol, ac wrth enwi gwaith wrth ei deitl poblogaidd.

    'Ysbryd y Mynydd' D. Vaughan Thomas
    'Imagine' John Lennon
    Symffoni 'Jupiter'

- Nid oes angen teip italig na dyfynodau wrth enwi teitlau fel:

    Symffoni Rhif 5 yn C leiaf
    Consierto Piano Rhif 2 yn E leiaf nid Ail Gonsierto Piano yn E leiaf

    Ond mewn deialog gellir arfer rhifolion trefnol.

    'Nid wy'n hoff o'i Bumed Symffoni,' meddai.

12 Defnyddiwch deip rhufeinig rhwng dyfynodau ar gyfer teitlau erthyglau (ond nid wrth ddefnyddio'r patrwm awdur–dyddiad, gweler tt. 160–2), darlithoedd, penodau o fewn cyfrol, straeon byrion, traethodau ymchwil sydd heb eu cyhoeddi, unrhyw destun gwreiddiol yn hytrach na fersiwn printiedig o'r testun hwnnw, motiffau, themâu, topoi, enw barddol yng nghyd-destun enw priod (ond nid enw barddol ar ei ben ei hun).

Cyhoeddwyd 'Rhai caneuon anghyhoeddedig ym mhapurau John Lloyd Williams', erthygl o waith Dr Meredydd Evans, yn *Canu Gwerin*, xxiii (2000).

Traddodwyd darlith Jüri Viikberg 'Mobility and minorities in Estonia' yn y Bumed Gynhadledd Gydwladol ar Ieithoedd Lleiafrifol.

'Y Ddeunawfed Ganrif' oedd y bennod fwyaf diddorol yng nghyfrol Thomas Parry, *Hanes Llenyddiaeth Gymraeg hyd 1900*.

Yn y stori 'Gofid' mae Kate Roberts yn disgrifio marwolaeth yn dod i fyd plentyn bach.

Dyfarnwyd gradd Ph.D. i Rhys Tudur am ei draethawd 'Hanes *Y Cymro* 1932–39'.

'Culhwch ac Olwen', 'Branwen ferch Llŷr', 'Gramadegau'r Penceirddiaid', 'Oracula Sibyllina'

motiff 'y llysfam eiddigeddus', y thema 'talu iawn', a'r topos 'gwyn pob newydd'

Albert Evans-Jones 'Cynan' a olynodd Wil Ifan yn Archdderwydd yn 1950.

Evan Evans 'Ieuan Fardd', Edgar Phillips 'Trefin'

Os dymunwch, gallwch roi enw barddol yng nghyd-destun enw priod rhwng cromfachau.

Evan Evans (Ieuan Fardd)
Edgar Phillips (Trefin)

13 Italeiddiwch wrth dynnu sylw at air neu lythyren sydd dan drafodaeth.

Mae staff Uned Geiriadur Prifysgol Cymru yn gweithio ar y llythyren *A* ar hyn o bryd.

Nid yw *sir-hâl* yn rhan o'm geirfa.

Dewis arall fyddai defnyddio teip rhufeinig a dyfynodau: 'A', 'sir-hâl'. Dewiswch un dull a chadwch ato; mae cysonder ffurf yn hanfodol.

14 Lle ceir darn mewn italig, a bod rhan ohono'n deitl llyfr neu'n air tramor mae hefyd angen ei italeiddio, gellir gosod y gair neu'r teitl hwnnw rhwng dyfynodau.

Teitl fy nghyfrol nesaf fydd *Ar drywydd 'fabliaux' Ffrainc*.

Y Golygiadur

Dewis arall yw gosod y gair neu'r teitl mewn teip rhufeinig o fewn y pennawd a italeiddiwyd. Yn yr enghraifft isod disgwylid italeiddio'r gair *Hamlet* am ddau reswm: yn gyntaf oherwydd ei fod yn rhan o deitl cyfrol, ac eto'r eildro oherwydd ei fod yn deitl drama, ond oherwydd bod teitl y gyfrol eisoes mewn italig fe'i rhoir mewn llythrennau rhufeinig.

Teitl fy nghyfrol ddiweddaraf yw *Sylwadau ar* Hamlet *a'i themâu*.

15 Wrth gyfeirio at y gwahanol bartïon mewn achos cyfreithiol, italeiddiwch enw'r achwynydd a'r diffynnydd, ond gosodwch v. (byrfodd am *versus*) mewn teip rhufeinig.

Jones v. Ellis

16 Peidiwch ag italeiddio'r byrfoddau byrraf, mwyaf cyffredin.

cf., ibid., id., loc. cit., op. cit.

Eithriadau yw *c.* (*circa*) a *fl.* (*floruit*).

17 Gellir defnyddio italeiddio i ddynodi pwyslais.

***Mae*'n braf cael bod yma.**

Ond fi *yw*'r prifathro.

Sylwch nad yw'r *'n* na'r *'r* yn rhan o'r pwysleisio.

Rhifau

Mae dau ddull o rifo yn Gymraeg, sef y dull traddodiadol a'r dull degol. Gall hyn godi anawsterau, a rhestrir yma rai enghreifftiau yn y ddau ddull. Ni ddefnyddir heiffen wrth nodi rhifau. (Yn y rhestr isod, g. = gwrywaidd, b. = benywaidd.) Ymhellach gweler:
- Peter Wynn Thomas, *Gramadeg y Gymraeg* (Caerdydd: Gwasg Prifysgol Cymru, 1996), 294–8
- D. Geraint Lewis, *Geiriadur Gomer i'r Ifanc* (Llandysul: Gwasg Gomer, 1994), 600–2

	Traddodiadol	Degol
1	un	
2	dau (g.)	
	dwy (b.)	
3	tri (g.)	
	tair (b.)	
4	pedwar (g.)	
	pedair (b.)	
5	pump	
6	chwech	
7	saith	
8	wyth	
9	naw	
10	deg	
11	un ar ddeg	un deg un
12	deuddeg	un deg dau (g.)
		un deg dwy (b.)
13	tri ar ddeg (g.)	un deg tri (g.)
	tair ar ddeg (b.)	un deg tair (b.)
14	pedwar ar ddeg (g.)	un deg pedwar (g.)
	pedair ar ddeg (b.)	un deg pedair (b.)
15	pymtheg	un deg pump
16	un ar bymtheg	un deg chwech
17	dau ar bymtheg (g.)	un deg saith
	dwy ar bymtheg (b.)	
18	deunaw	un deg wyth
19	pedwar ar bymtheg (g.)	un deg naw
	pedair ar bymtheg (b.)	

Y Golygiadur

20	ugain	dau ddeg
21	un ar hugain	dau ddeg un
22	dau ar hugain (g.)	dau ddeg dau (g.)
	dwy ar hugain (b.)	dau ddeg dwy (b.)
30	deg ar hugain	tri deg
31	un ar ddeg ar hugain	tri deg un
32	deuddeg ar hugain	tri deg dau (g.)
		tri deg dwy (b.)
35	pymtheg ar hugain	tri deg pump
36	un ar bymtheg ar hugain	tri deg chwech
38	deunaw ar hugain	tri deg wyth
40	deugain	pedwar deg
41	deugain ac un	pedwar deg un
45	deugain a phump	pedwar deg pump
	pump a deugain	
50	hanner cant	pum deg
51	hanner cant ac un	pum deg un
53	hanner cant a thri (g.)	pum deg tri (g.)
	hanner cant a thair (b.)	pum deg tair (b.)
60	trigain	chwe deg
61	trigain ac un	chwe deg un
65	trigain a phump	chwe deg pump
	pump a thrigain	
70	deg a thrigain	saith deg
71	un ar ddeg a thrigain	saith deg un
75	pymtheg a thrigain	saith deg pump
79	pedwar ar bymtheg a thrigain (g.)	saith deg naw
	pedair ar bymtheg a thrigain (b.)	
80	pedwar ugain (g.)	wyth deg
81	pedwar ugain ac un	wyth deg un
	un a phedwar ugain	
82	pedwar ugain a dau (g.)	wyth deg dau (g.)
	dau a phedwar ugain	
	pedwar ugain a dwy (b.)	wyth deg dwy (b.)
	dwy a phedwar ugain	
90	deg a phedwar ugain	naw deg
91	un ar ddeg a phedwar ugain	naw deg un
95	pymtheg a phedwar ugain	naw deg pump
99	pedwar ar bymtheg a phedwar ugain (g.)	naw deg naw
	pedair ar bymtheg a phedwar ugain (b.)	
	cant namyn un	

100	cant	cant
101	cant ac un	cant ac un
115	cant a phymtheg	cant un deg pump
		cant un deg a phump
120	cant ac ugain	cant dau ddeg
150	cant a hanner	cant pum deg

Ysgrifennir y rhifau a ganlyn yn union yr un fath yn y dull traddodiadol a'r dull degol.

200	dau gant
300	tri chant
400	pedwar cant
500	pum cant
600	chwe chant
700	saith cant/saith gant
800	wyth cant/wyth gant
900	naw cant
1,000	mil
1,001	mil ac un
2,000	dwy fil
3,000	tair mil
1,000,000	miliwn
2,000,000	dwy filiwn
1,000,000,000	un biliwn

Enwau, nid rhifolion, yw *mil* a *miliwn* ac felly ni ellir ysgrifennu *mil dyn* neu *miliwn dyn* yn yr un modd ag y gellir ysgrifennu *chwe chan dyn*. Gyda *mil* a *miliwn* mae'n rhaid ysgrifennu *mil o ddynion* a *miliwn o ddynion*.

Pryd i ddefnyddio ffigur a phryd i ddefnyddio geiriau

Defnyddiwch eiriau i gyfeirio at y rhifau o un i ddeg; gyda niferoedd o un ar ddeg a throsodd, defnyddiwch ffigurau.

> Cyhoeddir casgliad o wyth o'i ganeuon yr wythnos nesaf.
> Lladdwyd 106 o ddynion yn y danchwa ac achubwyd 36.

Gydag enghreifftiau tebyg i'r un isod, ysgrifennwch *cant* yn lle *100*.

> Os na ddywedais i wrtho gant o weithiau ddywedais i ddim unwaith.

neu: Os na ddywedais i wrtho ganwaith ddywedais i ddim unwaith.

Gyda niferoedd sydd o boptu deg, defnyddiwch ffigurau.
> **8–12**   nid   rhwng wyth a 12

Dewiswch rhwng defnyddio geiriau a rhifau, neu linell en (gweler **Llinell fer (-) neu linell en** tt. 121–2 isod) a rhifau.
> Roedd rhwng 120 a 130 yn y cyfarfod.
> neu: Roedd 120–30 yn y cyfarfod.
> nid: Roedd rhwng 120–30 yn y cyfarfod.

Wrth ddefnyddio dwy gyfres o symiau, er enghraifft nifer disgyblion a nifer athrawon, gallai fod yn gliriach i'r darllenydd pe defnyddid geiriau i nodi un peth a ffigurau i nodi'r peth arall.
> Mewn un sir cyflogwyd pum athro i ddysgu 5 o blant ag anawsterau dysgu, ond mewn sir arall cyflogwyd un ar bymtheg o athrawon i ddysgu 32 o ddisgyblion ag anableddau dysgu.

- Wrth rifo daw'r enw ar ôl y rhifol, a defnyddir y ffurf unigol.
> dwy brifysgol
> pum dogfen ymgynghorol
> saith seremoni

Wrth rifo yn y dull traddodiadol, os oes mwy nag un gair yn y rhif, fel yn *pedwar ar bymtheg ar hugain,* rhowch yr enw ar ôl gair cyntaf y rhif, heblaw gyda *hanner cant.*
> un ochr ar ddeg
> dwy lwy ar bymtheg
> tair gwlad ar hugain
> pedwar bachgen ar bymtheg ar hugain
> saith cadair a thrigain

Gyda *hanner cant,* ysgrifennwch y rhif, yna *o,* ac yna'r enw, a hwnnw'n lluosog.
> rhif + o + enw lluosog
> hanner cant a naw o oriau

Mae'n rhaid mynegi'r pumdegau traddodiadol yn y dull hwn, ond gellir defnyddio'r dull hwn hefyd gydag unrhyw rif heblaw *un.*
> chwech o gynghorau
> pymtheg o fusnesau
> naw ar hugain o aelodau
> chwe deg tri o sefydliadau
> hanner cant a dau o weithgorau

- Wrth gyhoeddi ar lafar rif tudalen, rhif emyn, neu niferoedd o unrhyw fath, defnyddir y dull degol yn amlach na pheidio heddiw, yn enwedig os yw'r rhif yn uwch na 30. Wrth ysgrifennu, peidiwch â rhoi heiffen rhwng y geiriau na'u huno'n un gair. Byddai eu huno'n golygu eich bod yn gorfod eu camacennu. Daw'r pwyslais ar y sillaf olaf ond un ar eiriau Cymraeg fel rheol, felly ysgrifennwch 33 yn dri gair, *tri deg tri*. Cyfyd yr un anhawster gyda'r dull traddodiadol o rifo hefyd. Os ysgrifennir *unarddeg* yn lle *un ar ddeg*, yr awgrym yw y dylid acennu *-ar-*.
    > Un â'r ddawn mewn unarddeg.
    > Tudur Dylan Jones, 'Ryan Giggs', *Golwg*, 7 Hydref 1993, gweler yr atodiad *Atolwg*, t. 6 (ond *un ar ddeg* yn Tudur Dylan Jones, *Adenydd* (Abertawe: Cyhoeddiadau Barddas, 2001), t. 44).

    Mae'r acen yn syrthio yn y man anghywir yn fersiwn *Golwg* uchod, sy'n gyrru'r gynghanedd ar gyfeiliorn.

- Y ffurfiau *pum, chwe,* a *can* a ddefnyddir o flaen enw, nid *pump, chwech,* a *cant,* gan gynnwys o flaen llafariaid.
    > Bûm yno bum gwaith.
    > Roedd pum oen yn y cae a phum iâr.
    > Gweithiais iddo am chwe wythnos.
    > Costiodd saith gan punt.
    > Gwelais chwe chastell ar fy nhaith.

- Un gair yw *canmlwyddiant*.
    > hanner canmlwyddiant
    > dau ganmlwyddiant

Defnyddio rhifau mewn testun

1 Peidiwch â dechrau brawddeg â rhif. Ail-luniwch y frawddeg, neu ysgrifennwch y rhifau mewn geiriau.
> **Pymtheg yn unig o fechgyn oedd yno a thri deg o ferched.**
> neu: Yr oedd yno 30 o ferched a dim ond 15 o fechgyn.

2 Gosodwch goma os oes i rif bedwar neu ragor o ffigurau; gosodwch y rhifau'n unedau o dri rhif, gan ddechrau o'r ochr dde.

3,968
100,000
1,000,000
1,000,000,000,000
£31,902
$1,357.50

Peidiwch â defnyddio coma wrth nodi'r flwyddyn:
1994

nac wrth nodi rhifau tudalen, rhifau colofnau, neu rifau llinellau:
Llyfr Coch Hergest, colofn 1147

nac mewn rhifau llawysgrifau:
NLW 6680B

nac mewn gwaith mathemategol neu wyddonol.

3   Defnyddiwch gyn lleied o ffigurau â phosibl wrth nodi tudaleniad (neu unrhyw grŵp o ffigurau, boed yn rhifau tudalen neu unrhyw beth arall). Yn lle 33–34 rhowch 33–4; 123–4; 156–7. Ond gyda rhifau sydd rhwng deg a phedwar ar bymtheg, ysgrifennwch y ffigurau i gyd:

10–11	nid	10–1
11–12	nid	11–2
12–13	nid	12–3
18–19	nid	18–9
113–14	nid	113–4
210–11	nid	210–1
311–12	nid	311–2
1918–19	nid	1918–9
2001–02	nid	2001–2

Wrth gyfeirio at un darn o destun sy'n digwydd ar dudalennau sy'n dilyn ei gilydd, cyfeiriwch atynt fel hyn:
tt. 10–11

Wrth gyfeirio at destun sydd ar dudalen 10 a rhan arall sydd ar dudalen 11 a bod bwlch o destun amherthnasol rhyngddynt, hynny yw lle nad yw'r testun yr ydych yn cyfeirio ato yn llifo o un tudalen i'r tudalen nesaf ac yn cynnwys gwaelod tudalen 10, cyfeiriwch at y ddau ddarn fel hyn:
tt. 10, 11

Llinell en, heb fwlch o boptu, a ddefnyddir rhwng rhifau tudalen, nid heiffen, a'r un modd rhwng rhifau rhufeinig.
Penodau I–XV

Arian

Wrth ysgrifennu symiau o arian defnyddiwch y ffurfiau benywaidd ar y rhifau gan eu bod yn cyfeirio at *punt* sy'n enw benywaidd.

Deugain a dwy o bunnau yn unig.
Saith deg tair o bunnau 58 ceiniog yn unig.

Pan â nifer y punnau dros gant, nodwch y nifer o gannoedd drwy ddefnyddio rhifol gwrywaidd gan fod *cant* yn enw gwrywaidd.

Tri chant a *dwy* o bunnau yn unig.

Mae *tri* yn cyfeirio at *cant* (enw gwrywaidd) a *dwy* yn cyfeirio at *punt* (enw benywaidd). Y ffurf *punnau* (nid *punnoedd*) a arferir gyda rhifolion ac fe'i defnyddir wrth gyfeirio at gyfanswm yr arian.

Mae gennyf ddeng mil o bunnau yn y banc.

Defnyddir *punnoedd* i gyfeirio at arian fesul uned o bunt.

Mae gennyf chwech o bunnoedd yn fy mhoced
(sef chwe darn punt).

Oedran

Wrth drafod oedran, dylid defnyddio'r ffurfiau benywaidd pan ddefnyddir y dull traddodiadol gan mai cyfeirio at y nifer blynyddoedd a wneir, a bod *blwyddyn* yn enw benywaidd.

Mae Sali Ellis yn dair a phedwar ugain.

Wrth weithredu'r dull degol mae dewis:

Bydd Jacob Jones yn naw deg pedwar oed yfory.
Bydd Jacob Jones yn naw deg pedair oed yfory.

Yn yr enghraifft gyntaf mae *tair* yn cyfeirio at *blwydd/blynedd* sy'n enw benywaidd, a *pedwar* yn cyfeirio at *ugain* sy'n enw gwrywaidd. Ond gallwch hefyd nodi oedran drwy ddefnyddio ffurf wrywaidd y rhif, a dyma yw'r ffurf fwyaf cyffredin bellach:

Mae John yn naw deg tri fory.

- *Pum, chwe,* a *can* a ysgrifennir o flaen *blwydd*.
  Bu farw'n bum mlwydd oed.
  Os gadewir allan y gair *blwydd*, ysgrifennir *pump, chwech,* a *cant*.
  Fe gewch barti pan fyddwch yn gant oed.
- Wrth gyfeirio at ddyn *yn ei bumdegau*, ysgrifennwch y geiriau'n llawn (nid *yn ei 50au*). Gellir cadw'r geiriau ar wahân, *pum degau*, neu eu rhoi wrth ei gilydd, *pumdegau*; argymhellir defnyddio'r ail ddull.

Dyddiad

Wrth ysgrifennu'r dyddiad gosodwch ef fel hyn:
23 Mai 1990

- Wrth drafod canrifoedd, ysgrifennwch hwy'n llawn, gan ddefnyddio'r dull traddodiadol o rifo, a'r ffurfiau benywaidd gan fod *canrif* yn enw benywaidd. (Am y **Trefnolion**, gweler tt. 89–91.)

  y ddeuddegfed ganrif
  y ddeunawfed ganrif
  y bedwaredd ganrif ar bymtheg
  yr ugeinfed ganrif

  Os oes rhaid talfyrru, defnyddiwch symbolau rhufeinig.

  y XV ganrif   (neu *y 15g.* mewn gofod cyfyng)
  yr XVII ganrif   (neu *yr 17g.* mewn gofod cyfyng)
  y XVIII ganrif   (neu *y 18g.* mewn gofod cyfyng)

  Dull arall yw *y 15fed ganrif, y 19eg ganrif*, ac ati. Dewiswch un dull, a glynwch wrtho. Byddwch yn ofalus eich bod yn hollol glir yn eich meddwl pa ganrif a olygir.

- Wrth gyfeirio at *canrif a hanner*, er enghraifft, ystyrir *canrif a hanner* yn ymadrodd cyfansawdd a chenedl y gair *canrif* yn ei reoli, felly byddai ansoddair sy'n dilyn yn treiglo.
  Daeth newidiadau lu yn ystod y ganrif a hanner ddiwethaf.

- Wrth ysgrifennu am *y pumdegau* ysgrifennwch y geiriau'n llawn ac nid *y 50au*. Gellir cadw'r geiriau ar wahân, *y pum degau*, neu eu rhoi wrth ei gilydd, *y pumdegau*; argymhellir defnyddio'r ail ddull. Bydd yn rhaid treiglo am eich bod yn

defnyddio geiriau yn hytrach na ffigurau.
>ym mhumdegau'r ganrif

A bod angen nodi pa ganrif sydd dan sylw yn ogystal
â pha ddegawd, nodwch hynny fel hyn:
>Yn ystod y 1850au bu'r Gymdeithas Frutanaidd a Thramor yn annog defnyddio'r Saesneg yn ysgolion Gwent. Erbyn y 1960au ychydig o blant y fro a allai siarad Cymraeg.

- Wrth ysgrifennu am gyfnod o flynyddoedd, a'r rhifau rhwng deg ac un deg naw, mae'n rhaid ailsefydlu'r degawd. Nid oes rhaid gwneud hynny gyda'r rhifau eraill, dim ond rhwng deg a phedwar ar bymtheg.
>1990–1
>1918–19
>1956–9

Dull arall yw nodi dyddiadau gan gynnwys yr uned ddegol.
>1990–91
>1956–59

Yn achos gwaith sydd i gael ei arddangos, fodd bynnag, dylech nodi'r dyddiad yn llawn.
>2001–2002
>1950–1975

Peidiwch â thalfyrru rhifau sy'n ymwneud â chanrifoedd gwahanol. Ysgrifennwch hwy'n llawn.
>1818–1918   nid   1818–918

Dylech ysgrifennu'r ffigurau i gyd wrth nodi blynyddoedd cyn Crist a rhoi'r CC mewn priflythrennau bach i ddilyn.
>67–64 CC
>y drydedd ganrif CC

Ond ysgrifennwch flwyddyn, er enghraifft mewn swydd, fel hyn (heb fwlch o boptu'r slaes):
>112/13 CC

Os oes angen nodi dyddiadau OC (neu AD) rhowch OC (neu AD) mewn priflythrennau bach o flaen y rhifau.
>OC 440

Ond ysgrifennwch:
>y ganrif gyntaf OC

- Peidiwch â dechrau brawddeg â dyddiad mewn rhifau. Ailffurfiwch y frawddeg i ddechrau â geiriau.

    Trowch: 1990 oedd y flwyddyn fawr.
    yn: Y flwyddyn 1990 oedd y flwyddyn fawr.

- Peidiwch ag ysgrifennu cyfuniad o eiriau, symbolau, a rhifau wrth nodi blynyddoedd.

    rhwng 2000 a 2002   nid   rhwng 2000–2002
    o 1977 hyd 1981   nid   o 1977–1981

    Mae'n well defnyddio geiriau yn hytrach na llinell en os oes mwy nag un elfen yn y dyddiad.

    rhwng 1 Ionawr a 2 Chwefror,   nid   rhwng 1 Ionawr–2 Chwefror
    o 3 Mawrth hyd 4 Ebrill,   nid   o 3 Mawrth–4 Ebrill
    c. 1536 hyd c. 1542   nid   c. 1536–c. 1542

    Mae angen gofod rhwng c. a'r dyddiad a hefyd rhwng y dyddiad a'r byrfodd OC, CC:

    c. OC 823

    (gw. hefyd **Byrfoddau** t. 94)

- Cyfyd anawsterau'n aml wrth benderfynu beth i'w roi o flaen y flwyddyn – *yn* neu *ym*? A ddylid ysgrifennu *yn 1979* neu *ym 1979*? Mae'r ddwy ffurf yn gywir, ond wedi dewis un dull ar gyfer darn arbennig o waith, cadwch ato. Dyma sut mae'r dewisiadau'n gweithio.

    yn 2020   yn nau dim dau dim
    yn 2020   yn nwy fil ac ugain

    Ond wrth drafod y mileniwm diwethaf:

    yn 1990 = yn un naw naw dim
    ym 1990 = ym mil naw naw dim

    Bwriwch eich bod am drafod economeg y cartref ac am edrych yn ôl i'r ugeinfed ganrif. O ddewis *ym* ysgrifennwch:

    Ym 1993 yr oedd uned arferol o drydan yn costio 8.41 ceiniog, ond yn 2003 fe gostiai'r un uned 20.67 o geiniogau'r uned.

    sef: Ym mil naw naw tri ... ond yn nwy fil a thair ...

    Cymharwch hyn â'r dewis arall, sef *yn*.

    Yn 1993 yr oedd uned arferol o drydan yn costio 8.41 ceiniog, ond yn 2003 fe gostiai'r un uned 20.67 o geiniogau.

    sef: Yn un naw naw tri ... ond yn nau dim dim tri ...

Oherwydd cysondeb ffurfiau'r ail ddewis uchod, efallai y byddwch yn bwrw eich pleidlais o blaid *yn*.

O fod wedi penderfynu ar *yn* neu ar *ym*, mae'n rhaid cael pob gair arall a ddefnyddir o flaen y rhifau i gytuno â'r ffurf. Os dewisir *yn*, sylwch ar y frawddeg a ganlyn.
> Yn 1969 y daeth i Gymru. (Yn un . . .)

O newid y gystrawen, un dewis fyddai geirio fel hyn.
> Daeth i Gymru tua'r flwyddyn 1969.

Gellid hefyd ysgrifennu *tuag 1969*. Ysgrifennir *tuag* yn hytrach na *tua* er mwyn gwahanu dwy lafariad. Ond mae'n duedd gynyddol bellach i neilltuo *tuag* ar gyfer cyfeirio taith yn unig, sef i olygu 'i gyfeiriad':
> mynd tuag adref
> mynd tuag at

Os 'oddeutu' a olygir, yr arfer gyffredin yw defnyddio *tua*.
> tua un

Tymheredd

Defnyddiwch ffigurau gan fod graddau yn unedau mesur. Gosodwch y symbol ° yn union i'r chwith o'r C, heb fwlch rhyngddynt, ond gadewch fwlch rhwng y rhif a'r °.
> 3 °C   nid   3° C
> Roedd y tymheredd yn 9.15 °C ganol dydd ddoe.

Ond ysgrifennir 3° os na ddefnyddir C neu F.

Ffracsiynau

1/2	hanner
1/3	traean; trydedd ran; un rhan o dair
1/4	chwarter; pedwaredd ran; un rhan o bedair
1/8	wythfed ran
2/3	deuparth; dwy ran o dair
3/4	tri chwarter
3/8	tri wythfed
7/16	saith dros un ar bymtheg

Ni ddefnyddir heiffen wrth nodi ffracsiynau.
> tri chwarter   nid   tri-chwarter

Wrth nodi ffracsiynau sy'n llai arferedig gan y cyhoedd yn gyffredinol, defnyddiwch ffigurau i'w dynodi. Mae geiriau'n cymhlethu'r mater, a hynny mewn maes lle mae eglurder a dealltwriaeth sydyn o'r ffracsiynau sydd dan sylw yn hollbwysig. Os dymunwch, gallwch ysgrifennu ⅝ mewn geiriau: pum wythfed, ond gyda ⅝ a ffracsiynau eraill sydd o'r un cymhlethdod geiriol, byddai defnyddio'r ffigurau yn well.

Rhifo paragraffau

Mae cryn ystwythder yn bosibl wrth rifo paragraffau. Dewiswch ddull dealladwy, a chadw ato'n gyson. Rhifolion arabaidd sydd orau, ond mae rhai meysydd arbenigol yn dilyn eu confensiynau eu hunain, er enghraifft cytundebau cyfreithiol, a dylid cadw at y dull arferol lle ceir un.

Gallwch rifo pob pennod, os dymunwch, ac yna rifo pob adran o fewn pob pennod:

> **pennod 10**
> **adran 10.2** (sef ail adran pennod 10)
> **isadran 10.2.3** (sef y drydedd isadran yn ail adran pennod 10)

Sicrhewch fod y darllenydd yn gwybod ble mae'r rhaniad rhwng pwynt olaf rhediad o isbwyntiau, a'r man lle mae'n dychwelyd i'r prif destun.

Mae rhai rhaglenni cyfrifiadurol yn cynnig dulliau rhifo'n awtomatig, ac yn cynnig amrywiaeth o batrymau. At ei gilydd, anghymeradwyir rhifo paragraffau drwy gyfrwng llythrennau, yn rhannol oherwydd problemau a allai godi wrth drosi o un iaith i'r llall. Anghymeradwyir dull y cromfach hefyd, oherwydd ei fod yn annymunol i'r llygad.

- Os ceir rhif(au) o fewn paragraff, defnyddiwch gromfach bob ochr i'r rhif i osgoi amwysedd.

    > Trafododd James Ellis (1) hanes y teulu (2) statws y teulu o fewn y sir a (3) gobeithion y genhedlaeth sy'n codi.

Treigladau

Un

- Ni threiglir enw gwrywaidd ar ôl y rhifol *un*. Ceir treiglad meddal mewn enw benywaidd ar ôl *un* os yw'r gair yn dechrau â'r llythrennau *p, t, c, b, d, g,* neu *m*, ond ni threiglir *ll* na *rh*.

p	un bont
t	un delyn
c	un grefft
b	un farn
d	un ddynes
g	un _alwedigaeth
m	un felin
ll	un llaw
rh	un rhwyf

- Os yw ansoddair yn cynrychioli enw benywaidd unigol, yna fe dreiglir yr ansoddair hwnnw'n feddal os yw'n dechrau â'r llythrennau *p, t, c, b, d, g, m, ll,* a *rh*.

p	un bert
t	un deg
c	un gu
b	un flin
d	un ddel
g	un _rasol
m	un filain
ll	un lem
rh	un rad

- Mae *blynedd* a *blwydd* yn treiglo'n drwynol mewn rhifau o fwy nag un gair os yw'r rhif hwnnw'n dechrau â'r gair *un*.

  un mlynedd ar ddeg
  un mlwydd ar bymtheg

- Treiglir y llythrennau *p, t, c, b, d, g, m, ll, rh* pan mae *un* yn ansoddair ac yn cymharu, gan gyfleu'r ystyr 'union yr un fath', *exactly the same*.

  Mae ef yr un drwyn â'i dad.
  Mae hi'r un lygad â'i mam.
  Mae gan y plentyn yr un _wên â'i nain.

Yma mae enwau gwrywaidd a benywaidd, unigol fel arfer, yn treiglo ar ôl *un*.

- Gall yr ansoddair *un* hefyd gyfleu'r ystyr 'yr union un' neu 'digyfnewid', *the same*. Treiglir, felly, enw benywaidd ar ôl *p, t, c, b, d, g, m*, ond nid *ll* na *rh*.
    Plant yr un tad a'r un fam ydynt.
    Teithient ar yr un llong.

Dau, dwy

- Mae *dau* a *dwy* yn treiglo'n feddal ar ôl y fannod.
    y ddau
    y ddwy

- Ceir treiglad meddal mewn enwau gwrywaidd a benywaidd ar ôl *dau* a *dwy* os yw'r gair dilynol yn dechrau â'r llythrennau *p, t, c, b, d, g, m, ll, rh*.

p	dau ben
t	dau dafod
c	dwy geiniog
b	dwy fraich
d	dau ddrws
g	dwy _wên
m	dwy fil
ll	dau lo
rh	dwy ran

- Pan geir bannod + *dwy* + *blynedd* + ansoddair, treiglir *dwy* yn feddal ar ôl y fannod, treiglir yr enw'n feddal ar ôl *dwy*, a threiglir yr ansoddair.
    y ddwy flynedd ddiwethaf

    O'r holl rifolion, dim ond *dwy* sy'n gweithredu yn y modd hwn; cymharer:
    y tair blynedd diwethaf
    y pedair blynedd diwethaf

Tri, tair

Mae *tri* yn achosi treiglad llaes (dim ond geiriau yn dechrau â'r llythrennau *p, t*, ac *c* sy'n gallu treiglo'n llaes) i'r enw sy'n dilyn:

p	tri pharti	
t	tri thro	
c	tri chrys	

ond nid yw *tair* yn achosi treiglad i'r enw benywaidd sy'n dilyn:

p	tair punt	
t	tair taten	
c	tair carreg	

- Nid yw *tair* ychwaith yn treiglo ar ôl y fannod (*y* ac *'r*).
  > Aeth y tair gwraig i'r ffair.
  > O'r tair, hi yw'r gadarnaf.

  Y tair gwraig sy'n gywir; ffurfiau llafar yw *y dair wraig* ac *y tair wraig*.

- Mae ansoddair sy'n cynrychioli enw benywaidd unigol ac sy'n dilyn *tair* yn treiglo'n feddal.

p	tair beniog
t	tair deg
c	tair gegog
b	tair front
d	tair ddel
g	tair _rasol
m	tair filain
ll	tair lem
rh	tair rad

Pedair, pum

Mae ansoddair (yn cynrychioli enw benywaidd unigol) sy'n dilyn *pedair* a *pum* yn treiglo'n feddal.

p	pedair beniog	pum beniog
t	pedair deg	pum deg
c	pedair gegog	pum gegog
b	pedair front	pum front
d	pedair ddel	pum ddel
g	pedair _rasol	pum _rasol
m	pedair filain	pum filain
ll	pedair lem	pum lem
rh	pedair rad	pum rad

Chwe

- Mae *chwe* yn achosi i enw (gwrywaidd a benywaidd) sy'n dechrau â'r llythrennau *p, t*, ac *c* dreiglo'n llaes.

p	chwe phen
t	chwe thebot
c	chwe chyfrifiadur

- Mae *chwe* yn achosi i ansoddair sy'n gweithredu fel enw ac yn disgrifio gwrthrychau benywaidd dreiglo'n feddal.

p	chwe beniog
t	chwe deg
c	chwe gegog

    Ond mae ansoddair sy'n gweithredu fel enw ac yn disgrifio gwrthrychau gwrywaidd yn treiglo'n llaes.

    Mae'r chwe pheniog yn eistedd yn y lolfa, y chwe thwpsyn yn y llofft, a'r chwe chegog yn y gegin.

    Pan mae'r ansoddair yn gweithredu fel enw, fel sy'n wir yn y frawddeg a'r enghreifftiau uchod, defnyddir y ffurf *chwe* rhagor na *chwech*.

- Dim ond geiriau yn dechrau â'r llythrennau *p, t*, ac *c* sy'n treiglo ar ôl *chwe*, felly *chwe blwydd* a *chwe blynedd* yw'r ffurfiau cywir. Ond mae'r ffurf *chwe mlynedd* yn dod yn fwyfwy cyson ei defnydd ar lafar ac yn ysgrifenedig, a gellir ei derbyn yng nghyd-destun rhyddiaith anffurfiol.

Saith, wyth

Mae *blynedd, blwydd* ac weithiau *diwrnod* yn treiglo'n drwynol ar ôl *saith* ac *wyth*.

> saith mlynedd
> saith mlwydd
> saith niwrnod (ond hefyd **saith diwrnod**)
> wyth mlynedd
> wyth mlwydd
> wyth niwrnod (ond hefyd **wyth diwrnod**)

Mae *saith* ac *wyth* hefyd yn gallu achosi treiglad meddal i eiriau sy'n dechrau â *p, t, c, b, d, g, ll, rh*. Fodd bynnag, dim ond yn anaml y gweir hynny bellach heblaw yn achos *cant, ceiniog,* a *punt.*

    saith gant
    saith geiniog
    saith bunt
    wyth gant
    wyth geiniog
    wyth bunt

Naw, deg, deuddeg, pymtheg, deunaw, ugain, can

Treiglir *blynedd, blwydd* a *diwrnod* yn drwynol ar eu hôl.

    naw mlynedd
    deunaw mlwydd
    can niwrnod

- O flaen *m* mae *deg, deuddeg,* a *pymtheg* yn troi'n *deng, deuddeng,* a *pymtheng.*

    deng munud
    deuddeng mlynedd
    pymtheng mlynedd

Gall hynny ddigwydd hefyd, os dymunwch, o flaen *diwrnod* (wedi treiglo'n drwynol yn *niwrnod*) ac weithiau o flaen llafariaid.

    pymtheng niwrnod
    pymtheng awr

Trefnolion

Mae trefnolion yn nodi ym mha drefn mae pethau'n digwydd neu'n ymddangos. Ni ddefnyddir heiffen rhwng y geiriau wrth eu nodi. (Yn y rhestr isod, g. = gwrywaidd, b. = benywaidd.)

		Byrfodd
1	cyntaf	1af
2	ail	2il
3	trydydd (g.)	3ydd
	trydedd (b.)	3edd
4	pedwerydd (g.)	4ydd
	pedwaredd (b.)	4edd
5	pumed	5ed
6	chweched	6ed
7	seithfed	7fed

Y Golygiadur

8	wythfed	8fed
9	nawfed	9fed
10	degfed	10fed
11	unfed ar ddeg	11eg
12	deuddegfed	12fed
13	trydydd ar ddeg (g.)	13eg
	trydedd ar ddeg (b.)	13eg
14	pedwerydd ar ddeg (g.)	14eg
	pedwaredd ar ddeg (b.)	14eg
15	pymthegfed	15fed
16	unfed ar bymtheg	16eg
17	ail ar bymtheg	17eg
18	deunawfed	18fed
19	pedwerydd ar bymtheg (g.)	19eg
	pedwaredd ar bymtheg (b.)	19eg
20	ugeinfed	20fed
21	unfed ar hugain	21ain
22	ail ar hugain	22ain
23	trydydd ar hugain (g.)	23ain
	trydedd ar hugain (b.)	23ain
24	pedwerydd ar hugain (g.)	24ain
	pedwaredd ar hugain (b.)	24ain
25	pumed ar hugain	25ain
26	chweched ar hugain	26ain
27	seithfed ar hugain	27ain
28	wythfed ar hugain	28ain
29	nawfed ar hugain	29ain
30	degfed ar hugain	30ain
31	unfed ar ddeg ar hugain	31ain
32	deuddegfed ar hugain	32ain
33	trydydd ar ddeg ar hugain (g.)	33ain
	trydedd ar ddeg ar hugain (b.)	33ain
34	pedwerydd ar ddeg ar hugain (g.)	34ain
	pedwaredd ar ddeg ar hugain (b.)	34ain
35	pymthegfed ar hugain	35ain
36	unfed ar bymtheg ar hugain	36ain
37	ail ar bymtheg ar hugain	37ain
38	deunawfed ar hugain	38ain

39	pedwerydd ar bymtheg ar hugain (g.)	39ain
	pedwaredd ar bymtheg ar hugain (b.)	39ain
40	deugeinfed	40fed
50	hanner canfed	50fed
60	trigeinfed	60fed
70	degfed a thrigain	70ain
80	pedwar ugeinfed	80fed
90	degfed a phedwar ugain	90ain
100	canfed	100fed
200	dau ganfed	200fed
300	tri chanfed	300fed
500	pum canfed	500fed
1,000	milfed	1,000fed
1,000,000	miliynfed	1,000,000fed

Fe ddefnyddir y trefnolion fynychaf wrth nodi'r dyddiad ac mae'r trefnolion hyd at *yr unfed ar ddeg ar hugain* yn rhai digon cyfarwydd. Wedi'r deugain, tueddir i ddefnyddio cystrawen wahanol.

>Daeth i mewn yn y trydydd safle.
>Daeth i mewn yn safle pedwar deg naw.

neu: **Daeth i mewn yn safle naw a deugain.**

Wrth gyhoeddi rhif Salm dyma a glywir amlaf:

>Darllenir y Salm gyntaf.
>Darllenir y drydedd Salm wedi'r hanner cant.
>Trowch i Salm naw deg naw.

Er mai benywaidd yw *Salm* defnyddir y ffurf *Salm naw deg dau*, ac ati, fynychaf.

Daw *cyntaf* ac *olaf/diwethaf* ar ôl yr enw, heblaw weithiau mewn darnau barddonol eu naws, er enghraifft *yr olaf Salm*.

Dyddiad

Wrth nodi'r dyddiad, ysgrifennu rhifolion sydd fwyaf derbyniol, ond o fod eisiau ysgrifennu trefnolion defnyddiwch y ffurfiau gwrywaidd. Nid oes angen defnyddio'r gair *dydd* ar ôl y trefnolyn gan ei fod yn ddealledig.

>**y trydydd ar hugain o Fai**
>**Gorffennaf y pedwerydd ar bymtheg**

Cenedl enwau

Gwrywaidd oedd *tudalen, sector* a *proses,* ond gellir eu defnyddio'n wrywaidd neu'n fenywaidd heddiw, dim ond cadw cysondeb. Mae *pennill, fersiwn, emyn,* ac *englyn* yn wrywaidd, ond benywaidd yw *pennod* a *bodolaeth;* mae *fersiwn* ac *emyn* yn tueddu i droi'n fenywaidd.

> y trydydd tudalen/y drydedd dudalen
> y pedwerydd pennill
> y pedwerydd englyn ar ddeg
> y trydydd sector/y drydedd sector
> y pedwerydd fersiwn
> y drydedd bennod
> yr ail fodolaeth
> y pedwerydd proses/y bedwaredd broses

Treigladau

Cyntaf

Nid yw *cyntaf* yn treiglo pan mae'n dilyn enw gwrywaidd unigol na phan mae'n dilyn enw lluosog.

> Cynhelir y pwyllgor cyntaf ar y deuddegfed o Ionawr.
> Cynhelir y pwyllgorau cyntaf yn ystod mis Medi.

Mae *cyntaf* yn treiglo'n feddal ar ôl enw benywaidd.

> Bydd y drafodaeth gyntaf ar yr ail o Fawrth.

Treiglir *cyntaf* yn feddal os yw'n cyfeirio at enw benywaidd.

> Cafwyd sawl trafodaeth ar y peth ond y gyntaf oedd yr orau.

Pan roir *cyntaf* yn drefnol o flaen enw, nid yw'r enw'n treiglo ar ei ôl:

> cyntaf peth

Ail

- Mae'r ffurf *eilfed* yn anghywir.
    > Ar yr ail o'r mis mae'r bil yn cyrraedd.
    > Ar yr ail ar bymtheg o'r mis y telir cyflogau.

- Mae enw gwrywaidd ac enw benywaidd yn treiglo'n feddal ar ôl *ail.*
    > Fe'i gosodwyd yn yr ail ddosbarth.
    > Yn ystod yr ail dymor cynhelir cyfarfod o'r Llys Llywodraethol.

Trefnolyn + enw benywaidd

Mae'r trefnolion sy'n dod o flaen enwau benywaidd yn treiglo'n feddal, ac yn achosi treiglad meddal yn yr enw benywaidd sy'n dilyn.

    y drydedd ochr
    y bedwaredd ddesg
    y bumed drofa ar y dde
    y chweched ferch
    y seithfed deisen
    yr wythfed bennod
    y nawfed _wraig
    y ddegfed gynhadledd
    yr unfed bennod ar ddeg

Nid yw'r trefnolion sy'n dod o flaen enwau gwrywaidd yn treiglo nac yn achosi treiglad.

    y trydydd tŷ
    y pedwerydd pwynt
    y pumed rheswm

Byrfoddau

Byrfodd yw ffurf fer ar air neu ymadrodd, ac fe'i defnyddir i arbed gorfod ysgrifennu pob llythyren o'r gair neu'r ymadrodd yn llawn.

    e.e.   er enghraifft
    S.   Saesneg

Ar y cyfan dylai pob ysgrifennwr wneud ei orau i'w hosgoi, ond mae hynny'n dibynnu ar y cyd-destun. Helpu'r darllenydd yw nod yr awdur, ac mae'n haws darllen *yn ystod y bedwaredd ganrif ar bymtheg* nag *yn ystod y 19g*. Os yw prinder lle yn broblem, yr egwyddor yw: mewn prif destun ysgrifennwch y ffurf lawn, er enghraifft *9 y cant,* ac mewn troednodiadau neu dablau mewn gwaith technegol defnyddiwch y byrfodd *9%*. Ar dro mae'n well defnyddio nifer helaeth o fyrfoddau, yn dibynnu ar natur a chywair y cyhoeddiad; os felly, byddwch yn gwbl gyson wrth eu defnyddio.

Cadwch at y byrfoddau mwyaf cyfarwydd. Mewn rhai meysydd academaidd, fodd bynnag, weithiau bydd galw am greu byrfoddau newydd, er enghraifft i deitlau llyfrau. Ond os yw'n bosibl, defnyddiwch fyrfoddau cydnabyddedig; rhestrir nifer o fyrfoddau yn *Geiriadur Prifysgol Cymru*.

1 Wrth gyflwyno byrfodd mewn darn hir o waith, defnyddiwch y sillafiad llawn y tro cyntaf, a nodwch sut y bwriadwch ei gwtogi.
    Yn *Y Beibl Cymraeg Newydd* (BCN ar ôl hyn) fe ysgrifennir *cadwch* ac nid *cedwch*.

2 Byddwch yn gyson eich defnydd o'r byrfodd drwy'r gwaith. Os bwriadwch ddefnyddio *e.e.* yn lle *er enghraifft*, defnyddiwch ddau atalnod llawn bob tro. Mae angen rhoi atalnod llawn os na ddefnyddir llythyren olaf y gair yn y byrfodd (ac eithrio gyda'r system ryngwladol o ymdrin ag unedau, er enghraifft 12 km). Ni roddir atalnod llawn lle nodir y byrfodd mewn dwy neu ragor o briflythrennau.

    a. (ansoddair)   m (metr)
    M.Litt.   Dr

> LRAM   FRIBA
> h.y.   cm2
> M. (Monsieur)

3 Acronym yw gair wedi ei lunio o lythrennau blaen cyfres o ddau neu fwy o eiriau. Weithiau gellir ynganu'r llythrennau fel gair ar wahân, er enghraifft ETA; dro arall mae'n rhaid eu hynganu drwy sillafu pob llythyren yn unigol, er enghraifft BBC.

i Ni ddefnyddir atalnod llawn i nodi acronymau.
> **UMCA   Undeb Myfyrwyr Cymraeg Aberystwyth**

ii Wrth ddefnyddio acronym mewn testun am y tro cyntaf ysgrifennwch y geiriau'n llawn, a'r acronym mewn cromfachau; wedi hynny defnyddiwch yr acronym.
> **Penderfynodd Undeb Myfyrwyr Cymraeg Aberystwyth (UMCA) ymgyrchu yn erbyn talu ffioedd dysgu. Cefnogwyd UMCA gan Senedd yr Alban.**

Peidiwch ag ailadrodd yr acronym yn rhy aml. Defnyddiwch *yr Undeb* i arbed cael gormod o briflythrennau ar y ddalen.

Os yw'r acronym yn cael ei arfer yn amlach na'r enw llawn peidiwch â defnyddio'r enw llawn, hyd yn oed y tro cyntaf, er enghraifft Sianel Pedwar Cymru.
> **Sefydlwyd S4C yn 1982.**

iii Os gellir ynganu'r acronym nid oes angen rhoi *y/yr/'r* o'i flaen.
> **Enillodd ysgoloriaeth o filoedd o bunnau o gronfa UNESCO.**
> **ETA oedd yn gyfrifol am yr ymosodiad yng Ngwlad y Basg.**

Ond os nad yw'r acronym yn ffurfio gair y gellir ei ynganu, a bod yn rhaid ei ynganu drwy sillafu pob llythyren yn unigol, weithiau mae angen rhoi *y/yr/'r* o'i flaen.
> **Gohebwyr y BBC a glywodd y stori gyntaf.**
> **Mae'r PLO yn cael sylw mawr yn y papurau trymion.**

Os yw'r acronym yn enw ar gwmni nid oes angen *y/yr/'r*.
> **Ni chredodd gohebwyr HTV yr un gair o'r stori.**

iv Weithiau mae arddull y tŷ cyhoeddi yn ffafrio defnyddio priflythrennau bach wrth drafod acronymau. Gall hynny fod yn fanteisiol os ydynt yn britho'r tudalen, a lle byddai toreth o briflythrennau yn ddolur i'r llygad.

4 *i* Os dilynir yr hyn a ddylai fod mewn priflythrennau bach (er enghraifft NATO) gan sillgoll neu gromfach, defnyddiwch briflythrennau rhufeinig o faint arferol.
> Cenir clodydd NATO'r ugeinfed ganrif, ond nid felly NATO'r unfed ganrif ar hugain.

> Dyfnhau a wnâi'r anghytundeb o fewn NATO (North Atlantic Treaty Organisation).

Ond os dilynir priflythyren fach gan ampersand (&), rhif, neu heiffen, cadwch at ffurf y briflythyren fach.
> F-16

ii Ni ddefnyddir ampersand yn aml yn y Gymraeg. Defnyddiwch *a* neu *ac* lle mae hynny'n bosibl.
> Gwyn Jones a'i feibion

5 Ceir nifer o fyrfoddau Cymraeg, a nifer o rai Ewropeaidd y gellir eu defnyddio mewn testunau Cymraeg (gweler tt. 98–101). Os oes byrfodd Cymraeg, arfer da yw defnyddio hwnnw yn hytrach nag un Saesneg neu Ladin. Peidiwch ag arfer *i.e.* yn lle *h.y.*, er enghraifft, neu *etc.* yn lle *a.y.b.* Yn achos *a.y.b.* dewis arall yw rhoi *er enghraifft* o flaen y rhestr, neu *yn eu plith, yn cynnwys*.
> Yr oedd nifer o wybodusion yn y gynhadledd, yn eu plith Celyn Saunders, Xavier Jay, ac Edward Hawse.

6 Wrth ddefnyddio rhai byrfoddau, er enghraifft wrth ddefnyddio *h.y.* ac *e.e.*, rhowch goma o'u blaenau ac ar ddiwedd y cymal sy'n eu dilyn.
> Roedd yr arfer o alw bardd wrth lasenw, e.e. Llywarch y Nam, Hywel Foel, Ieuan Waed Da, yn boblogaidd yng Nghymru.

> Roedd y mis bach, h.y. mis Chwefror, yn oer iawn eleni.

Rhowch goma hefyd o flaen byrfoddau sy'n dilyn enw.
> Carwyn Hopkins, Ysw. Christopher Charles, Bt.
> Glyn Morgan, Ph.D.   Y Lolfa, Cyf.

7 Defnyddiwch briflythrennau bach ar gyfer y byrfoddau OC, CC, AD, a pheidiwch â defnyddio atalnod llawn. Lleolir OC ac AD o flaen y flwyddyn, ond lleolir CC ar ôl y flwyddyn.
>OC 77
>AD 39
>70 CC

Pan ddefnyddir llythrennau bach ynghyd â byrfodd, mae'n plesio'r llygad yn well i weld y byrfodd yn briflythyren fach.
>pelydr-X
>crys-T

8 Weithiau defnyddir cymysgedd o briflythrennau a llythrennau bach. Peidiwch â defnyddio atalnod llawn pan mae'r talfyriad yn briflythrennau yn unig, ond defnyddiwch ef pan geir cymysgedd o briflythrennau a llythrennau bach. Os rhestrir mwy nag un radd neu anrhydedd, rhowch goma a bwlch rhyngddynt.
>D.Litt., D.Phil., Ph.D., MA, BA, BD, B.Litt., B.Sc., M.Sc., M.Phil., B.Sc.(Econ.), B.Sc.(Eng.), B.Sc.Tech., B.Th., LLB, F.Inst.P.
>
>Yr Athro Emeritws J. Williams, MA, BD, D.Litt., FBA

Ond mae tuedd tuag at beidio â defnyddio atalnodi o gwbl erbyn hyn.

9 Defnyddiwch briflythrennau, neu gyfuniad o briflythrennau a llythrennau bach, wrth drafod byrfoddau am arian. Am restr safonol gweler *The Economist Style Guide* (London: Profile Books Ltd., 2018).
>A$ US$ SKr   HK$ Rb

10 Defnyddiwch briflythrennau wrth drafod y tymheredd.
>16.6 °F (nid 16.6° C) 32 °C

11 Defnyddiwch briflythrennau, neu gyfuniad o briflythrennau a llythrennau bach, wrth drafod byrfoddau am yr elfennau cemegol. Am restr safonol gweler *The Economist Style Guide* (London: Profile Books Ltd., 2018).
>Ag   Au   Zn

12 Defnyddiwch briflythrennau wrth drafod rhifau rhufeinig os digwyddant mewn teitl.

> Harri VII
> Rhodfa'r Brenin Edward VII

Lle defnyddir rhifau rhufeinig i nodi rhif cyfrol, defnyddiwch briflythrennau rhufeinig.

> Bobi Jones, 'Beirdd yr Uchelwyr a'r Byd' yn *Ysgrifau Beirniadol* VIII, gol. J. E. Caerwyn Williams (Dinbych: Gwasg Gee, 1974), 29–42.

Ond defnyddiwch rif rhufeinig mewn llythrennau bach wrth gyfeirio, mewn testun, at waith penodol.

> Dadleuir yn *Ysgrifau Beirniadol* viii (t. 30) mai mewn cyd-destun diwinyddol y dylid darllen awdl Dafydd Nanmor i Syr Dafydd ap Tomas.

13 Defnyddiwch lythyren fach wrth agor troednodyn ag un o'r canlynol:

> e.e., h.y., ll., c., l.c., t., tt.

14 Rhestrwch ar ddechrau pob cyfrol unrhyw fyrfoddau a ddefnyddir yng nghorff y llyfr. Dilynwch ffurf arferol y byrfoddau hynny yn ôl fel y cânt eu defnyddio mewn cyfrolau eraill, ond ar bob cyfrif lluniwch fyrfoddau newydd penodol ar gyfer eich cyfrol chi pan mae hynny'n angenrheidiol. Mae rhestr o fyrfoddau at ddefnydd iaith (o ran termau a llyfryddiaeth) ar gael ar ddechrau pob cyfrol o *Geiriadur Prifysgol Cymru*. Dilynwch y patrwm a osodir yno.

Rhestrir isod fyrfoddau ac acronymau cyffredin eu defnydd:

adarg.	adargraffiad
a.m.	*ante meridiem*, cyn canol dydd
amg.	amgaeedig
arg.	argraffiad
AS	Aelod o'r Senedd (Cymru)
AS	Aelod Seneddol (yn San Steffan)
ASE	Aelod o Senedd Ewrop, Aelod Seneddol Ewropeaidd

Byrfoddau

ayb.	ac yn y blaen
b.	benywaidd
Bon.	Bonwr, Mr
c. (g.)	canrif
c.	*circa*
Capt.	Capten
CBAC	Cyd-bwyllgor Addysg Cymru
c.c.	copi carbon
CC	cyn Crist
CCTV	closed-circuit television
CD	cryno-ddisg
CD-ROM	(cyfrifiadur) compact disc read-only memory
cf.	cymharer
cm2	centimetr sgwâr
CV	curriculum vitae
CYD	Cymdeithas y Dysgwyr
cyf.	cyfieithiad
cyf.	cyfeirnod
Cyf.	(cwmni) Cyfyngedig
Chwef.	Chwefror
D	plât D (am Dysgwr/-wraig sy'n dysgu gyrru car)
d.d., d.dd.	dim dyddiad, diddyddiad
d.g.	dan y gair
diw.	diwedd
Dr	Doctor
DS	dalier sylw
e.e.	er enghraifft
engh.	enghraifft
Fr.	Frau
Frl.	Fräulein
g.	gwrywaidd
g.	dyddiad geni
g. (c.)	ganrif (18g.)
GIG	y Gwasanaeth Iechyd Gwladol
gol./goln	golygydd(ion); golygwyd gan
Gorff.	Gorffennaf
gw.	gweler (peidiwch â defnyddio gwel.)
HMS	hyfforddiant mewn-swydd
	Her/His Majesty's Ship
h.y.	hynny yw
Hyd.	Hydref

Y Golygiadur

ib.	*ibidem*
ibid.	*ibidem*
id.	*idem*
Ion.	Ionawr
KC	King's Counsel
kg	kilogram(au)
km	kilometr(au)
ll.	lluosog; llinell
LlGC	Llyfrgell Genedlaethol Cymru
m	metr
m.	dyddiad marw
m.	miliwn
M.	Monsieur
Meh.	Mehefin
Mlle	Mademoiselle
Mme	Madame
Mr	Mister
Mri	Meistri
Mrs	Missis, Missus
Ms	teitl ar ddynes briod a dynes ddibriod
m.y.a.	milltir(oedd) yr awr
NB	*nota bene*, dalier sylw
OC	Oed Crist
ON	ôl-nodyn
op. cit.	*opere citato*
p.m.	*post meridiem*, ar ôl canol dydd
p.p.	*per pro*, ar ran
Rhag.	Rhagfyr
S.	Saesneg
S4C	Sianel Pedwar Cymru
St	Sant a Santes (Cymraeg)
t., td.	tudalen
Tach.	Tachwedd
TAG	Tystysgrif Addysg Gyffredinol
TAW	treth ar werth
TG	technoleg gwybodaeth
TGAU	Tystysgrif Gyffredinol Addysg Uwchradd
tt.	tudalennau
UDA	Unol Daleithiau America
UMCA	Undeb Myfyrwyr Cymraeg Aberystwyth
UMCB	Undeb Myfyrwyr Cymraeg Bangor

Byrfoddau

un.	unigol
v.	versus
yb.	y bore
y DU	y Deyrnas Unedig
yh.	yr hwyr
YH	Ynad Heddwch
yp.	y pnawn
Y Parch.	Y Parchedig
Y Parchg	Y Parchedig
Ysw.	Ysgwïer, Ysgweier

Atalnodi

Pwrpas atalnodi yw dod ag ystyr y geiriau a ysgrifennwyd i'r amlwg yn y ffordd sy'n tynnu'r lleiaf o sylw. Dylai pob symbol atalnodi a ddefnyddir fod â phwrpas penodol.

Atalnod llawn (.)

Egwyddor sylfaenol y grefft o atalnodi yw defnyddio cyn lleied â phosibl o farciau. Yn achos atalnod llawn mae'n stori wahanol. Mae darn yn eglurach os yw'n ddilyniant o frawddegau byr, pwrpasol yn hytrach na brawddegau hir, amlgymalog. O gael brawddeg hir, sicrhewch fod rhythm iddi.

1 Rhoir atalnod llawn ar ddiwedd pob brawddeg heblaw cwestiwn neu ebychiad. Argymhellir rhoi un bwlch ar ôl atalnod llawn a chyn y frawddeg nesaf.
   O flewyn i flewyn yr â'r pen yn foel. Biti, ond felly mae pethau.

2 Rhoir atalnod llawn ar ôl byrfodd, sef ffurf fer ar air neu eiriau.
   e.e. er enghraifft   Ion. Ionawr
   O.N. ôl-nodyn   Y Parch. Y Parchedig

Os cynhwysir llythyren olaf y gair llawn yn y byrfodd, peidiwch â defnyddio atalnod llawn.
   Mr   Mrs   Ms   Dr   Y Parchg

Nid oes angen atalnod llawn pan ddefnyddir acronym, sef enw a ffurfir o lythrennau blaen yr enw neu'r teitl gwreiddiol.
   CYD: Cymdeithas y Dysgwyr
   UCAC: Undeb Cenedlaethol Athrawon Cymru
   CAI: hyfforddiant trwy gymorth cyfrifiadur, o lythrennau blaen *computer aided instruction*

Lle nad ydynt yn acronymau, ond eto'n fyrfoddau (er enghraifft LlGC, PCA), dilynwch y canllawiau a restrir yn y bennod **Byrfoddau**, tt. 94–101.

3 Wrth nodi enw person drwy gyfrwng llythrennau cyntaf ei enwau bedydd ynghyd â'i gyfenw'n llawn, defnyddiwch atalnod llawn a bwlch ar ôl pob llythyren gyntaf yr enwau bedydd.

> T. J. Morgan
> W. R. P. George

Lle defnyddir priflythyren yn unig i ddynodi'r cyfenw yn ogystal, hepgorir y bylchau.

> T.J.M.   W.R.P.G.

Os yw'r byrfodd o briflythrennau wedi datblygu statws enw, hepgorir pob atalnod llawn.

> FDR   Franklin Delano Roosevelt

Ond mae'n duedd gynyddol bellach i hepgor atalnod llawn ym mhob achos. Os yw'r testun yn frith o fyrfoddau tebyg i FDR, gellir eu gosod mewn priflythrennau bach os dymunir, gan y byddai'n fwy pleserus i'r llygad.

4 Os gadewir darn o frawddeg allan wrth ddyfynnu, mae'n rhaid dangos hynny trwy osod tri atalnod llawn, dim mwy a dim llai, yn lle'r darn a adawyd allan. Gelwir y tri dot yn *elipsis*. Mae rhai rhaglenni cyfrifiadurol yn eu cyflwyno'n un uned yn hytrach na thri dot unigol.

> Mae dehongli cytundeb Maastricht … yn her i bob gwleidydd.

Yn achos rhai gweisg, ni roir bwlch rhwng y gair rhagflaenol a'r tri dot, na rhwng y tri dot, ond y drefn gydnabyddedig yw rhoi bwlch rhwng yr elipsis a'r gair sy'n mynd o'i flaen, a rhwng yr elipsis a'r gair sy'n ei ddilyn.

> Derbyniwn fod y cyfraniad lleyg i faterion y Brifysgol … yn un hanfodol.

Mae gweisg eraill yn rhoi bwlch rhwng pob un o'r tri dot, yn ogystal â rhoi bwlch rhwng yr elipsis a'r gair sy'n mynd o'i flaen, a rhwng yr elipsis a'r gair sy'n ei ddilyn.

> Mae'r cyfraniad . . . yn un hanfodol.

Pan ddaw'r hyn a adawyd allan ar ddiwedd y frawddeg, nid oes angen rhoi atalnod arall i nodi diwedd y frawddeg honno.

> Ystyr *didwn* yw cywir, ffyddlon . . .

Os oes cromfach ar ddiwedd y frawddeg, rhoir atalnod llawn i'w dilyn.

> Gellir cyflwyno'r siaradwraig boblogaidd o Ddulyn wrth nifer o deitlau (Y Chwaer, Miss, Dr, Y Fon.).

Os yw'r frawddeg olaf a ddyfynnir yn frawddeg gyflawn, a bod angen dangos bod y darn nesaf yn eisiau, rhoir atalnod llawn i nodi diwedd y frawddeg, a'i ddilyn gan fwlch ac elipsis i nodi safle'r hyn a adawyd allan.

Dyna sut y penderfynwyd. ...

Argymhellir bod awduron yn ymgynghori â'r wasg ynghylch eu dewis ddull o nodi elipsis.

5   Defnyddir atalnod llawn i ddynodi pwynt degol.
Bu cynnydd o 10.5 y cant eleni.
Costiodd y cwbl £65.16.

6   Defnyddir atalnod llawn i wahanu'r oriau a'r munudau wrth drafod amser.
Am 9.15 a.m. y bydd y cyfarfod yn dechrau.
Bydd y bws yn gadael am 0.22 ac yn cyrraedd am 22.30.

7   Os oes atalnod llawn ar ddiwedd brawddeg am reswm heblaw'r un arferol o nodi diwedd brawddeg, peidiwch â rhoi ail un.
Bydd y cyfarfod yn dechrau am 9.15 a.m.
Mae'r atalnod llawn ar ddiwedd y frawddeg uchod yn dynodi byrfodd; er mwyn osgoi atalnodi dwbl nid oes angen rhoi ail atalnod llawn i ddynodi diwedd y frawddeg.

8   Nid oes angen atalnod llawn os ceir ebychnod, elipsis, neu farc cwestiwn o fewn dyfyniad sy'n dod ar ddiwedd brawddeg fel rhan ohoni.
Meddai John, 'Efallai ...'
Cafodd ei gythruddo i'r fath raddau nes iddo weiddi, 'Cau dy ben, y bwbach!'

Coma (,)

O fewn brawddeg gellir cael tri phrif fath o saib, sef colon, hanner colon, a choma. Y coma yw'r saib byrraf ac mae'n cyfateb i saib bychan a wneir yn naturiol wrth siarad.

Atalnodi

1 Gellir defnyddio coma i wahanu rhestr o enwau, ansoddeiriau, berfau, neu ymadroddion.

> Nid oedd gennyf na phapur, amlenni, glud, na beiro.
> Gŵr cwrtais, peniog, a chynnes yw'r Esgob Jones.

Ond nid yw'n rheidrwydd rhoi coma o flaen yr enghraifft olaf o *na, a, ac, neu,* ac ati, os oes mwy na dau beth yn y rhestr.

> Golchais y dillad, eu smwddio, eu plygu a'u cadw.

Mae coma'n gwbl angenrheidiol i wahanu'r parau pan ddefnyddir ansoddeiriau fesul dau.

> Croesawai bobl hen ac ifanc, sâl ac iach, a thew a thenau.

Weithiau nid oes gwir angen rhoi coma rhwng y ddwy enghraifft olaf pan ddefnyddir cysylltair (er enghraifft *a/ac*). Er hynny, byddai'n fuddiol edrych yn fanwl ar ddwy elfen olaf pob rhestr rhag ofn bod modd camddeall. Sylwch ar atalnodi'r frawddeg hon:

> Ar y stondin yn y farchnad roedd tatws, moron, afalau, grawnwin, orennau a chnau mewn rhwyd.

Nid yw'n annhebyg i atalnodi'r frawddeg a ganlyn:

> Ar y stondin yn y farchnad roedd tatws, moron, afalau, grawnwin, orennau, a chnau mewn rhwyd.

Mae'r coma olaf yn y frawddeg olaf yn egluro mai dim ond cnau oedd yn y rhwyd, ac nid 'orennau a chnau' yn ôl awgrym y frawddeg gyntaf. Gall un coma newid ystyr brawddeg, felly ystyriwch cyn ychwanegu neu ddileu coma. Sylwch eto:

> Cawsom gacen siocled a chaws i de.
> Cawsom gacen, siocled, a chaws i de.

Os bydd gennych unrhyw amheuaeth ynglŷn ag ystyr brawddeg, aralleiriwch. Gellir defnyddio coma o flaen *a, neu, na,* ac ati os oes mwy na dau beth yn y rhestr, ac mae'n ddiogelach dilyn yr egwyddor honno na mentro dryswch.

2 Pan ddilynir enw priod gan ddisgrifiad o swydd neu berthynas, rhowch y disgrifiad rhwng dau goma.

> Llywelyn Fawr, Tywysog Cymru, oedd y drwg yn y caws.
> Bydd Mr Idris Rees, mab yr Athro D. J. Rees, yn ymddeol yn gynnar.

Weithiau, trosir y drefn.
> Mab yr Athro D. J. Rees, sef Mr Idris Rees, yw ein Hymgynghorydd Marchnata.

Lle ceir cyfeiriad yn rhan o frawddeg, eto defnyddiwch goma yn ôl yr angen.
> Mae J. Davies, Pengwern, Llangefni, yn dathlu ei ben blwydd heddiw.

3 Defnyddir dau goma wrth gyfarch rhywun neu rywrai, heblaw ar ddiwedd brawddeg.
> Byddai'n ddoeth, ferched, i ni ymgynghori.
> Ni allaf gytuno â chi, syr.

4 Defnyddir dau goma i ynysu sylw sydd yn torri ar rediad brawddeg.
> Yr oedd, wrth gwrs, yn ŵr mawr yn hanes y genedl.
> Hon, yn ddi-os, yw fy hoff sedd.

Gall dau goma hefyd weithredu fel cromfachau.

Nid yw'r atalnodi yn yr enghraifft a ganlyn yn gywir.
> Daeth y llythyr, er nad oedd cyfeiriad llawn ar yr amlen i law yn ddiogel.

Dylid gosod ail goma ar ôl *amlen* gan mai'r brif frawddeg yw 'Daeth y llythyr i law yn ddiogel', a sylw ychwanegol yn disgrifio'r amgylchiadau yw 'er nad oedd cyfeiriad llawn ar yr amlen'.

Mae yna gymalau eraill sy'n ychwanegu rhyw sylw at brif lif y frawddeg, ac yn torri ar ei rhediad. *Sangiad* yw'r term a ddefnyddir am sylwadau nad ydynt yn gwbl angenrheidiol i ystyr y frawddeg. Fe roir sangiad rhwng dau goma (ond gellid ei roi rhwng cromfachau). Dyma enghraifft:
> Dywedodd Huw Jones, a oedd yma ddoe, ei fod yn cymryd pythefnos o wyliau.

Ond yn achos cymalau sy'n diffinio, lle mae'r diffiniad yn gwbl hanfodol i ystyr y frawddeg, peidiwch â rhoi'r cymal rhwng dau goma. Dyma enghreifftiau.
> Mae'n rhaid i'r cerddorion a gollodd y trên aros dros nos.
> Aeth y dyn a laddodd y ceiliog ar ei wyliau.

5 Gellir defnyddio coma i gyflwyno dyfyniad.

> Fel y dywed y ddihareb, 'Mae llawer sgìl i gael Wil i'w wely.'

Defnyddir coma hefyd i gyflwyno union eiriau siaradwr, sef araith union.

> Dywedodd John, 'Dos i dy wely.'

Os yw'r dyfyniad neu'r araith union yn hwy na dwy linell dylech ddefnyddio colon i'w gyflwyno, mewnosod y dyfyniad ar y chwith (mae mewnosod ar y dde yn amrywio yn ôl y wasg), a hepgor dyfynodau (gweler isod o dan **Colon**). Mewn nofel a gweithiau dychmygol eraill dylid mewnosod y dyfyniad ar y chwith beth bynnag fo ei hyd, ac mae mewnosod ar y dde, eto, yn amrywio yn ôl y wasg.

6 Wrth ddefnyddio rhai geiriau, er enghraifft *sef, fel petai*, a rhai byrfoddau, er enghraifft *h.y., e.e.*, mae'n ddoethach defnyddio coma o'u blaen.

> Southcotiad yw hi, h.y. un sy'n arddel dysgeidiaeth Joanna Southcott (1750–1814), a honnai mai hi oedd y wraig y sonnir amdani yn Datguddiad 12.

> Tri pheth sy'n anodd eu hadnabod, sef dyn, derwen, a diwrnod.

Dyna'r achosion lle mae'n rhaid defnyddio coma. Rhestrir isod achosion lle nad oes rheol bendant a lle mai barn bersonol sy'n cario'r dydd.

7 Yn aml, defnyddir coma i wahaniaethu rhwng gwahanol rannau'r frawddeg (sef rhwng yr isgymal(au) a'r prif gymal). O wneud hynny gellir torri brawddeg hir yn ddarnau haws eu trin.

> Ar ôl cyfnod o weithio i gwmni teledu annibynnol yn y gogledd yn gofalu am gysylltiadau cyhoeddus, fe gafodd wahoddiad i swydd fwy dylanwadol gyda chwmni annibynnol mwy o faint, ac er bod hynny'n peri cryn anhwylustod i'w deulu, fe dderbyniodd y cynnig.

Gyda brawddeg fer mae'r ystyr yn amlwg ac fel arfer nid oes angen coma.

> Os na ddaw'r adroddiad i'r fei erbyn amser cinio ysgrifennwch ail un.

8 Arferid ysgrifennu'r dyddiad gan osod y flwyddyn rhwng dau goma.
> Codwyd Pwyllgor Ymgynghorol ar y 15fed o Ionawr, 1987,
> a Phwyllgor Marchnata ar yr 20fed o Fai, 1988.

Ni wneir hynny bellach. Y dull cyfoes o nodi dyddiad yw hepgor pob coma, bannod (*y*, *yr*, *'r*) a threiglad, yn ogystal â'r rhaneiriau (-*fed*, -*ain*, ac ati) a'r arddodiad (*o*) sy'n dilyn rhif y diwrnod. Dyma'r dull a argymhellir yma.
> Codwyd Pwyllgor Ymgynghorol ar 15 Ionawr 1987
> a Phwyllgor Marchnata ar 20 Mai 1988.

Dylid bob amser ysgrifennu enw'r mis mewn geiriau yn hytrach na rhifau. Ystyr 1.2.02 ym Mhrydain yw 1 Chwefror, ond ei ystyr yn yr Unol Daleithiau yw 2 Ionawr. O ddarllen dyddiad yn uchel, darllenwch hwy'n llawn: *y pymthegfed o Ionawr*, ac ati.

9 Arferid gosod coma wrth nodi rhif mewn cyfeiriad. Ni wneir hynny bellach, ac ni roir coma ar ddiwedd y llinell mewn cyfeiriad ychwaith.
> 69 Heol y Bryn

10 Ni ddylid rhoi coma o flaen cromfach, ond caniateir gosod coma ar ôl cromfach.
> Dysgais bedair telyneg (dwy o waith Cynan), ond roedd
> yn dasg anos na'r disgwyl.

11 Peidiwch â gorddefnyddio'r coma gan fod hynny'n gallu amharu ar y darlleniad. Peidiwch, er enghraifft, â rhoi coma bob ochr i *hefyd, felly*, ac ati.

Hanner colon (;)

Mae hanner colon yn saib hwy na choma.

1 Defnyddir hanner colon i gysylltu darn o frawddeg sydd yn hunangynhaliol â darn hunangynhaliol arall o'r frawddeg os oes cyswllt agos rhwng y ddwy ran. Heddiw fe dueddir i ymdrin â'r rhannau hunangynhaliol fel unedau cyfain, fel brawddegau unigol, yn hytrach na fel hanner brawddegau.

> Edrychodd y colomennwr allan ymhell; nid oedd sôn
> am yr un aderyn.
>
> Edrychodd y colomennwr allan ymhell. Nid oedd sôn
> am yr un aderyn.

Mae'r ddau ddull o atalnodi yn gwbl gywir, ond efallai fod yr ail ddull yn mynegi'r syniad yn rhy gwta ac y byddech am i'r ddau syniad gael eu cyflwyno o fewn yr un frawddeg er mwyn lliniaru rhywfaint ar graster y neges. Gall hanner colon fod o help wrth gyflwyno cywair eich busnes. Mae hefyd yn clymu eich neges yn effeithiol.

> Llithrodd ar haen denau o rew; bu o fewn dim i golli ei fywyd.

Llythyren fach, nid priflythyren, sy'n dilyn hanner colon.

2 Defnyddir hanner colon i wahanu eitemau ar restr. Fel arfer, coma sy'n gwneud y gwaith hwnnw, ond os yw'r eitemau ar y rhestr yn cynnwys grŵp mawr o eiriau, gall saib yr hanner colon wneud y gwaith yn fwy effeithiol, yn enwedig felly os oes coma eisoes yn rhan o'r cymal.

> Ymdrechir i godi safon Cymraeg llafar disgyblion yr ysgol trwy sefydlu grŵp drama, i ieuenctid o dan ddeunaw oed yn unig, bob nos Lun; trwy agor bar coffi cyfrwng Cymraeg fydd yn gwerthu siocled, diodydd ysgafn a phrydau bys-a-bawd; a hefyd trwy gynnal gweithdai roc ar brynhawniau Sadwrn.

> Daeth nifer o gefnogwyr i'r rali, gan gynnwys Roy Daniel o Landdeusant, Ynys Môn; Eleri James o Dal-y-bont, Ceredigion; ac Arfon Hughes o Fwlch-y-groes, ger Crymych.

Sylwch uchod y gellir dilyn hanner colon â chysylltair er mwyn eglurder pellach.

Colon (:)

Colon yw'r saib hwyaf y gellir ei gael o fewn brawddeg. Er hynny, mae cyswllt agos rhwng y rhannau y mae'n eu gwahanu.

1 Defnyddir colon i gyflwyno rhestr, neu gyfres o eitemau; gellir ei ddefnyddio i olygu *sef*.

> Derbyniwyd nifer o aelodau newydd i'r Orsedd eleni:
> Roy Daniel, Elin Gwyn, Elfyn Howells, Llio Haf Jones,
> Kimberley Lewis, Elaine Morrison, a Nia Williams.
>
> Gellir prynu'r wisg mewn sawl lliw: du, coch, melyn, neu oren.

2. Gellir defnyddio colon i gyflwyno dyfyniad.
    > Fel y dywed un ddihareb: 'Enw da yw'r trysor gorau.'

    Os yw'r dyfyniad yn hwy na dwy neu dair llinell dylid gosod y colon yn yr un safle ond mewnosod y dyfyniad ar y chwith (ac weithiau ar y dde, yn dibynnu ar y wasg) a hepgor dyfynodau. Rhowch ofod llinell oddi tano ac uwch ei ben, a gellir defnyddio teip llai yn y dyfyniad a fewnosodir.
    > Fel y dywed Mr Huw Williams, Cadeirydd y Pwyllgor Gwaith, yn ei adroddiad cynhwysfawr:
    >
    > > Dylid, ar bob cyfrif, ystyried nifer o newidiadau ar gyfer y flwyddyn gyllidol nesaf. Dylid ailedrych ar ddulliau rheoli gwybodaeth er mwyn pwysleisio ochr gadarnhaol y diwydiant.

3. Yn achlysurol, defnyddir colon i bwysleisio'r gwahaniaeth rhwng dau syniad o fewn yr un frawddeg.
    > Dyn a chwennych: Duw a ran.
    >
    > Ddiwedd y bedwaredd ganrif ar bymtheg roedd trafod rhyw yn waharddedig: ddiwedd yr ugeinfed ganrif roedd yn rheidrwydd.

4. Yn achlysurol, defnyddir colon i wahanu cymal sy'n tynnu casgliadau oddi wrth gymalau eraill mewn brawddeg sy'n darlunio neu'n esbonio.
    > Cyfleusterau cadw'n heini; llawr pwrpasol ar gyfer dawnsio; campfa; gwersi troelli platiau i ddechreuwyr, yn ogystal â gwersi gloywi; a phwll nofio sy'n cynnig cyfnodau pum munud ar y tro o drochioni'r dŵr: does dim syndod iddynt ganmol y Ganolfan Hamdden.

5. Gellir defnyddio colon wrth gyfeirio at adnodau o'r Beibl.
    > 2 Cor. 1:1
    > Eseia 20:3–7

    Ceir hefyd Eseia 20: 3–7 ond mae'n arferol bellach, yn afresymegol hwyrach, hepgor gofod yn dilyn y colon.

Dull derbyniol arall yw defnyddio atalnod llawn.
>   2 Cor. 1.1
>   Eseia 20.3-7 (ond gall y dull hwn greu amwysedd)

Wrth gyfeirio at gyfres o adnodau unigol o fewn un bennod, gwahanwch hwy â choma.
>   2 Cor. 1:1, 3, 8 neu 2 Cor. 1.1, 3, 8

Wrth gyfeirio at gyfres o adnodau mewn gwahanol benodau, dilynwch y drefn a ganlyn:
>   2 Cor. 1:1–2, 8; 2:1–4, 12–17

6 Peidiwch ag ychwanegu llinell hir at y colon (:–).

Marc cwestiwn (?)

1 Fel rheol gosodir marc cwestiwn (gofynnod) ar ddiwedd brawddeg. Argymhellir rhoi un bwlch ar ôl marc cwestiwn a chyn y llythyren nesaf. Dim ond wrth ofyn cwestiwn uniongyrchol (cwestiwn sy'n nodi union eiriau'r holwr yn eu hunion drefn) y dylid defnyddio marc cwestiwn.
>   Pryd mae te?
>   Tybed a yw hynny'n gywir?
>   'Tybed faint sy'n ei gofio?'

Weithiau daw'r marc cwestiwn cyn diwedd y frawddeg.
>   'Fyddi di yno'n gynnar?' gofynnodd.
>   Oes rhywun yn y neuadd? meddyliodd.

Ni ddefnyddir dyfynodau gyda rhediadau'r ferf *meddwl* nac ychwaith gyda berfau megis *synfyfyrio, pendroni, ystyried*, a rhai tebyg sy'n cyfleu geiriau yn y meddwl (heb eu llefaru).
>   Rwyf am werthu'r ci, meddyliodd Jo.

Ni roir marc cwestiwn wrth gofnodi cwestiwn anuniongyrchol, sef cwestiwn a fynegir yn ail-law, fel petai.
>   Gofynnodd imi a oeddwn wedi teithio i Lundain mewn tacsi erioed.
>   Ni holodd a oedd hi'n gyfreithlon iddo wneud hynny ai peidio.
>   Roedd yn ceisio barnu a oedd y tŷ yn wag.
>   Fe gyfyd hyn y cwestiwn a oedd gan Jayne Howells hawl i agor y gist.
>   Roedd Elen yn meddwl tybed a oedd ei rhieni wedi cyrraedd yn ddiogel.

Gellid cymryd rhai brawddegau yn osodiadau oni bai am y marc cwestiwn. Wrth siarad gall tôn y llais gyfleu'r cwestiwn, ond yn ysgrifenedig mae marc cwestiwn yn hanfodol er mwyn deall yr union ystyr.

> **Fi oedd ar fai.**
> **Fi oedd ar fai?**

Ar y llaw arall mae cwestiwn rhethregol (gosodiad a wneir ar ffurf cwestiwn ac nad yw'n disgwyl cael ei ateb) yn ymddangos yn gwestiwn ond yn cario grym gosodiad. Rhoir marc cwestiwn ar derfyn cwestiwn rhethregol.

> **Pa ddiben ymdrechu?**
> **Beth yw'r ots?**

2 Defnyddir marc cwestiwn i ddangos amheuaeth ynglŷn â chywirdeb pwyntiau arbennig. Rhoir y marc cwestiwn cyn yr hyn nad yw'n gwbl sicr ac nid ar ei ôl; ni roir bwlch rhwng y marc cwestiwn a'r hyn a amheuir.

> **Dyddiadau'r bardd yw ?1302–51.**

Yn yr enghraifft uchod, dim ond dyddiad geni'r bardd sy'n ansicr. Os amheuir dyddiad marwolaeth y bardd yn ogystal â dyddiad ei eni, rhoir dau farc cwestiwn.

> **Dyddiadau'r bardd yw ?1302–?51.**

3 Weithiau mae'n fwy cwrtais troi cais yn gwestiwn, ac o'r herwydd fe roir marc cwestiwn wrtho.

> **A wnewch chi dalu'r bil hwn gyda throad y post, os gwelwch yn dda?**

Er mai cyfleu gorchymyn a wna'r frawddeg uchod, mae gofynion cwrteisi yn mynnu mai ar ffurf cwestiwn y dylid mynegi'r syniad.

Am drefn marc cwestiwn a dyfynnod gweler yr adran **Dyfynodau** isod.

Ebychnod (!)

Os oes modd hepgor ebychnod, dyna fyddai orau. Mae atalnod llawn yn gynwysedig yn yr ebychnod, ac felly fe'i rhoir ar ddiwedd brawddeg neu ymadrodd ac fe'i dilynir gan fwlch a phriflythyren, gan amlaf. Ond ceir eithriadau, er enghraifft y teitl llyfr *O! tyn y gorchudd*.

1 Gall ebychnod ddilyn gair unigol.

    Helô!   **Na!**   **Twt!**   **O!**   **Tân!**

Gall hefyd ddilyn ymadrodd.

    Felly'n wir!   **Ych a fi!**   **Bobol annwyl!**   **Rhag cywilydd!**

Gall ddilyn brawddeg fer neu ymadrodd sy'n mynegi dyhead neu deimlad.

    Rhad arno!   **Da chi!**   **O, druan bach!**

Nid yw cyfuniad o eiriau sy'n ebychiad o reidrwydd yn frawddeg gyflawn o safbwynt gramadegol. Er hynny, ystyrir ebychiad ar yr un gwastad â brawddeg gyflawn. Yr eithriad i'r rheol hon yw pan ddilynir ebychnod gan ferf sy'n dangos mai dyfynnu a wneir (er enghraifft *dweud, gofyn, holi*).

    'O!' ebychodd y ferch.

2 Defnyddir ebychnod ar derfyn brawddeg gyflawn i gyfleu'r meddwl neu'r teimlad y tu cefn i'r frawddeg.

    Mae croeso iti feddwl hynny!

Peidiwch â defnyddio ebychnod oni bai fod yn rhaid gwneud hynny. Byddai'n llawer gwell ail-lunio'r frawddeg er mwyn cyfleu'r ystyr yn fwy effeithiol na thrwy ddefnyddio ebychnod i geisio'i hachub.

3 Nid oes graddau o ebychu. Un ebychnod yw'r uchafswm, heblaw mewn arddull hollol anffurfiol mewn ffuglen, ac mewn deialog yn enwedig. Yn yr un modd ag y mae un atalnod llawn yn ddigon i nodi diwedd brawddeg, mae un ebychnod yn ddigon i nodi ebychiad. Mae rhes o ebychnodau yn ddiangen. Os yw ffaith yn syfrdanol, ni ddylid defnyddio mwy o atalnodau (!!, ??, ac ati) i bwysleisio hynny – dylid aralleirio. Eto byddai'n hollol dderbyniol, er enghraifft, mewn llythyr ysmala; ond dim ond yn y cywair anffurfiol hwn y derbynnir pentyrru ebychnodau.

Annwyl Non,

S'mai? Rwy'n grêt! Wedi bod mewn parti neithiwr! Brill! Wnei di byth gesio pwy oedd yno!! James!!! Roedd hi'n dri o'r gloch y bore arnaf fi'n mynd adre!!!! Mam yn wyllt! Rwy'n gorfod golchi'r biniau yn gosb!! Ond roedd o'n werth y drafferth!!!!

Hwyl a fflag!

Elin

Gellir hefyd ddefnyddio marc cwestiwn ac ebychnod o fewn yr arddull ffwrdd-â-hi hon. Gosodwch y marc cwestiwn yn gyntaf.

I be?!   Ti'n meddwl?!

4 Ni chymeradwyir defnyddio ebychnod i gyfleu sylwadau personol gwawdlyd ar sefyllfa neu ffaith arbennig.

Mewn cyfarfod ym Mrwsel ar 20 Mai 1992 daeth Gweinidogion Tramor gwledydd y Gymuned Ewropeaidd ynghyd i gymeradwyo(!) adroddiad ar ymwneud cwmnïau â De'r Affrig.

Dyfynodau (' '; " ")

Dyma'r marciau a ddefnyddir wrth ysgrifennu i ddynodi dechrau a diwedd dyfyniad. Gellir defnyddio dyfynodau sengl ' ' neu ddyfynodau dwbl " " yn ôl chwaeth bersonol, arfer y cwmni, neu ddull y wasg. Penderfynwch ar un drefn, a glynwch wrthi. Mae cyfrifiaduron yn aml yn rhoi dyfynnod syth, yn hytrach na dyfynnod tro, mewn testun. Newidiwch y dyfynodau syth yn ddyfynodau tro.

1 Y dull mwyaf derbyniol yw defnyddio dyfynodau sengl.

Dywedodd Shelley, 'Mae'r môr yn stormus.'

Mae angen colon neu goma cyn y dyfynnod agor ar ddechrau'r dyfyniad; nodwch â dyfynnod cau ble mae'r dyfyniad yn gorffen.

Atalnodi

> Dywedodd Pantycelyn: 'Anweledig, rwy'n dy garu.'
> Ni wn pwy a ddywedodd, 'Mi sydd fachgen ifanc ffôl.'

2 Os daw ail ddyfyniad oddi mewn i'r dyfyniad gwreiddiol ac mai dyfynodau sengl sydd ar waith gennych fel arfer, rhowch yr ail ddyfyniad mewn dyfynodau dwbl.

> '"Tada" mae hi'n galw'i thad, a finna yn "nhad",' meddai Begw.
> 'A finna yn "lembo",' meddai Wini.

Os dyfynodau dwbl sy'n arferol gennych, rhowch yr ail ddyfyniad mewn dyfynodau sengl.

> "Er eich bod chi'n cwyno ac yn dweud, 'Mae'n amhosibl', gyda gofal a help fe allwn orffen y gwaith cyn te," meddai Helen.

3 Os yw'r dyfyniad yn frawddeg gyflawn, daw'r atalnod llawn cyn y dyfynnod sy'n cau.

> 'Po fwyaf y llanw, mwyaf y trai.'

Os yw'r dyfyniad yn frawddeg gyflawn o fewn uned hwy, ac os yw'r dyfyniad wedi ei wahanu oddi wrth yr hyn sy'n dod o'i flaen drwy gyfrwng atalnod o unrhyw fath, daw'r atalnod llawn cyn y dyfynnod ar y diwedd.

> Atebodd yn bigog, 'Mi wnaf y cyfan fy hun.'
>
> Enillodd Cartier wobr bwysig. 'Dyfernir iddynt y wobr hon,' meddai'r beirniaid, 'oherwydd safon uchel eu cynnyrch.'

Os yw'r dyfyniad yn frawddeg gyflawn o fewn uned hwy, ond heb ei wahanu oddi wrth yr hyn sy'n dod o'i flaen drwy gyfrwng atalnod, daw'r atalnod llawn ar ôl yr ail ddyfynnod.

> Nid oedd Mary-Jane yn rhy hapus o ddarllen mai 'prif gynhwysyn y pryd bwyd yw caws'.

4 Os nad yw'r dyfyniad yn frawddeg gyflawn, daw'r atalnod llawn ar ôl y dyfynnod.

> Atebodd yn bigog mai ef oedd 'arweinydd y band'.

Os dilynir dyfyniad gan sangiad, daw'r atalnod llawn ar ôl y sangiad.

> Dywed yr adroddiad ei fod yn arweinydd 'byrbwyll a di-drefn' (ond nid yw felly yn fy mhrofiad i).

Os dymunwch roi cyfeiriad at rif tudalen mewn cromfachau yn dilyn y dyfyniad, gallwch ystyried y rhif tudalen yn sangiad.
> Dywed yr adroddiad ei fod yn arweinydd 'byrbwyll a di-drefn' (t. 3).

Neu gallwch ystyried nad yw'n sangiad, a'i osod y tu allan i'r atalnod llawn.
> Dywed yr adroddiad ei fod yn arweinydd 'byrbwyll a di-drefn'. (t. 3)

5 Os yw'r dyfyniad yn gwestiwn neu'n ebychiad o fewn cwestiwn, dilynwch y drefn a ganlyn:
> Ar ôl y seremoni yr oedd Jim yn mynnu gofyn 'Pam na ofynnwch chi "Pam?"?'
> 'Oni fyddai'n braf cael dweud "Ewch o 'ngolwg i!"?' meddai'r prifathro.

6 Rhoir priflythyren i air cyntaf pob dyfyniad sy'n frawddeg lawn o fewn brawddeg hwy.
> Clywais ef yn dweud, 'Cefais ddirwy yn Colorado am yrru'n rhy wyllt.'

Ni roir priflythyren wrth ailafael mewn dyfyniad sy'n rhan o'r un frawddeg.
> 'A sut,' gofynnodd y ffermwr, 'mae cyrraedd y swyddfa dreth?'

Os ailafaelir mewn dyfyniad mewn brawddeg wahanol, dylid rhoi priflythyren iddo.
> 'Na,' meddai John, 'mae'n well gen i beidio â mynd i'r gêm yfory.' Edrychodd drwy'r ffenestr gan deimlo braidd yn annifyr, ac ar ôl saib ychwanegodd, 'Os nad oes ots gen ti.'

7 Rhoir coma i ddynodi diwedd dyfyniad pan ddigwydd hynny cyn diwedd y frawddeg. Gosodir y coma y tu mewn i'r ail ddyfynnod.
> 'Gwerthwch y ci,' meddai Jo.

Os cwestiwn yw'r dyfyniad, rhoir marc cwestiwn yn lle coma.
> 'Beth am werthu'r ci?' gofynnodd Jo.

8 Gyda golwg ar deitlau cerddi, straeon byrion, ysgrifau, ac ati o fewn cyhoeddiad, ac enwau traethodau, erthyglau, ac ati heb eu cyhoeddi, rhowch hwy rhwng dyfynodau. Tanlinellwch neu

italeiddiwch deitlau llyfrau, cylchgronau, neu unrhyw eitem gyhoeddedig arall (gweler isod o dan **Tanlinellu/Italeiddio**).

> Thema'r sioe eleni yw 'Delwedd'.
> Cyflwynodd Dr Pryce bapur ar 'Safon Addysg yn yr Ewrop Gyfoes'.
> Cyhoeddwyd 'Ein Neuadd' o waith Myrddin ap Dafydd yn *Taliesin*, rhifyn Gaeaf/Gwanwyn 1991.

Nid yw teitl cyhoeddiad yn treiglo, boed yn gerdd, ysgrif, teitl llyfr, ac ati.

9 Gall dyfynodau roi blas arbennig ar fynegiant trwy ddod ag ystyr wawdus, ddychanol, neu ddoniol i'ch brawddeg.

> Pan ddaeth yr 'adroddiad manwl' i law, dim ond can gair oedd ei hyd.

Peidiwch â bod yn rhy awyddus i ddefnyddio'r dull hwn o ffraethineb. Os dyma'r union air neu ymadrodd sydd gennych mewn golwg, defnyddiwch ef heb y dyfynodau. Os yw'r gair neu'r ymadrodd yn agos at yr hyn sydd gennych mewn golwg ond heb fod yn taro union ddeuddeg, aralleiriwch.

Tanlinellu/Italeiddio

Fel rheol, nid yw tanlinellu yn dderbyniol mewn llyfr. Dim ond golygyddion sy'n tanlinellu testun, a hynny fel cyfarwyddyd i gysodwyr. Peidiwch â thanlinellu testunau cyffredin os ydych yn defnyddio cyfrifiadur. Italeiddio yw'r dull arferol o ddangos bod pwyslais ar air. Os yw awdur yn tanlinellu gair neu eiriau yn y testun, cymerir hynny'n gyfarwyddyd i italeiddio.

1 Tanlinellwch deitlau cyfrolau cyhoeddedig wrth ysgrifennu neu deipio; wrth ddefnyddio cyfrifiadur rhowch deitlau cyfrolau cyhoeddedig mewn teip italig.

> <u>Barn</u> yw fy hoff gylchgrawn ar hyn o bryd.
> *Barn* yw fy hoff gylchgrawn ar hyn o bryd.

Wrth gyfeirio at destun o lyfr mewn cyfieithiad, rhowch y teitl Cymraeg mewn italig a theitl y cyfieithiad hefyd mewn italig os yw wedi ei gyhoeddi, ond mewn dyfynodau os na chyhoeddwyd ef.

> Mae cyfieithiad o'r nofel *Traed mewn Cyffion* wedi ei gyhoeddi yn Saesneg dan y teitl *Feet in Chains*.
>
> Ni chyhoeddwyd 'Stars and Ribbons', cyfieithiad o *Sêrs a Rybana*.

Mae tanlinellu/italeiddio teitl drama (un gyhoeddedig, neu anghyhoeddedig, neu berfformiad ohoni) yn fodd i wahaniaethu weithiau rhwng y ddrama ei hunan a'i phrif gymeriad.

> Prif neges *Siwan* yw dangos ymateb Llywelyn Fawr i weithred Siwan yn godinebu â Gwilym Brewys.
>
> Fe welais *Siwan* yn Theatr Hafren.
>
> Ni chafwyd perfformiad o *Perthyn*, Meic Povey, yn Neuadd Tal-y-bont eleni.

2 Tanlinellir/italeiddir teitlau ffilmiau a theitlau delweddau celf.

> Gwelais y *Mona Lisa* yn y Louvre.
>
> Gwyliais y ffilm *Indiana Jones and the Temple of Doom* dros y Nadolig.
>
> *David* Michelangelo yw fy ffefryn o'r tri.

Weithiau mae gan rai delweddau enw swyddogol a hefyd enw poblogaidd, neu enw llafar gwlad. Tanlinellwch/italeiddiwch y naill a'r llall.

> Mae *Salem* o waith Hywel Harries a *Crossing the Brook* o waith Turner yn ffefrynnau gan fy chwaer.
>
> Ni hoffais y profiad o edrych ar ddarlun Leonardo da Vinci, *Y Swper Olaf*.

Ond os digwydd yr enw swyddogol a'r enw poblogaidd ynghyd, yna tanlinellwch/italeiddiwch yr enw gwreiddiol er mwyn dangos mai hwnnw yw'r teitl cydnabyddedig, a rhowch yr enw poblogaidd mewn teip rhufeinig heb ddyfynodau.

> Welsh Funeral (sef *A funeral at Bettws y Coed, North Wales*) gan David Cox yw ffefryn fy mam.

3 Wrth ddefnyddio enwau llongau, tanlinellwch hwy wrth ysgrifennu neu deipio a rhowch hwy mewn teip italig wrth ddefnyddio cyfrifiadur. Cofier mai enw'r llong sydd mewn teip italig ac na ddylid gosod HMS mewn italig.

> Mae HMS *Felicity* yn teithio o Abergwaun i Iwerddon. Petai'r *Queen Mary* yn gwneud yr un daith gallwn fynd ar honno.

4 I dynnu sylw at air neu ymadrodd er mwyn ei drafod yn benodol, gallwch ei danlinellu wrth ysgrifennu neu deipio; wrth ddefnyddio cyfrifiadur gallwch ei roi mewn teip italig.

> Yn anaml iawn y clywch chi'r gair *megis* ar lafar heddiw.

Posibilrwydd arall yw defnyddio teip rhufeinig a rhoi dyfynnod sengl o boptu iddo.

> Ystyr 'ffelnïaeth' yw trosedd neu ddrwgweithred.

5 Wrth ysgrifennu mewn un iaith, er enghraifft yn y Gymraeg, tanlinellir/italeiddir geiriau ac ymadroddion mewn ieithoedd eraill.

> Yr oedd yn un o'r *nouveaux riches*.

Ond os oes modd defnyddio term Cymraeg yn lle'r un estron, defnyddiwch ef ar bob cyfrif. Dylid cadw mewn cof fod modd gorddefnyddio italeiddio i dynnu sylw at eiriau, neu wrth ddefnyddio geiriau Saesneg. Mae gorddefnydd o deip italig yn tynnu sylw darllenydd yn ormodol, felly byddwch yn rhesymol eich defnydd ohono.

Ymhellach ar italeiddio gweler **Teip italig a rhufeinig**.

Cromfachau ( )

Defnyddir cromfachau fesul pâr. Eu pwrpas yw gwahanu gair neu syniad oddi wrth y cyd-destun. Mae rhai awduron yn dewis cynnwys o fewn brawddeg eiriau neu gymal sy'n ychwanegiad at y prif osodiad. Ar yr un pryd maent am ynysu'r ychwanegiad hwnnw oddi wrth y brif frawddeg. *Sangiad* yw'r term a ddefnyddir amdano yma. Gall y sangiad fod yn esboniad, yn ddiffiniad, yn ôl-nodyn, yn wybodaeth bellach o unrhyw fath, neu'n ymyriad, ond beth bynnag yw mae'n rhaid i weddill y frawddeg fedru sefyll ar ei ben ei hun, o ran rhesymeg a gramadeg, heb gymorth y sangiad.

Gallwch drin sangiadau mewn tair ffordd, sef drwy eu rhoi rhwng dau goma, rhwng dwy linell en (sef y dewis arferol bellach, gweler isod o dan **Dewis rhwng llinell(au) en (-) a llinell(au) em (—)** tt. 122–4), neu rhwng cromfachau. Coma yw'r dewis lleiaf ei bwys; bydd dwy linell yn cyfleu toriad mwy pendant, ond mae cromfachau yn arwydd cadarn fod eich sangiad yn ychwanegiad at y frawddeg. Penderfynwch pa mor gadarn yw'r rhaniad rhwng y frawddeg a'r sangiad i fod, yna atalnodwch i gyfateb i hynny. Os oes amheuaeth, defnyddiwch gromfachau. Os oes coma yn y sangiad, yna ar bob achlysur defnyddiwch linellau neu gromfachau i nodi ffiniau'r sangiad.

> **Dywedir yn yr adroddiad (gweler t. 60) mai Alun Huws a awgrymodd y gwelliant.**

> **Mae'n rhaid i ymgeiswyr fod â gradd anrhydedd dda (rhoddir blaenoriaeth i bynciau gwyddonol), fod yn rhugl yn y Gymraeg a'r Saesneg ar lafar ac yn ysgrifenedig, a bod â chymwysterau a phrofiad gweinyddu.**

Peidiwch â chamddefnyddio cromfachau. Weithiau mae awdur yn llunio brawddeg gymhleth, aflwyddiannus, ac i achub ei gam ei hun mae'n rhoi cromfachau o gwmpas darnau mwyaf trwsgl ei frawddeg. Nid dyna ddiben cromfachau. Yr egwyddor yw peidio â chynnwys sangiad hir (o fwy na thua deg i bymtheg gair) mewn brawddeg oni bai fod hynny'n gwbl angenrheidiol. Mae'n well gosod sangiad o'r fath yn frawddeg ar wahân, i ddilyn y brif frawddeg. Peidiwch â chreu brawddeg sydd mor gymhleth ei chystrawen fel ei bod yn annealladwy ar y darlleniad cyntaf.

Wrth ddefnyddio cromfachau o fewn brawddeg gall atalnodi pellach fod yn broblem.

- Ar ôl yr ail gromfach y lleolir coma, nid o flaen y gromfach gyntaf.

> Fy newis i fyddai coffi a *crêpes* (crempogau), ond fe fodlonais ar gaws a gwin.

- Os daw'r sangiad ar ddiwedd brawddeg, lleolir atalnod llawn ar ôl yr ail gromfach.
  > Fe wnaed pais Dinogad o groen bela (creadur tebyg i'r wenci).
- Os yw'r sangiad yn frawddeg gyflawn, lleolir yr atalnod y tu mewn i'r ail gromfach.
  > Fis Mai, byddwn yn ailymgynnull. (Ni fydd angen i'r is-bwyllgorau fod yn bresennol.) Adleoli staff fydd ein pwnc trafod.

Bachau petryal [ ]

Defnyddir bachau petryal fesul pâr. Fe'u ceir mewn dyfyniad a'u pwrpas yw cyfleu'r ffaith nad yw'r hyn sydd o fewn y bachau petryal yn gynwysedig yn y gwaith gwreiddiol; er enghraifft gallai fod yn ychwanegiad y golygydd.

> Ai ef [Mr John MacKay] oedd Cyfarwyddwr cyntaf y Ganolfan Astudiaethau Gwleidyddol?

> Yr wyf yn gwbl sicr fod . . . [g]werth arhosol i'r sianel.

> Alan Llwyd, *Gwae fi fy myw: Cofiant Hedd Wyn* ([Felindre, Abertawe]: Cyhoeddiadau Barddas, 1991).

Llinell fer (–) neu linell en

Mae'r llinell fer neu linell en yn wahanol i'r heiffen; *llinell en* yw llinell lorweddol sydd o'r un hyd â lled y llythyren N.

1 Defnyddir llinell fer heb ofod bob ochr iddi i nodi rhychwant, hynny yw i bontio, er enghraifft, rhwng dau rif neu rhwng dau ddyddiad.

> tudalennau 6–11
> yn y blynyddoedd 1904–6
> rhyfel 1914–18

Hyd y bo modd, defnyddiwch linell fer rhwng rhifau.

> 1–2
> 11–12

34–5
  670–80

Ond wrth nodi'r rhifau 11 hyd 19 cadwch y digid 'deg' ym mhob cant.

  110–12
  212–15
  1010–17

Os oes perygl fod yr ystyr yn aneglur, defnyddiwch y rhif llawn.

i   O ddefnyddio 5–6,000, a olygir wrth hynny unrhyw rif rhwng pump a chwe mil, neu unrhyw rif rhwng pum mil a chwe mil? Os yr ail, ysgrifennwch 5,000–6,000.

ii Os oes modd defnyddio graddfa sy'n disgyn yn ogystal â graddfa sy'n dringo, peidiwch â defnyddio llinell fer. Wrth fesur tymheredd, er enghraifft, gallai 23–9 olygu rhifau rhwng 23 a 29, neu rifau'n disgyn o'r rhif 23 i'r rhif 9.

2 Defnyddir llinell fer heb ofod bob ochr iddi i gydio at ei gilydd ddwy elfen y mae cyswllt rhyngddynt, er enghraifft enw dau le, neu ddwy ardal, neu ddwy iaith.

> **Mae Menter Taf–Elái yn mynd o nerth i nerth.**
>
> **Perthyn y Gymraeg i'r teulu o ieithoedd sy'n tarddu o'r famiaith Indo–Ewropeg.**

3 Defnyddir llinell fer heb ofod bob ochr iddi i gydio at ei gilydd enwau cyd-awduron.

> **Bu'r prosiect Llywelyn–Smith yn llwyddiant.**

Ystyr hynny yw fod dau awdur, y naill â'r cyfenw Llywelyn a'r llall â'r cyfenw Smith, wedi rhannu'r gwaith o lunio dogfen, nid fod un person o'r cyfenw Llywelyn-Smith (gweler **Hollti geiriau** a **Heiffen**) wedi ysgwyddo'r baich i gyd.

Dewis rhwng llinell(au) en (–) a llinell(au) em (—)

Llinell en yw llinell lorweddol o'r un hyd â lled y llythyren N;
llinell em yw llinell lorweddol sydd o'r un hyd â lled y llythyren M.

Yn yr enghreifftiau nesaf defnyddir dwy linell fer a bwlch bob ochr iddynt. Yn y cyd-destunau a nodir isod, dyma'r dull a ddefnyddir yn fwyaf cyffredin mewn testunau bellach. Gallwch ddewis defnyddio dwy linell fer (llinellau en) a bwlch o boptu iddynt, neu ddefnyddio llinellau hirion (llinellau em) heb fwlch bob ochr iddynt, ond y duedd yw peidio â defnyddio llinellau em, ac eithrio pan fydd toriad ar ganol gair mewn sgwrs (gweler t. 138).

1. Defnyddir pâr o linellau byrion a bwlch bob ochr iddynt i ynysu ychwanegiad at frawddeg. (Gellir hefyd ddefnyddio cromfachau yma.)
    Gadawodd y perfformiad – *Don Giovanni* **– ar ei hanner.**
    Neu gallwch ddefnyddio pâr o linellau hirion heb fwlch bob ochr iddynt.
    Brysiodd at y car—roedd ganddo Audi Quattro—a gyrru oddi yno.
    Y dull cyntaf a argymhellir yma.

2. Rhoir llinell fer a bwlch bob ochr iddi, neu linell hir heb fwlch bob ochr iddi, o flaen gair neu ymadrodd er mwyn creu saib a fydd yn rhoi arbenigrwydd i'r hyn sy'n dilyn y llinell. Y dull cyntaf a argymhellir yma.
    Yr oedd ganddo ddrymiau, gitâr drydan, gitâr fas, allweddellau, a sacsoffon – i gyd iddo'i hunan.

3. Defnyddir llinell fer a bwlch bob ochr iddi, neu linell hir heb fwlch bob ochr iddi, i gyflwyno sylw pellach ar ddiwedd brawddeg. Y dull cyntaf a argymhellir yma.
    Diolchir yma i Dr Emrys Owen am ei hir amynedd wrth ddarllen y copi gwreiddiol, ac yn arbennig am ei hynawsedd wrth drafod gwelliannau arno – cymwynas na ellir ei gorbrisio.

4. Rhoir llinell fer a bwlch bob ochr iddi, neu linell hir heb fwlch bob ochr iddi, o flaen esboniad pellach ar sylw a wnaed ynghynt. (Gellir hefyd ddefnyddio colon.) Y dull cyntaf a argymhellir yma.

> Mewn adolygiad yn *Y Melys a'r Chwerw* y trafodwyd lawnaf
> brif themâu'r ddrama – brad, twyll, a dioddefaint y diniwed.

5 Pan fyddwch am ailadrodd gair er mwyn ei bwysleisio, neu
pan fyddwch am ychwanegu sylw sy'n dechrau â'r un gair â
gair olaf y cymal sy'n ei ragflaenu, rhowch linell fer a bwlch
bob ochr iddi, neu linell hir heb fwlch bob ochr iddi, i wahanu'r
gair a ailadroddir. Y dull cyntaf a argymhellir yma.

> Roedd peidio ag ymweld â'i hewythr yn gamgymeriad –
> camgymeriad drud.

6 Gadewch i linell hir a cholon wneud eu priod waith ar eu
pennau eu hunain. Nid oes angen rhoi'r ddau at ei gilydd, sef
rhoi llinell hir i ganlyn colon (:—), fel oedd yn boblogaidd gynt.

Llinell(au) en (–) neu em (—) o fewn yr un frawddeg

Mae'n well:

i peidio â defnyddio mwy nag un pâr o linellau mewn brawddeg
ii peidio â defnyddio pâr o linellau a llinell unigol o fewn yr un frawddeg
iii peidio â defnyddio dwy linell unigol mewn brawddeg rhag iddynt gael eu camddehongli'n bâr o linellau sy'n ynysu ychwanegiad.

Gall gorddefnyddio llinellau mewn testun fod yn arwydd
o destun rhy llac a'r awdur heb ymddisgyblu'n ddigonol i
ysgrifennu brawddegau cyflawn.

Heiffen

Ar yr heiffen, gweler **Hollti geiriau**.

Slaes (/)

Peidiwch â defnyddio slaes os nad oes rhaid. Yr egwyddor yw
defnyddio slaes yn unig pan mae gofod yn brin.

1 Pan mae angen cywasgu oherwydd diffyg lle, er enghraifft
mewn hysbyseb am swydd, gall slaes arbed ailadrodd gair,

neu ran o air. Wrth gywasgu ceisiwch osgoi hanner sillafau; ysgrifennwch sillafau cyflawn.
> Yn eisiau: Cyfarwyddwr/-aig

Byddai'n fwy eglur gosod yr hysbyseb fel hyn:
> Yn eisiau: Cyfarwyddwr/-wraig

2 Yn aml, mae slaes yn golygu *neu*. Gall hefyd gymryd lle'r cysylltair *a/ac*.
> Am dawelwch meddwl cysylltwch â Marjorie Parkinson BSc, Seicolegydd/Therapydd/Ymgynghorydd.

3 Wrth ddyfynnu llinellau o farddoniaeth, gellir arbed gofod trwy redeg y farddoniaeth o un pen i linell y tudalen i'r pen arall, ac ymlaen i'r llinellau nesaf, ond gan ddangos dechrau llinellau unigol y gerdd trwy osod slaes, neu linell syth l, yn y mannau priodol. Peidiwch â rhoi mwy na dwy linell o ddyfyniad o fewn y naratif.
> Arferai llongau dieithr alw heibio i'r Traeth Coch, a phan fyddai awel ffafriol galwai Ffrancwyr yn y cei, 'Rhai yn cludo tatw, a'r lleill yn cario glo,/Un yn cario basig slag a'r llall â llwyth o faco'.

Ni roir bwlch bob ochr i'r slaes. (Os yw'r uned sydd â slaes yn ei chanol yn uned hir, a honno'n syrthio ar ddiwedd llinell gan amharu ar y ffordd mae gweddill y llinell yn syrthio, weithiau mae'n ddoethach rhoi bwlch bob ochr i'r slaes; mae'n dibynnu sut mae'n edrych i'r llygad. Ond y wasg, nid yr awdur, sydd i benderfynu ar y mater.)

4 Os yw rheolau treiglo yn gofyn treiglo'r elfen sy'n dilyn y slaes, gwnewch hynny.
> Yn yr enghraifft gyntaf, nid oes angen.
> Rwy'n gobeithio prynu fflat/tŷ yng Nghydweli.

Nid yw *tŷ* yn treiglo ar ôl *prynu*. Rwy'n gobeithio prynu *tŷ* sy'n gywir, felly peidiwch â threiglo ar ôl y slaes. Ond gyda'r enghraifft nesaf, dylid treiglo.
> Cysonwch eich defnydd o'r term 'brawddeg lawn/gyflawn/gyfan'.

Mae'r geiriau *llawn, cyflawn, cyfan* yn ansoddeiriau ac felly'n treiglo ar ôl enw benywaidd unigol fel *brawddeg*. *Brawddeg lawn*, *brawddeg gyflawn* a *brawddeg gyfan* sy'n gywir, felly treiglwch yr ansoddair cyn ac ar ôl y slaes.

Rhif troednodyn

Gall troednodyn fod yn ddefnyddiol os yw awdur am gyflwyno gwybodaeth ychwanegol, er enghraifft manylion llyfryddol, heb i'r wybodaeth honno dorri ar rediad y darn. Lleolir y rhif yn union ar ôl y gair neu'r geiriau y dymunir ymhelaethu arnynt. Gosodir rhif troednodyn ar ôl unrhyw atalnodi. Peidiwch â rhoi bwlch rhwng llythyren olaf gair a rhif troednodyn, na rhwng atalnod a rhif troednodyn.

> Syr William Jones[1] yw testun y ddarlith.
>
> Bu farw Owain Gwynedd yn 1170.[2]
>
> Nid oes, ysywaeth, o'r saith
> Namyn tri . . .[3]

Os yw'r troednodyn yn cyfeirio at wybodaeth bellach am sangiad sydd o fewn cromfachau, fe'i lleolir y tu mewn i'r gromfach.

> Dyfeisiwyd y Nod Cyfrin gan Iolo Morganwg i gynrychioli rhinweddau Cariad, Cyfiawnder a Gwirionedd. (Fe'i gwelir yn seremonïau ac ar regalia Gorsedd Cymru.[4])

Os yw'r troednodyn yn cyfeirio at wybodaeth bellach am sangiad nad yw o fewn cromfachau, rhowch y rhif troednodyn yn syth ar ôl y coma sy'n dynodi diwedd y sangiad.

> Bydd Maeve Binchy,[5] nith yr Athro David Binchy,[6] yma heno.

Ymhellach gweler **Cyfeirio at ffynonellau**.

Sillgoll (')

Pwrpas sillgoll (neu gollnod) yw nodi'r fan lle mae llythyren neu lythrennau yn eisiau.

1 Dylid ysgrifennu'r frawddeg:

> Mae yn rhaid i mi fwyta.

fel hyn: Mae'n rhaid i mi fwyta.

Gosodir sillgoll i nodi'r cywasgiad, sef bod rhyw grynhoi wedi bod ar y ffurf wreiddiol. Cywasgwyd dau air yn un, ac aeth *mae yn* yn *mae'n*. Gan fod i'r sillgoll y pwrpas o gau'r bwlch rhwng yr elfennau sy'n aros drwy eu cydio at ei gilydd, gosodir y sillgoll mor agos ag y bo modd at y ddwy ochr mae'n eu huno. Peidiwch â rhoi bwlch y naill ochr na'r llall i'r sillgoll mewn cyd-destun o'r fath.

2 Nid yw sillgoll bob amser yn uno dwy elfen.
   'Fedrai John ddim dod.
Yn yr achos hwn, mae'r sillgoll yn dynodi bod gair cyfan yn eisiau, sef y geiryn negyddol *ni*. Y ffurf gyflawn fyddai *Ni fedrai*. Ond erbyn hyn nid yw pawb yn defnyddio sillgoll i ddynodi bod geiryn negyddol yn eisiau, ac fe dderbynnir y ffurf *Fedrai John ddim dod*. Dilynwch arfer yr awdur os yw'n arfer gyson a derbyniol.

Mae angen gofal wrth sillgolli tafodiaith neu ddeialog, ac mae cysondeb ffurfiau yn hanfodol.

3 Weithiau rhoddir sillgoll o flaen rhif wrth gyfeirio at flwyddyn er mwyn nodi bod rhifau yn eisiau.
   Yn '96 y digwyddodd y drychineb.
O fewn ffuglen a thestunau o'r fath mae gormod o sillgolli'n amharu ar y darllen. Eto mae'n rhaid i'r ystyr fod yn glir i'r darllenydd ar y darlleniad cyntaf. Gall sillgolli deialog mewn tafodiaith fod yn anodd. Yr egwyddor yw peidio â sillgolli ar ddechrau geiriau fel *dyw, does, rwy'n, roedd* gan nad oes angen gwahaniaethu rhyngddynt a gair arall tebyg. Ond yn achos geiriau y mae modd eu camddeall, er enghraifft *da* (= *good*) a *'da* (= *with*); *na* (= *no*) a *'na* (= *then, there, that*); *s'gen* (= *sy gen*) a *'sgen* (= *oes gen*), dylid sillgolli er mwyn eglurder.

4 Mae'n arferol collnodi *yn* i *'n* pan mae'n dilyn llafariad neu ddeusain.
   Nid oedd y dyn wedi arfer codi'n fore.
   Cerddai'n gyflym tua'r ganolfan hamdden.
Ond nid yw collnodi'r *yn* i *'n* yn dderbyniol pan mae'n arddodiad,

fodd bynnag, ac mae'r brawddegau a ganlyn yn anghywir:
> Draw'n ei blasty, cafodd James Arkwright gyfle i synfyfyrio.
> Bu'n Llundain dros y Sul.

Ni ddylid collnodi'r ffurfiau hyn ychwaith: *yn hytrach, yn sgil, yn agos* (= *almost*), *yn awr* (= *now*), *yn unig* (= *only*), *yn Gymraeg*, ac mae'r enghreifftiau isod yn anghywir (gweler hefyd t. 367):
> Fi'n hytrach na Sioned ddylai gael y tocynnau mantais.
> Defnyddiwch rifau'n unig.
> Ceisiodd esbonio'n Gymraeg.

Defnyddiwch *nac yn*, nid *na'n*.

Weithiau mae collnodi'n creu amwysedd ac os felly mae'n well defnyddio ffurfiau llawn.
> Yn nyddiau bachgendod Mei, roedd y ffordd Gymraeg o ddiddanu'n loyw ym Mhwllheli.

Yn yr achos hwn pe collnodid *yn* byddai *'n loyw* yn troi'n ddisgrifiad o'r math o ddiddanu, ac felly byddai'n well defnyddio *yn loyw*.

Pwysleisir mai ' yw'r symbol am y sillgoll ac nid ' na llinell syth '.

Priflythyren

Fel egwyddor, fe hepgorir priflythrennau lle mae hynny'n bosibl, ac o wneud hynny mae cysondeb yn hanfodol. Parheir i ddefnyddio priflythrennau ar yr achlysuron a nodir isod.

1 Rhoir priflythyren ar ddechrau brawddeg, ac i agor pob paragraff.
> Euthum yn gynnar i chwilio am weddillion y castell.

> Euthum yn gynnar i chwilio am weddillion y castell. (Nid oedd cwmni gyda mi.) Yn anffodus, roedd niwl yn blanced dros y safle.

2 Rhoir priflythyren i enw Duw, Iesu Grist a'r Ysbryd Glân, ynghyd ag enwau a theitlau eraill sy'n cyfeirio atynt.
> Arglwydd
> Y Drindod

Weithiau cyfeirir at aelodau'r Drindod â rhagenw. Yn y Beibl a'r Llyfr Gweddi Gyffredin ni roir priflythrennau i ragenwau.
> O fy Nuw, ynot ti yr ymddiriedais.

3 Rhoir priflythrennau i enw personol, yn gyfenw ac yn enw bedydd.
>Thomas Herbert Parry-Williams

4 Rhoir priflythyren i enwau ieithoedd.
> Sbaeneg   Eidaleg

5 Rhoir priflythyren i enwau lleoedd penodol. Gall yr enwau hynny fod yn enwau gwledydd, ardaloedd, trefi, dinasoedd, mynyddoedd, llynnoedd, brwydrau, adeiladau, ac ati.
> Cymru, Aberteifi, Caerdydd, Mynydd Epynt, Llyn Cwellyn, Brwydr Camlan, Plas Gwyn

Os oes dwy elfen yn yr enw lle a'r rheini'n cael eu cyplysu â heiffen, ni roir priflythyren i'r hyn sy'n dilyn yr heiffen.
> Penrhyn-coch   Tal-y-bont

Os oes bannod (*y, yr 'r*) yn rhagflaenu'r enw lle, er enghraifft *Y Bala, Yr Wyddgrug*, rhoir priflythyren i *Y* ac *Yr* os ydynt yn rhan o gyfeiriad, neu mewn unrhyw safle arall lle ceir y fannod ar ei phen ei hun.
> Ceri Huws
> Llannerch Lon
> Y Bala, Gwynedd

Ni roir priflythyren i'r fannod sy'n rhagflaenu enw lle pan mae'n rhan o frawddeg.
> Ddoe, fe euthum i weld ffrind yn y Bala.

Rheoleiddiwyd sillafiad enwau lleoedd Cymru yn:
- Elwyn Davies, *Rhestr o Enwau Lleoedd/Gazetteer of Welsh Place-names* (Caerdydd: Gwasg Prifysgol Cymru, 1975)
- Melville Richards, *Welsh Administrative and Territorial Units* (Caerdydd: Gwasg Prifysgol Cymru, 1969)
- Hywel Wyn Owen a Richard Morgan, *Geiriadur Enwau Lleoedd Cymru/Dictionary of the Place-Names of Wales* (Llandysul: Gomer, 2007).
- comisiynyddygymraeg.cymru/polisi-ac-ymchwil/enwau-lleoedd

Ceir ynddynt arweiniad ar y priodoldeb o osod bannod o flaen enw, neu beidio.

6 Ni roir priflythyren i bwyntiau'r cwmpawd (ac ni roddir
priflythrennau i dde/gogledd Cymru, fel rheol):
>   gogledd Cymru   de'r Alban
>   de Cymru   yn y de-ddwyrain

oni bai fod y pwynt hwnnw'n rhan o enw lle:
>   Pegwn y Gogledd   De Affrica
>   De'r Affrig   De America

neu'n enw ar uned sydd, er enghraifft, â daliadau penodol:
>   Bedyddwyr y De (yn yr Unol Daleithiau)

- Os ystyriwch fod *y Gogledd*, *y De* yn endidau rhanbarthol, defnyddiwch briflythyren.
>   Erbyn hyn mae'n byw yn y De.
>   ond: Mae wedi symud ymhellach i'r de.

- Defnyddiwch lythrennau bach ar gyfer ardaloedd daearyddol.
>   A yw costau byw yn uwch yn y gorllewin nag yng nghanolbarth America?

- Defnyddiwch briflythrennau ar gyfer ardaloedd daearyddol neu wleidyddol amhendant ond a gydnabyddir yn unedau daearyddol neu wleidyddol.
>   Y Dwyrain Canol   Y Gorllewin Gwyllt
>   Gorllewin Ewrop   Y Gwlff
>   cyfandir Ewrop   pwerau'r Gorllewin
>   Canolbarth Lloegr   Gorllewin Canolbarth Lloegr
>   Dwyrain Asia (yn hytrach na'r Dwyrain Pell)
>   ar y Cyfandir (tir mawr Ewrop)

Dim ond mewn cyd-destun hanesyddol y dylid defnyddio Dwyrain Berlin (Berlin) a Gorllewin Berlin (Berlin), a Gorllewin yr Almaen (gorllewin yr Almaen) a Dwyrain yr Almaen (dwyrain yr Almaen).

Erbyn hyn mae'r trydydd byd yn derm anfoddhaol gan fod yr ail fyd, sef y byd comiwnyddol, wedi diflannu. Ond o ddefnyddio'r term, defnyddiwch lythrennau bach.

- Wrth nodi enw sir rhowch enw'r sir mewn priflythyren bob amser, ond mae rhyddid i ddewis a roir *sir/swydd* mewn priflythyren ai peidio, ond rhaid bod yn gyson. Y duedd yw defnyddio priflythyren (ar lun County Down, ac ati).

> Sir Benfro/sir Benfro
> Swydd Amwythig/swydd Amwythig

7 Pan ffurfir ansoddair o enw person neu le defnyddiwch briflythyren os yw'r cysylltiad â'r person neu'r lle yn dal yn gryf.
> ffydd Gristnogol/Gristionogol
> soned Shakespearaidd

Defnyddiwch lythyren fach os yw'r cysylltiad â'r person neu'r lle yn gysylltiad pell:
> sgript italig rhifau rhufeinig

a defnyddiwch lythyren fach pan mai priodoledd neu nodwedd yw'r ystyr, a honno wedi'i hawgrymu gan yr enw priod.
> cariad platonig egwyddor feiblaidd

8 Pan ffurfir berf o enw priod defnyddiwch briflythyren os yw ystyr y ferf yn un hanesyddol neu ddiwylliannol ac yn dal cysylltiad agos â'r enw priod.
> Cymreigio Cristioneiddio

Defnyddiwch lythyren fach os gweithgaredd yw'r ystyr, a'r gweithgaredd hwnnw heb ddal cysylltiad agos â'r enw priod.
> llaeth wedi'i basteureiddio

9 Rhoir priflythyren i air cyntaf a phrif eiriau enwau strydoedd ond nid i'r mân eiriau.
> Stryd y Pistyll Ffordd y Brenin

10 Rhoir priflythyren i air cyntaf a phrif eiriau teitlau llyfrau, dramâu, caneuon, cylchgronau, ffilmiau, cerddi, papurau newydd, ac ati, ond nid i'r mân eiriau.
> *Yr Elfen Ladin yn yr Iaith Gymraeg*
> *Brad*
> 'Mw-mw, Me-me, Cwac-cwac'
> *Y Llenor*
> 'Cywydd yn Ateb y Bardd Coch o Fôn'

11 Rhoir priflythyren i deitlau swyddi a theitlau sy'n rhagflaenu enw.
> Prif Weithredwr
> Syr T. H. Parry-Williams
> Cyfarwyddwr

> A oedd yr Arlywydd Bush yn aros yn y gwesty?
> Dug Caeredin
> Yr Athro Ffiseg yw hi.

Yn y Gymraeg mae gwahaniaeth ystyr rhwng *prif weinidog* (sef y gweinidog pwysicaf yn y Senedd), a *Prif Weinidog* (*First Minister*, Senedd Cymru) a *Prif Weinidog* (*Prime Minister*, Llywodraeth y DG); sylwer hefyd fod gwahaniaeth rhwng *athro* (mewn ysgol) = *teacher* ac *Athro* (mewn prifysgol) = *Professor*.

Weithiau mae teitl person fwy neu lai'n gyfystyr â bod yn enw arno, ac felly defnyddiwch briflythrennau.

> Archesgob Caer-gaint

Lle ceir gair sy'n disgrifio swydd, ac sydd hefyd yn gallu bod yn deitl, rhoir llythyren fach i'r disgrifiad swydd a phriflythyren i'r teitl.

> Yr oedd tri esgob yn y cyfarfod ond bu'n rhaid i'r Esgob Howells ac Esgob Llandaf adael yn gynnar.

12 Pan ddaw bannod (*y/yr*) o flaen teitl, fe'i rhoir yn briflythyren ar amlen, ar wynebddalen, neu mewn unrhyw safle arall lle saif yr enw ar ei ben ei hun.

> Yr Athro D. James
> Y Chwaer Emily
> Y Barnwr J. Sykes

Ond os yw'r teitl yn digwydd o fewn brawddeg, ni roir priflythyren i'r fannod.

> Gwahoddir yr Athro D. B. James a chymar i'r cyfarfod.
> Prynais anrheg i'r Parchedig A. O. Roberts i gydnabod ei waith.
> Cyrhaeddodd y Prif Weinidog yn brydlon am ddau o'r gloch.

13 Dilynir ebychiad gan briflythyren:

> 'Hawyr bach! Wyt ti'n credu hynny?'

oni bai fod berf yn ei ddilyn gan ddangos mai dyfynnu a wneir (er enghraifft *dweud, gofyn, holi*), a hynny yn amlwg o fewn yr un frawddeg.

> 'O!' ebychodd y ferch.

14 Rhoir priflythyren i air cyntaf pob dyfyniad ac araith uniongyrchol (gweler uchod o dan **Dyfynodau**).

> Gofynnodd yr athro, 'A oes gennych ddiddordeb mewn rygbi?'

Os yw rhan gyntaf y dyfyniad yn eisiau, rhoddir elipsis (tri dot), a dechrau'r hyn sy'n weddill o'r dyfyniad â llythyren fach.

> Yn ôl yr Apostol Paul, yr oedd yn llawen, '. . . nid am eich tristáu chwi, ond am eich tristáu i edifeirwch'.

15 Rhoir priflythyren i ddyddiau'r wythnos, misoedd y flwyddyn a dyddiau arbennig. Nid yw'r geiriau *dydd, pnawn, nos, mis,* na *gŵyl* yn cymryd priflythyren, nac ychwaith enwau'r tymhorau.

> dydd Sul
> pnawn Llun y Pasg
> mis Mai
> dydd Calan
> gwanwyn

16 Rhoir priflythyren wrth enwi cyfnodau a digwyddiadau hanesyddol, cyfnodau daearegol, a chyfnodau o amser, ond ni roir priflythyren i'r fannod (*y, yr, 'r*).

> Oes yr Iâ
> yr Oesoedd Canol
> cyfnod y Dadeni
> dechrau'r Rhyfel Byd Cyntaf
> adeg y Pla Du
> Blwyddyn y Mwnci
> yr Adferiad

17 Rhoir priflythyren i air cyntaf a phrif eiriau enwau sefydliadau, mudiadau, ac ati, ond ni roir priflythyren i'r mân eiriau.

> Tŷ'r Arglwyddi
> Yr Eglwys yng Nghymru
> Piwritaniaeth

Mae priflythyren yn gwneud i'r gair hwnnw ddal ystyr benodol. Nid yw, wedyn, yn gyfeiriad cyffredinol. Ystyr y cymal:

> Coleddai Emyr egwyddorion catholig

yw fod Emyr yn byw ei fywyd yn ôl egwyddorion rhyddfrydig. Ystyr y cymal:

> Coleddai Emyr egwyddorion Catholig

yw fod Emyr yn ffyddlon i egwyddorion corff sy'n ei alw ei

hun yn Gatholig, er enghraifft Eglwys Rufain, neu asgell Gatholig yr Eglwys Anglicanaidd.

Rhoir priflythyren i enw sefydliad megis yr Undeb Ewropeaidd.
Oherwydd yr Undeb Ewropeaidd bu'n rhaid newid polisi.
Nid yw'r Undeb yn caniatáu llacrwydd yn y drefn.

18 Rhoir priflythyren i enwau mathau o longau, awyrennau, trenau, enwau masnachol, ac ati, ond os rhoir enw priod fe'i hitaleiddir/tanlinellir yn ogystal (gweler uchod o dan **Tanlinellu/Italeiddio**).
Mewn Ford Cortina mae Sioned Llwyd yn mynd i'w gwaith.
Ar Concorde yr oedd Sylvester Smythe yn croesi Môr Iwerydd.
Teithiais droeon ar y Santa Maria.

19 Defnyddiwch briflythrennau gydag enwau masnachol; nid oes angen italeiddio'r rhain.

Coke	Mars	Thermos
Hoover	Panadol	Valium
Kleenex	Teflon	Anadin

Os defnyddir enw masnachol yn ei ystyr fanwl, defnyddiwch briflythyren.
Mae pencadlys cwmni Hoover ym Merthyr Tudful.

Ond os defnyddir y term masnachol mewn ystyr lac nid oes angen priflythyren, a gellir Cymreigio sillafiad y rhai mwyaf cyfarwydd.
Prynais hwfer Electrolux ddoe.

Treiglwch yr enw masnachol wrth ei ddefnyddio yn ei ystyr lac ond cadwch y teitl swyddogol didreiglad wrth ei ddefnyddio yn ei ystyr fanwl.
Llyncais ddwy banadol cyn cinio. Anadin sy'n gweithio gyflymaf ond mae effaith dwy Codeine yn para'n hwy.

20 Defnyddiwch briflythyren i osgoi dryswch. Gyda'r brawddegau a ganlyn nid oes amwysedd.
Na yw'r ateb.   Yr ateb yw na.

Ond lle gallai amwysedd godi byddai'n well defnyddio priflythrennau i osgoi hynny.
Roedd y bleidlais Na yn drymach na'r bleidlais Ie.

21 Ni roir priflythyren i'r eirfa electronig fel rheol. Defnyddiwch lythyren fach i'r *e* a rhowch heiffen i'w dilyn.

e-bost	lluosog	e-byst
e-fusnes	lluosog	e-fusnesau
e-bostio	neu	anfon neges e-bost

Defnyddir llythrennau bach fel arfer ar gyfer termau technoleg gyfrifiadurol.

caledwedd
cyfrif rhyngrwyd
gwefan
methiant cyfrifiadurol
rhyngwyneb cyfrifiadurol
seiberofod
y we (ond *y Rhyngrwyd*, *y We Fyd-eang*)

Am eirfa gyfrifiadurol, gweler termiaduraddysg.cymru

Gosodwch CD-ROM mewn priflythrennau, a'r terfyniad lluosog CD-ROMau mewn llythrennau bach.

22 Yn yr enghreifftiau isod defnyddir priflythyren. Nid yw pob un o reidrwydd yn cydymffurfio â'r drefn a ddilynir mewn testunau Saesneg.

arwyddion y Sidydd
arwydd yr Afr
y Blaid Lafur
Brwydr Maes Bosworth
C fwyaf
C ganol
C leiaf
Comisiynydd Tir
cyfandir Ewrop
y Cyfandir
y Cyfrin Gyngor
Cyngor Diogelwch Cymru
Cytundeb ar Undeb Ewropeaidd
Deddf y Tlodion
y Farchnad Gyffredin

> Gêm Gwpan/gêm gwpan
> (lluosog: *Gemau/Gêmau Cwpan*; *gemau/gêmau cwpan*)
> y Gymuned Ewropeaidd
> y Lan Orllewinol
> papur gwyn y Llywodraeth (lluosog: *papurau gwyn y Llywodraeth*); rhoddir priflythyren i *Llywodraeth* os yw'n llywodraeth benodol, hynny yw yr un sydd mewn grym
> Llys y Goron
> Oes y Glo
> y Prif Weinidog
> y Rhyfel Byd Cyntaf
> y Rhyngrwyd (ond *y we*)
> y Senedd
> Tŷ'r Cyffredin
> Tŷ'r Arglwyddi
> yn y Tŷ (am Dŷ'r Cyffredin a Thŷ'r Arglwyddi)

23 Yn yr enghreifftiau isod defnyddir llythyren fach. Nid yw pob un o reidrwydd yn cydymffurfio â'r drefn a ddilynir mewn testunau Saesneg.
> **cytundeb Maastricht** (ond *Cytundeb ar Undeb Ewropeaidd*)
> **gêm brawf** (lluosog: *gemau/gêmau prawf*)
> **y gweinidog**, y Parchedig Arwyn Edwards
> **aelod o'r cabinet**
> **y we** (ond *y Rhyngrwyd*)

24 Mewn rhai achosion gellir dewis o blaid neu yn erbyn priflythrennau, ond ar bob achlysur mae'n rhaid cadw cysondeb. Gyda phwyllgorau, gellir eu trafod y naill ffordd neu'r llall.
> **pwyllgor rheoli**
> **pwyllgor llywio**
> **is-bwyllgor celf a chrefft**

25 Rhoir priflythyren i enw pwnc, er enghraifft Hanes, Mathemateg, ac i enw cwrs.
> Mae dilyn y cwrs Bwyd a Maetheg yn hanfodol os ydych am weithio yn y diwydiant bwyd.
>
> Ymunais â'r dosbarthiadau Achyddiaeth gan imi astudio Lladin, Anthropoleg, a Hanes yn yr ysgol.

Priflythrennau bach

1 Defnyddiwch briflythrennau bach ar gyfer y byrfoddau OC, CC, AD, a pheidiwch â defnyddio atalnod llawn.

>OC 77
>AD 39
>70 CC

Pan ddefnyddir llythrennau bach ynghyd â byrfodd, mae'n plesio'r llygad yn well i weld y byrfodd yn briflythyren fach.

>pelydr-x
>crys-T

2 Weithiau defnyddir cymysgedd o briflythrennau a llythrennau bach.

i. Weithiau mae arddull y tŷ cyhoeddi yn ffafrio defnyddio priflythrennau bach wrth drafod acronymau. Gall hynny fod yn fanteisiol os ydynt yn britho'r tudalen, a lle byddai toreth o briflythrennau yn ddolur i'r llygad. Os dilynir yr hyn a geir mewn priflythrennau bach (er enghraifft NATO) gan enw llawn yr acronym mewn cromfachau, defnyddiwch briflythrennau rhufeinig o faint arferol ar gyfer yr acronym.

>**Dyfnhau a wnâi'r anghytundeb o fewn NATO (North Atlantic Treaty Organisation).**

Ond os dilynir priflythyren fach gan ampersand (&), rhif, neu heiffen, cadwch at ffurf y briflythyren fach.

>F-16

ii. Ni ddefnyddir ampersand (&) yn aml yn y Gymraeg. Defnyddiwch *a/ac* lle mae hynny'n bosibl.

>**Cain Ellis a'r Merched**

Atalnodi rhestrau

Os oes colon yn cyflwyno rhestr, a bod brig y rhestr honno'n cael ei lleoli ar linell newydd wedi ei mewnosod, mae hynny'n ddigon i ddangos toriad pendant rhwng y cyflwyniad i'r rhestr a'r rhestr ei hunan. Peidiwch felly â threiglo llythyren gyntaf gwahanol elfennau'r rhestr, a pheidiwch ag atalnodi diwedd unrhyw elfen.

Os yw unrhyw elfen dros frawddeg o hyd, defnyddiwch hanner colon i'w hatalnodi'n fewnol, ond peidiwch ag atalnodi diwedd yr elfen honno.

Gofynnir am:
- cefnogaeth i staff dderbyn gwahoddiadau i gynadleddau
- penderfyniad ar ddyddiad argraffu'r gyfrol *Ergydion Rhyddid*; gobeithir am ddyddiad buan
- trafodaeth ar amserlen y cynllun cyhoeddi llawn dros y pum mlynedd nesaf; bydd angen rhoi sylw arbennig i adargraffiadau yn ogystal ag i'r cyhoeddiadau newydd; gobeithir hefyd gomisiynu gwaith celf newydd i gyd-fynd â'r testunau

Os yw'r diffyg treiglad i lythyren gyntaf gwahanol elfennau'r rhestr yn eich poeni chi, gallwch dreiglo elfen gyntaf y rhestr yn unig (**gefnogaeth**), neu ysgrifennu *Gofynnir am y canlynol* yn lle *Gofynnir am.*

Atalnodi deialog pan geir toriad

1 Pan fydd toriad sydyn yn dod ar hanner gair defnyddiwch linell hir (llinell em) i ddangos hynny; peidiwch â rhoi bwlch rhwng llythyren olaf y gair a'r llinell hir.

> Roedd Carys-Meleri ar y ffôn bron cyn i'r wawr dorri.
> 'Carys-Meleri! Dim ond pump o'r gl—'

2 Pan fydd toriad sydyn yn dod rhwng geiriau defnyddiwch linell hir i ddangos hynny; rhowch ofod rhwng y gair a'r llinell hir.

> Roedd Carys-Meleri ar y ffôn bron cyn i'r wawr dorri.
> 'Carys —'

3 Pan geir toriad arafach rhwng geiriau defnyddiwch elipsis, gweler tt. 103–4.

> Roedd Carys-Meleri ar y ffôn bron cyn i'r wawr dorri.
> 'Carys-Meleri! Dim ond pump o'r gl—'
> '*Yeah!* Ti'n cofio ti'n ... '
> Ond roedd y llinell yn farw.

Dyfynnu

Wrth ddyfynnu gwaith peidiwch â dyfynnu darn hwy nag y mae'r gyfraith yn ei ganiatáu. Mae rheolau hawlfraint caeth ar waith yng Ngwledydd Prydain, ac maent yn weithredol mewn perthynas â lluniau, diagramau, ac ati, o fewn cyfrol yn ogystal â'r testun ei hun tra bo'r hawlfraint ar y gwaith yn dal mewn grym. Dylech ymgynghori â chyhoeddwr y gwaith sydd i'w ddyfynnu er mwyn cael caniatâd deiliad yr hawlfraint os yw'n fwriad gennych ddyfynnu'n helaeth. Fel rheol mae hawlfraint mewn grym am 70 mlynedd ar ôl dyddiad cyhoeddi'r gwaith, neu am 70 mlynedd ar ôl marwolaeth yr awdur, pa un bynnag sydd ddiweddaraf. Cofiwch mai eich cyfrifoldeb chi yw sicrhau caniatâd deiliad yr hawlfraint, oni nodir yn wahanol yn eich cytundeb gyda'ch cyhoeddwr.

1 Os yw'r dyfyniad yn hwy nag oddeutu 60 gair o ryddiaith, neu os yw o leiaf bum llinell o hyd wedi'i argraffu, dechreuwch y dyfyniad ar linell newydd, ychydig i'r dde o ymyl paragraffau prif lif y testun. Peidiwch â defnyddio dyfynodau wrth ddyfynnu paragraff a osodir ar linell(au) ar wahân i destun y naratif. Dechreuwch ddyfyniad o'r fath ar linell newydd, heb ei fewnosod oni bai fod y gwreiddiol wedi'i fewnosod. Nid oedd llinell gyntaf y paragraff a ganlyn wedi'i fewnosod:

> Gruffudd Llwyd oedd un o feirdd mwyaf talentog ac amrywiol ei oes. Ychydig, fodd bynnag, sy'n hysbys am ei fywyd. Ni cheir enw Gruffudd Llwyd ab Einion Lygliw yn yr achau cyhoeddedig, a dim ond dau gyfeiriad ato a gafwyd yn achau'r llawysgrifau. Dywedir mai Gruffudd Llwyd ap Dafydd ab Einion ap Heilyn oedd ei enw, a bod iddo dri mab.

Yr oedd llinell gyntaf y paragraff a ganlyn wedi ei hargraffu yn y gwreiddiol ychydig i'r dde o'r llinell ddilynol, ac felly y dylid ei dyfynnu.

> Felly, er mai pytiog yw'r dystiolaeth i ach Gruffudd Llwyd, y mae'n amlwg ei fod yn hanfod o deulu o feirdd. Y mae'r un mor amlwg mai Powys oedd ei famwlad.

Y Golygiadur

2 Wrth ddyfynnu darn o ryddiaith sy'n ymestyn dros sawl paragraff, a hwnnw heb ei fewnosod, dylid gosod dyfynnod wrth agor pob paragraff, ond dim ond ar derfyn y paragraff olaf a ddyfynnir y dylid gosod dyfynnod cau.

3 Os yw'r darn rhyddiaith yn llai nag oddeutu 60 gair o hyd, rhowch ef mewn dyfynodau a'i redeg yn rhan o'r prif destun. (Ar safle a threfn dyfynodau, a'r dewis rhwng dyfynodau sengl a dwbl, gweler tt. 114–17.)

4 Sicrhewch eich bod yn dyfynnu'n gywir. Dylid dyfynnu union eiriad y testun, ynghyd ag unrhyw atalnodi neu farciau eraill sydd yn y gwreiddiol. Lle ceir camgymeriadau yn y gwreiddiol, peidiwch â'u cywiro.

5 Os dymunwch ychwanegu geiriau, llythrennau, ffigurau, ac ati, at y dyfyniad gwreiddiol, er enghraifft i egluro rhywfaint arno, rhowch yr ychwanegiad mewn bachau petryal i ddangos yn glir nad yw'r geiriau hynny'n rhan o'r gwaith gwreiddiol.
'Lluniodd [Dr Mererid Huws] gannoedd o erthyglau ac ysgrifau.'

6 Wrth gynnwys dyfyniad o fewn brawddeg, nid yw'r dyfyniad bob amser yn syrthio'n gysurus i'r cyd-destun. Teimlir weithiau, er enghraifft, y dylid newid priflythyren yn y gwreiddiol yn llythyren fechan yn ei gyd-destun newydd.
Gosodwyd Dr Mererid Huws ar bedestal yn y Gymru gyfoes. Oni 'luniodd gannoedd o erthyglau ac ysgrifau'?

Wrth farw, meddai T. H. Parry-Williams, ni wnawn 'ond llithro i'r llonyddwch mawr yn ôl'.

Ond os codir dyfyniad o destun cyfreithiol neu waith academaidd, er enghraifft, peidiwch â newid y gwreiddiol. Os oes rhaid newid er mwyn cadw cystrawen eich brawddeg, rhowch y newid mewn bachau petryal.

> Dywedodd y beirniad fod Dr Mererid Huws wedi llunio '[c]annoedd o erthyglau ac ysgrifau'.

7 Gellir argraffu'r dyfyniad mewn teip sydd bwynt neu ragor yn llai na'r hyn a ddefnyddir yng nghorff y llyfr, neu gellir ei osod mewn teip sydd yr un maint â theip gweddill y llyfr ond gyda llai o fwlch rhwng y llinellau; gellir mewnosod ochr chwith pob llinell, neu fewnosod pob llinell o'r ochr chwith ac o'r ochr dde; gellir unioni'r ochr dde os dymunir.

8 Lle dyfynnir o destun anghyflawn, er enghraifft o lawysgrif sy'n amhosibl ei ddarllen oherwydd traul neu oherwydd bod darn(au) ohoni'n eisiau, defnyddiwch fachau petryal i ddangos ble mae'r anhawster.

> O bai wir [ ] y berv

Os dymuna awdur neu olygydd gynnig barn ar beth yw'r deunydd coll, dylid rhoi'r dyfaliad o fewn y bachau petryal.

> Gwaith anor[ffen] sy gen i

9 Weithiau fe sylwch ar wall ffeithiol neu ramadegol, neu ar elfen anghyffredin yn yr hyn y dymunwch ei ddyfynnu. Os yw'n angenrheidiol tynnu sylw ato rhowch y gair Lladin *sic* mewn teip italig, mewn bachau petryal, yn union ar ôl y gwall. Peidiwch â rhoi priflythyren i *sic*, a pheidiwch â rhoi atalnod llawn ar ei ôl.

> Clywyd llef yn dweud, 'Arglwydd Gist [*sic*], trugarha wrth feibion dynion!'

Os daw'r [*sic*] o fewn dyfyniad sydd mewn teip italig, gosodwch [*sic*] mewn teip rhufeinig.

> Gweddi fawr y pechaduriaid yn uffern, ynghyd â Mihangel Sant a Phawl, oedd am drugaredd, gw. 'Breuddwyd Pawl Ebostol'
> LIA 155 (llau. 15–18) *Alleuein aoruc yniuer a oeddynt yny poenev. alleuein aoruc mihagel apha^{6}l ebostol a millyoed o engylyon ygyt ac ^{6}ynt yny gly^{6}it y llef ynypedveryd nef. yn dy^{6}edut Argl^{6}yd gist* [sic] *trugarhaa vrth veibon ydynyon.*

Peidiwch â bod yn rhy awyddus i amlygu camgymeriadau'r gwreiddiol. Dylech gyfyngu eich defnydd o *sic* i sefyllfaoedd lle mae amwysedd, lle gallai'r darllenydd briodoli'r camgymeriad i gamgopïo ar ran y dyfynnwr yn hytrach na chamsillafiad gan awdur y gwreiddiol. Peidiwch â manteisio ar y cyfleuster er mwyn gwawdio, a pheidiwch â defnyddio [!] yn lle [*sic*].

10 Nid oes angen gosod elipsis, sef tri dot, ar ddechrau na diwedd dyfyniad oni bai fod elipsis yn y gwreiddiol. Ar osod elipsis gweler tt. 103–4, ac ar atalnodi'n gyffredinol, gweler tt. 102–38. Os digwydd dau elipsis mewn un dyfyniad, hynny yw os oes elipsis o fewn y dyfyniad gwreiddiol a bod angen defnyddio elipsis arall i ddangos nad yw'r dyfyniad gwreiddiol wedi ei godi'n llawn, rhowch yr elipsis golygyddol mewn bachau petryal.

11 Os yw'r testun sy'n dilyn y dyfyniad yn rhan o'r un paragraff â'r testun a ddaeth o flaen y dyfyniad, peidiwch â mewnosod y llinell gyntaf. Os yw'r testun sy'n dilyn y dyfyniad yn baragraff newydd, mewnosodwch y llinell gyntaf yn y dull arferol.

Mae polisi rhai gweisg yn datgan y gellir weithiau newid rhai elfennau yn y gwreiddiol wrth ei ddyfynnu.

i Wrth ddyfynnu rhan o frawddeg, caniateir gosod atalnod llawn ar ddiwedd brawddeg ramadegol gyflawn sy'n dod i ben o fewn y dyfynnod cau.

ii Os yw atalnodi'r gwreiddiol yn wahanol i reolau atalnodi'r tŷ cyhoeddi, gellir mabwysiadu rheolau'r tŷ, heb ddangos hynny â [*sic*]: gellir cyfnewid dyfynodau dwbl am rai sengl, llinell em am linell en a gofod bob ochr iddi, a gellir ychwanegu atalnod llawn neu farc cwestiwn, ac ati, yn unol ag arferion y wasg.

iii Peidiwch â newid sillafiadau, atalnodi, na theipograffeg wrth greu copi ffacsimili, er enghraifft mewn gwaith cyfreithiol neu academaidd.

iv Wrth argraffu testun mewn iaith dramor gellir newid dyfynodau, er enghraifft gellir newid « » yn ' '.

Dyfynnu barddoniaeth
Wrth ddyfynnu barddoniaeth dilynir yr un egwyddorion cyffredinol ag wrth ddyfynnu rhyddiaith. Dylid hefyd gadw mewn cof y pwyntiau a ganlyn:

1 Fel rheol gosodir dyfyniad o ddwy linell neu ragor ar wahân i'r testun, gan ddechrau ar linell newydd. Ond os rhedir mwy nag un llinell o fewn y testun argymhellir rhoi llinell fertigol (|) a gofod bob ochr iddi i nodi diwedd un llinell a dechrau'r nesaf; arfer rhai gweisg yw defnyddio slaes (/).
> Disgrifiodd Gruffudd Llwyd yr arwr Owain Glyndŵr fel 'Eurfab, agwrdd ei arfod, | Gruffudd Fychan, glân ei glod.'

2 Wrth ddyfynnu tair neu bedair o linellau o farddoniaeth, yn enwedig os ydynt yn llinellau hir, bydd yn werth nodi *Barddoniaeth* ar ymyl y ddalen yn gyfarwyddyd i'r cysodydd.

3 Wrth ddyfynnu bloc o farddoniaeth lle hepgorir un llinell gyfan neu ddilyniant o fwy nag un llinell, rhowch linell gyfan o ddotiau i ddynodi hynny a rhowch ofod 2-em rhyngddynt; gellir gosod y dot cyntaf 2-em i'r dde o ddechreubwynt y llinell uwchben, ac os felly dylai'r dot olaf syrthio 2-em oddi mewn i fesur y llinell hwyaf; neu gellir unioni'r dot cyntaf â dechreubwynt y llinell uwchben, ac os felly gellir unioni'r dot olaf â diweddbwynt y llinell uwchben (neu ddiweddbwynt y llinell a hepgorir os yw'r hyd yn wybyddus). Gosodwch unrhyw gydnabyddiaeth neu gyfeiriad ar y llinell o dan y dyfyniad; cyfrifoldeb y dylunydd yw nodi ble o fewn y llinell y dylai ddechrau.
> Pan oedd drymaf fy nhrafael
> Amdanad . . .

> Cefais o ben rhyw gennad
> . . . . .
> Cael yn yr aer . . .
> Ohonod fawrglod, f'arglwydd.
>
> (Gruffudd Llwyd, 'I Owain Glyndŵr')

4. I ddynodi bod rhan o linell yn eisiau, defnyddiwch dri atalnod llawn a gofod rhyngddynt os rhan dde'r llinell a hepgorwyd (gweler yr enghraifft uchod). Os rhan chwith y llinell gyntaf a hepgorwyd, gosodwch air cyntaf y dyfyniad lle y byddid yn ei osod petai'r llinell yn cael ei dyfynnu'n llawn.

   > . . . cael gwragedd,
   > Coler main, cael aur a medd.

   Os rhan chwith llinell ddilynol a hepgorwyd, defnyddiwch elipsis i ddangos hynny.

   > Dyfod dan wyrddion defyll
   > . . . dail bedw a chyll
   > . . . ar hyd y rhiw
   > I winllan bun ewynlliw.

5. Os nad yw'r dyfyniad yn ddyfyniad bloc, gosodwch ddyfynnod ar ddechrau'r dyfyniad, ar ddechrau pob pennill neu uned, ac ar ddiwedd y dyfyniad.

6. Dylid dyfynnu fesul llinell, gan ddilyn yr un patrwm o fewnosod llinellau ag a gaed yn y gwreiddiol.

   > Nid gwiw gofyn lliw llewychwaith—Tegau,
   > Tegwch Môn aeth ymaith,
   > Yny ddêl (mau ryfel maith)
   > Bryd f'anwylyd Fôn eilwaith.
   >
   > (Llywelyn Foelrhon)

7. Os oes llinell(au) o fewn y dyfyniad yn hwy na lled y tudalen, gellir gosod pob llinell hir i lifo i'r llinell nesaf wedi ei mewnosod ddau neu dri gofod i mewn o'r chwith.

> Ofnadwy ddifrod! Onid yw'r olygfa
> Fel pe'n ail adrodd tynghed brudd Dydd Sodom a
> Gomorrah?
>
> (J. Symlog Morgan)

8 Os ceir dyfynnod ar ddechrau llinell o farddoniaeth, unionwch y dyfynnod â llythyren gyntaf y llinell uwchben; os nad oes llinell uwchben, unionwch â llythyren gyntaf y llinell ddilynol.

> 'Hosanna yn y goruchafion
> Modd anwyledd,' medd angylion,
> On'd tirion yw eu tôn?
>
> (W. Williams, Person Llaneilian-yn-Rhos)

9 Wrth argraffu caneuon, emynau, neu'r cyffelyb, dylid rhifo'r penillion fel bod y rhediad yn gwbl amlwg. Gellir gosod y rhif o fewn y llinell gyntaf, ond argymhellir ei osod i'r chwith o'r pennill yn gyfan gwbl.

> 1. Agorwyd priffordd rydd
> I dir llawenydd llon
> I rai dan Sinai sydd
> Bob dydd yn brudd eu bron.

> 1. Agorwyd priffordd rydd
>   I dir llawenydd llon
>   I rai dan Sinai sydd
>   Bob dydd yn brudd eu bron.

Cyfeirio at ffynonellau

Wrth ysgrifennu testun mae'n angenrheidiol weithiau i awdur baratoi nodiadau neu gyfeiriadau pellach mewn troednodyn. Ar sail yr wybodaeth honno gall y darllenydd ddod o hyd i'r ffynonellau, a dilyn datganiadau a damcaniaethau'r awdur ymhellach os myn. Dylai'r cyfeiriadau fod yn llawn ac yn eglur.

Mae mwy nag un dull o gyfeirio at ffynonellau mewn troednodiadau. Dewiswch un, a glynwch wrtho'n ddiwyro drwy'r gyfrol ar ei hyd. Os gwyddoch ymlaen llaw pwy fydd yn cyhoeddi eich gwaith, gofynnwch i olygydd y wasg am restr o arferion cyhoeddi'r wasg honno, a'i dilyn yn fanwl.

Ym Mhrydain y dull a ddefnyddir amlaf yw'r system teitl byr (gweler isod t. 160); mewn llyfrau ar wyddoniaeth a gwyddor gymdeithasol defnyddir y dull awdur–dyddiad (a elwir hefyd yn ddull Harvard; gweler isod tt. 160–2). Yn Gymraeg, fe ddefnyddir y dull op. cit. yn aml er ei fod yn anfoddhaol ar lawer cyfrif.

Wrth godi dyfyniad(au), nodwch y manylion cyhoeddi yn llawn ac yn gywir ym mhob enghraifft. Ni ellir gorbwysleisio hyn.

1 Llyfrau

Wrth gyfeirio at lyfr mewn troednodyn, dilynwch y patrwm canlynol:

i   Dechreuwch drwy nodi enw awdur y gyfrol; rhowch yr enw(au) bedydd yn gyntaf ac yna'r cyfenw (ond gweler hefyd y dull awdur–dyddiad tt. 160–2). Nodwch yr enw yn yr union ddull a ddefnyddir ar yr wynebddalen. Peidiwch â thalfyrru enwau bedydd, na rhoi priflythrennau yn eu lle, a pheidiwch â defnyddio teitl, er enghraifft yr Athro, Dr, Mr, Ms, ac ati. Rhowch goma ar ôl enw'r awdur.

- Os yw'r enw sydd ar yr wynebddalen yn cynnwys dwy neu ragor o briflythrennau, rhowch ofod rhyngddynt.
  J. E. Caerwyn Williams nid **J.E. Caerwyn Williams**
- Gallwch nodi enw hyd at dri chyd-awdur yn llawn; os oes mwy na hynny ysgrifennwch *ac eraill*.

- Mewn achosion arbennig gellid ychwanegu mwy o wybodaeth er mwyn helpu'r darllenydd. Dylid gosod unrhyw wybodaeth ychwanegol mewn bachau petryal, er enghraifft gellid nodi'r ffurf J[ohn] J[enkin] Jones yn hytrach na J. J. Jones pe byddai nodi'r enw'n llawn yn egluro'r mater i'r darllenydd.

ii Teitl y llyfr sy'n dilyn enw'r awdur. Ysgrifennwch ef yn union fel y mae ar yr wynebddalen.
- Os oes teitl ac isteitl i'r gyfrol, nodwch y ddau a rhowch golon i'w gwahanu hyd yn oed os yw'r atalnodi ar yr wynebddalen yn wahanol, a hyd yn oed os nad oes atalnodi yno o gwbl. Wrth nodi teitl llyfr Cymraeg, neu lyfr mewn iaith arall sy'n defnyddio priflythrennau yn yr un ffordd â'r Gymraeg, rhowch briflythyren i'r gair sy'n dilyn y colon, ac i bob gair pwysig arall yn yr isteitl. Italeiddiwch deitl y llyfr a'r isteitl.
- Yn achos hen lyfrau, mae iddynt weithiau ddau deitl. Rhowch hanner colon ar ôl y teitl cyntaf, ysgrifennwch y gair *neu* mewn italig a rhoi coma ar ei ôl, yna'r ail deitl, gan ddilyn arfer y llyfr ynglŷn â phriflythrennau.
    Llun Agrippa. Y Cristion o fewn Ychydig, wedi ei Ddadguddio; neu, Y Gau Broffeswr wedi ei chwilio a'i Holi, yn cael ei fwrw ymaith
- Argraffwyd teitl gwreiddiol ambell gyfrol mewn priflythrennau, er enghraifft TRAED MEWN CYFFION. Wrth gyfeirio ato, y dull a argymhellir yw rhoi priflythyren i'r gair cyntaf ac i bob gair pwysig arall yn y teitl, ac italeiddio.
    Traed mewn Cyffion

Arfer arall, yn enwedig ym myd llyfrgellyddiaeth, yw rhoi priflythyren i'r gair cyntaf a llythrennau bach i bob gair arall.
    Traed mewn cyffion
- Os cynhwysir dyddiadau neu rifau yn y teitl, italeiddiwch hwy.

> *Annwyl Kate, Annwyl Saunders: Gohebiaeth 1923–1983*,
> gol. Dafydd Ifans (Aberystwyth: Llyfrgell Genedlaethol Cymru,
> 1992), tt. 158–60.

- Os digwydd teitl cyfrol arall o fewn teitl y llyfr, rhowch y teitl hwnnw rhwng dyfynodau ac mewn italig.

  > Teitl fy nghyfrol ddiweddaraf yw *Sylwadau ar 'Hamlet' a'i themâu*.

  Weithiau gosodir teitl o fewn teitl mewn teip rhufeinig heb ddyfynodau.

  > Teitl fy nghyfrol ddiweddaraf yw *Sylwadau ar* Hamlet *a'i themâu*.

- Wrth gyfeirio'n llawn at awdur(on) cyfrol yn y testun, nid oes angen ailadrodd hynny yn y cyfeiriad, dim ond nodi teitl y gyfrol yn llawn, ynghyd â'r manylion eraill. O sôn am waith Costigan, Daniel a Johnston yn y testun, mae'n rhaid nodi eu henwau'n llawn yn y troednodyn.

  > *Gwaith Gruffudd ap Dafydd ap Tudur, Gwilym Ddu o Arfon, Trahaearn Brydydd Mawr ac Iorwerth Beli*, goln N. G. Costigan (Bosco), R. Iestyn Daniel a Dafydd Johnston (Aberystwyth: Canolfan Uwchefrydiau Cymreig a Cheltaidd Prifysgol Cymru, 1995), cerdd 3, t. 13.

iii Os golygydd sydd i gyfrol yn hytrach nag awdur, dilynwch y dull a ganlyn gan ddefnyddio'r byrfodd *gol*. (gydag atalnod llawn) i olygu 'golygwyd gan', neu *gol*. i olygu 'golygydd', a *goln* (heb atalnod llawn) i olygu 'golygyddion'. Os yw'n gyfeiriad at gyfrol mewn iaith heblaw'r Gymraeg, ysgrifennwch *gol./goln* yn hytrach nag *ed.*, ac ati.

> R. Geraint Gruffydd (gol.), *Bardos: Penodau ar y traddodiad barddol Cymreig a Cheltaidd* (Caerdydd: Gwasg Prifysgol Cymru, 1982), tt. 95–110.

> neu:
>
> *Bardos: Penodau ar y traddodiad barddol Cymreig a Cheltaidd*, gol. R. Geraint Gruffydd (Caerdydd: Gwasg Prifysgol Cymru, 1982), tt. 95–110.

- Wrth enwi awdur rhyw waith neu'i gilydd, ynghyd ag enwi golygydd y gyfrol honno, dyma'r dull egluraf:

  > Rice Merrick, *Morganiae Archaiographia. A Book of the*

Antiquities of Glamorganshire, gol. Brian Ll. James
(Y Barri: South Wales Record Society, 1983), t. 94.

Glanffrwd (William Thomas), *Llanwynno*, gol. Henry Lewis
(Caerdydd: Gwasg Prifysgol Cymru, 1949), t. 194.

iv Wrth gyfeirio at gyfieithiad, addasiad, neu drosiad o destun, dilynwch y patrwm a ganlyn. Nodwch rif llinellau lle y'u ceir gan ddefnyddio'r byrfodd *ll.* (gydag atalnod llawn) am *llinell,* a *llau* (heb atalnod llawn) am *llinellau.*

T. James Jones, *Dan y Wenallt* (Llandysul: Gwasg Gomer, 1968), trosiad o Dylan Thomas, *Under Milk Wood: A play for voices* (Llundain: J. M. Dent, 1954), tt. 98–9.

Dafydd ap Gwilym: His Poems, cyfieithiad gan Gwyn Thomas (Caerdydd: University of Wales Press, 2001), t. 12, cerdd 7, llau 1–4.

Y Mabinogion, diweddariad gan Dafydd a Rhiannon Ifans gyda Rhagymadrodd gan Brynley F. Roberts (pumed arg.; Llandysul: Gwasg Gomer, 1993), t. 89.

J. Loth, *Les Mabinogion du Livre Rouge de Hergest avec les variantes du Livre Blanc de Rhydderch; traduits du gallois avec une introduction, un commentaire explicatif et des notes critiques*, 2 gyfrol (Paris: Fontemoing et Cie, 1913), t. 20.

v Os yw'r gyfrol yn rhan o gyfres sydd wedi ei rhifo, nodwch deitl y gyfres a rhif y gyfrol o fewn y gyfres honno mewn rhifolion arabaidd. Os nad yw'r gyfres wedi ei rhifo nid oes rhaid enwi'r gyfres oni bai y byddai gwneud hynny'n cyfleu gwybodaeth bwysig. Nid oes angen italeiddio teitl y gyfres na'i roi rhwng dyfynodau.

Gwaith Meilyr Brydydd a'i ddisgynyddion ynghyd â dwy awdl fawl ddienw o Ddeheubarth, gol. J. E. Caerwyn Williams ac R. Geraint Gruffydd, Cyfres Beirdd y Tywysogion, 1 (Caerdydd: Gwasg Prifysgol Cymru, 1994), tt. 198–210.

vi Mae'n bwysig nodi pa argraffiad sydd dan sylw os oes mwy nag un; oni nodir yn wahanol bydd y darllenydd yn deall mai cyfeiriad at yr argraffiad cyntaf ydyw. Defnyddiwch y byrfodd *arg.*

Wrth gyfeirio mewn cyfrolau Cymraeg at gyfrolau a gyhoeddwyd mewn ieithoedd eraill, troswch y manylion cyhoeddi, er enghraifft ysgrifennwch *ail arg.* yn hytrach na *deuxième ed.*

Ystorya de Carolo Magno, gol. Stephen J. Williams (ail arg.; Caerdydd, 1968), t. 43.

Glossaire Moyen-Breton, gol. Emile Ernault, 2 gyfrol (ail arg.; Paris, 1895–6).

Nodwch yn glir os adargraffiad sydd dan sylw; defnyddiwch y byrfodd *adarg.* (gydag atalnod llawn).

John Edwards Griffith, *Pedigrees of Anglesey and Carnarvonshire Families with their Collateral Branches in Denbighshire, Merionethshire and other parts* (Horncastle: cyhoeddiad yr awdur, 1914; adarg. Wrecsam: Bridge Books, 1985), t. 172.

vii Os yw gwaith yn rhedeg dros nifer o gyfrolau, nodwch deitl y gwaith, nodwch mewn rhifolion arabaidd sawl cyfrol ydyw o ran hyd, a nodwch mewn rhifolion bach rhufeinig rif y gyfrol y cyfeiriwch ati; nid oes angen rhoi *cyfrol* na'r byrfodd *cyf.* o flaen y rhif rhufeinig. Os yw'r wybodaeth mewn iaith ar wahân i'r Gymraeg, troswch y termau *vols, tomes,* ac ati.

2 gyfrol nid 2 vols
5 cyfrol nid fünf Bänden

D. R. Thomas, *The History of the Diocese of St. Asaph*, 3 cyfrol (Croesoswallt: Caxton Press, 1908–13), iii, 173–86.

viii Nodwch fanylion llawn am y cyhoeddi a hynny mewn cromfachau. Mae dwy ffordd o wneud hyn. Y dull a ddefnyddid amlaf yn ystod yr ugeinfed ganrif yn Gymraeg oedd y dull a ganlyn:

Kate Roberts, *Y Lôn Wen* (Dinbych, 1960), tt. 26–30.

Sylwch yn yr enghraifft uchod mai'r man cyhoeddi a nodir yn gyntaf, bod coma yn ei ddilyn, ac yna'r dyddiad cyhoeddi. Dull arall, llawnach o nodi manylion cyhoeddi yw'r dull sy'n datblygu'n arferiad yn y cyfnod hwn, ac a nodir isod: fe nodir man cyhoeddi (a cholon wrtho), enw'r cyhoeddwr yn union fel yr ymddengys yn y gyfrol (a choma wrtho), a dyddiad cyhoeddi.

> Ann Rosser, *Telyn a Thelynor: Hanes y Delyn yng Nghymru 1700–1900* (Caerdydd: Amgueddfa Genedlaethol Cymru (Amgueddfa Werin Cymru), 1981), tt. 26–31.

- Os na nodwyd man neu ddyddiad cyhoeddi'r gyfrol, a'ch bod chi'n gwybod i sicrwydd ar sail ffynhonnell arall ble neu pryd y'i cyhoeddwyd, nodwch hynny rhwng bachau petryal.

  > Alan Llwyd, *Gwae fi fy myw: Cofiant Hedd Wyn* ([Felindre, Abertawe]: Cyhoeddiadau Barddas, 1991).

  > *Anglesey Family Letters 1840–1935*, gol. Elizabeth Grace Roberts ([Lerpwl]: cyhoeddiad y golygydd, [1976]).

- Os oes ansicrwydd ynghylch manylyn, rhowch hynny mewn bachau petryal ac ychwanegwch farc cwestiwn rhwng cromfachau a heb fylchau.

  > [1936(?)]
  > [Göttingen(?)]

- Os na wyddoch fan cyhoeddi'r llyfr yr ydych am gyfeirio ato, rhowch [d.ll.] (sef dim lle) os llyfr Cymraeg yr ydych yn ei baratoi, neu [*s.l.*] (sef *sine loco*) os yw'r llyfr mewn iaith arall.

- Os na nodwyd dyddiad cyhoeddi'r llyfr yr ydych am gyfeirio ato, rhowch [d.d.] (sef dim dyddiad) os llyfr Cymraeg yr ydych yn ei baratoi, neu [*s.a.*] (sef *sine anno*) os yw'r llyfr mewn iaith arall.

- Mae'n digwydd yn flynyddol gyda chynnyrch llenyddol yr Eisteddfod Genedlaethol fod yr Eisteddfod am gyhoeddi cyfrolau o waith buddugol, a'u bod yn defnyddio gweisg i gyhoeddi ar eu rhan. Os yw gwasg yn cyhoeddi ar ran sefydliad arall, nodwch y man cyhoeddi, sef lleoliad ac enw'r wasg, ynghyd ag enw'r sefydliad.

  > Angharad Price, *O! tyn y gorchudd: Hunangofiant Rebecca Jones* (Llandysul: Gwasg Gomer ar ran Llys yr Eisteddfod Genedlaethol, 2002), tt. 22–3.

- Os nodir man cyhoeddi'r gyfrol yn Saesneg (neu mewn unrhyw iaith arall) ar wynebddalen y llyfr, ac os oes enw Cymraeg cyfarwydd i'w gael, rhowch enw'r lle yn Gymraeg wrth gyfeirio ato mewn cyhoeddiad Cymraeg, er enghraifft Caergrawnt, Rhydychen, Llundain, Manceinion, Caeredin a Dulyn (er bod dadl ysgolheigaidd dros gadw'r enw yn union fel y mae ar yr wynebddalen). Os nad oes enw Cymraeg, rhowch y ffurf a ddefnyddir yn y gyfrol, er enghraifft Napoli, Firenze, ac ati.

> Christopher Innes, *Modern British Drama 1890–1990* (Caergrawnt: Cambridge University Press, 1992), tt. 14–23.
>
> *Linguistic problems and European Unity*, goln G. Braga ac E. Monte Civelli (Milano: Franco Angeli, 1982).

- Wrth gyfeirio at gyhoeddiadau yn America nodwch y man cyhoeddi a hefyd enw'r dalaith neu dalfyriad ohono os oes perygl y gallai dryswch godi o beidio â gwneud hynny.

> Catherine A. McKenna, *The Medieval Welsh Religious Lyric: Poems of the Gogynfeirdd, 1137–1282* (Belmont, Massachusetts: Ford & Bailie, 1991).
>
> Thomas H. Johnson, *Emily Dickinson: Selected Letters* (ail arg.; Cambridge, MA: Harvard University Press, 1985).

- Os cyhoeddwyd llyfr mewn mwy nag un man, fel rheol mae nodi un ohonynt yn ddigonol. Os dymunwch nodi enw dau le, gallwch roi'r cysylltair yn Gymraeg, a threiglo os oes angen ac yn unol â'r cyfarwyddiadau uchod.

> Newhaven a Llundain
> Llundain a Pharis

- Os cydir ynghyd ddwy elfen yn enw'r cyhoeddwyr ag & neu *a/ac*, gosodwch ef fel y mae'n ymddangos ar yr wynebddalen. Peidiwch â chyfieithu enw'r cwmni i'r Gymraeg, na'r cysylltair a allai fod yn cydio dwy uned o'i fewn. Defnyddiwch & yn unig pan wneir hynny yn y gwreiddiol.

> Thames and Hudson
> Fontemoing et Cie
> Ford & Bailie

- Os cyhoeddwyd gwahanol adrannau o gyfrol dros gyfnod o flynyddoedd, nodwch y cyfnod llawn naill ai'n un bloc amser, neu fesul cyfrol.

> *The Description of Penbrokshire by George Owen*, gol. Henry Owen, 4 cyfrol (Llundain, 1892–1936), iv, t. 483.
>
> *The Myvyrian Archaiology of Wales*, 3 cyfrol (Llundain, 1801, 1801, 1807), i, t. 288.

ix Wrth gyfeirio at gerdd arbennig o fewn cyfrol, nodwch rif y gerdd, a rhif y tudalen(nau).
> Gwaith Dafydd ap Gwilym, gol. Thomas Parry (Caerdydd: Gwasg Prifysgol Cymru, 1979), cerdd 68, tt. 184–5.

x Wrth gyfeirio at rif tudalen(nau) o fewn cyfrol, rhowch t. o flaen y rhif os at un tudalen y cyfeiriwch, a tt. o flaen y rhifau os cyfeiriwch at rediad o dudalennau. Os cyfeiriwch at rediad o dudalennau, a bod angen rhoi sylw arbennig i rai tudalennau yn fwy na'r lleill, nodwch hynny. Os dymunwch gyfeirio at nifer o dudalennau unigol, gallwch nodi unedau'r rhediad drwy roi coma rhyngddynt.
> t. 13
> tt. 13–16
> tt. 26–48 yn enwedig tt. 30–1
> tt. 1, 3, 5–6, 10–20.

Os yw'r mannau y dymunwch gyfeirio atynt yn digwydd yma ac acw drwy'r llyfr, gallwch nodi'r tudalen cyntaf a rhoi *passim* mewn italig i'w ddilyn, i olygu 'yma ac acw drwy gorff y gyfrol'.
> Gweler t. 16 a *passim*.

Os dymunwch nodi ffolio, defnyddiwch y byrfodd *ffol.* (gydag atalnod llawn, teip rhufeinig) am ffolio unigol, a *ffols* (heb atalnod llawn, teip rhufeinig) am y lluosog.
> Gweler yn enwedig ffol. 3.
> Gweler yn enwedig ffols 3–6.

2 Erthygl neu bennod mewn llyfr

Wrth gyfeirio at erthygl neu bennod mewn llyfr, dilynwch y patrwm a ganlyn gan osod t. neu tt. o flaen rhif y tudalen(nau).
> J. Beverley Smith, 'The Legal Position of Wales in the Middle Ages', yn *Law-making and Law-makers in British History*, gol. A. Harding (Llundain: The Royal Historical Society, 1980), tt. 21–53.

i Os cyhoeddwyd yr erthygl mewn cylchgrawn cyn ei chyhoeddi mewn llyfr, penderfynwch ai'r llyfr ai'r cylchgrawn yw'r hawsaf i ddod o hyd iddo. Os y llyfr, gosodwch y manylion fel hyn:

Y Golygiadur

> Meredydd Evans, 'Sut y gwyddom feddwl ein gilydd', yn *Merêd: Detholiad o Ysgrifau*, gol. Ann Ffrancon a Geraint H. Jenkins (Llandysul: Gwasg Gomer, 1994), tt. 3–15 (a gyhoeddwyd gyntaf yn *Efrydiau Athronyddol*, 14 (1951), 19–28).

Os yw'n haws cael gafael ar y cylchgrawn gosodwch y manylion fel hyn:

> Menna Brown a Rhiannon Huws, 'Anian y Celt', *Drws Gwybodaeth*, 3 (1970), 1–40 (ailargraffwyd yn D. M. Jones, *Agweddau ar y Celtiaid* (Aberystwyth: Gwasg y Dref, 1971), tt. 200–40).

ii Mae rhai cyfrolau yn gyfresi wedi eu rhifo, ac yn gasgliadau o erthyglau, er enghraifft *Ysgrifau Beirniadol* a *Cof Cenedl*. Gellir trin cyfrolau felly fel llyfr, gan nodi enw'r golygydd.

3 Erthygl mewn cylchgrawn neu gyfnodolyn swmpus

Wrth gyfeirio at erthygl dilynwch y patrwm canlynol. Sylwch na roir t. neu tt. o flaen rhifau'r tudalennau wrth gyfeirio at erthygl mewn cylchgrawn. Gosodwch deitl yr erthygl rhwng dyfynodau sengl, ac os bydd dyfyniad o fewn teitl yr erthygl rhowch ef mewn dyfynodau dwbl.

> Jan Morris, 'The Future of Wales', *Cambria*, Autumn/Hydref 1999, 14–17.

> Marged Haycock, '"Canu y Cwrw" o Lyfr Taliesin', *Dwned*, 4 (1998), 9–32.

Os yw teitl y cylchgrawn yn un hir, neu'n un y bwriedwch ei ddefnyddio yn aml, defnyddiwch y teitl llawn yn y cyfeiriad cyntaf ond byrfodd (wedi ei nodi'n eglur yn y cyfeiriad cyntaf) wrth gyfeirio ato am yr eildro ac yn gyson wedi hynny. Rhestrwch bob byrfodd a ddefnyddiwch, ynghyd â'r teitlau llawn, ar ddechrau'r gyfrol. Er mwyn cysoni eich gwaith â chyfrolau eraill yn Gymraeg, ymgynghorwch â rhestr fyrfoddau *Geiriadur Prifysgol Cymru* sy'n cynnig byrfodd i lawer o lyfrau a chylchgronau. Yn achos trafodion unrhyw gymdeithas(au) ysgolheigaidd, italeiddiwch enw'r gymdeithas hefyd.

> A. M. Gibson, 'Excavations at Pont-ar-Daf, Brecon Beacons, Powys – Oct 1989', *Bwletin y Bwrdd Gwybodau Celtaidd*, 40 (1993), 173–89 (defnyddir y byrfodd B o hyn ymlaen).
>
> A. G. Marvell & B. Heywood, 'Excavations at Neath', B 39 (1992), 171–98.
>
> Thomas Jones, 'The Black Book of Carmarthen "Stanzas of the Graves"', *Proceedings of the British Academy*, 53 (1967), 97–137.

Weithiau y byrfodd yw'r teitl swyddogol, er enghraifft PMLA, sef *Proceedings of the Modern Language Association;* os felly dylid italeiddio.

- Gosodwch rif cyfrol mewn rhifolion arabaidd bob amser, beth bynnag fo arfer y cylchgrawn. Os nad oes rhif i gyfrol o gylchgronau, dilynwch y dull a ganlyn:

  > P. C. Bartrum, 'Notes on the Welsh Genealogical Manuscripts', *Trafodion Anrhydeddus Gymdeithas y Cymmrodorion*, 1968, 83–6.

  Nid yr un bob amser yw blwyddyn y rhifyn a blwyddyn ei gyhoeddi. Os felly, nodwch flwyddyn y rhifyn.

  Os yw'r gyfrol am ryw reswm yn rhan o ddilyniant newydd neu o gyfres newydd, er enghraifft petai cylchgrawn wedi dod i ben am gyfnod ond wedi ei ailsefydlu'n ddiweddarach, nodwch fod y gyfrol yn rhan o rifiant newydd.

  > Deian Hopkin, 'Llafur a'r Diwylliant Cymreig 1900–1940', *Trafodion Anrhydeddus Gymdeithas y Cymmrodorion*, cyfres newydd, 7 (2001), 128–48.

- Wrth gyfeirio am yr eildro at erthygl defnyddiwch art. cit. (heb ei italeiddio) yn lle ysgrifennu teitl llawn yr erthygl, oni bai fod gennych gyfeiriadau at fwy nag un erthygl gan yr un awdur; nid oes angen rhoi coma ar ei ôl gan fod atalnodi dwbl yn ddiangen ac yn weledol anfoddhaol.

  > J. Graham Jones, 'The Parliament for Wales Campaign 1950–1956', *Cylchgrawn Hanes Cymru*, 16 (1992), 207–36.
  >
  > J. Graham Jones, art. cit. 210.

- Wrth gyfeirio at bwynt penodol mewn erthygl nodwch fanylion am y ffynhonnell yn y dull arferol, yna nodwch union dudalen(nau) y pwynt yr ydych am dynnu sylw ato, yn hytrach na nodi rhifau tudalen yr erthygl neu'r uned gyfan.

> Thomas Jones, 'The Black Book of Carmarthen "Stanzas of the Graves"', *Proceedings of the British Academy*, 53 (1967), 100.

- Fel rheol nid oes angen nodi mis na thymor y cyhoeddiad, nac ychwaith ranrif y cyhoeddiad, oni bai fod pob rhan unigol yn rhifo'r tudalennau o 1 ymlaen. Os oes mwy nag un tudalen â'r rhif 1 yn y gyfrol, nodwch rif y gyfrol a'r rhanrif mewn rhifolion arabaidd a rhowch atalnod llawn rhyngddynt.

> Meredydd Evans, 'Owen Bryngwyn', *Cerddoriaeth Cymru*, 6.6 (1980–1), 54–60.

Ond gallai fod o gymorth nodi'r manylion hyn mewn rhai achosion, er enghraifft yn achos *Y Traethodydd,* oherwydd y newid wrth rifo'r cyfresi.

4 Erthygl mewn papur newydd neu gylchgrawn

Wrth gyfeirio at erthygl mewn papur newydd nodwch enw'r awdur (mewn bachau petryal os na chyhoeddwyd yr enw yn y papur), teitl yr erthygl rhwng dyfynodau sengl, enw'r papur newydd wedi'i italeiddio, dyddiad y cyhoeddiad (sef diwrnod, mis a blwyddyn y cyhoeddi), a rhif y tudalen(nau) â t. neu tt. o'u blaen. Mae yna argraffiadau gwahanol o rai papurau newydd; os oes modd, nodwch yr argraffiad a'r rhif tudalen.

> Meredydd Evans, 'Mae angen deddf iaith newydd', *Y Faner*, 2 Awst 1985, t. 2.

> [R. Geraint Gruffydd], 'Obituary: Dr E. D. Jones', *The Times*, 31 Mawrth 1987, t. 16.

> Dienw, 'Tad y Ddrama Gymraeg: Ymgom a Beriah', *Y Darian*, 8 Ebrill 1920, t. 8.

5 Gwaith heb ei gyhoeddi

Wrth gyfeirio at waith sydd ar gael i'r cyhoedd ei ddarllen, a hwnnw heb ei gyhoeddi, nodwch natur y gwaith a'r man lle cedwir ef gan ddilyn y patrwm isod:

'Guide to the Special Collections of Manuscripts in the
Library of the University College of North Wales Bangor'
(cyfrol anghyhoeddedig ym Mhrifysgol Cymru, Bangor, 1962).

Rh. F. Roberts, 'A List of Manuscripts from the Collection of
Iolo Morganwg among the Family Papers presented by Mr Iolo
Aneurin Williams and Miss H. Ursula Williams, 1953–4' (cyfrol
anghyhoeddedig yn Llyfrgell Genedlaethol Cymru, Aberystwyth,
1978), 3–4.

Catrin T. Beynon Davies, 'Cerddi'r Tai Crefydd' (MA Prifysgol Cymru
[Bangor], 1973), yn Llyfrgell Genedlaethol Cymru, Aberystwyth.

6 Llawysgrifau

Wrth gyfeirio at lawysgrif nodwch enw'r casgliad y perthyn y llawysgrif iddo (neu fyrfodd sy'n dynodi hynny), rhif y llawysgrif o fewn y casgliad hwnnw, a rhif y ffolio neu'r tudalen; os ffolio ydyw nodwch ai wyneb y ddalen sydd dan sylw (ac os felly nodwch ag r (sef recto) mewn uwchrif) neu gefn y ddalen (os felly nodwch â v (sef verso) mewn uwchrif). Nodwch ble y cedwir y llawysgrif, gan ddangos yn glir enw'r sefydliad ac enw'r dref/ddinas. Yn fynych lleoliad y llyfrgell/sefydliad a ddaw'n gyntaf, yna enw'r llyfrgell neu'r sefydliad ei hun.

Y byrfodd arferol am *llawysgrif* yw *llsgr.* (gydag atalnod llawn) a'r lluosog yw *llsgrau* (heb atalnod llawn); nid oes angen priflythyren nac italeiddio. Y byrfodd arferol am ffolio yw ffol. (gydag atalnod llawn, mewn teip rhufeinig) a'r lluosog yw ffols (heb atalnod llawn, mewn teip rhufeinig).

Aberystwyth, Llyfrgell Genedlaethol Cymru, llsgr. Llanstephan 134, ffol. 34^r
Aberystwyth, Llyfrgell Genedlaethol Cymru, llsgr. NLW 95B, t. 96
Aberystwyth, Llyfrgell Genedlaethol Cymru, llsgr. Peniarth 55, t. 9
Bangor, Llyfrgell Coleg Prifysgol Cymru, llsgr. Mostyn 11, t. 177
Caerdydd, Y Llyfrgell Ganolog, llsgr. Caerdydd 2.114, t. 458
Llundain, Y Llyfrgell Brydeinig, llsgr. BL Add 14906, ffol. 85^v
Rhydychen, Llyfrgell Bodley, llsgr. Bodley Welsh e 7, ffol. 37^r

Yn achos llawysgrifau yng nghasgliad NLW yn Llyfrgell Genedlaethol Cymru, wrth ysgrifennu yn Gymraeg mae

Y Golygiadur

llawer yn Cymreigio'r byrfodd NLW yn LlGC wrth gyfeirio at lawysgrifau, a digwydd yr un peth yn achos llawysgrifau Rhydychen, Jesus College/Coleg Iesu. Ni Chymreigir pob cyfeiriad, fodd bynnag; er enghraifft ni Chymreigir Llanstephan yn Llansteffan, ac ni Chymreigir British Library Additional Manuscripts na'r byrfodd BL Add.

Defnyddiwch fyrfoddau ar ôl y cyfeiriad llawn cyntaf, a byddwch yn gwbl gyson ynglŷn â'u defnydd. Dilynwch y byrfoddau a restrir ar ddechrau *Geiriadur Prifysgol Cymru*. Nodwch bob rhif yn llawn.

> Bangor (Mostyn) 11, t. 177
> Bangor (Penrhos) 1573, t. 232
> BL Add 14869, ffols 91^v–92^r
> BL Add 14906, f. 85^v
> Brog I.2, f. 269^v
> CM 552B, t. 177
> Llst 134, f. 34^r
> NLW 95B, t. 96
> Pen 55, t. 9
> Rhydychen, Coleg Balliol 353 [copi ffotostat yn NLW 9048E], f. 16^r

Os oes casgliad o lawysgrifau a fu unwaith yn gasgliad annibynnol ond a gedwir yn awr o fewn casgliad mwy, dilynwch y drefn a ganlyn. Yn yr enghraifft isod mae casgliad llawysgrifau Panton yn awr o fewn casgliad llawysgrifau mwy yn Llyfrgell Genedlaethol Cymru er iddo fod yn gasgliad annibynnol ar un adeg.

> NLW 1981B [= Panton 12], ffol. 129^{r-v}

Yn yr enghraifft isod mae casgliad llawysgrifau Mostyn o fewn casgliad llawysgrifau National Library of Wales/Llyfrgell Genedlaethol Cymru ond nid oes rhif i lawysgrif Mostyn.

> Mostyn NLW 21248D [= Mostyn (heb ei rhifo)], t. 1

Os oes dwy golofn ar bob dalen gallech ddefnyddio *a* wrth gyfeirio at y golofn chwith a *b* wrth gyfeirio at y golofn dde. Os oes tair colofn neu ragor, defnyddiwch *c* ac ymlaen drwy'r wyddor Gymraeg.

7 Cyfeiriadau at y teledu

Wrth gyfeirio at sylwebaeth ar raglen deledu neu radio, nodwch *dyfyniad o* (mewn teip rhufeinig) a'i ddilyn ag enw'r rhaglen (mewn italig), y cwmni neu'r cwmnïau oedd yn gyfrifol amdani, a dyddiad ei darllediad. Rhowch bopeth ond testun y sylwebaeth mewn italig, h.y. enw'r sylwebydd ac unrhyw gyfarwyddiadau.

> *Gwyn Alf Williams (over shots of Gwyn underground at the Gorki pit and miners at work)*: At the face, men grovel through three-foot tunnels to get at the coal. Four of my uncles and both of my grandfathers were colliers in some of the worst pits in South Wales. They never had to face this. And this was supposed to be a worker's state!

Dyfyniad o *Hughesovka and the New Russia*, BBC a Sianel Pedwar Cymru, 1991.

8 Cyfeiriadau at y we

Wrth gyfeirio at ffynonellau ar y we nodwch y manylion a ganlyn:

- Dechreuwch gydag enw'r awdur, ac os yw'n bosibl nodwch ei gyfeiriad e-bost; rhowch goma i'w ddilyn.
- Ychwanegwch deitl y ddogfen rhwng dyfynodau a rhowch goma i'w ddilyn.
- Rhowch ddyddiad cyhoeddi'r ddogfen ar y we a choma i'w ddilyn.
- Nodwch enw'r gynhadledd neu'r cyfarfod os yw'n berthnasol ac yn wybyddus.
- Nodwch ddyddiad mynediad at yr wybodaeth (rhwng cromfachau).
- Nodwch gyfeiriad safle'r we, neu gyfeiriad e-bost.

Dyma rai enghreifftiau:

> Diane Purkiss, 'Richard Evans, Yet Once More', Hydref 1999, yn 'Continuous Discourse: History and its Postmodern Critics', *Reviews in History*, The Institute of Historical Research (11 Hydref 2002) http://www.ihrinfo.ac.uk/reviews/discourse/index.html

> Owen Thomas, 'Dafydd ap Gwilym: His Poems [cyfieithwyd gan Gwyn Thomas, (Caerdydd: Gwasg Prifysgol Cymru, 2001)]' (11 Hydref 2002) http://www.gwales.com

Os yw gofod yn broblem fawr, gellir cwtogi.

> Yn ôl tablau'r wefan www.eh.net/hmit byddai 12 swllt yn 1855 yn cyfateb yn 2001 i £28.69.

Mae gan nifer o weisg a phrifysgolion gyfarwyddiadau ynglŷn â sut i nodi cyfeiriadau ar y we, a gallai fod yn fuddiol ymgynghori â hwy.

Y system teitl byr

Dylid dilyn y cyfarwyddiadau uchod wrth gyfeirio at gyfrol am y tro cyntaf. Yna os bydd gennych nifer o gyfeiriadau at yr un awdur a'r un gyfrol, dewiswch fyrfodd ar ei gyfer – y byrraf posibl a fydd hefyd yn ddealladwy i bawb. Fel rheol cyfenw'r awdur yw'r dewis gorau os yw'r cyfenw yn un anghyffredin ac mai at un o'i weithiau yn unig y cyfeiriwch. Nodwch y cyfenw, a choma wrtho, a rhif tudalen.

> Chomsky, t. 9.
> Bromwich, tt. 223–5.

Os oes mwy nag un awdur â'r un cyfenw, h.y. wrth gyfeirio yn yr un erthygl at waith gan Saunders Lewis ac at un arall gan Siân Lewis, defnyddiwch gyfenw, teitl byr ar y gyfrol, a rhif tudalen.

> Lewis, *Tynged yr Iaith*, t. 5.
> Lewis, *Mwg*, t. 50.

Wrth gyfeirio at fwy nag un gwaith gan yr un awdur, mae'n haws defnyddio'r teitl os yw'n un byr, neu ffurf fer ar deitl hir, a rhoi rhif tudalen i'w ddilyn.

> *Blodeuwedd*, t. 40.
> *Esther*, t. 52 (am *Esther a Serch yw'r Doctor*)

Ni ddefnyddir byrfoddau Lladin, er enghraifft *idem,* wrth ddilyn y system teitl byr. Gallwch ddefnyddio *ibidem* (byrfodd ib. ac ibid.) os yw'n gwbl amlwg at ba waith yr ydych yn cyfeirio, ac os nad oes rhaid mynd yn ôl ymhell yn y testun i gadarnhau hynny.

Y dull awdur–dyddiad

Gelwir y dull hwn hefyd yn ddull Harvard. Nid yw'n ddull a arferir yn gyffredin wrth drafod testunau llenyddol ond mae'n un poblogaidd ym myd gwyddoniaeth a'r gwyddorau cymdeithasol.

Rhestrwch eich cyfeiriadau'n llawn ar ddiwedd eich gwaith (gweler isod ar y dull). Wrth lunio testun rhowch y cyfeiriadau mewn cromfachau gan nodi enw awdur a dyddiad y cyhoeddiad heb goma rhyngddynt.

> The results relevant to the history of the legionary fortress have already been published (Manning 1981).

> Dangoswyd droeon (Griffiths a Gruffydd 1993; Davidson 1997) fod crochenwaith yr haen hon wedi crynhoi mewn byr amser.

I gyfeirio at rif(au) tudalen, dilynwch y dull a ganlyn:

> The fragments of tegulae mammata found at various times during the excavation of the Cattle Market site (Manning a Webster 1978, 381) are from a form of tile which was commonly used at this time for lining bath-house walls ...

Os cyhoeddwyd dau neu ragor o weithiau'r awdur yn ystod yr un flwyddyn, defnyddiwch uwchrif i wahaniaethu rhyngddynt.

> Trafodwyd ei nodweddion cemegol yn drylwyr (ap Gruffudd, 2000[a]) ...

Os nodir enw'r awdur yn y testun peidiwch â'i ailadrodd yn y cyfeiriad.

> Trafododd ap Gruffudd y nodweddion cemegol yn drylwyr (2000[a]) ...

Rhestr gyfeiriadau

Mae'n wahanol i lyfryddiaeth arferol ar sawl cyfrif:

- Gosodwch gyfenw'r awdur yn gyntaf, coma, ac yna lythrennau blaen ei enw; fel rheol nid oes angen nodi enw(au) bedydd yn llawn.
- Gosodwch ddyddiad y cyhoeddiad yn syth ar ôl enw'r awdur heb ddim atalnodi rhyngddynt, a rhowch atalnod llawn ar ôl y dyddiad. Os golygydd(ion) sydd i'r gwaith, rhowch enw'r golygydd(ion), coma, y byrfodd *gol.* neu *goln* (mewn teip rhufeinig), coma, dyddiad, atalnod llawn.
- Wrth nodi man cyhoeddi ac enw'r wasg nid oes rhaid eu gosod rhwng cromfachau; bydd coma'n ddigon i'w gwahanu oddi wrth deitl y gwaith.

- Gallwch osod teitl erthygl mewn teip rhufeinig rhwng dyfynodau, ond nid yw pob cylchgrawn sy'n dilyn y dull awdur–dyddiad yn croesawu hynny. Dilynwch arfer y cylchgrawn.
- Wrth gyfeirio at fwy nag un gwaith gan yr un awdur defnyddiwch linell hir (llinell sy'n hwy na llinell em) yn lle nodi ei enw fwy nag unwaith.

Dyma rai enghreifftiau:

> Manning, W. H. 1981. *Report on the Excavations at Usk 1965–1976. The Fortress Excavations 1968–1971*, Caerdydd: University of Wales Press
>
> — — 1975. 'Roman Timber Granaries in Britain', *Saalburg Jahrbüch*, 32, 105–29
>
> Manning, W. H. a Webster, P. V. 1978. 'Romano-British Tile from Usk, Gwent', *Antiquaries Journal*, 58, 381–3
>
> Hughes, M. R. a Chadwick, A., goln, 1989. *Progress in Avian Osmoregulation*, Leeds: Leeds Philosophical and Literary Society

Y dull op. cit.

Mae'r dull hwn yn un poblogaidd yng Nghymru ac yn Gymraeg, ond nid felly wrth gyhoeddi mewn ieithoedd eraill. Teimlir nad yw'r byrfoddau Lladin yn ennill eu lle, nad ydynt bellach yn ddigon dealladwy, a bod angen troi'n ôl o hyd i weld at beth y mae op. cit. yn cyfeirio.

- Wrth gyfeirio at gyfrol neu erthygl am yr eildro'n olynol, dilynwch y patrwm a ganlyn gan roi op. cit. (mewn teip rhufeinig) yn lle teitl y llyfr, neu art. cit. (mewn teip rhufeinig) yn lle teitl erthygl; nid oes angen rhoi coma ar ei ôl.

> *Gwaith Gruffudd ap Dafydd ap Tudur, Gwilym Ddu o Arfon, Trahaearn Brydydd Mawr ac Iorwerth Beli*, gol. N. G. Costigan (Bosco), R. Iestyn Daniel a Dafydd Johnston (Aberystwyth: Canolfan Uwchefrydiau Cymreig a Cheltaidd Prifysgol Cymru, 1995), cerdd 3, t. 13.
>
> N. G. Costigan (Bosco) ac eraill, op. cit. cerdd 10, tt. 99–100.

- Wrth gyfeirio am yr eildro at yr union dudalen(nau) yn y cyfeiriad blaenorol, gallwch ddefnyddio loc. cit. (mewn teip

rhufeinig) os dymunwch; nid oes angen rhoi coma ar ei ôl. Os yw'n dod ar ddechrau'r troednodyn defnyddiwch briflythyren.
> N. G. Costigan (Bosco) ac eraill, op. cit. cerdd 10, tt. 99–100.
> Loc. cit.

- Wrth gyfeirio at yr un awdur a'r un gwaith, ond at wahanol dudalen o'r gwaith hwnnw, defnyddiwch ib. neu ibid. (mewn teip rhufeinig) a rhif tudalen(nau). Dim ond mewn rhediad o ddau neu fwy o gyfeiriadau at waith yr un awdur y gall hyn ddigwydd, ac mae'n rhaid bod yn gwbl gyson yn eich dewis o naill ai ib. neu ibid. Nid oes angen rhoi coma ar ei ôl; os daw ar ddechrau'r troednodyn defnyddiwch briflythyren.
> Ib. tt. 121–3.

- Wrth gyfeirio at yr un awdur (gwrywaidd), ond at gyfrol wahanol o'i waith, gallwch ddefnyddio id. (gydag atalnod llawn, mewn rhufeinig, a choma i'w ddilyn) neu *idem* (heb atalnod llawn, mewn teip italig, a choma i'w ddilyn). Wrth gyfeirio at awdur benywaidd, yn lle'r enw llawn mewn rhediad o ddau neu fwy o gyfeiriadau at waith yr un awdur, defnyddiwch *eadem* (heb atalnod llawn, mewn teip italig, a choma yn ei ddilyn) neu ead. (gydag atalnod llawn, mewn rhufeinig, a choma yn ei ddilyn).
> Ead., *Defining the Divinity: Medieval Perceptions in Welsh Court Poetry* (Aberystwyth: Canolfan Uwchefrydiau Cymreig a Cheltaidd Prifysgol Cymru, 2002), t. 96.

  Wrth gyfeirio at gyfrol sydd â mwy nag un awdur, a'r awduron yn fenywod, defnyddiwch eaed. (gydag atalnod llawn, mewn teip rhufeinig, a choma yn ei ddilyn; byrfodd am *eaedem*); wrth gyfeirio at gyfrol sydd â mwy nag un awdur ac un ohonynt yn ddyn, defnyddiwch eid. (gydag atalnod llawn, mewn teip rhufeinig, a choma yn ei ddilyn; byrfodd am *eidem*).

- Yn achos byrfoddau, nodwch hwy mewn teip rhufeinig, i ddechrau â llythyren fach. Os deuant ar ddechrau troednodyn defnyddiwch briflythyren; eithriadau i'r rheol yw c., e.e., h.y., ll., t., tt., a dylid nodi'r rhain mewn llythrennau bach hyd yn oed ar ddechrau troednodyn.

Llyfryddiaeth

- Rhestrwch awdur neu olygydd cyfrol yn ôl cyfenw ac yn nhrefn yr wyddor Gymraeg. Daw *Gwyn Roberts* yn uwch ar y rhestr na *Gwyn Rhydderch* gan fod *R* yn dod o flaen *Rh* yn yr wyddor Gymraeg.
- Lleolir enw *Gwyn ap Rhys* o dan y llythyren *a*.
- Os oes mwy nag un awdur neu olygydd i lyfr, dim ond yr enw cyntaf a nodir y dylech ei ystyried wrth leoli'r gyfrol mewn llyfryddiaeth. Yn achos yr enghraifft isod, lleolwch o dan *Parry*.
   Gwenfair Parry a Mari A. Williams, *Miliwn o Gymry Cymraeg!* *Yr Iaith Gymraeg a Chyfrifiad 1891* **(Caerdydd: Gwasg Prifysgol Cymru, 1999), xii, + 476 tt.**
- Gallai fod o fudd pe gallech nodi hyd cyfrol ar ddiwedd pob eitem (gweler yr enghraifft uchod).
- Defnyddiwch fyrfodd ar gyfer y cylchgronau a enwir yn aml. Ni roir atalnod llawn rhwng llythrennau byrfodd megis CHC, sef *Cylchgrawn Hanes Cymru*. Gosodwch deitl llawn mewn teip italig, ond gosodwch fyrfodd mewn teip rhufeinig.
- Ni roir atalnod llawn ar ddiwedd pob eitem o'r llyfryddiaeth.
- Os yw'n llyfryddiaeth hir torrwch y rhestr yn adrannau. Lluniwch raniadau eglur a rhowch bennawd i bob adran, efallai yn ôl cyfnodau arbennig o fywyd gwrthrych y gyfrol, neu efallai yn ôl themâu, ac ati.

Llunio mynegai

Byddai'n gaffaeliad i ddarllenydd petai yna fynegai i bob gwaith ffeithiol sy'n fwy o faint nag erthygl neu bamffled. Petai rhywun am ymgynghori â nifer o gyfrolau i chwilio am wybodaeth o natur benodol, ni fyddai'n rhesymol disgwyl iddo ddarllen unrhyw gyfrol o'i chwr. Fe ddisgwyliai'r ymchwilydd fedru cael gafael ar gyfeiriad(au) perthnasol yn ddidrafferth, a'r tebyg yw y byddai'n anwybyddu cyfrol ddifynegai.

Fel rheol, awdur y gwaith neu fynegeiwr profiadol sy'n ymgymryd â'r dasg o fynegeio, a hynny pan mae'r proflenni terfynol yn barod. Byddai ymgynghori â'r teitlau a ganlyn yn fanteisiol:

- British Standard, BS 3700: *Preparing Indexes to Books, Periodicals and Other Documents*
- M. D. Anderson, *Book Indexing* yn y gyfres 'Cambridge Authors' and Printers' Guides (Cambridge University Press, 1971)
- *Names of Persons: National Usages for Entry in Catalogues* (Llundain: International Federation of Library Associations, 1977)

Cyn dechrau mynegeio, penderfynwch sut fynegai sydd ei angen. Pwy fydd yn ei ddefnyddio, a beth fydd y defnyddiwr yn chwilio amdano? Pa mor drylwyr y dylai'r penawdau fod? Sawl tudalen y dylai'r mynegai cyfan ei lanw?

Os nad oes gennych gyfrifiadur, y ffordd rwyddaf o lunio mynegai yw nodi pob cyfeiriad ar gerdyn unigol, sef rhoi un cyfeiriad ar un cerdyn, a rhif y tudalen lle digwydd.

- os yw'r un cyfeiriad yn cymryd mwy nag un tudalen, nodwch 216–17, 243–4
- os oes mwy nag un cyfeiriad a'u bod yn digwydd yn annibynnol ar ei gilydd ac ar dudalennau gwahanol, nodwch 243, 244
- wrth gyfeirio at droednodyn, nodwch 243n6
- wrth gyfeirio at lun neu dabl, nodwch 243 plât 31, neu 243 (tabl)
- gosodwch y cyfeiriadau yn nhrefn y rhifolion

Os bydd y mynegai'n cyfeirio at rif paragraff yn hytrach nag at rif tudalen, nodwch hynny ar waelod pob tudalen o'r mynegai.

Y Golygiadur

Gosodwch bob cerdyn mewn bocs yn nhrefn yr wyddor. Yna teipiwch y cyfeiriadau ar bapur A4, mewn colofn sengl, a rhoi gofod dwbl rhwng pob un. Mae'n angenrheidiol gwirio'r rhifau cyn anfon y mynegai i'r wasg. Bydd angen cyflwyno'r mynegai i'r wasg yn electronig.

Gellir mynegeio ar gyfrifiadur, ac mae rhaglenni mynegeio ar gael sydd yn hwyluso'r dasg. Ond mae cyfyngiadau i'r rhan fwyaf o raglenni, felly ymgynghorwch â'r wasg cyn eu defnyddio.

Rhai ystyriaethau

1 Yn aml, un mynegai sydd i gyfrol, ond yn achos cyfrol gymhleth, er enghraifft cyfrol o farddoniaeth neu lyfr emynau, mae'n arferol llunio mwy nag un mynegai, sef mynegai cyffredinol, mynegai i deitlau'r cerddi, mynegai i'r llinellau cyntaf, a mynegai i'r awduron. Weithiau rhestrir enwau lleoedd ac enwau personol mewn dau fynegai ar wahân i'r mynegai cyffredinol, ond efallai mai creu un mynegai sy'n cynnwys popeth sydd fwyaf hwylus i'r defnyddiwr. Mae'n hollbwysig penderfynu sawl mynegai fydd i gyfrol cyn mynd ati i godi cyfeiriadau. Cadwch y mynegeion ar wahân o'r dechrau.

2 Gosodwch eich cyfeiriadau yn nhrefn yr wyddor Gymraeg. Llythrennau dwbl yw *ch, dd, ff, ng, ll, ph, rh, th*, ac mae iddynt safle arbennig yn yr wyddor: daw *ng* rhwng *g* ac *h*, nid ar ôl *n*.

Yn achos llythrennau nad ydynt i'w cael yn yr iaith Gymraeg, megis *ä, ç, ñ*, ac ati, trafodwch hwy fel *a, c, n*, er bod iddynt safle arbennig yng ngwyddorau eu hieithoedd eu hunain. Gosodwch lythyren foel, megis *a, c, n*, o flaen llythyren sydd â marc arni, megis *ä, ç, ñ*.

Yn achos llythrennau nad ydynt i'w cael yn yr iaith Gymraeg ond sydd i'w cael yn Saesneg, megis *k* a *v*, gosodwch hwy yn yr un safle ag y digwyddant yn yr wyddor Saesneg.

3 Wrth restru cyfeiriadau'r mynegai, rhowch fwlch rhwng y cyfeiriadau sy'n dod o dan y llythyren *A* a'r rhai sy'n dod o dan y llythyren *B*, ac felly ymlaen drwy'r wyddor Gymraeg.

4 Nodwch enw person, lle, mudiad, sefydliad, cyfnod hanesyddol, digwyddiad pwysig, ac ati. Dim ond teitlau ac enwau priod a nodir mewn priflythyren; ni roir priflythyren i *ab/ap* mewn enw person.

     ab Ithel
     Aberconwy
     Adda Fras
     almanaciau
     awdlau
     bardd teulu
     Beirdd y Tywysogion

5 Os paratoir argraffiad newydd, diwygiedig, o lyfr, fe fydd yn rhaid diwygio'r mynegai ac ailwirio rhifau'r tudalennau; efallai y bydd gofyn ailfynegeio'r gyfrol yn llwyr.

Trefnu cyfeiriadau niferus

Os oes cyfeiriadau niferus at bennawd dylech drefnu'r deunydd yn isbenawdau. Helpu'r darllenydd i ddod o hyd i wybodaeth yw pwrpas mynegai. Rhowch drefn ar yr wybodaeth a gynigiwch wrth fynd yn eich blaen. Efallai y gallech osod y cyfeiriadau mewn trefn hanesyddol, trefn lleoliad, neu drefn fywgraffyddol, yn ôl natur y gwaith ac anghenion eich darllenwyr.

    Byddai o gymorth i'r darllenydd petai gwahanol agweddau ar yr un pwnc yn cael eu casglu at ei gilydd. Er enghraifft, mewn llyfr hanes lleol sy'n ymdrin ag ysgolion o wahanol enwadau, oedrannau, colegau efallai, ac ysgolion Sul, gellid nodi'r cyfan o dan 'addysg'. Yn yr un modd gallech roi hanes llongau, trenau a bysys o dan 'trafnidiaeth'. Os yw'r llyfr yn cyfeirio at eisteddfodau cenedlaethol gellid dewis y pennawd 'Eisteddfod Genedlaethol' a rhestru'r cyfeiriadau yn ôl lle (yn nhrefn yr wyddor) neu yn nhrefn dyddiad. Mewn bywgraffiad, fel arfer gellir trefnu'r cyfeiriadau at fywyd person yn ôl man geni, bywyd cynnar, addysg, gyrfa, digwyddiadau penodol yn ei yrfa, a'i farwolaeth. Gellir nodi pennawd hyd yn oed os nad yw'r gair (er enghraifft 'trafnidiaeth') yn digwydd ar dudalen neilltuol o'r gyfrol.

- Gallech rannu testun eang yn benawdau mwy cyfyng, sef yn isbenawdau:
    rheilffyrdd 4–6, 91
        eu dyfodiad 131–3
        eu dylanwad ar dwristiaeth 151–2
        gweithwyr 134–6

- Dechreuwch bob isbennawd ar linell newydd ac yn nhrefn yr wyddor; os yw gofod yn brin gallwch eu rhedeg ymlaen ar yr un llinell gan roi hanner colon rhwng pob uned a'u gosod yn nhrefn yr wyddor. Ni roir atalnod llawn ar ddiwedd y cyfeiriadau.
    adroddiad addysg 1847, 17
        Cwmaman 215
        Llanfair-ym-Muallt 293–4
        Llanidloes 311
        Llanymawddwy 377

    adroddiad addysg 1847, 17; Cwmaman 215; Llanfair-ym-Muallt 293–4; Llanidloes 311; Llanymawddwy 377

- Pan fydd gennych bennawd, isbenawdau, ac is-isbenawdau, gallech roi pob isbennawd ar linell newydd, ond rhedeg pob is-isbennawd ymlaen yn dilyn hanner colon.
    Prifysgol Cymru 16–20
        Aberystwyth: graddau er anrhydedd 16; myfyrwyr enwog 17–18; pensaernïaeth 17
        Bangor: llwyddiannau yn yr Eisteddfod Ryng-golegol 20; pensaernïaeth 17; safle'r Fenai 17–18
        Caerdydd: Athro'r Gymraeg 20; myfyrwyr enwog 17; pensaernïaeth 17

Os yw'r is-isbennawd yn goferu i'r llinell nesaf, mae'n rhaid mewnosod gweddill yr is-isbennawd rhag drysu rhwng cynnwys is-isbennawd a chynnwys isbennawd.

Defnyddio *gweler* a *gweler hefyd*

Rhan o eirfa'r mynegeiwr yw *gweler* a *gweler hefyd*, ac mae'r gwahaniaeth rhwng y ddau derm yn un penodol. Defnyddir *gweler* wrth gyfeirio at dermau mwy cydnabyddedig, neu fwy arferol, er enghraifft:

> Brodyr Duon *gweler* Dominiciaid

Hynny yw, nid oes cyfeiriadau o dan *Brodyr Duon*; maent i gyd o dan *Dominiciaid*.

Defnyddir *gweler hefyd*:

i   wrth gyfeirio at eitemau sy'n cynnwys agwedd ar yr un testun, er enghraifft:

> Aberdâr *gweler hefyd* Cwm Cynon

Yn yr achos hwn ceir cyfeiriadau o dan *Aberdâr* ac o dan *Cwm Cynon*.

ii wrth gyfeirio at bethau sy'n berthnasol i'r pennawd, er enghraifft:

> Eglwys Gymreig *gweler hefyd* Anglicaniaeth; Anghydffurfiaeth; Catholigiaeth Rufeinig; Eglwys Geltaidd; Eglwys yng Nghymru

Italeiddiwch *gweler/gw.* a *gweler hefyd/gw. hefyd*.

Yr hyn nad oes angen ei nodi mewn mynegai

A siarad yn gyffredinol, dim ond yr hyn y byddai rhywun yn disgwyl ei weld yn y llyfr y dylid ei gynnwys yn y mynegai.

- Nid oes angen nodi pethau y cyfeirir atynt wrth fynd heibio; er enghraifft os afon fydd dan sylw ond bod sôn am bont drosti, nodwch enw'r afon a hepgor unrhyw nodyn am bont.
- Mae'n rhaid fod gwybodaeth ychwanegol ar gael am y pwnc a nodir, felly mewn llyfr llenyddol am awduron, os yw'r awdur yn trafod bardd sy'n dod o Gwmtwrch Isaf a heb nodi dim arall am y lle na'i arwyddocâd, nid oes pwrpas cyfeirio'r darllenydd at y tudalen.
- Fe ddylai'r mynegai ddatgelu'r hyn sydd yn glir yn y testun. Ni all y mynegai fod yn well na'r testun.

Y Golygiadur

Enwau personol

Trefnwch enwau personol yn ôl cyfenw yn nhrefn yr wyddor Gymraeg.

1. Os un enw sydd, rhowch ef dan lythyren gyntaf yr enw hwnnw.
   Aneirin 3
   Solomon, brenin Israel 21
   Sophocles 1
   Taliesin 41

2. Yn achos enw sy'n cynnwys *ab/ap, ach,* neu *ferch,* os digwydd cyn 1900 rhowch yr enw dan yr elfen gyntaf; os yw'n enw modern, sef ar ôl 1901, rhowch ef dan *ab/ap, ach,* neu *ferch.*
   ab Alun, Hedd 3
   ab Alun, Non 3
   ach Siôn, Elen 16
   ap Ceredig, Gwyn 87
   Catrin ferch Gruffudd ap Hywel 49
   Dafydd ap Gwilym 21
   ferch Gwyn, Eleri 99
   Marged ach Ifan 31

3. Dylid gosod y cyfenw *Lloyd* o dan *L* ac nid *Ll*, gan ddilyn y sain yn hytrach na'r sillafiad. Gan ddilyn yr un ymresymiad daw *Llwyd* o dan *Ll,* ond *Lhuyd* o dan L+h+u os dyna sillafiad y testun.
   Lewis
   Lhuyd
   Lloyd
   Longfellow
   llongau
   Llwyd
   Llywelyn

4. Lle na cheir enw sy'n gyfuniad o enw(au) bedydd a chyfenw, a lle na cheir dwy elfen gydag *ab/ap* yn eu cydio at ei gilydd, gallant fod yn gyfuniad o ddau enw bedydd, a'r cyfenw gwreiddiol wedi ei ollwng. Os digwydd cyn 1900 gosodwch yr enw dan yr elfen gyntaf; os digwydd ar ôl 1901 gosodwch yr enw dan yr

ail elfen er nad yw'r ail elfen o reidrwydd yn gyfenw. Weithiau mae'n anodd gwahaniaethu rhwng dau enw bedydd, ac enw bedydd a chyfenw a Gymreigiwyd, felly trafodwch hwy yn yr un ffordd, gan roi'r enw dan yr elfen gyfenwol.

Bryn, Ieuan 13
Dafis, Jên 13
Dwyfor, Bethan 14
Elfyn, Menna 15
Gruffudd Llwyd 23
Gruffudd, Robat 11
Iolo Goch 61
Islwyn, Aled 56
Iwan, Dafydd 55
Jones, Dic 12
Jones, Menna Elfyn *gw.* Elfyn, Menna
Jones, Richard *gw.* Jones, Dic
Llwyd, Elfyn 14
Morris, James *gw.* Morris, Jan
Morris, Jan 14
Wiliam, Aled Rhys 15
Wiliam Llŷn 14

Dylid mynegeio'r enw dan y ffurf sydd fwyaf cymeradwy gan y person hwnnw, sef yn ôl y dull y mae'r unigolyn yn dymuno cael ei adnabod wrtho. Defnyddiwch ffurf ddiweddaraf ar enw, yn hytrach na mynd yn ôl at yr hyn sydd ar dystysgrif geni. Rhestrwch bob enw arall a ddefnyddir, a chyfeirio'r darllenydd at y prif bennawd.

5 Rhowch gyfenw cyfansawdd o dan yr elfen gyntaf, hyd yn oed os nad oes heiffen yn cydio'r elfennau; rhestrwch y cyfeiriadau'n llawn o dan yr elfen gyntaf, lluniwch gyfeiriad o dan yr elfen olaf, a chroesgyfeiriwch. Weithiau mae modd dehongli rhai enwau fel enwau cyntaf neu ynteu fel elfen gyntaf cyfenw cyfansawdd heb heiffen, er enghraifft John Gwyn Jones; gallai *Gwyn* fod yn ail enw bedydd, neu'n elfen gyntaf cyfenw cyfansawdd heb heiffen. Os oes ansicrwydd gosodwch ef yn ail enw bedydd.

George, David Lloyd *gw.* Lloyd George, David
Jones, John Gwyn
Jones, John Morris *gw.* Morris-Jones, John
Lloyd George, David 34
Morris-Jones, John 50
Parry-Williams, T. H. 65
Vaughan Williams, Ralph 45
Williams, Ralph Vaughan *gw.* Vaughan Williams, Ralph

6 Pan fydd cyfeiriad yn y testun at enw bedydd ac at enw barddol, neu lysenw'r person hwnnw, dylech roi'r cyfeiriadau yn llawn o dan yr enw bedydd os yw'n hysbys, nodi'r enw barddol (eto yn nhrefn yr wyddor), a chyfeirio'r darllenydd at y prif bennawd. Dilynwch y drefn hon hyd yn oed os yw'r llysenw'n fwy cyfarwydd na'r enw bedydd. Os nad yw'r enw bedydd llawn yn hysbys, bydd yn rhaid bodloni ar lai; lle ceir bannod, defnyddiwch lythyren fach a'i rhoi ar ddiwedd y cyfeiriad a choma o'i blaen.

>Edwards, Thomas 16–36
>Ehedydd Iâl *gw.* Jones, William
>Emrys ap Iwan *gw.* Jones, Robert Ambrose
>Evans, John 'I. D. Ffraid' 55
>I. D. Ffraid *gw.* Evans, John (*sylwer nad* Ffraid, I. D.)
>Jones, Robert Ambrose 88
>Jones, William 55
>Jones, William 'Ehedydd Iâl' 56
>Lewis, Richard 77
>Prydydd Bychan, y 93
>Siôn y Potiau 37
>Twm o'r Nant *gw.* Edwards, Thomas

7 Yn achos cyfenwau sy'n dechrau â *Mac, Mc,* neu *M'*, gallwch eu rhestru yn nhrefn yr wyddor fesul llythyren, neu yn nhrefn yr wyddor gan gymryd bod *Mac* wedi ei ysgrifennu'n llawn. Dewiswch un dull a glynwch wrtho.
>Mac Cana, Proinsias 12
>Macmillan, Harold 16
>M'Carthy, P. 34
>McAuley, Jennie 32

8 Yn Ffrangeg mae'r fannod yn rhan o'r cyfenw, a gallwch roi enwau tramor cyfarwydd yn yr un drefn â'r Gymraeg.
>La Fontaine, Jean de 8

Pan fydd mân eiriau yn rhan o enw mae'n anodd gwybod sut i fynegeio. Lle mae dewis ddull y person ei hun yn wybyddus, dilynwch ef; lle tyfodd traddodiad neu arfer ynghylch mynegeio enw personol, dilynwch hwnnw. At ei gilydd ni roir enw dan *von*, ond mae *John von Neumann* yn eithriad.

    Behring, Emil von   **Gaulle, Charles de**
    de Klerk, F. W.   **Gogh, Vincent van**
    De L'Isle, Is-Iarll   **La Fontaine, Jean de**
    Deng Xiaoping   **von Neumann, John**
    De Quincey, Thomas   **Vos, Cornelis de**
    Descartes, René

9 Enw teuluol yw elfen gyntaf enwau Tsieineaidd a Japaneaidd, felly gosodwch hwy dan yr elfen gyntaf yn hytrach nag o chwith, a pheidiwch â rhoi coma rhwng y ddwy elfen.
    Li Keran (Tsieineaidd)
    Tajima Yumiko (Japaneaidd)

Mae rhai awduron yn dymuno dilyn y dull gorllewinol o fynegeio. Os gwneir felly, sef rhoi'r enw teuluol yn gyntaf a'r enw bedydd yn ail, rhowch goma rhwng y ddwy elfen.
    Ono, Yoko
    Ishiguro, Kazuo

Am fwy o wybodaeth am enwau tramor, gweler:
- *Names of Persons: National Usages for Entry in Catalogues* (Llundain: International Federation of Library Associations, 1977)
- *The Chicago Manual of Style* (Chicago a Llundain, The University of Chicago Press, 1993)

10 Os ceir cyfeiriadau at fwy nag un person o'r un enw, gwahaniaethwch rhyngddynt os yw hynny'n bosibl. Os na roddir diffiniad geiriol yn y testun, dyfeisiwch un a rhowch ef yn y mynegai mewn bachau petryal. Pan geir nifer fawr o enghreifftiau o'r un enw, a'u bod yn cyfeirio at wahanol bobl ond eto heb eu diffinio'n fanwl, gosodwch y rhai lleiaf manwl yn gyntaf. Os gellir rhoi enw bedydd neu lythyren ar ôl y cyfenw, gwnewch hynny hyd yn oed os nad yw'n digwydd yn y testun.

Gwenllïan ferch Owain Glyndŵr 16
Gwenllïan ferch Llywelyn y Llyw Olaf 71
Hywel [ap Meurig Fychan o Nannau] 196
Hywel, Syr [y Fwyall] 74
Morgan, Mr 34
Morgan, Mr (athro) 35
Morgan, Ms (Aberaeron) 36
Morgan, Ms (Merthyr Tudful) 36

11 Peidiwch â mynegeio dan deitl na swydd person, ond yn hytrach dan ei enw. Sylwch uchod (rhif 10) ar y cyfeiriad at Syr Hywel y Fwyall, ac at seintiau Cymru (ond nid saint Lloegr na Ffrainc), ac ati, isod. Os cyfeirir at rywun yn y testun wrth ei deitl yn unig, nodwch ei deitl yn y mynegai a rhoi ei enw mewn bachau petryal; os oes angen gwahaniaethu rhwng dau neu ragor o'r un enw, nodwch eu dyddiadau a gosodwch hwy yn nhrefn dyddiad marwolaeth.

Arglwydd Cledwyn o Benrhos *gw.* Hughes, Cledwyn
Bangor, Esgob [Anian I (1268–1305)] 29
Bangor, Esgob [Anian II (1307–25)] 29
Bangor, Esgob [Thomas Skeffington] 67
Cledwyn o Benrhos *gw.* Hughes, Cledwyn
Dewi Sant 1
Esgob Bangor *gw.* Bangor, Esgob [Thomas Skeffington]
Ffraid 59
Hughes, Cledwyn (Arglwydd Cledwyn o Benrhos) 33
Hywel, Syr 200
Ieuan yr Apostol 67
Lleuddad Sant 27
Mair Forwyn 2
Non 77
Sain Siôr 130n8
Sant Siôr 130n8
Rhisiart Frenin 51
Thérèse o Lisieux, St 60
Trindod 21

12 Yn achos y rheini sy'n eu galw eu hunain dan sawl enw, er enghraifft R. M. Jones/Bobi Jones, mynegeiwch yr enw a ddefnyddir amlaf yn y testun, a chroesgyfeiriwch oddi wrth unrhyw amrywiadau ar yr enw hwnnw.

13 Mae llythyren foel yn dod o flaen llythyren sydd â marc arni.
> Gwen
> Gwên

14 Os defnyddir gair yn enw cyffredin ac yn enw priod, gosodwch yr enw priod yn gyntaf.
> Cen 16
> cen 27
> Celyn 34
> celyn 60

Enwau lleoedd

Gosodwch enwau lleoedd yn nhrefn yr wyddor Gymraeg gan gadw mewn cof mai llythrennau dwbl yw *ch, dd, ff, ng, ll, ph, rh, th* (gweler uchod t. 60).

Mae dau ddull o restru, sef y dull llythyren wrth lythyren, a'r dull gair am air. Os oes nifer o gyfeiriadau at enwau lleoedd, mae'n debyg y byddai trefnu'r cofnodion yn ôl y dull llythyren wrth lythyren yn fwy defnyddiol rhag ofn bod ansicrwydd ynghylch yr union sillafiad; yn aml iawn fe welir nad yw enwau cartrefi, yn enwedig, yn cydymffurfio â chanllawiau sillafu'r cyfrolau safonol ar sillafu enwau lleoedd, sef:

- Elwyn Davies, *Rhestr o Enwau Lleoedd* (Caerdydd, 1975)
- Melville Richards, *Welsh Administrative and Territorial Units* (Caerdydd, 1969).
- Hywel Wyn Owen a Richard Morgan, *Geiriadur Enwau Lleoedd Cymru/Dictionary of the Place-Names of Wales* (Llandysul: Gomer, 2007).

Gweler hefyd:
comisiynyddygymraeg.cymru/polisi-ac-ymchwil/enwau-lleoedd

Y Golygiadur

Gair am air:

    Ty'n y Fedw
    Ty'n y Ffridd
    Ty'n y Gwrych
    Ty'nllidiart
    Tyddynfelin
    Tyn y maes
    Tynllechwedd
    Tynrhos

Llythyren wrth lythyren:

    Tyddynfelin
    Tynllechwedd
    Ty'nllidiart
    Tynrhos
    Ty'n y Fedw
    Ty'n y Ffridd
    Ty'n y Gwrych
    Tyn y maes

1 Os oes heiffen mewn enw, trefnwch ef fel petai'n un gair. Os ceir enw'n cael ei sillafu â heiffen yn ogystal â heb heiffen, rhestrwch yr enghraifft ddiheiffen yn gyntaf.

2 Yn achos enw lle sy'n dechrau â bannod, gosodwch y cyfeiriad o dan yr ail elfen yn yr enw, a rhowch y fannod ar ddiwedd y cyfeiriad a choma o'i blaen. Os yw'r ail elfen wedi ei threiglo o ganlyniad, gosodwch y cyfeiriad dan lythyren gyntaf y gair treigledig. Rhowch briflythyren i'r fannod.

3 Os oes mwy nag un enw ar yr un lle, rhowch y cyfeiriadau dan yr enw a ddefnyddir yn brif ffurf yn y testun a chroesgyfeiriwch oddi wrth yr enwau eraill.

4 Os oes mwy nag un lle â'r un enw, neu os oes enw'n gyffredin i bentref ac afon, er enghraifft, neu i dref a sir, gwahaniaethwch rhyngddynt.

5 Os oes pwnc cyffredinol i'w restru yn ogystal â lle neu berson o'r un enw, rhestrwch y pwnc cyffredinol yn gyntaf.

6 Os yw gwlad neu dref wedi newid ei henw, rhowch y cyfeiriadau ati dan yr enw modern a chroesgyfeiriwch oddi wrth yr hen enw at yr enw newydd.

7 Mynegeiwch enw lle sy'n dechrau ag elfen naturiol, er enghraifft môr, mynydd, ac ati (ac eithrio afon), dan yr elfen gyntaf, er enghraifft Bro Preseli, Ynys Môn, Aberteifi, Mynydd y Bwllfa (Aberdâr), Llyn Cwellyn, Môr y Gogledd. Os bannod yw'r elfen gyntaf, rhowch y fannod ar y diwedd gan ddefnyddio priflythyren, er enghraifft Môr Cwrel, Y.

Gosodwch enw afon dan yr enw priodol a rhoi'r gair *afon* (heb ei italeiddio a rhwng cromfachau) i'w ddilyn.

Os nad yw'r enw'n enw Cymraeg, cofiwch fod *rh*, er enghraifft, yn ddwy lythyren. Daw *Rhône* felly dan *R*, nid *Rh*, ac ar ôl *Rezekne* yn hytrach nag ar ôl *Rhondda*.

        Aber-mad
        Aberpergwm
        Atpar (Trerhedyn) Llandyfrïog, Ceredigion
        Bro Preseli
        Caerdydd
        Caerfyrddin (y dref)
        Caerfyrddin (y sir)
        Caerau, yr Oes Haearn
        Caerau (Morgannwg)
        Clarach (afon)
        Clarach (pentref)
        Esgair Ddu
        Felin-hen, Y
        Foel, Y
        Hob, Yr
        Llanbadarn-y-Creuddyn Uchaf
        Llyn Cwellyn
        Mynydd y Bwllfa

Neuadd-wen
Penrhos
Pen-rhos (Llandeilo)
Penrhos (Llannor)
Pen-rhys (ardal)
Pen-rhys (pentref)
Rezekne
Rhodesia *gw.* Zimbabwe
Rhône
Rhondda
Trallwng, Y
Trerhedyn *gw.* Atpar
Ynys Môn
Zimbabwe

Teitlau llyfrau a chylchgronau

Dylid cynnwys teitl llyfr yn llawn, ac mewn italig. Os yw'n dechrau â bannod dylid cadw honno a gosod y cyfeiriad dan *Y/Yr*. Gosodwch y teitlau yn nhrefn yr wyddor Gymraeg, gan gadw at y drefn fesul gair neu fesul llythyren. Cadwch mewn cof mai llythrennau dwbl yw *ch, dd, ff, ng, ll, ph, rh, th*. Os dewiswch drefnu'r mynegai fesul gair, dilynwch y drefn a ganlyn:

>*Y Tri Brenin o Gwlen*
>*Ystoria Bown de Hamtwn*

Os dewiswch drefnu'r mynegai fesul llythyren, dilynwch y drefn a ganlyn:

>*Ystoria Bown de Hamtwn*
>*Y Tri Brenin o Gwlen*

Pa ffordd bynnag a ddewiswch, glynwch wrthi. (Gweler hefyd y canllawiau ar gyfer italeiddio a phriflythrennu teitlau llyfrau ac erthyglau.)

Yn achos cylchgrawn, papur newydd, ac ati, sy'n dechrau â bannod neu ag unrhyw air bychan dibwys, gosodwch y cyfeiriad o dan y gair sylweddol cyntaf sydd yn y teitl, a rhoi'r fannod ar ddiwedd y cyfeiriad a choma o'i blaen. Os yw'r gair sylweddol cyntaf wedi ei dreiglo o ganlyniad, gosodwch y cyfeiriad dan lythyren gyntaf y gair treigledig. Italeiddiwch bob elfen yn nheitl y cyhoeddiad, a chadwch unrhyw briflythrennau.

> *Cambrian, The* 6
> *Cymro, Y* 6
> *Faner, Y* 7
> *Genedl Gymreig, Y* 3
> *Herald Cymraeg, Yr* 8
> *Traethodydd, Y* 35
> *Wawr, Y* 36

4 Defnyddio'r Gymraeg

Geiriau

Ceisiwch osgoi defnyddio gormod o eiriau sy'n rhy debyg i'w gilydd o ran ystyr, sain, neu sillafiad, o fewn yr un frawddeg.

Camddefnydd

Weithiau mae geiriau'n cael eu defnyddio'n llac gan wanhau'r ystyr briodol. Dwy enghraifft amlwg yw *llythrennol* ac *unigryw*.

1 *Llythrennol*

Ystyr *llythrennol* yw *yn ôl y llythyren*. Mae brawddeg sy'n llythrennol wir yn golygu y dylech ddilyn ei hystyr fesul llythyren, air am air. Nid oes gor-ddweud ac nid oes celwydd yn y frawddeg.

> Mae'n anodd credu'r peth ond do, fe boerodd, yn llythrennol, yn wyneb y dyn.

Mae'r frawddeg uchod yn llythrennol wir os oedd poer un dyn ar wyneb y llall. Nid yw geiriau'r frawddeg yn gor-ddweud, felly. Ond y gwrthwyneb a geir yn aml. Ceisir cyfleu gwirionedd y gor-ddweud trwy ddefnyddio'r ymadrodd *yn llythrennol*. Sylwch ar y frawddeg isod.

> Yr oeddwn mor nerfus yr oedd fy nghalon, yn llythrennol, yn fy ngwddf.

Mae'r frawddeg uchod yn amlwg yn anghywir gan na all calon symud o'i safle.

2 *Unigryw*

Ystyr *unigryw* yw *yr unig un o'i fath*. Mae'r brawddegau isod yn anghywir.

> Mae'r gadair hon yn un weddol unigryw.

> Mae'r fodrwy hon yn un unigryw gan mai dim ond gan wraig y maer a fi y mae un.

Ni all dim fod yn *weddol* unigryw, ac nid yw peth yn unigryw os oes gan ddau berson yr un peth yn union.

Geiriau tebyg

Ceir trafferthion gyda geiriau sy'n debyg o ran sain neu sillafiad ond sydd ag ystyron gwahanol. Er bod yr ystyr yn weddol debyg weithiau, nid yw'r union wahaniaeth bob amser yn ddigon amlwg. Defnyddiwch bob gair yn ei union ystyr. Rhestrir isod rai geiriau sy'n peri anhawster am eu bod yn cael eu drysu â gair arall tebyg.

a, â, ac, ag

a	gair sy'n gofyn cwestiwn
	A welodd ef y clown?
a	rhagenw perthynol
	Y dyn a ddaeth i'r siop ddoe yw hwn.
a/ac	cysylltair; defnyddir *a* o flaen cytsain (gweler tt. 343–6) ac *ac* o flaen llafariad a hefyd o flaen rhai geiriau penodol sy'n dechrau â chytsain, sef o flaen *mor, mewn, megis, mwyach, mai, meddaf, fel, felly, fe, mi.*
	Prynodd afal a dau far o siocled.
	Prynodd ddau far o siocled ac afal.
â/ag	arddodiad (*with*); defnyddir *â* o flaen cytsain ac *ag* (heb acen grom) o flaen llafariad
	Fe'i curwyd â ffon.
	Fe'i curwyd ag arfau hen ffasiwn.
â/ag	cysylltair (*as*); defnyddir *â* o flaen cytsain ac *ag* (heb acen grom) o flaen llafariad
	Yr oedd mor denau â rhaff.
	Yr oedd mor dew ag eliffant.
â	trydydd person unigol presennol mynegol y ferf *mynd* (dyma ffurf ysgrifenedig gymeradwy *aiff, eith*)
	Â ef i ddisgo bob yn ail nos Sadwrn.
â/ag	os yw *a* yn dilyn *sydd*, rhoir acen grom drosti; defnyddir *â* o flaen cytsain ac *ag* (heb acen grom) o flaen llafariad; eithriad yw'r gystrawen 'Beth sydd a wnelo hyn â mi?'
	Mae'r ffilm ar gyfer pawb sydd â diddordeb yn y maes.
	Mae'r tâp mesur yn y drôr.
â/ag	rhoir acen grom dros bob *a* sy'n dilyn yn union ar ôl berf a berfenw heblaw mai gair sy'n gofyn

cwestiwn yw, neu fod yr *a/ac* yn gysylltair rhwng parau o ferfenwau; defnyddir *â* o flaen cytsain ac *ag* (heb acen grom) o flaen llafariad
    Gallwch fynd â chopi rhad gyda chi.
    Dewch â'r parsel i mi.
    Dewch ag ateb imi heno.
    Dysgodd ddarllen ac ysgrifennu Almaeneg yn ystod yr haf.

â, gyda, gan   Gweler tt. 359–60.

a, os
  a   *whether*
         Gofynnodd a oeddwn am ddod i'r seminar.
         nid **Gofynnodd os oeddwn am ddod i'r seminar.**
  os   *if*
         Byddaf yn dod os bydd popeth wedi'i orffen.

Yn ogystal â'r rheolau uchod, mae'n werth manylu ymhellach ar y defnydd o *ac, ag*.

ac, ag
  ac   amrywiad ar y cysylltair *a* yw *ac (and)*; fe'i defnyddir o flaen llafariad fel arfer, ond hefyd o flaen rhai geiriau penodol yn dechrau â chytsain (gweler t. 181)
         Ysgrifennwch at y Cofrestrydd ac fe gewch y manylion.
  ag   amrywiad ar *â* yw *ag*; fe'i defnyddir o flaen llafariad i olygu yr arddodiad *gyda (with)*
         Lladdodd y dyn ag arf miniog.
  ag   y cysylltair *as*
         Yr oedd mor grwn ag oren.
  ag   fe'i rhoir weithiau ar ôl *sydd*
         Dim ond ef sydd ag unrhyw syniad o werthoedd.
  ag   fe'i rhoir weithiau ar ôl berfenw neu ferf
         Mae'r cynllun hwn yn mynd ag amser.
         Daeth ag agwedd newydd gydag ef.

adref, cartref, gartref
  adref   i gyfeiriad cartref
         Teg edrych tuag adref.
         Byddaf yn mynd adref am bump o'r gloch.

cartref	lle i fyw ynddo
	Ef sydd â'r cartref mwyaf cysurus ohonom.
gartref	yn y cartref
	Arhosais gartref neithiwr.

addef, addo

addef	cyffesu, cyfaddef
	Mae'n rhaid addef na ddarllenais y ffurflen gais yn ddigon manwl.
addo	rhoi addewid, rhoi gair
	Bu'n rhaid iddo addo na fyddai fyth eto'n ymyrryd ym musnes ei gyd-weithwyr.

a . . . ai, ai, a'i, â'i, a'u

a . . . ai	wrth ofyn cwestiwn dwbl gellir gofyn y cwestiwn cyntaf trwy ddefnyddio *a* a'r ail trwy ddefnyddio *ai*
	A gawsoch eich geni yn y Bahamas ai peidio?
ai	gair a ddefnyddir i ofyn cwestiwn
	Ai yn y Bahamas y cawsoch eich magu?
a'i	*and his, and her, and its*
	Daeth ei fam ef a'i chwaer i'r dathliad.
	Daeth ei mam hi a'i chwaer i'r dathliad.
	Daeth y byd a'i fam i'r dathliad.
a'i	rhagenw perthynol *a* + rhagenw mewnol unigol *'i*
	Ei wraig a'i gwelodd gyntaf yn ei gar newydd.
â'i	os bydd *a'i* yn dod ar ôl ffurf berthynol y ferf *bod*, er enghraifft *sydd, fydd, oedd*, rhoir acen grom dros yr *a*.
	Ai hwn sydd â'i ysgrifenyddes yn y tîm gwyddbwyll?
â'i	rhoir acen grom dros bob *a'i* sy'n dilyn yn union ar ôl berf a berfenw heblaw mai gair sy'n gofyn cwestiwn yw neu fod yr *a/ac* yn gysylltair rhwng parau o ferfenwau
	Aeth â'i fam i'r ysbyty ychydig cyn cinio.
	Ei ddarllen a'i ysgrifennu a barai'r gofid mwyaf i'w fam.
a'u	*and their*
	Ef oedd eu tiwtor personol a'u tiwtor pwnc.
a'u	rhagenw perthynol *a* + rhagenw mewnol lluosog *'u*
	Dyna'r ferch a'u prynodd yn y ffair.

afreolaidd, afreolus
afreolaidd   anhrefnus, nad yw'n rheolaidd *irregular*
                 Cwynodd un cynghorydd fod y drefn yn afreolaidd
                 ac y dylid ailbleidleisio.
afreolus   aflywodraethus, na ellir ei reoli *unruly*
                 Criw afreolus iawn oedd yn y Llew Du neithiwr ac
                 fe wnaed llawer o ddifrod yno.

amlygiad, amlygrwydd
amlygiad   mynegiad, tystiolaeth *revelation*
                 Amlygiad o'i ffyddlondeb i'r cwmni oedd iddo wrthod
                 codiad cyflog yn ystod y dirwasgiad.
amlygrwydd   bod yn amlwg, bod yn flaenllaw
                 Daeth i amlygrwydd gyntaf yn sgil ei ddatganiadau
                 huawdl i'r wasg.

amrywiad, amrywiaeth
amrywiad   gwahaniaethiad neu wyriad oddi wrth y gwreiddiol
                 variation, variant
                 Gwerthir dillad yn y siopau cadwyn sy'n amrywiadau
                 ar gynlluniau prif gynllunwyr dillad y byd.
amrywiaeth   gwahaniaeth, o wahanol fathau *variety*
                 Gwerthai amrywiaeth o ffrwythau yn ei siop,
                 gan gynnwys mangos a phomgranadau.

a oedd, oedd, a fu, fu, a fydd, fydd
Trowch y ferf (*oedd, fu, fydd*) i'r amser presennol ac os *sydd* neu *sy* a geir, bydd angen *a* o flaen y ferf; os *yw* a geir, nid oes angen *a*.

presennol:	Aeth y dyn *sy*'n sâl i'r ysbyty.	
felly:	Aeth y dyn a *oedd* yn sâl i'r ysbyty.	
presennol:	Nid ef *yw*'r lleidr.	
felly:	Nid ef *oedd* y lleidr.	
presennol:	Arian *sy*'n cynnal yr achos erioed.	
felly:	Arian a *fu*'n cynnal yr achos erioed.	
presennol:	Yr athro *yw*'r mwyaf cymwys i'w holi.	
felly:	Yr athro *fydd* y mwyaf cymwys i'w holi.	

Erbyn hyn gwelir hepgor *a* o flaen ffurfiau *bod* yn gyffredin:
> John Huws yw'r dyn *fu*'n bennaf cyfrifol am y newid.
> John Huws fydd y dyn *(a) fydd* yn bennaf cyfrifol am y newid.

Ond mae'n anghywir cynnwys *a* lle nad oes ei angen:
> Nid ef *a oedd* y lleidr.   anghywir

Mewn ysgrifennu anffurfiol fe hepgorir *a* ar ddechrau cwestiwn, ond gan gadw'r treiglad meddal:
> Welodd ef ei frawd yn y ffair?

Ond mewn rhai enghreifftiau bydd rhythm brawddeg yn gofyn am gadw *a*:
> Aethpwyd â'r dyn – a oedd yn wirioneddol sâl – i'r ysbyty mewn ambiwlans.

ar, a'r, âr, â'r

ar	*on*
	Mae'r ffôn ar y ddesg.
a'r	*and the*
	Daeth y pennaeth adran a'r prifathro i'r arholiad llafar.
âr	wedi ei aredig
	Edrychodd y ffermwr yn foddhaus ar y tir âr.
â'r	*as the*
	Yn ogystal â'r cinio dathlu, fe fydd noson o sbri yn dilyn.
â'r	*with the*
	Llanwodd fy ngwydryn i â'r gwin sâl, a'i wydryn ef â'r gwin gorau.
â'r	trydydd person unigol presennol y ferf *mynd* + bannod
	Â'r cast i hwyl pan fydd y theatr dan ei sang.
â'r	i ddilyn *sydd*
	Hi sydd â'r gair olaf ar y mater.
â'r	i ddilyn berf neu ferfenw, ac eithrio'r *a* sy'n gofyn cwestiwn neu'r *a/ac* sy'n gysylltair rhwng parau o ferfenwau
	Dewch â'r manylion i mi erbyn diwedd yr wythnos.
	Mae rhai tadau'n ystyried mynd â'r Asiantaeth Cynnal Plant i'r Llys Hawliau Dynol Ewropeaidd.
	Y darllen a'r ysgrifennu sydd fwyaf siomedig eu safon yn ôl yr adroddiad.

arbenigedd, arbenigrwydd
arbenigedd   wedi meithrin dawn arbennig
> Mae ganddo arbenigedd ym maes gofalu am yr henoed anabl.

arbenigrwydd   rhagoriaeth, yr hyn sy'n gwneud rhywbeth yn neilltuol
> Ei arbenigrwydd yw mai ef yw'r unig un o'r cwmni drama lleol sy'n marchogaeth, ac er nad yw'n farchog profiadol, eto mae'n well na'i gyd-actorion.

arfer, arferedig, arferol
arfer   *custom*
> Arfer proffidiol iawn yw canu calennig.

arfer   *used to*
> Yr oedd hi'n arfer mynd i'r dref bob bore Iau.

arferedig   ar arfer, yn cael eu defnyddio
> Mae'r geiriau *ffluwchen* (ychydig o eira), a *briwlan* (bwrw glaw mân) yn arferedig yng Ngheredigion.

arferol   cyffredin, *customary*
> Nid yw'n arferol gweld eira ym mis Mai ond mae wedi digwydd cyn hyn.

ar gau, ynghau
ar gau   ar fin cau, bron â chau
> Mae'r swyddfa ar gau; petaech wedi bod funud neu ddau yn hwyrach byddem i gyd wedi mynd adref.

ynghau   wedi cau
> Mae'r swyddfa ynghau a'r drws wedi'i gloi.

Ond mae'r arfer o wahaniaethu yn llai cyson erbyn hyn, a chaniateir defnyddio *ar gau* neu *ynghau* os yw'r swyddfa ynghau.

ariangar, ariannaid, ariannog, ariannol
ariangar   yn caru arian, cybyddlyd
> Prifathro ariangar yw'r un a benodwyd.

ariannaid   wedi ei addurno ag arian; tebyg i arian o ran lliw a gloywder
> Prynodd ddysgl wydr ac iddi ymylon ariannaid.

ariannog   cyfoethog
> Daw llawer o deuluoedd ariannog i'r capel ac maent yn cyfrannu'n hael.

ariannol   cyllidol, yn perthyn i arian
> Dim ond materion ariannol sy'n cael ei sylw.

ar ôl, wedi
ar ôl, wedi   Nid oes gwahaniaeth rhwng y ddau pan gânt eu defnyddio fel cysylltair, ond oherwydd bod i *wedi* ddau ddefnydd, sef fel cysylltair (wedi mynd i'r gwely fe ddarllenodd hi am dipyn) ac fel rhangymeriad gorffennol y ferf (mae hi wedi mynd i'r gwely) gellir defnyddio *ar ôl* yn lle *wedi* fel cysylltair er mwyn osgoi amwysedd, er enghraifft:
> Ar ôl mynd i'r tŷ i gael te, aeth i'w wely.
> Golchodd ei wallt ar ôl swper.
> Golchodd ei ddwylo ar ôl bod yn chwynnu'r ardd.
> Aeth i'w wely wedi llwyr ymlâdd.
> Daeth o'r gynhadledd wedi cael golwg newydd ar y byd.

athrod, enllib
athrod   cyhuddo (yn llafar) ar gam
> Peth anodd ei brofi yw athrod, oni bai fod yna dystion yn clywed y sylw celwyddog.

enllib   cyhuddo (ar bapur) ar gam
> Cafodd y papur newydd lleol ddirwy drom am gyhoeddi enllib yn erbyn y maer.

bae, bai
bae   cilfach fôr *bay*
> Gwelwyd dolffiniaid ym Mae Ceredigion.

bai   diffyg, nam
> Nid oedd dim bai ar yr ysgrifenyddes am ohirio'r Pwyllgor Gwaith.

Bai ac nid *bae* yw ffurf gywasgedig *byddai*; hynny yw *oni bai* sy'n gywir ac nid *oni bae*, a *pe bai/petai* ac nid *pe bae/petae*.

blaengar, blaenllaw
blaengar   eofn *bold, innovative*
> Cylchgrawn blaengar, yn llawn erthyglau haerllug a straegar, yw *Taro'r Haearn*.

blaenllaw   amlwg *leading, prominent*
> Aelod blaenllaw o'r Pwyllgor Cerdd Cenedlaethol yw Joseph Jenkins.

bob yn ail, bob yn ddau
    bob yn ail   *alternate, alternately*
            Cynhelir darlith yma bob yn ail ddydd Iau am ddau o'r gloch.
    bob yn ddau   fesul dau
            Fe awn bob yn ddau ar hyd y llwybr.

bron, o'r bron
    bron   agos, o fewn ychydig *nearly, almost*
            Roedd pawb, bron, yn awyddus i'm llongyfarch.
    o'r bron   yn olynol
            Enillais dair gêm o'r bron.
    o'r bron   yn gyfan *altogether*
            Enillodd y gwobrau llenyddol i gyd o'r bron eleni.

budd, bydd
    budd   lles, elw, ennill
            Gall ei hysbryd mentrus fod o fudd mawr i'r busnes.
    bydd   trydydd person unigol dyfodol y ferf *bod*
            Bydd Cemlyn Harris yn cael ei benodi'n Brif Olygydd wedi dyddiau John Smart.

byth, erioed
    byth   yn dragwyddol, yn wastadol; defnyddir *byth* gyda'r amser presennol, yr amser dyfodol a'r amser amherffaith
            Nid wyf byth yn yfed coffi.
            Nid â i Awstralia fyth tra byddo.
            Pe cerddent yr ynys ni ddoent byth o hyd i'r trysor.
    erioed   yn ystod ei amser ef, o'r dechrau (neu o hynny) hyd heddiw; defnyddir *erioed* gyda'r amser gorffennol
            Ni fûm erioed yn un am deithio.
            Nid wyf erioed wedi bod yno.

Ond gellir defnyddio *byth* hefyd gydag amser gorffennol a gorberffaith y ferf i gyfleu nad yw gweithred y ferf wedi ei chyflawni.
            Ni ddaeth byth.
            Nid oedd wedi siarad byth.

cae, câi, cau
cae	tir wedi ei amgáu â gwrych
	Gwelodd ddafad wedi trigo yn y cae tu ôl i'r neuadd.
câi	yr oedd yn arfer cael
	Câi lawer o bleser mewn hel atgofion.
cau	sicrhau, clymu, llanw bwlch; gwag oddi mewn
	A wnewch chi gau'r drws, os gwelwch yn dda?
	Pren cau oedd yr hen dderwen.

caledi, caledrwydd, caledu
caledi	rhywbeth anodd ei oddef, er enghraifft tlodi, cyni, llymder
	Dioddefwyd caledi mawr yn ystod y streic lo.
caledrwydd	llymder *hardness*
	Caledrwydd y graig oedd problem fwyaf y gweithwyr.
caledu	mynd neu wneud yn galed
	Yr oedd y sment wedi caledu yn siâp ei droed.

canfod, darganfod, dyfeisio
canfod	amgyffred, dirnad
	Canfod y gwir oedd gwaith y pwyllgor disgyblu.
darganfod	dod o hyd i (rywbeth)
	Columbus sy'n cael y clod gan rai am ddarganfod America, ond Madog gan eraill.
dyfeisio	llunio rhyw waith, neu'r cyffelyb, yn y meddwl am y tro cyntaf
	Alexander Graham Bell a ddyfeisiodd y ffôn.

canlyniad, casgliad, effaith
canlyniad	yr hyn sy'n dilyn
	Bu'n rhaid iddo ymddiswyddo o ganlyniad i'r achos llys.
casgliad	casgliad a dynnir trwy resymu
	Wedi darllen y dystiolaeth, deuthum i'r casgliad mai cau'r ffatri fyddai orau.
effaith	canlyniad uniongyrchol rhyw achos neu ddigwyddiad
	Mae'r ffaith fod y boblogaeth lofaol yn crebachu wedi cael effaith negyddol ar niferoedd y siaradwyr Cymraeg.

canlynol, dilynol
canlynol olynol, mewn trefn, yn dilyn *following*
Y rhai canlynol yw'r goreuon.
dilynol yn dilyn fel effaith, yn dilyn mewn trefn
subsequent, following
Gwelwyd effaith newyn mawr 1865 yn ystod y blynyddoedd dilynol.

canolig, canolog
canolig symol *average*
Marciau digon canolig a gafodd yn yr arholiad; nid yw'n seren o bell ffordd, nac yn dwp ychwaith.
canolog *central*
Codwyd pencadlys newydd yr heddlu mewn man canolog heb fod ymhell o ganol y dref.

cartref, gartref, adref gweler **adref, cartref, gartref**

cil, cul
cil congl, cwr
Treiddiai'r oerfel i'r ystafell trwy gil y drws.
cul heb fod yn llydan
Gwasgodd y ddafad i'r ardd trwy fwlch cul yn y clawdd.

clau/cloi/clou, cloi
clau/cloi/clou cyflym, yn fuan
Dere'n glou.
Argymhellir peidio â defnyddio *cloi,* ond yn hytrach ddewis rhwng *clau* a *clou* a chadw at y dewis hwnnw'n gwbl gyson.
cloi sicrhau â chlo
Cofia gloi'r drws cyn mynd i'r gwely.

crud, cryd
crud lle mae babi'n cysgu
Clywir am fwy a mwy o achosion o farwolaethau yn y crud.
cryd cryndod
Mae cryd yn cerdded trosof pan glywaf straeon ysbryd.

crug/crugyn, cryg, yn gryg, grug

crug   bryncyn, pentwr
> Crug y Frân yw'r bryncyn acw.
> Ni ddaeth i'r sesiwn hyfforddi er bod ganddo grug (neu grugyn) o broblemau.

cryg, yn gryg   garw ei lais, bloesg
> Traddodais y ddarlith er bod fy llais yn gryg.

grug   planhigyn
> Planhigyn bythwyrdd sy'n tyfu ar fynyddoedd, rhosydd a gweunydd yw grug.

crynhoad, crynodeb, crynoder

crynhoad   peth neu bersonau wedi crynhoi, wedi casglu at ei gilydd, cynulliad; talfyriad
> Daeth cant a dau o bobl i'r neuadd – crynhoad go dda.

crynodeb   adroddiad byr o brif elfennau rhyw bwnc
> Gofynnodd am grynodeb o benderfyniadau'r llys llywodraethol.

crynoder   byrdra
> Nid yw Ellis Wynne yn enwog am grynoder ei weledigaethau.

cul, cil gweler cil, cul

cychwyn, dechrau

cychwyn   dechrau symudiad; mae rhywun neu rywbeth yn symud i rywle
> Byddaf yn cychwyn i'r gwaith am hanner awr wedi wyth.
> Bydd y bws yn cychwyn o'r sgwâr am saith o'r gloch yn brydlon.

dechrau   y weithred o gychwyn neu o roi ar fynd neu ar gerdded; nid oes symudiad ymaith, o reidrwydd, pan mae rhywbeth yn *dechrau*
> Mae'r cyngerdd yn dechrau am wyth o'r gloch.
> Mae'r manylion i'w cael ar ddechrau'r gyfrol.
> Os trefnwn hyn ar ddechrau'r cyfarfod ni fydd angen trafferthu eto.

cyfreithiol, cyfreithlon

cyfreithiol yn perthyn i gyfraith neu lys barn, a benodir gan ddeddf
> Mater cyfreithiol yw hwn.

cyfreithlon a ganiateir neu a gydnabyddir gan y gyfraith
> Nid yw'n gyfreithlon gwerthu alcohol i rai dan ddeunaw oed.

cynghorau, cynghorion

cynghorau cyrff wedi eu hethol gan drigolion tref, dinas, neu sir i weithredu ar eu rhan
> Bwriedir newid ffiniau'r cynghorau sir yn fuan.

cynghorion barnau, opiniynau neu gyfarwyddyd a gynigir ynglŷn â'r ffordd orau i ddelio â rhyw fater neu weithred
> Cafodd gynghorion da gan aelodau o'r pwyllgor rheoli cyn mynd ymlaen â'r dasg.

cynghorwr, cynghorydd

cynghorwr un sy'n rhoi cyngor
> Mae'n rhaid cael hyfforddiant trylwyr cyn mynd yn gynghorwr gyda'r Samariaid.

cynghorydd aelod o gorff wedi ei ethol gan drigolion tref, dinas, neu sir i weithredu ar eu rhan
> Etholwyd Elaine Johns yn gynghorydd ar ei chynnig cyntaf.

cymhwysiad, cymhwyster

cymhwysiad addasiad
> Mae pregeth dda yn cynnwys cymhwysiad ar ei diwedd, lle dehonglir y neges ar gyfer y gynulleidfa arbennig honno.

cymhwyster y cyflwr o fod yn gymwys, addasrwydd, er enghraifft ar gyfer swydd
> Mae'n rhaid dilyn cwrs ymarfer dysgu cyn ennill cymhwyster i fod yn athro.

Cymraeg, Cymreig

Cymraeg fe'i defnyddir i gyfeirio at yr iaith yn benodol
> Cymraeg yw fy iaith gyntaf.
> Yn Gymraeg yr ysgrifennwyd y cofnodion hyn.

Cymreig	yn perthyn i Gymru neu i genedl y Cymry

        Mae'n Gymreig ei ffordd.
        Llyncwyd swyddogaethau'r Swyddfa Gymreig gan Senedd Cymru.
        Byddwn yn gwisgo'r wisg Gymreig yn achlysurol.
        Ymunodd Hamish â'r Gwarchodlu Cymreig.

Ond yn achos *Welsh boy*, ac ati, yr idiom yw *bachgen o Gymro*, nid *bachgen Cymreig*.

Cymru, Cymry

Cymru	y wlad

        Ychydig yn llai na thair miliwn yw poblogaeth Cymru.

Cymry	y bobl

        Myth yw'r syniad fod y Cymry'n gantorion o'r crud.

cyn, o flaen

cyn	o flaen (o ran amser), yn gynt, yn blaenori (o ran amser)

        Dewch i'm gweld cyn tri o'r gloch neu byddaf wedi gadael.

o flaen	i ddynodi lle, safle; gerbron *ahead of*

        Daeth i sefyll o flaen y brenin.
        Byddaf yno o flaen fy ffrindiau er mwyn cadw'r seddau gorau.
        Dewiswn grys coch o flaen crys glas bob tro.

cyweirio, cywiro

cyweirio	tacluso, trwsio

        Arferai fy nain gyweirio clociau.

cyweirio	tiwnio

        Mae'n rhaid cyweirio tannau'r delyn yn gyson.

cywiro	gwneud yn gywir, dileu gwallau

        A yw athrawon yn treulio'u gwersi rhydd yn cywiro gwaith y disgyblion?

cywreinrwydd, chwilfrydedd

cywreinrwydd	ceinder, gwaith cywrain

        Wrth grwydro drwy'r oriel cawsom ein gwefreiddio gan gywreinrwydd y gwydr lliw.

chwilfrydedd   awydd i weld neu i wybod
> Bob tro y bydd y ffôn yn canu yn y swyddfa drws nesaf bydd ynof ryw chwilfrydedd i wybod pwy sy'n ffonio.

daeareg, daearyddiaeth
daeareg   gwyddor sy'n ymdrin â ffurf crystyn y ddaear, sef haenau'r creigiau a'u ffosiliau *geology*
> Bu arbenigwr ar ddaeareg ar y teledu yn esbonio arwyddocâd y daeargryn.

daearyddiaeth   gwyddor sy'n darlunio wyneb y ddaear a'i phobloedd, hinsawdd, gwledydd, diwydiannau, ac ati *geography*
> Daearyddiaeth yw fy hoff bwnc gan fod gennyf ddiddordeb mawr mewn gwledydd a phobl.

dealladwy, dealledig, deallus
dealladwy   y gellir ei ddeall
> Nid oedd ei neges yn ddealladwy i'r mwyafrif o'r staff.

dealledig   a gymerir yn ganiataol, a ddeellir heb ei grybwyll
> Mae'n ddealledig na fydd Elin Evans yn dod ar y trip.

deallus   abl i ddeall, yn meddu deall
> Merch ddeallus yw Hefina; nid oes rhaid esbonio dim iddi fwy nag unwaith.

dechrau, cychwyn gweler **cychwyn, dechrau**

dibynnol, dibynadwy
dibynnol   yn pwyso ar arall am gynhaliaeth
> Mae'n ddibynnol ar ei dad am arian.

dibynadwy   y gellir dibynnu arno
> Jim, nid John, yw'r mwyaf dibynadwy o'r efeilliaid.

dilynol, canlynol gweler **canlynol, dilynol**

dim ond, ond
dim ond   *only*
> Dim ond pump oedd yn y ras.

Mae *Ond pump oedd yn y ras* yn anghywir.

ond   *but*
       Daeth yr ymchwilwyr i'r adran ddoe ond ni chawsant eu plesio.
       Euthum i'r cae rasio ond dim ond i gefnogi.

dirwyo, dirywio
dirwyo   gosod cosb ariannol
       Yr oedd yn ffodus mai ei ddirwyo a wnaed, ac nid ei garcharu.

dirywio   mynd yn waeth, gostwng o ran safon
       Credir bod safon addysg yn dirywio gan na all cymaint o blant ddarllen yn awr ag a allai flynyddoedd yn ôl.

diwethaf, olaf
diwethaf   yn dod ar y diwedd neu'r terfyn, hynny yw, diwedd cyfres hyd yn hyn *latest, most recent*
       John oedd y diwethaf i ymuno â'r clwb.
       Yr wythnos ddiwethaf cynhaliwyd cwrs roc yn y Neuadd Fawr.

olaf   yn dod ar y diwedd neu'r terfyn, heb un arall yn dilyn
       Wythnos olaf y gwyliau yw hon.
       John ddaeth yn olaf yn y ras.

diwylliadol, diwylliannol, diwylliedig
diwylliadol   yn ymwneud â diwylliant; mae sawr ychydig yn hen ffasiwn i'r gair erbyn hyn a thueddir i ddefnyddio *diwylliannol*
       Penderfynodd cymdeithas ddiwylliadol y capel godi cwmni drama.

diwylliannol   yn ymwneud â diwylliant *cultural*
       Cynhelir cymdeithas ddiwylliannol yn y pentref a gwahoddir beirdd, llenorion ac arlunwyr yno i annerch.

diwylliedig   wedi ei ddiwyllio gan addysg, ffrindiau, hyfforddiant, ac ati, a'r meddwl wedi'i ddatblygu
       Mae'n rhaid ei fod yn ddyn diwylliedig os yw wedi darllen holl farddoniaeth yr ugeinfed ganrif.

dwli, dwlu
    dwli   gwiriondeb, lol
                   'Wfft i dy ddwli!' meddai.
    dwlu   gwirioni, mynd yn ddwl
                   Mae hi wedi dwlu ar y bachgen.

dyfeisio, darganfod gweler **darganfod, dyfeisio**

effaith, canlyniad gweler **canlyniad, effaith**

effeithiol, effeithlon
    effeithiol   yn dwyn ffrwyth, yn gadael argraff neu ddylanwad da; yn cael yr effaith a ddymunir *effective*
                     Amser yn unig a ddengys a fu'r therapi'n effeithiol.
                     Mae yn y cwmni benaethiaid effeithiol.
    effeithlon   yn cael yr effaith a ddymunir yn y modd gorau, yn gweithredu'n rhwydd *efficient*
                     Rhaid defnyddio ynni yn fwy effeithlon.

eisoes, yn barod
    eisoes   cyn hyn *already*
                   Mae Dr Lamb eisoes wedi gwneud cyfraniad sylweddol i'r adran Radiograffeg.
    yn barod   yn fodlon *ready*
                   Nid yw'r adran yn barod i newid ei strwythur.
                   Mae swper yn barod.

enllib, athrod gweler **athrod, enllib**

er, ers
    er   mae'n nodi mesur o amser gan ddweud pryd mae'r amser hwnnw'n dechrau; gellir defnyddio *oddi ar* os oes amwyster
                   Bûm ar y staff er 1981.
    ers   mae'n nodi mesur o amser ond nid yw'n dweud pryd yn union mae'r cyfri'n dechrau
                   Bûm ar y staff ers blynyddoedd.

Am fwy o fanylder, gweler t. 361.

erioed, byth gweler **byth, erioed**

ewin, ewyn, gewyn
- ewin — y darn caled ar flaen allanol bysedd y llaw a'r droed (nid *g*ewin)
  > Torrodd ewin bawd ei droed yn y gêm rygbi.
- ewyn — y berw sy'n ffurfio ar frig ton
  > Torrodd y tonnau a thasgu'r ewyn dros y ceir oedd wedi eu parcio ar lan y môr.
- gewyn — llinyn sy'n dal cyhyr wrth asgwrn neu ran arall o'r corff
  > Mae tynnu gewyn yn brofiad poenus iawn.

gallu, medru
- gallu — modd neu gyflwr abl i wneud rhywbeth, â chymhwyster a nerth i wneud *ability*
  > Nid yw'r adeiladydd yn gallu codi pwysau gan iddo frifo'i law.
- medru — â medr neu ddawn *skill*
  > Mae'n medru gyrru car ond nid yw'n mwynhau gwneud hynny.
  > Er ei fod yn medru'r Gymraeg, nid yw'n fodlon ei siarad.

Erbyn hyn, fodd bynnag, mae tuedd i beidio â gwahaniaethu rhyngddynt o ran ystyr.

gartref, cartref, adref gweler **adref, cartref, gartref**

gostyngiad, lleihad
- gostyngiad — mynd yn is ei safon, yn is ei lefel, neu'n is o ran pris neu werth
  > Bu gostyngiad yn safon y gwasanaeth yn ystod y mis diwethaf.
  > Bu gostyngiad yng ngwerth y bunt heddiw.
- lleihad — lleihad mewn niferoedd neu mewn maint
  > Achosodd y lleihad yn niferoedd y di-waith lawenydd mawr.
  > Bu lleihad ym maint caeau'r arfordir oherwydd erydu.

gostyngol, gostyngedig
gostyngol   wedi ei ostwng (am bris neu werth)
           Gwerthir dillad am bris gostyngol ym mis Ionawr.
gostyngedig   diymhongar, heb fod yn falch
           Mae dyn gostyngedig yn rhoi lles eraill yn uwch na'i gysur ei hun.

grug, yn gryg gweler crug, cryg, yn gryg, grug

gwaeth, gwaith
gwaeth   gradd gymharol yr ansoddair *drwg*
           Wedi cael ail blentyn yr oedd ei amgylchiadau byw yn waeth o lawer.
gwaith   gorchwyl, tasg
           Gwaith pleserus yw paratoi cinio Sul.
gwaith   oherwydd
           'Waith rwy'n dy weld, y feinir fach, yn lanach lanach beunydd.'
gwaith   y waith hon = y tro hwn, achlysur
           Bu'n rhaid i mi ddweud wrtho bedair gwaith cyn iddo wrando.

gwario, treulio
gwario   gwario arian
           Bûm yn gwario arian yn y dref fore Sadwrn.
treulio   treulio amser; treulio bwyd; dillad wedi treulio
           Fe hoffwn dreulio rhagor o amser gyda'r teulu.
           Wedi troi'r pedwar ugain oed, câi fwy o drafferth i dreulio bwyd.
           Pythefnos fu'r bachgen cyn treulio'r trowsus yn dwll.

gweini, gweinyddu
gweini   gwasanaethu, bod at alwad
           Sylwais ar y ferch drws nesaf yn gweini wrth y byrddau yn y wledd briodas.
gweinyddu   cymryd y brif ran mewn gwasanaeth crefyddol
           Tad y briodferch oedd yn gweinyddu'r briodas gan ei fod yn weinidog.
gweinyddu   cario allan gofynion deddf, ac ati, cadw trefn

　　　　　　　a rheolaeth ar waith mewn swyddfa neu fusnes
　　　　　　　　Gweinyddu gohebiaeth a thaliadau'r cwmni yw ei swydd.

gwiw, gwyw
　　gwiw　　　addas, gweddus, gwych, rhagorol
　　　　　　　　Nid oes wiw imi dorri'r gyfrinach.
　　gwyw　　　wedi gwywo, yn dechrau crino, difywyd
　　　　　　　　Daeth yn bryd taflu'r blodau gwyw – maent yn
　　　　　　　　dechrau drewi.

gŵyl Dewi, gŵyl Ddewi
　　gŵyl Dewi　　ar gyfer dathlu gŵyl genedlaethol
　　　　　　　　Cynhelir bore coffi gŵyl Dewi yn yr Ysgol Gymraeg.
　　gŵyl Ddewi　ar gyfer dathlu gŵyl eglwysig
　　　　　　　　Cynhelir gwasanaeth gŵyl Ddewi yng nghapel y coleg.

Felly os trinnir *Dewi* fel ansoddair, fe'i treiglir; os trinnir *Dewi*
fel enw genidol ni threiglir ef. Ond nid yw'r gwahaniaeth mor
bendant ag y bu, ac nid bob amser y gwahaniaethir rhyngddynt.
Mater o fympwy ac arfer ydyw bellach pa un ai treiglo ai peidio.
Serch hynny ni ddylid hepgor y treiglad yn *Gŵyl Fair*.

hael, haul
　　hael　　　caredig, parod i roi
　　　　　　　　Mae rhai yn fwy hael na'i gilydd pan ddaw'n amser
　　　　　　　　cyfrannu at elusennau.
　　haul　　　y corff y mae'r byd yn troi o'i gwmpas gan
　　　　　　　dderbyn golau a gwres oddi wrtho
　　　　　　　　Mae wyth planed yn troi o gwmpas yr haul.

hid, hud, hyd
　　hid　　　sylw, coel
　　　　　　　　Paid â chymryd dim hid (sylw).
　　　　　　　　Dywedodd y byddai yma am naw ond nid oes
　　　　　　　　gronyn o hid (goel) arno.
　　hud　　　swyn, lledrith
　　　　　　　　Straeon hud a lledrith sydd orau gan blant.
　　hyd　　　mesur o faint
　　　　　　　　Mesurodd hyd a lled y bwthyn cyn cynnig pris amdano.

hyd	ysbaid
	Fe gadwaf y ddogfen am ryw hyd ond nid yn barhaol.
hyd	tan
	Byddaf yn byw yn y bwthyn o hyn hyd y Pasg.

Mae'r cyfuniadau *hyd at, ar hyd,* ac *o hyd* yn rhai a ddefnyddir yn aml.

hyd at	mor bell â
	Cerddodd y darpar brynwr y fferm hyd at ei therfyn.
ar hyd	*along*
	Cerddodd ar hyd y clogwyn.
o hyd	*always*
	Byddaf yn meddwl amdano o hyd ac o hyd.

Ar dreiglo yn dilyn *hyd,* gweler t. 373, ond ni cheir treiglad yn dilyn *ar hyd.*

hin, hi'n, hun, hyn, hŷn

hin	tywydd; mae ychydig yn hen ffasiwn mewn rhai tafodieithoedd erbyn hyn
	Os yw'r hin yn ffafriol fe awn i lan y môr.
hi'n	hi yn
	Am boblogaeth Nigeria, dywedir ei bod hi'n ymrannu'n bedwar prif grŵp, sef yr Hausa a'r Fulani yn y gogledd, a'r Yoruba a'r Ibo yn y de.
hun	cwsg; mae'n air hen ffasiwn bellach
	Hun ni ddaw heno.
hun	hunan
	Af yno ar fy mhen fy hun.
hyn	rhagenw dangosol unigol diryw, a rhagenw dangosol lluosog
	Mae'r ddwy enghraifft hyn yn eithriadau i'r rheol.
hŷn	gradd gymharol yr ansoddair *hen*
	Mae Elaine flwyddyn a diwrnod yn hŷn na'i ffrind.

hysbysebu, hysbysu

hysbysebu	datganiad neu rybudd yn y wasg, ar boster, ar y teledu neu'r radio, neu mewn mannau neu

	ar gyfryngau cyhoeddus eraill *to advertise*
	Mae'r diwydiant hysbysebu yn gwneud elw mawr.
hysbysu	gwneud ffaith yn wybyddus i berson neu bobl eraill *to inform*
	Byddai'n well hysbysu pawb am hyn ymlaen llaw er mwyn osgoi helynt.

ichi/ichwi, i chi/i chwi

Mae'r rhain yn gyfystyr, a gellir defnyddio'r naill ffurf neu'r llall dim ond eich bod yn gyson. Argymhellir hepgor y ffurfiau *ichwi/ i chwi* heblaw mewn cyd-destunau lle dymunir cyfleu naws hen ffasiwn.

> **Dyna'r sôn, ichi gael gwybod.**
> **Dyna'r sôn, i chi gael gwybod.**

Defnyddiwch yr ail ffurf os oes angen pwysleisio'r rhagenw.
> **I *chi* y prynais i'r siocled, nid iddo ef.**

im, i'm

im	i mi; mae'n ffurf hen ffasiwn erbyn hyn
	Rhoddodd im rosyn coch ar ddydd Santes Dwynwen.
i'm	i fy; mae'r *'m* yn rhagenw mewnol genidol a gwrthrychol
	Daeth i'm gweld yn yr ysbyty.
	Daeth i'm cartref i aros.

imi, i mi

Mae'r rhain yn gyfystyr, a gellir defnyddio'r naill ffurf neu'r llall dim ond eich bod yn gyson.
> **Byddai'n well imi dewi.**
> **Byddai'n well i mi dewi.**

Defnyddiwch yr ail ffurf os oes angen pwysleisio'r rhagenw.
> **I *mi* y prynodd y blodau, nid i ti.**

Mae'r ffurfiau *in, i'n/inni, i ni* yn gweithio yn ôl yr un egwyddor.

ir, i'r

ir	yn llawn sudd, ffres, gwyrddlas
	Rhwbiwch ddail tafol ir ar bigiadau danadl poethion.

i'r   to the
        Gwnaeth gyfraniad disglair i'r Ganolfan Gerdd yn ystod ei oes fer.

iti, i ti (fel gydag **ichi, im, imi** uchod)
Mae'r rhain yn gyfystyr, a gellir defnyddio'r naill ffurf neu'r llall dim ond eich bod yn gyson.
        Rhoddaf iti'r fodrwy hon.
        Rhoddaf i ti'r fodrwy hon.

Defnyddiwch yr ail ffurf os oes angen pwysleisio'r rhagenw.
        I *ti* y prynais i'r tocyn, nid iddo ef.

i'w, yw
    i'w   i ei (unigol, gwrywaidd a benywaidd); i eu (lluosog)
            Aeth i'w weld ef yn yr ysgol fonedd.
            Aethant i'w chyfarfod hi tu allan i'r Hilton.
            Aethom i'r oriel gyhoeddus i'w cyfarfod hwy.
    yw   ydyw
            Ef yw tad y gantores.

llaeth, llaith
    llaeth hylif gwyn a gynhyrchir gan famaliaid benyw i fwydo'u rhai bach
            Cwtogwyd ar y cwotâu llaeth eleni.
    llaith *damp*
            Cwynodd y pensaer fod yr adeilad yn llaith.

lleihad, gostyngiad gweler **gostyngiad, lleihad**

llin, llun, llyn, Llŷn
    llin   llinach, tras
            Mae'n dda ganddo nad yw o lin brenhinoedd gan mai un di-sut ydyw.
    llin   planhigyn a dyfir er mwyn gwneud lliain o'i ffibrau
            Gwisgai siaced wedi'i gwneud o lin ac edrychai'n ddigon blêr.
    llun   darlun, ffotograff
            Gwrthododd Oriel Môn brynu llun gan Harry Hughes eleni.

llyn	cronfa o ddŵr a amgylchynir gan dir
	Llyn Superior yw'r llyn mwyaf yng ngogledd America.
Llŷn	ardal yn yr hen sir Gaernarfon
	Cilfach gerllaw Aberdaron yn Llŷn yw Porth Meudwy.

llus, llys

llus	planhigyn sy'n dwyn aeron mân, glas tywyll
	Os casglwch ormod o lus fe gewch boen cefn, yn ogystal â phoen bol ar ôl eu bwyta.
llys	plas
	Yr oedd llys Ifor Hael yn lle da am anrhegion.
llys	llys barn
	Gwrandewir yr achos yn Llys y Goron, Caernarfon.
llys	corff llywodraethol sefydliad
	Bydd aelodau o Lys yr Eisteddfod Genedlaethol yn cyfarfod yma ddydd Sadwrn.

mae, mai

mae	trydydd person unigol presennol y ferf *bod*
	Mae'r gwaith yn y lofa wedi dod i ben.
mai	taw *that*
	Dywedodd mai ti fydd ei olynydd.
	(mae'r ffurf *os mai/taw* yn ansafonol)

mae, sudd, sy, sydd

mae	trydydd person unigol presennol mynegol y ferf *bod*
	Mae'n hawdd camddefnyddio comâu.
sudd	y gwlybaniaeth a ddaw o ffrwyth neu blanhigyn
	Gwerthir sudd grawnwin yn y bwyty hwn.
sy, sydd	ffurf dalfyredig ar drydydd person unigol presennol mynegol (perthynol) y ferf *bod* yw *sy*, a *sydd* yw'r ffurf lawn (fe'i defnyddir fel *who, which* yn Saesneg); defnyddir *sy* o flaen sillgoll, a *sydd*, fel arfer, o flaen llafariad neu *i/w* gytsain
	Pwy sy'n poeni?
	Ef sydd yma gyntaf, fel rheol.
	Pwy sydd wedi bwyta'r bisgedi a gadael y bocs?

mae'n, maen, main

mae'n	mae yn
	Mae'n rhaid denu gwirfoddolwyr i'n helpu.
maen	carreg
	Y dyddiau hyn mae'n anodd dod o hyd i saer maen crefftus.
maen	maent [hwy]
	Heno maen nhw'n mynd i sglefrio.
main	cul, heb fod yn llydan
	I dynnu llo, mae'n rhaid wrth law fain.

mae'r, maer

mae'r	trydydd person unigol presennol y ferf *bod* + bannod
	Mae'r aduniad wedi ei drefnu ar gyfer 4 Mai 1994.
maer	pennaeth cyngor dinas neu fwrdeistref
	Collodd y maer ei gadwyn a bu'n rhaid iddo dalu am ail un.

maeth, maith

maeth	cynhaliaeth
	Cyn mentro i'r oerfel yn y bore mae angen maeth ar y corff.
maith	hir o ran amser; helaeth
	Nid oeddwn wedi ei gweld ers amser maith ac roedd wedi heneiddio yn y cyfamser.

medru, gallu gweler **gallu, medru**

mewn, yn

mewn	defnyddir *mewn* o flaen enw amhenodol
	Bu'n gweithio mewn amgueddfa yng Nghaerdydd.
yn	defnyddir *yn* o flaen enw pendant
	Bu'n gweithio yn yr Amgueddfa Genedlaethol yng Nghaerdydd.

Weithiau mae'r enw'n ymddangos yn amhenodol, ond mewn gwirionedd mae'n benodol.

> Nid oes gwres mewn rhai eglwysi, hyd yn oed ganol gaeaf.
> (eglwysi = enw amhenodol)
> Nid oes gwres yn rhai o'r eglwysi, hyd yn oed ganol gaeaf.
> (eglwysi = enw penodol, yn cyfeirio at restr o eglwysi penodol)

moesgar, moesol
moesgar   o ymddygiad da, cwrtais
> Trafodai'r meddyg y broblem yn foesgar ac yn llawn cydymdeimlad.

moesol   yn ymwneud ag egwyddorion da a drwg
> Wrth eu gwaith mae'n rhaid i feddygon wynebu ystyriaethau moesol yn ogystal â rhai meddygol.

mynedfa, mynediad
mynedfa   ffordd i fynd i mewn ac allan
> Safai'r picedwyr yn y brif fynedfa gan rwystro gweithwyr rhag mynd i mewn.

mynediad   y weithred o fynd, neu o fynd i mewn
> Cynhelir y cyngerdd nos yfory am wyth – mynediad trwy docyn.

nac, nag, nâg
nac   gwaith *nac* yw cysylltu geiriau sy'n dechrau â llafariad mewn brawddeg negyddol
> Nid wyf i'n hoff o addurniadau arian nac aur.

nag   defnyddir *nag* o flaen llafariad ar ôl ansoddair cymharol
> Yr wyf yn dalach nag ef.

nag   defnyddir *nag a* mewn cymal perthynol os yw'r hyn y mae'r rhagenw perthynol yn cyfeirio ato yn oddrych y ferf
> Yr oedd yno lai o bobl heddiw nag a oedd yno ddoe.

nag   defnyddir *nag y* mewn cymal gyda gradd gyfartal neu gymharol ansoddair
> Fe fyddwch chi'n hoffi'r llyfr hwn yn fwy nag y gwnaethoch chi'r llall.

nâg   ateb negyddol, gwrthodiad, nacâd; bellach mae'n air hen ffasiwn
> Bydd nâg yn troi'n fendith iti ryw ddiwrnod.

nepell, nid nepell
nepell   pell
> Codai'r mwg i'r awyr dros y pentref nesaf, nepell oddi yma.

Y Golygiadur

nid nepell   agos
> Roedd y fynwent nid nepell o'r eglwys; nid oedd angen cerbyd i fynd yno.

o flaen, cyn gweler **cyn, o flaen**

oedd, a oedd gweler **a oedd, oedd**

olaf, diwethaf gweler **diwethaf, olaf**

ond, dim ond gweler **dim ond, ond**

o'r bron gweler **bron, o'r bron**

os, a gweler **a, os**

os, pe

os — a bwrw bod; defnyddir *os* i gyflwyno amod rhesymol, hynny yw i gyflwyno syniad sy'n bosibl (mae'r cyfuniad *os mai/taw* yn ansafonol)
> Os daw yma heno (mae'n bosibl y daw yma, neu na ddaw, cawn weld) **dywedwch nad wyf am ei weld.**
> Os y dyn hwnnw sy'n gyfrifol, fe'i cyhuddir gan yr heddlu.

pe — a bwrw bod; defnyddir *pe* i gyflwyno amod afreal, hynny yw i gyflwyno syniad sy'n annhebygol o gael ei wireddu
> Pe bai dy fam gartref (nid yw yno, fel y gwyddom), byddai popeth yn iawn.

pa, pwy

pa — *what, which;* defnyddir *pa* i ofyn cwestiwn ac mae bob amser yn dod o flaen enw
> Pa amser o'r dydd yw hi?
> I ba gyfeiriad mae'r môr?

pa — *which* pan nad ydych yn gofyn cwestiwn
> Mae'n esbonio pa ffordd yw'r un gyflymaf i Gaerdydd.

pwy — *who;* defnyddir *pwy* i ofyn cwestiwn ynglŷn â pherson ond nid am bethau; mae'n dod o flaen berf
> Pwy yw'r wraig acw?
> Pwy ganodd y gloch dân? (hynny yw, Pwy oedd y person a ganodd y gloch dân?)

Peidiwch â defnyddio *pwy* i ofyn cwestiwn sy'n ymwneud â pheth.
> Pwy liw oedd y drws cefn? anghywir
> Pa liw oedd y drws cefn? cywir

Peidiwch chwaith â defnyddio *pwy* yn lle *pa = which*.
> Fe esboniaf pwy gamgymeriadau y dylid eu cywiro. anghywir
> Yr wyf am esbonio pa gamgymeriadau y dylid eu cywiro. cywir

pan, pryd
pan	*when*
	Pan oedd Clive Jones yn rheolwr y dechreuodd y dirywiad.
	Dewch draw pan fydd amser yn caniatáu.
pryd	defnyddir *pryd* i ofyn cwestiwn; *when?*
	Pryd mae swper heno?
pryd	adeg, amser, achlysur
	Dewch draw unrhyw bryd.
	Y pryd hwnnw roedd mynd ar sgertiau mini.
pryd	golwg, gwedd
	Bachgen pryd golau yw Llion Jenkins.
pryd	bwyd
	Fe wnaf bryd da i swper heno gan fod yr Aelod Seneddol yn aros acw.

At ei gilydd defnyddiwch *pan* mewn gosodiad, a *pryd* i ofyn cwestiwn. Peidiwch â defnyddio *pryd* i olygu *when* ac eithrio mewn cwestiwn.

> Pryd oedd Huw Huws yn brifathro fe gafwyd canlyniadau rhagorol. anghywir
> Pan oedd Huw Huws yn brifathro fe gafwyd canlyniadau rhagorol. cywir

parhaodd, parodd
parhaodd	trydydd person unigol gorffennol mynegol y ferf *parhau*
	Parhaodd y cyngerdd am dros dair awr.
	Am dair wythnos y parhaodd yr heddwch.
parodd	trydydd person unigol gorffennol mynegol y ferf *para*
	Parodd y cyngerdd am dros dair awr.
	Am dair wythnos y parodd yr heddwch.

parodd achosodd, creodd, trydydd person unigol gorffennol mynegol y ferf *peri*
Parodd y ffrae dristwch mawr i'r teulu.

parhaol, parhaus, parhad
parhaol *lasting*
Trefniant parhaol yw gosod y fflat i'r hen wraig – caiff fyw yno weddill ei hoes.
parhaus *continual*
Mae'r pennaeth yn cwyno'n barhaus am ei staff – nid oes taw arno.
parhad *continuation*
Gwyliwch yr wythnos nesaf pan fydd parhad i'r stori gyfres gyffrous hon.

pe, os gweler **os, pe**

pellhad, pellhau, pellter
pellhad symudiad ymhell
Daeth y nofelydd ag elfen o bellhad i'w ysgrifennu drwy osod ei nofel yn y gorffennol.
pellhau symud draw, mynd ymhellach
Gwyliwn y trên yn pellhau bob eiliad.
pellter y mesur rhwng dau le
Deunaw milltir yw'r pellter rhwng Aberystwyth a Machynlleth.

Penllyn, Pen Llŷn
Penllyn sef, yn fras, ardal y Bala
Yng nghanol Penllyn mae Llyn Tegid.
Pen Llŷn sef y penrhyn sy'n ymestyn, yn fras, o Borthmadog
Bu pysgota'n fywoliaeth i nifer o drigolion Pen Llŷn.

personiaid, personau
personiaid offeiriaid, clerigwyr
Mae prinder personiaid Cymraeg eu hiaith ym mhlwyfi cefn gwlad Cymru.
personau unigolion
A wna'r personau canlynol gysylltu â Swyddfa'r Heddlu?

Byddai'n ddoeth osgoi defnyddio'r gair *person* yn yr unigol, a'i gyfnewid am y gair *rhywun* os oes modd.

peri, pery
- peri   achosi
  - Yr oedd ei blant wedi peri loes iddo.
- pery   trydydd person unigol presennol y ferf *parhau*; mae'n parhau
  - Pery'r cof am y rhyfel yn hir.

prif, pryf
- prif   pennaf, mwyaf, uchaf
  - Prif ddiben y cylchgrawn yw cadw cysylltiad rhwng cyn-fyfyrwyr y coleg a'i gilydd.
- pryf   trychfil, pryfyn
  - Roedd dau bryf yn chwarae o gwmpas golau'r lamp.

prydau, prydiau
- prydau   ffurf luosog *pryd* sy'n golygu'r bwyd a'r ddiod a geir adeg pryd bwyd
  - Mae prydau ardderchog i'w cael yng Nghaffi'r Bont.
- prydiau   ffurf luosog *pryd* sy'n golygu *adeg, achlysur*
  - Rwy'n teimlo'n agos ato ar brydiau.

rheibio, treisio
- rheibio   bwrw swyn
  - Credai'r ffermwr fod gwrach Cors Fochno wedi rheibio'i anifeiliaid gan fod pob llo yn farwanedig.
- treisio   *rape*
  - Mae nifer cynyddol o ferched yn cario chwiban erbyn hyn oherwydd eu bod yn ofni cael eu treisio.
- treisio   *commit violence*
  - Teimlai Henry Richard y byddai bywyd y fyddin yn treisio'i gydwybod.

rhestri, rhestru
- rhestri   mwy nag un rhestr
  - Mae'r rhestri aros yn mynd yn hwy bob dydd.
- rhestru   cofnodi, creu rhestr
  - Pan ddaeth y swyddog i restru enwau y digwyddodd yr helynt.

rhesymegol, rhesymol
- rhesymegol   yn unol â rhesymeg *logical*
  > Profodd y gwyddonydd bob cam yn rhesymegol cyn symud ymlaen i'r cam nesaf.
- rhesymol   synhwyrol, teg
  > O ystyried ei bod yn aeaf, roedd pris y ffrwyth yn rhesymol.

rhu, rhy
- rhu   sŵn cras ac uchel, er enghraifft gan lew
  > Cafodd y plentyn fraw pan glywodd ru'r llew.
- rhy   mae ef yn rhoi, talfyriad o *rhydd*
  > Rhy glod uchel i'r ferch yn ei dystlythyr.
- rhy   gormod *too (much)*
  > Mae'r jam yn rhy felys.

rhyddhad, rhyddid
- rhyddhad   gwaredigaeth, gollyngdod
  > Yr oedd yn rhyddhad i'r fam glywed bod ei merch yn ddiogel.
- rhyddid   y cyflwr o fod yn rhydd
  > Ymgyrchodd yn egnïol i sicrhau rhyddid i bob caethwas.

safbwynt, safle, sefyllfa
- safbwynt   ffordd o edrych ar beth, agwedd
  > Yr wyf wedi gwneud fy safbwynt yn hollol eglur trwy wrthwynebu'r datblygiad.
- safle   man y sefir arno, yn ddaearyddol ac o ran swydd
  > Codir amlosgfa ar y safle hwn.
  > Mae ei safle yn y cwmni'n ddiogel.
- sefyllfa   man, cyflwr
  > Yn y sefyllfa ariannol sydd ohoni, dylem fod yn ofalus.

sir, sur, syr
- sir   rhan o wlad neu dalaith
  > Mae sir Dyfed wedi diflannu i ebargofiant.
- sur   â blas cas, chwerw
  > Gadawyd y menyn yn y gwres yn rhy hir ac aeth i flasu'n sur.
- syr   teitl marchog neu farwnig; fe'i defnyddir hefyd yn arwydd o barch

Syr Wyn Roberts sy'n gyfrifol am y mesur.
'Esgusodwch fi, syr,' meddai'r bachgen wrth
gyrraedd yn hwyr.

sudd, sydd gweler **mae, sudd, sy, sydd**

sydd, mae gweler **mae, sudd, sy, sydd**

synhwyrol, synhwyrus
- synhwyrol   yn meddu synnwyr, rhesymol
  Yr oedd y Barnwr Hughes yn ddyn synhwyrol
  a wyddai sut i drin pobl a sefyllfaoedd.
- synhwyrus   yn teimlo'n ddwys, a'r holl synhwyrau'n effro
  ac yn flaenllym
  Yr oedd Wordsworth yn fardd synhwyrus a deimlai'n
  un â natur.

taer, tair
- taer   brwdfrydig, diwyd, difrifol
  Dadleuodd yn daer am estyniad amser.
- tair   ffurf fenywaidd *tri*
  Dim ond tair ochr oedd hyd y traethawd estynedig.

tebygolrwydd, tebygrwydd
- tebygolrwydd   yr hyn a ddisgwylir
  Ni wn i sicrwydd pa bryd y daw ond y tebygolrwydd
  yw mai ar 3 Medi y bydd hynny.
- tebygrwydd   bod yn gyffelyb i
  Mae'r tebygrwydd rhyngddo ef a'i dad yn drawiadol.

ti, tu, tŷ
- ti   *you*
  Ti ddylai fodelu'r gwisgoedd hyn.
- tu   ochr
  Mae'r hysbyseb ar du blaen y cylchgrawn.
- tŷ   adeilad i fyw ynddo
  Prynodd dŷ ac iddo bedair ystafell wely.

treisio, rheibio gweler **rheibio, treisio**

treulio, gwario gweler **gwario, treulio**

wedi, ar ôl gweler **ar ôl, wedi**

ynghau, ar gau gweler **ar gau, ynghau**

ynghylch, yng nghylch
   ynghylch   ynglŷn â
>Fore Mawrth diwethaf yr oedd ynghylch ei waith yn gynnar.

   yng nghylch yng nghwmni, o fewn cylch cydnabod; gellir hefyd ddefnyddio *yng nghylchoedd* yn yr un cyd-destun
>Hoffai droi yng nghylch y Gymdeithas Gelf.
>Hoffai droi yng nghylchoedd y Gymdeithas Gelf.

ymddeol, ymddiswyddo
   ymddeol   rhoi'r gorau i swydd oherwydd oedran neu afiechyd *retire*
>Bydd Elwyn Jones yn ymddeol ar 31 Mawrth er nad yw eto'n drigain oed.

   ymddiswyddo rhoi'r gorau i swydd am reswm heblaw oedran neu afiechyd *resign*
>Bu'n rhaid i bennaeth un o sefydliadau amlycaf Cymru ymddiswyddo ar ôl cyfaddef iddo gamymddwyn ar drip tramor.

ymhen, ym mhen

Defnyddir *ymhen* i ddynodi amser ac *ym mhen* i nodi lleoliad.
   ymhen   ar derfyn
>Byddaf yn gwybod yr ateb ymhen tridiau.

   ym mhen ar derfyn
>Cododd gwt ym mhen draw'r ardd.

   ym mhen yn ei ben, yn ei phen
>Mae cerdd newydd ym mhen fy ffrind a bydd yn ei rhoi ar bapur pan fydd yn gwbl hapus â hi.

ymhob, ym mhob

Gellir defnyddio *ymhob* neu *ym mhob* yn ôl eich dymuniad i olygu *in every*, dim ond eich bod yn gyson; mae dau air yn rhoi mwy o bwyslais ac yn fwy penodol.
   ymhob   ymhob *in every*
>Ymhob peth, diolchwch.

ym mhob	*in every*
	Mae'n arbenigo ym mhob maes ieithyddol.

yn, mewn gweler **mewn, yn**

yn barod, eisoes gweler **eisoes, yn barod**

yw, i'w gweler **i'w, yw**

yw, mae gweler **mae, yw**

undeb, undod, uned, uniad
undeb	nifer o weithwyr wedi ymffurfio'n gymdeithas i amddiffyn eu lles
	Gwrthododd y ferch newydd ymuno â'r undeb a chreodd hynny lawer o ddrwgdeimlad yn y ffatri.
undod	un peth cyfan, sy'n dal at ei gilydd fel petai'n un
	Mae'n rhaid cadw undod ymhlith y gweithwyr neu fe geir chwalfa fawr.
uned	*unit*
	Lleolwyd y ffatri newydd mewn uned bwrpasol ar y stad ddiwydiannol.
uniad	y weithred o uno neu asio
	Crewyd cwmni newydd a chryf o uniad y ddwy gorfforaeth.

yr holl, yr oll
yr holl	Mae *holl* yn ansoddair ac fe'i defnyddir o flaen enw.
	Gwnaeth dywydd braf dros yr holl wlad.
yr oll	Mae *oll* yn rhagenw sy'n golygu 'y cwbl, y cyfan, popeth, pawb'.
	Mae'r oll yn gysegredig.

Mae'n anghywir defnyddio *yr oll (o)* yn lle *y cwbl (o)*, neu *y cyfan (o)*.

yw, i'w gweler **i'w, yw**

Dywediadau

Priod-ddull, neu idiom, yw ffordd o ddweud. Priod-ddull Cymraeg yw ffordd neu ddull o ddweud sy'n briodol, yn neilltuol, i'r Gymraeg (er bod gan y Gymraeg a'r Saesneg nifer o briod-ddulliau tebyg). Yn aml nid oes modd cyfieithu priod-ddull air am air. Ystyr *hel tai* yw mynd o gwmpas tai i straea, sef i godi clecs ac i daenu rhagor ohonynt; ni ellir cyfieithu *hel tai* yn *collect houses*. Ymadroddion darluniadol yw nifer o'r priod-ddulliau hyn ac maent yn weddol amlwg eu hystyr, er enghraifft *cau'r drws ar ei ddannedd*, sef cau'r drws yn ddiseremoni yn wyneb rhywun.

Ond mae'n beryglus gorddefnyddio priod-ddulliau. Hyd yn oed yn y llenyddiaeth orau, gallant fynd yn fwrn. Perygl pellach yw diffyg cysondeb a chymysgu priod-ddulliau gwahanol dafodieithoedd. Ni fyddai neb a fagwyd ym Mlaenau Ffestiniog yn ysgrifennu *mas draw* mewn llythyr, fwy nag y byddai brodor o Lanelli yn ysgrifennu *ers talwm*. Mae yna briod-ddulliau lleol yn ogystal â rhai sy'n gyffredin i Gymraeg pob ardal. Rhestrir isod ddetholiad o deitlau a allai fod o gymorth.

- R. E. Jones, *Idiomau Cymraeg: y Llyfr Cyntaf* (Abertawe: Tŷ John Penri, 1995)
- R. E. Jones, *Ail Lyfr o Idiomau Cymraeg* (Abertawe: Tŷ John Penry, 1997)
- C. P. Cule, *Cymraeg Idiomatig* (Y Bont-faen: D. Brown, 1971)

Rhestrau sy'n seiliedig ar iaith lafar ardaloedd penodol yw'r cyfrolau a ganlyn:
- Lynn Davies, *Geirfa'r Glöwr* (Caerdydd: Amgueddfa Werin Cymru, 1976)
- Bruce Griffiths a David Thomas, *Gwerin-eiriau Maldwyn* (Bangor: Llygad yr Haul, 1981)
- Erwyd Howells, *Cof gorau, cof llyfr* (Aberystwyth: Canolfan Astudiaethau Addysg, 2001): ardal Ceredigion
- Bedwyr Lewis Jones, *Blas ar Iaith Llŷn ac Eifionydd* (Llanrwst: Gwasg Carreg Gwalch, 1987)

- Bedwyr Lewis Jones, *Iaith Sir Fôn* (Bangor: Llygad yr Haul, [1983])
- John Jones 'Myrddin Fardd', *Gwerin-eiriau Sir Gaernarfon* (Bangor: Llygad yr Haul, 1979)
- Owen John Jones, *Dywediadau Cefn Gwlad* (Dinbych: Gwasg Gee, 1977): ardal Llŷn ac Eifionydd
- Mary Wiliam, *Blas ar Iaith Blaenau'r Cymoedd* (Llanrwst: Gwasg Carreg Gwalch, 1990)
- Siân Williams, *Ebra Nhw* (Caernarfon: Gwasg Gwynedd, 1981)

Am restrau o ddiarhebion, gweler y cyfrolau a ganlyn:
- D. Geraint Lewis, *Y Diarhebion* (Talybont: Y Lolfa, 2022)
- J. J. Evans, *Diarhebion Cymraeg* (Llandysul: Gwasg Gomer, 1988)
- Mary Wiliam, *Dawn Ymadrodd* (Llandysul: Gwasg Gomer, 1978)

Gyda'r holl ymwneud rhwng cenhedloedd y byd, y tebygolrwydd yw fod pob iaith yn cwyno am ymyrraeth iaith neu ieithoedd eraill â'i chystrawen a'i hidiomau. Mae'r Saeson yn cwyno am ddylanwad Americaneg, a'r Ffrancwyr yn poeni am ddylanwad y Saesneg, lawn cymaint ag mae'r Cymry Cymraeg yn cwyno am ddylanwadau estron ar y Gymraeg. Trosi cystrawen ac idiom Saesneg i'r Gymraeg yw un o'n pryderon pennaf.

Mae dau gategori o ddywediadau dan sylw yma. Y cyntaf yw ymadroddion cyffredin, bob dydd – y ffordd Gymraeg o fynegi rhywbeth syml. Er enghraifft, mae'r gystrawen *mae gen i* yn cael ei disodli gan *fi gyda* ymhlith rhai carfanau heddiw. Yr ail gategori yw priod-ddulliau neu idiomau. Mae'r rhain yn ymadroddion llai cyffredin sy'n mynd yn brinnach eto eu defnydd. Daeth yn duedd fwyfwy cyffredin gennym drosi idiomau Saesneg i'r Gymraeg i'w defnyddio ar draul ein rhai brodorol ni'n hunain. Sail y broblem hon o drosi idiomau estron yw fod rhai priod-ddulliau a chystrawennau dieithr wedi gwreiddio mor ddwfn yn yr iaith fel y byddai'n anodd eu diwreiddio ac ailsefydlu'r patrymau Cymraeg brodorol. Yn wir, mae rhai trosiadau mor gynefin, mae'n anodd sylweddoli eu bod o darddiad estron. Os felly, rhaid cau llygad arnynt a chanolbwyntio ar yr hyn y gellir ei wneud i amddiffyn yr hyn sy'n weddill. Rhestrir isod ddetholiad o ymadroddion gwallus, ynghyd ag awgrymiadau ynghylch sut i'w cywiro.

a chymryd yn ganiataol fod hynny'n wir	a bwrw bod hynny'n wir
allan/mas o wynt	wedi colli ei wynt
amser es i i'r dre	pan euthum i'r dref/pan es i i'r dref
amser i'w sbario	amser wrth gefn
amser mewn llaw	amser wrth gefn
am y presennol (*for the present time*)	ar y funud/am y tro
ar y tir fod (*on the grounds that*)	am y rheswm fod
bennu lan (*end up*)	—

Wrth frysio cymaint, rwy'n bennu lan yn anghofio'r pethau sylfaenol.
anghywir

Wrth frysio cymaint, y canlyniad yw 'mod i'n anghofio'r pethau sylfaenol.
cywir

bennu off	gorffen/cwblhau/dibennu

Mae'n rhaid gorffen (finish off) **y gwaith cyn nos.**

beth mae o fel?	sut beth ydyw?/sut un ydyw?
beth oedd hi'n edrych fel?	sut oedd hi'n edrych?
beth yw'r amser?	faint o'r gloch yw hi?
ble ti'n dod o?	o ble rwyt ti'n dod?
ble ti'n mynd i?	i ble rwyt ti'n mynd?
rysáit am drychineb	ffordd sicr o fethu
cael allan/mas rywbeth amdano	dysgu rhywbeth o'i hanes/dysgu rhywbeth amdano/darganfod rhywbeth amdano
cafodd ei drin yn wael	cafodd gam
cario pethau i eithafion	mynd i eithafion
clirio'i enw	adennill ei enw da
codi'i sanau	torchi'i lewys
codi i fyny/lan	codi
colli allan/mas	ar ei golled
cymryd lle	digwydd

Dywediadau

Ystyr *cymryd lle* yw *cael ei ddisodli gan,* ac felly mae'n anghywir ysgrifennu y bydd carnifal yn cymryd lle, sef yn cael ei gynnal, heblaw ei fod yn cymryd lle ymryson y beirdd neu gyfarfod arall.

cymryd llun	tynnu llun
cymryd mewn llaw	gofalu am/ysgwyddo'r cyfrifoldeb
chwarae'r piano	(yn ddelfrydol) canu'r piano
dal ar/dal arno	aros funud
dal i fyny/lan (*to catch up*)	dal
dal i fyny/lan (*to hold up/detain*)	atal/rhwystro/cadw'n ôl
dod i fyny gydag ateb	dod o hyd i ateb/cynnig ateb
dwi'n licio hwnna lot iawn	rwy'n ei hoffi'n fawr iawn
dwyn i fyny/lan	codi/magu
eistedd arholiad	sefyll arholiad
eisteddwch i lawr	eisteddwch
fel mater o ffaith	mewn gwirionedd/fel mae'n digwydd
ffeindio allan/mas	darganfod, dod i wybod
golchi lan	golchi'r llestri
gwallt yn llwydo	gwallt yn britho (llwydo = *to become mouldy*)
gwell allan/mas (*better off*)	yn well ei fyd
gwneud fy meddwl i fyny	penderfynu
gwneud meddwl fi lan	penderfynu
gwneud ymddangosiad	taro i mewn/troi i mewn
gwyliwch allan/mas	gwyliwch
i gyd o nhw	pob un ohonynt/nhw i gyd
lan i fi yw e	fy mhenderfyniad i yw
mae fi gyda	mae gen i
mae gyda fi	mae gen i
mae i fyny/lan i chi	eich penderfyniad chi ydyw/eich dewis chi yw
mae'r amser i fyny/lan	mae'r amser ar ben
marwodd yn sydyn	bu farw'n ddisymwth/bu farw'n sydyn

meddwl (*to mean*)	golygu
mewn effaith (*in effect*)	mewn gwirionedd/mewn grym
mewn ffafr (*in favour*)	yn dderbyniol/un a'r fantais ganddo
mewn meddiant o'r holl ffeithiau	mae'r wybodaeth lawn ganddo/mae'n gwybod y ffeithiau i gyd
mynd ar fy nerfau	mynd dan fy nghroen/yn fy nghythruddo
mynd i'r deintydd/meddyg	mynd at y deintydd/meddyg
mynd o gwmpas y peth	mynd ati/mynd ynglŷn â'r mater
ni allaf wneud y peth allan/mas	ni allaf ddirnad y peth
nos ddoe	neithiwr
pethau'n edrych i fyny/lan	pethau'n ymddangos yn addawol/argoeli'n dda
pigo fi i fyny/lan (*pick me up*)	fy nghodi
pigo i fyny/lan (*things are picking up*)	mae pethau'n gwella
pryd mae'r cloc yn mynd?	pryd mae'r cloc yn canu?/taro?
rhai amserau	weithiau
rhai weithiau	weithiau
rhedeg rhywun i lawr	dilorni/lladd ar
rhoi côt ar	gwisgo côt
rhoi dillad ar	gwisgo
rhoi fyny/lan (*to give up*)	rhoi'r ffidil yn y to/rhoi'r gorau i
rhoi i fyny/lan â (*to put up with*)	dygymod â/goddef
rhy gormod o le	gormod o le
safio fyny/lan	cynilo
sefyll i mewn dros	cymryd lle (dros dro)/dirprwyo/llanw
siarad wrth/i	siarad â/gyda
siopa o gwmpas	chwilio am y fargen orau
talu ymweliad â	ymweld â

tra deil y cynllun mewn gweithrediad	tra pery'r cynllun mewn grym
troi i fyny/lan	ymddangos
troi'r byrddau	trawsnewid y sefyllfa
troi'r golau i ffwrdd	diffodd y golau
wedi gadael y gyfrinach allan	wedi datgelu'r gyfrinach
wedi gweithio i fyny/lan i gyd	wedi cynhyrfu'n lân
y math yna o beth	peth o'r fath
ysgol yn torri i fyny/lan	ysgol yn torri
ysgrifennu i (berson)	ysgrifennu at (berson)

Bob dydd mae geirfa'r Gymraeg yn cael ei hymestyn, ac felly hefyd ei chronfa o briod-ddulliau. Y cwestiwn yw hwn: a yw'r priod-ddulliau newydd yn rhai brodorol, neu'n gybolfa o drosiadau a chyfieithiadau o'r Saesneg ac o'r Americaneg? Diau fod sawl enghraifft o briod-ddull Cymraeg newydd, a chyhoeddwyd rhai idiomau cyfoes yn *Llafar Gwlad* (rhif 43). Mae cyfieithiadau o ymadroddion Seisnig yn ffasiynol iawn, er enghraifft *targedau cyrhaeddiant, mynychder defnydd uchel, mas o'r glas, cynllun corfforaethol*, a'u tebyg. *Cyrraedd nod* yw'r priod-ddull Cymraeg, nid *cyrraedd targed,* ac er bod odl atyniadol yn *mas o'r glas,* gwell fyddai defnyddio *disymwth* neu *annisgwyl.*

Mae cyfieithu yn grefft wahanol nad ymdrinnir â hi yn llawn yn y llawlyfr hwn, ond pwysleisir yma fod yna anawsterau wrth gyfieithu trefn ac idiomau'r iaith Saesneg. Wrth gyfieithu i'r Gymraeg dylid sicrhau mai iaith a phriod-ddulliau Cymraeg a ddefnyddir.

Geiriau tramor

Os oes modd, dylid osgoi defnyddio termau mewn ieithoedd estron. Weithiau mae'n amhosibl osgoi'r termau hyn, dro arall nid oes angen eu hosgoi; wedi'r cyfan mae'r gair *agenda*, er enghraifft, wedi hen ennill ei blwyf fel gair Cymraeg, a dyna fydd hanes mwyfwy o dermau sydd â'u tarddiad mewn ieithoedd tramor.

Rhestrir isod rai termau tramor ynghyd ag esboniad arnynt. Cyflwynir rhai o'r termau hyn, ond nid y cyfan, mewn italig; wrth ysgrifennu, tanlinellir hwy. Lle gwelir geiriau mewn bachau petryal, nid yw'r rheini'n rhan o'r ystyr ond gallant oleuo ychydig arni. Ceir esboniad ar nifer o dermau cyffelyb yn:

- *New Oxford Style Manual* (Rhydychen: Oxford University Press, 2016)

à la	yn null
ab initio	o'r dechrau; o'r newydd
addendum	ychwanegiad; atodiad (lluosog: addenda)
ad hoc	at bwrpas arbennig; at ddiben penodol; ffwrdd-â-hi
ad infinitum	hyd dragwyddoldeb; yn ddiddiwedd
ad lib	wrth eich pleser; yn fyrfyfyr
ad nauseam	hyd syrffed
agent provocateur	un sy'n cynhyrfu'r dyfroedd
à la carte	[pryd o fwyd] mae'n rhaid ei archebu o fwydlen eang
Alma Mater	mamaeth dirion; yr ysgol/brifysgol lle bu rhywun yn astudio
a.m.	gweler *ante meridiem*
annus horribilis	blwyddyn ddychrynllyd
annus mirabilis	blwyddyn ryfeddol
ante meridiem	cyn canol dydd (byrfodd: a.m.)
après-ski	[yr amser neu'r hyn a wneir] ar ôl diwrnod o sgio
a primo	o'r cyntaf
a principio	o'r dechrau
a priori	[rhesymu] o'r achos i'r effaith

art. cit.	gweler *articulo citato*
articulo citato	yr erthygl a nodwyd eisoes/olaf (byrfodd: *art. cit.*)
avant-garde	blaengar
bête noire	casbeth (lluosog: *bêtes noires* cas bethau)
blasé	ymagweddu difater (benywaidd: merch blasée)
bona fide	dilys; gwir
bonhomie	hwyliau da
bourgeoisie	y dosbarth canol
bric-a-brac	mân bethau diddorol ond heb fod yn werthfawr
c.	gweler *circa*
carpe diem	ewch amdani, *seize the day*
carte blanche	rhyddid llwyr
cf.	cymharer
chargé d'affaires	dirprwy i lysgennad
circa	tua (byrfodd: *c.*)
compos mentis	yn ei iawn bwyll
con amore	gydag anwyldeb/hoffter
corrigendum	cywiriad (lluosog: corrigenda)
coup de grâce	gydag ergyd glo
coup d'état	newid llywodraeth yn sydyn neu trwy drais
crème de la crème	y gorau
cri de cœur	cri o'r galon
cul-de-sac	lôn bengaead; lôn nad yw'n mynd trwodd i unman
curriculum vitae	crynodeb o yrfa (byrfodd: c.v.; lluosog: curricula vitae)
c.v.	gweler curriculum vitae
de facto	fel mae pethau mewn gwirionedd
de fide	dilys; i'w gredu fel rhan o'r ffydd Gristnogol
Dei gratia	trwy ras Duw
déjà vu	wedi ei weld/brofi o'r blaen; syrffed ailadrodd
de jure	fel mae pethau yn ôl y gyfraith
denouement	datod y clymau olaf [mewn sefyllfa arbennig]
Deo volente	os myn Duw (byrfodd: DV)

détente	llacio ar dyndra – rhwng gwledydd yn enwedig
deus ex machina	ateb rhyfeddol yn dod ar yr unfed awr ar ddeg
dolce vita	bywyd melys/esmwyth
double entendre	gair neu ymadrodd sydd â dwy ystyr, un yn anweddus fel arfer
dramatis personae	rhestr o gymeriadau mewn drama
DV	gweler *Deo volente*
eadem	fel uchod, yr un awdur benywaidd (byrfodd (heb ei italeiddio): ead.; lluosog: *eaedem*, byrfodd (heb ei italeiddio): eaed.) Defnyddir y ffurf *idem* fynychaf, gweler isod.
enfant terrible	un mentrus, beiddgar, sy'n torri dros y tresi yn aml [am blentyn yn wreiddiol]
ennui	diflastod
en route	ar y ffordd
entente cordiale	cytundeb rhadlon
erratum	gwall awdur neu wall cysodi (lluosog: errata)
et al.	ac eraill
etc.; &c.	gweler et cetera
et cetera	ac yn y blaen (byrfodd: &c.)
ex cathedra	o'r gadair swyddogol, gydag awdurdod
ex gratia	yn wirfoddol
ex inf.	gweler *ex informatione*
ex informatione	o wybodaeth gan (byrfodd: *ex inf.*)
ex officio	yn rhinwedd swydd
fait accompli	gweithred sy'n ffaith/wedi'i chyflawni
femme fatale	menyw beryglus o hudolus
fl.	gweler *floruit*
flor.	gweler *floruit*
floruit	yn blodeuo [yn llwyddiannus] (byrfodd: *fl.* a *flor.*)
folio recto	ar wyneb dde'r tudalen (byrfodd: f.r.)
folio verso	ar gefn y tudalen (byrfodd: f.v.)
f.r.	gweler folio recto
frisson	cryndod emosiynol a ffigurol
f.v.	gweler folio verso

gestalt	mewn seicoleg, undod trefnus sy'n fwy na chyfanswm yr unedau
grande dame	menyw urddasol; prif fenyw
grand mal	ffurf ddifrifol ar epilepsi
gratis	yn rhad ac am ddim
gravitas	yn ddifrifol a dwys; enw yw hwn yn golygu pwys, sylwedd, ac ati
haute couture	'uchel wniadwaith', hynny yw, y byd dillad merched mwyaf ffasiynol
haute cuisine	coginio uchel-ael [neu uchelgeisiol]
hic iacet/hic jacet	yma y gorwedd [mewn bedd]
ib.	gweler *ibidem*
ibid.	gweler *ibidem*
ibidem	yn yr un man (byrfodd (heb ei italeiddio): ib. ac ibid.)
id.	gweler *idem*
idem	fel uchod, yr un person (byrfodd (heb ei italeiddio): id. a gellir ei ddefnyddio wrth gyfeirio at y gwrywaidd a'r benywaidd er mai *eadem* yw'r ffurf fenywaidd (gweler uchod) ac y digwydd y ffurf honno ar dro)
id est	hynny yw (byrfodd: i.e.)
i.e.	gweler id est
impasse	sefyllfa ddigyfaddawd
in absentia	yn ei absenoldeb
in camera	yn y dirgel
in extenso	yn llawn
infra dig.	gweler *infra dignitatem*
infra dignitatem	anffurfiol (byrfodd: *infra dig.*)
in loco citato	yn y lle a nodwyd (byrfodd (heb ei italeiddio): loc. cit.)
in loco parentis	yn cymryd lle rhiant
in memoriam	er cof am
in pace	mewn heddwch
in situ	yn ei safle priodol
inter alia	ymysg pethau eraill

in toto	yn gyfan gwbl
ipso facto	oherwydd y ffaith honno
joie de vivre	y gorfoledd o gael byw
laissez-faire	'gadewch iddynt fod', peidio ag ymyrryd [yn enwedig gan y wladwriaeth mewn materion economaidd]
largesse	haelioni, rhoddion a roir yn hael
Laus Deo	clod i Dduw (byrfodd: LD)
l.c.	gweler *loco citato*
LD	gweler *Laus Deo*
lex non scripta	cyfraith nad yw wedi ei rhoi ar bapur
lex scripta	cyfraith statudol
lingua franca	iaith ryngwladol, cyfrwng i bawb ddeall ei gilydd
loc. cit.	gweler *in loco citato; loco citato*
loco citato	yn y man a nodwyd (byrfodd (heb ei italeiddio): l.c. a loc. cit.)
locum tenens	un yn lle arall, dirprwy (byrfodd (heb ei italeiddio): locum)
locum	gweler locum tenens
magnum opus	prif waith awdur
mea culpa	drwy fy mai i; cyffesaf fy mai
mêlée	cythrwfl
memorandum	nodyn ysgrifenedig ynglŷn â'r hyn y dylid ei gofio (lluosog: memoranda)
ménage à trois	tri pherson yn byw ynghyd, yn aml pâr priod a chariad y naill neu'r llall ohonynt
m.m.	*mutatis mutandis*
modus operandi	cynllun gwaith, dull o weithredu
mutatis mutandis	gyda'r newidiadau angenrheidiol (byrfodd: m.m.)
née	ganwyd; mae'n ffurf fenywaidd ac fe'i defnyddir yng nghyswllt enw morwynol dynes sydd bellach yn briod
niche	cilfach, lle addas; marchnad niche = maes arbennig

nom de guerre	ffugenw, yn wreiddiol 'enw rhyfel' a ddefnyddid gan filwr yn ymladd dan enw rhywun arall
nom de plume	ffugenw, enw llenyddol
non compos mentis	yn wan ei feddwl, heb fod yn ei iawn bwyll
non seq.	gweler non sequitur
non sequitur	nid yw'n dilyn yn rhesymegol (byrfodd: non seq.)
nota bene	dalier sylw
nouveau riche	ymadrodd dilornus am un sydd newydd ddod yn gyfoethog (lluosog: nouveaux riches)
objet d'art	gwaith sydd yn werthfawr ym myd celf
op. cit.	gweler *opere citato*
opere citato	yn y gwaith a nodwyd (byrfodd (heb ei italeiddio): op. cit.)
papier mâché	wedi'i wneud o fwydion papur
par excellence	ardderchog iawn
passim	yma ac acw drwy'r gwaith
per annum	[graddfa gyflog] am y flwyddyn
per se	er ei fwyn ei hun; ynddo'i hun
persona grata	person derbyniol
persona non grata	person annerbyniol
petit mal	ffurf ysgafn ar epilepsi
peu à peu	fesul tipyn
pièce de résistance	yr elfen fwyaf trawiadol, y prif waith/saig, ac ati
p.m.	gweler *post meridiem*
poseur	un sy'n ymddwyn yn ymhonnus
post meridiem	wedi canol dydd (byrfodd (heb ei italeiddio): p.m.)
post mortem	ar ôl marwolaeth, hefyd am archwiliad clinigol o gorff marw
prima facie	ar yr olwg gyntaf
pro rata	yn ôl y raddfa
pro tempore	am y tro
quid pro quo	un peth am y llall, rhywbeth yn gyfnewid

raison d'être	ystyr bodolaeth; diben bodolaeth
rapport	perthynas ffyniannus
re	yn cyfeirio at, gyda golwg ar
recherché	wedi'i ddewis yn ofalus, y tu hwnt i gyrraedd pobl gyffredin, rhywbeth prin
répondez, s'il vous plaît	atebwch, os gwelwch yn dda (byrfodd: RSVP)
requiescat in pace	gorffwysed mewn hedd (byrfodd: RIP)
RIP	gweler *requiescat in pace*
RSVP	gweler *répondez, s'il vous plaît*
savoir-faire	moesgarwch, gwybodaeth sut i ymddwyn yn gymdeithasol
sc.	gweler scilicet
scilicet	sef yw hynny (byrfodd: sc.)
sic	felly; i nodi camgymeriad
sine die	heb enwi dyddiad
s.n.	*sub nomine*
status quo	y cyflwr presennol
stet	gadewch iddo sefyll, anwybyddwch y cywiriad/ newidiad (ym myd cyhoeddi ac argraffu)
sub judice	dan ystyriaeth gyfreithiol neu yn achos llys
sub nomine	o dan yr enw (byrfodd: *s.n.*)
terra firma	tir sych
terra incognita	tir dieithr, heb ei astudio, maes anghyfarwydd
tête-à-tête	sgwrs gyfrinachol
touché	o gleddyfaeth; cydnabyddiaeth fod rhywun wedi cael mantais [fechan] arnoch [mewn dadl]
tour de force	campwaith
v.	gweler versus
vers libre	y wers rydd [mewn barddoniaeth], mesur penrhydd
versus	yn erbyn (byrfodd: v.)
vice versa	yn y drefn wrthwyneb, o chwith
videlicet	sef yw hynny (byrfodd: *viz.*)
vis-à-vis	wyneb yn wyneb
viz.	gweler *videlicet*

vox populi llais y cyhoedd (byrfodd (heb ei italeiddio): vox pop., yn aml am gyf-weld y cyhoedd ar y stryd)

Weithiau ceir anhawster wrth sillafu geiriau tramor sydd wedi ymgartrefu yn y Gymraeg. Ai *dialog* neu *deialog* sy'n fwyaf derbyniol? *Ecwmenaidd* neu *eciwmenaidd*? *Ffacsimile* neu *ffacsimili*? *Fformwla* neu *fformiwla*? *Halelwia* neu *haleliwia*? *Secwlar* neu *seciwlar*? *Symbol* neu *sumbol*? Ar y cyfan, mae'n well dilyn arweiniad *Geiriadur Prifysgol Cymru* a chadw at y ffurfiau *deialog, eciwmenaidd, ffacsimili, fformwla, haleliwia, seciwlar* a *symbol,* ond gellir dewis yn wahanol os cedwir at y dewis yn gyson.

Gall problem godi gydag ambell air wrth ffurfio unigol neu luosog. Rhestrir isod ddetholiad o ffurfiau defnyddiol, ond weithiau mae'n ddoethach ceisio osgoi rhai ffurfiau, a bod modd.

Unigol	**Lluosog**
agenda (i bob pwrpas)	agenda, agendâu, agendau
campws	campysau
cantata	cantodau, cantatas
coma	comas, comâu
consensws	consensiynau
cwricwlwm	cwricwla, cwricwlymau
deialog	deialogau
diploma	diplomâu
firws	firysau
ffacsimili	ffacsimilïau
ffocws	ffocysau
fformwla	fformwlâu
fforwm	fforymau, ffora
oratorio	oratoriau, oratorïau, oratorios
sylabws	sylabysau
thema	themâu

Enwau lleoedd tramor

Gellir cysylltu â thîm safoni enwau lleoedd Swyddfa Comisiynydd y Gymraeg am gyngor ynghylch ffurfiau Cymraeg enwau lleoedd tramor a'u sillafiad (comisiynyddygymraeg.cymru/polisi-ac-ymchwil/enwau-lleoedd-tramor).

Nodir rhai enghreifftiau isod:

Y Golygiadur

Argentina	Ariannin
Athens	Athen
Australia	Awstralia
Austria	Awstria
Bavaria	Bafaria
Belgium	Gwlad Belg
Brittany	Llydaw
Brussels	Brwsel
Burgundy	Bwrgwyn
Catalonia	Catalonia
China	China/Tsieina
Cologne	Cwlen
Crete	Creta
Egypt	Yr Aifft
Finland	Y Ffindir
Flanders	Fflandrys
Florence	Fflorens
Gaza Strip	Llain Gaza
Geneva	Genefa
Greece	Gwlad Groeg
Hamburg	Hambwrg
Hungary	Hwngari
Iceland	Gwlad yr Iâ
Japan	Japan/Siapan
Jerusalem	Jerwsalem
Jordan	Gwlad yr Iorddonen
*Malta	Melita (Malta)
Mexico	Mecsico
Munich	Munich
*Naples	Napoli (Naples)
New Zealand	Seland Newydd
Normandy	Normandi
Norway	Norwy
Palestine	Palesteina
Poland	Gwlad Pwyl
Portugal	Portiwgal
Prague	Prag
Romania	Rwmania
Rome	Rhufain
Scandinavia	Llychlyn

Sicily	Sisili
Spain	Sbaen
Strasbourg	Strasbwrg
Switzerland	Y Swistir
Thailand	Gwlad Thai
The Balearic Islands	Ynysoedd Baleares
The Basque Country	Gwlad y Basg
The Black Forest	Y Fforest Ddu
The Canary Isles	Yr Ynysoedd Dedwydd
The Czech Republic	Y Weriniaeth Tsiec
The Hague	Yr Hag
The Netherlands	Yr Iseldiroedd
The Rhone	Rhôn
The Vatican	Y Fatican
Turkey	Twrci
Tuscany	Twsgani
United States of America	Unol Daleithiau America
Venice	Fenis
Vienna	Fienna
West Bank	Y Lan Orllewinol
Yugoslavia	Iwgoslafia

Y canllaw pwysicaf wrth ystyried a ddylech ddefnyddio enw Cymraeg neu enw tramor ar le tramor, yn hytrach na'r enw Saesneg mwy cyfarwydd, yw fod yn rhaid i awdur fod yn ddealladwy. Os bernwch y bydd ansicrwydd wrth ddefnyddio enw Cymraeg neu enw tramor, yna wrth gyfeirio at y lle am y tro cyntaf defnyddiwch ddwy ffurf ar yr enw, gyda'r ail mewn cromfachau, ond defnyddiwch y ffurf gyntaf yn unig bob tro wedi hynny.

*Napoli (Naples)
*Melita (Malta)

Sillafu

Beth bynnag fydd gan y dyfodol i'w gynnig o ran help sillafu, fel amryfal eiriaduron a chywirwyr sillafu cyfrifiadurol, ni fydd hanner cystal â medru gwneud y dasg eich hunan. Rhestrir isod y prif gonfensiynau sillafu.

Dyblu llythrennau

1 Dim ond *n* ac *r* sy'n dyblu yn Gymraeg. Mae'n anghywir dyblu unrhyw un o'r llythrennau eraill.

2 Gydag ychydig iawn o eithriadau, mewn geiriau o fwy nag un sillaf y dyblir *n* ac *r*. Gair unsill yw gair ac ynddo un llafariad neu un ddeusain.
> llon
> coed

Ni ddyblir *n* nac *r* mewn gair unsill. Ond mae eithriadau, a hynny er mwyn osgoi amwysedd fel arfer, er enghraifft:
> **tyn** ond **yn dynn**
> **ynn** (lluosog *onnen*)
> **myrr**
> **yrr** (treiglad o *gyr*)

3 Y term a ddefnyddir am y sillaf olaf ond un mewn gair yw *goben*. Ni waeth faint o sillafau sydd ym mhob gair mae'r acen bwyslais yn syrthio ar y goben fel rheol yn Gymraeg (gydag eithriadau, er enghraifft y gair *Cymraeg*).
> **Ysgrifennwch at Angharad Edwards i'w rhybuddio.**

Dim ond o dan yr acen yn y goben, sef y sillaf olaf ond un, y bydd *n* ac *r* yn dyblu fel arfer. Pan ffurfir gair sy'n ddwy sillaf o hyd drwy ychwanegu terfyniad sy'n dechrau â llafariad at air sy'n un sillaf o hyd, hyd y llafariad yn y gair unsill sy'n penderfynu sawl *n* neu sawl *r* sydd yn y gair deusill.

1 Geiriau unsill yn diweddu yn n neu r

Os bydd y llafariad mewn gair unsill yn hir, ni ddyblir *n* nac *r* yn y gair deusill; os bydd y llafariad mewn gair unsill yn fyr, fe ddyblir *n* ac *r* yn y gair deusill. Mae'r llafariad *o* yn hir yn y gair *tôn* ac yn fer yn y gair *ton*.

    tôn/tonau ond **ton/tonnau**

Yn dilyn yr un rheol fe geir:

    côr/corau   cor/corrach
    cân/canu   can/cannu
    câr/caru   twr/tyrrau
    tŵr/tyrau   hon/honno

Yr unig eithriadau yw *yn* a *dan* lle mae'r llafariad yn fer, ond eto i gyd *ynof*, *ynot* sy'n gywir, a *danaf*, *danat*, ac ati.

2 Geiriau o fwy nag un sillaf

i Ni ddyblir *n* ac *r* fel arfer mewn sillaf o flaen y goben neu'r acen bwyslais.

ii Os ychwanegir sillaf neu sillafau at air lle mae'r acen bwyslais yn symud ymlaen, er enghraifft *annerch*, mae'r *nn* yn cael ei symleiddio yn *n*.

    an-nerch
    an-erch-iad
    an-erch-iad-au

Felly yr un modd wrth ddyblu *r*.

    cor
    corrach
    corachod

iii Pan geir *an-* negyddol ar ddechrau gair a hwnnw'n cael ei ddilyn gan air yn dechrau â *t*, *d*, neu *n*, mae'r *n* yn dyblu ni waeth faint o sillafau sydd yn y gair.

    an- (negyddol) + terfynol > annherfynol
    an- (negyddol) + disgwyl > annisgwyl
    an- (negyddol) + normal > annormal

Yr eithriadau amlwg i'r rheol yw geiriau fel *anhrefnus*. Dim ond dwy gytsain, neu ddwy gytsain + h, a ganiateir gyda'i gilydd os nad oes rhaid cynnwys rhagor (mae *w* ac *i* yn gallu bod yn gytseiniaid). Yn achos geiriau fel *arglwydd* nid oes dewis, ond yn achos gair fel *anhrefnus* mae modd peidio â dyblu'r *n* er mwyn osgoi'r sillafiad *annhrefnus* ac felly fe gedwir at y rheol o ddwy gytsain + h yn dilyn ei gilydd. Mae'r rheol hon yn gweithredu'n arbennig o eglur pan mae *an-* yn negyddu gair sy'n dechrau â *tr-*: a*nhr-* nid a*nnhr-* a geir ar ddechrau'r geiriau hyn.

  an- + trefnus = anhrefnus
  an- + trwsiadus = anhrwsiadus
  an- + tryloyw = anhryloyw
  an- + trugarog = anhrugarog

iv Ni cheir dwy *n* na dwy *r* o flaen *i* ac *w* gytsain. Llafariad yw *w* yn *gwn*, ond cytsain yw *w* yn *gwir*. Er mwyn penderfynu a yw *i* ac *w* yn llafariaid neu'n gytseiniaid, rhennwch y gair yn sillafau. Mae'n rhaid i bob sillaf gael un llafariad neu ddeusain, ac yna mae popeth arall yn gytseiniaid.

```
        gwir                      iâr
        / \                       / \
  cytsain  llafariad        cytsain  llafariad

       llun-io                 der-byn-iaf
        / \                       / \
  cytsain  llafariad        cytsain  llafariad
```

Fe ysgrifennir dwy *n* o flaen y llafariad *i* yn *derbynnir*, ond un *n* o flaen y gytsain *i* yn *derbyniaf* er mwyn osgoi cael mwy na dwy gytsain ddilynol.

v Pan mae gair yn gorffen yn *-nt* a bod angen ychwanegu sillaf at y gair hwnnw, gollyngwch y *t* a dyblwch yr *n*.

  peiriant peiriannau
  cant cannoedd
  punt punnoedd/punnau
  diwydiant diwydiannau

Pan nad yw'r sain *t* yn cael ei gollwng, nid yw'r *n* yn dyblu.

  plant plantos

vi Fel arfer ceir *n* neu *r* ddwbl yn ffurfiau amhersonol berfau sydd ag *i* gytsain yn nherfyniad eu ffurfiau person cyntaf unigol presennol mynegol.

  soniaf sonnir
  lluniaf llunnir
  triniaf trinnir

Sillafu: dyblu llythrennau

Eithriad i'r rheol hon yw *ystyriaf/ystyrir*.

vii Yn achos geiriau sy'n fenthyciadau o'r Saesneg, ac sy'n gorffen yn *-(i)wn*, ac yn lluosogi yn *-(i)ynau*, un *n* a geir yn y ffurf luosog.

confensiwn	confensiynau
cwestiwn	cwestiynau
emosiwn	emosiynau
opiniwn	opiniynau
pensiwn	pensiynau
tensiwn	tensiynau

Ond mewn geiriau Cymraeg yn diweddu yn *-yn* mae'r *n* yn dyblu.

rheffyn   **rheffynnau**

viii Ni restrir ffurfiau berfol, dim ond y berfenw, mewn geiriadur (heblaw *Geiriadur Prifysgol Cymru*). I wybod ai *n* neu *nn* sydd yn *ysgrifenais/ysgrifennais,* dim ond y berfenw, sef *ysgrifennu,* a nodir mewn geiriadur cyffredin, sy'n ddigon i ddangos bod angen dyblu'r *n* ym mhob ffurf sy'n digwydd yn y goben, sef y sillaf olaf ond un, os yw'n cael ei dilyn gan sillaf yn dechrau â llafariad. Y ffurfiau cywir yw *ysgrifennu, ysgrifennaf, ysgrifennir, ysgrifennwr.* Ni fydd *n*/*r* yn dyblu o flaen y terfyniadau *-wyr, -iad, -ion* gan mai cytseiniaid yw'r *-w* a'r *-i* ac y gwnâi hynny dair cytsain pe dyblid yr *-n*.

ysgrifenwyr ond **ysgrifennwr**
dyfyniad ond **dyfynnu**
acenion ond **acennaf.**

I grynhoi:

annibynnol
annibyniaeth
annibynnwr
annibynwyr

ix Pan ffurfir gair o ddwy elfen, y naill yn gorffen yn *-n* a'r llall yn dechrau ag *n-*, ceir *n* ddwbl.

an- + naturiol = annaturiol

x Y wir broblem yw geiriau lle na ellir symleiddio i fôn unsillaf, felly gwnewch bwynt o sylwi a dysgu, gan gofio rheol y ddwy gytsain, a chofio bod *i* ac *w* yn gallu bod yn gytseiniol. Sylwch ar *prynu* nid *prynnu, terfynu* nid *terfynnu, ysgrifennu* nid *ysgrifenu, dibynnu* nid *dibynu*, a defnyddiwch lyfrau fel *Orgraff yr Iaith Gymraeg*, D. Geraint Lewis, *Berfau* (Gomer@Y Lolfa, 2021).

Geirfa

Dros y blynyddoedd mae'r rheolau sillafu wedi newid ac felly mae'n anochel fod geiriaduron yn anghyson â'i gilydd gan beri llawer o drafferth i ysgrifenwyr. Y drefn sillafu gydnabyddedig bresennol yw'r egwyddorion a ymgorfforir yn *Geiriadur Prifysgol Cymru*; ymgynghorwch hefyd ag *Orgraff yr Iaith Gymraeg*, yn enwedig Rhan II (sef *Geirfa*). Dyna'r drefn a ddilynwyd wrth ffurfio'r eirfa hon.

1 Yn yr eirfa sy'n dilyn, gosodwyd y ffurfiau berfol o dan y berfenw. Yn achos y rhan fwyaf o ferfau, cynhwyswyd berfenw (er enghraifft *amgylchynu*) ynghyd â thair ffurf ferfol:
  person cyntaf unigol presennol (er enghraifft *amgylchynaf*)
  yr amhersonol presennol (er enghraifft *amgylchynir*)
  yr amhersonol gorffennol (er enghraifft *amgylchynwyd*)

Am sillafiad y gair *amgylchynaf*, edrychwch o dan *amgylchynu*. Yn achos rhai berfau, yn dibynnu ar gymhlethdod y gwahanol ffurfiau, rhoir mwy o enghreifftiau (gweler *ysgrifennu*), a chydag eraill dim ond y berfenw a nodir.

2 Lle gallai fod ansicrwydd ynglŷn â'r berfenw, er enghraifft yn achos *mynd*, rhoir y geiriau o dan y berfenw ac fel eitem ar wahân yn nhrefn yr wyddor, hynny yw daw *ânt* o dan y berfenw *mynd* ac fel eitem ar wahân ar ôl *annheg*.

3 Gosodwyd ffurfiau lluosog geiriau o dan y ffurf unigol; am sillafiad y gair *canghennau* edrychwch o dan y gair *cangen*.

Sillafu: geirfa

4 Gosodwyd graddau'r ansoddeiriau rheolaidd o dan y ffurf gysefin; am sillafiad y gair *gwannach* edrychwch o dan *gwan*. Gosodwyd y ffurfiau afreolaidd sy'n bur wahanol i'r ffurf gysefin yn yr eirfa hon yn nhrefn yr wyddor.

Dyma restr o'r byrfoddau a ddefnyddir:

b. = benywaidd
eb. = enw benywaidd
eb.g. = enw benywaidd (fel arfer) neu enw gwrywaidd
eg. = enw gwrywaidd
eg.b. = enw gwrywaidd (fel arfer) neu enw benywaidd
ll. = enw lluosog
ell. = enw lluosog (pan na cheir ffurf unigol gyfatebol o ran ystyr)

---

a: cysylltair, fel yn *ci a chath*
a: rhagenw perthynol, fel yn
   y dyn a ddaeth i'r dref
a: wrth ofyn cwestiwn, fel yn
   A wyt ti'n dod?
â: fel yn *irodd y plât â menyn*
â: y mae ef/hi yn mynd
â: yn dilyn gradd gyfartal ansoddair,
   fel yn *cyn ddued â pharddu*
absennol
absenoldeb
acen *eb. ll.* acennau, acenion
acennog
acennu
adain, aden *eb. ll.* adenydd,
   adanedd
adennill
adloniant
adran *eb. ll.* adrannau
adrannol
af: yr wyf i yn mynd
aflwyddiannus
agenda *eb. ll.* agendâu
agosáu
angen *eg. ll.* anghenion

angenrheidiol
anghenraid *eg. ll.* angenrheidiau
anghenus
anghynnes
ai: wrth ofyn cwestiwn, fel yn
   Ai hwn yw'r dyn?
âi: yr oedd ef/hi yn mynd
ailystyried
allanol
allbwn *eg. ll.* allbynnau
allbynnu
allforio: allforiaf allforir allforiwyd
allforion *e.ll.*
amddiffyn: amddiffynnaf
   amddiffynnir amddiffynnwyd
amddiffynnol
amddiffynnwr *eg. ll.* amddiffynwyr
Americanaidd
Americanwr *eg. ll.* Americanwyr
amgaeedig
amgáu: amgaeaf amgaeir amgaeedig
amgaewyd
amgylchynu: amgylchynaf
   amgylchynir amgylchynwyd
amlen *eb. ll.* amlenni

anerchiad *eg. ll.* anerchiadau
anfon: anfonaf anfonir anfonwyd
anfoneb *eb. ll.* anfonebau
anfonebu
anhawster *eg. ll.* anawsterau
anhraethol
anhrefn *eb.g.*
anhrefnus
anhrugarog
annaearol
annaturiol
annealladwy
annealltwriaeth *eg.*
anneallus
annelwig
annerbyniol
annerch: anerchaf anerchir anerchwyd
annhebyg
annhebygol
annheg
annhegwch *eg.*
annheilwng
annheilyngdod *eg.*
anniben
annibendod *eg.*
annibyniaeth *eb.*
annibynnol
Annibynnwr *eg. ll.* Annibynwyr
anniddorol
annifyr: annifyrred annifyrrach annifyrraf
annifyrrwch *eg.*
annigonol
annioddefol
anniolchgar
anniolchgarwch *eg.*
annisgwyl
annoeth

annog
annormal
annwyd *eg.*
annwyl
annymunol
anobaith *eg.*
anobeithiol
anodiad *eg. ll.* anodiadau
anodd: anhawsed anos anhawsaf
anogaeth *eb.g. ll.* anogaethau
annog: anogaf anogir anogwyd
anonest
anorffenedig
anos
anrhaith *eb. ll.* anrheithiau
anrheithio: anrheithiaf anrheithir anrheithiwyd
ânt: y maent yn mynd
anufudd
anufudd-dod *eg.*
anuniongyrchol
anwaraidd
apêl
apelio
ar: fel yn *un ar ddeg, pump ar hugain,* ac ati
ar wahân
arbenigo: arbenigaf arbenigir arbenigwyd
arbenigwr *eg. ll.* arbenigwyr
arbennig
ariannog
ariannol
ariannu
arwyddocâd
arwyddocaol
arwyddocáu
awyren *eg. ll.* awyrennau

Sillafu: geirfa

bachgennaidd
bar *eg. ll.* barrau
ber: *gweler* byr
biliwn *eg. ll.* biliwnau, biliynau
blaenoriaeth *eb. ll.* blaenoriaethau
blaenorol
blêr
blino: blinaf blinir blinwyd
blwydd-dal *eg. ll.* blwydd-daliadau
bod: bôm bônt bûm
boddhad
bôm: Saesneg *we may be*
bônt: Saesneg *they may be*
bòs: Saesneg *boss*
braf
brenhines *eb. ll.* breninesau
brenhiniaeth *eb. ll.* breniniaethau
brenhinwr *eg. ll.* brenhinwyr
brenin *eg. ll.* brenhinoedd
bro *eb. ll.* bröydd
bûm: fel yn *bûm yno droeon*
bwriad *eg. ll.* bwriadau
bwrw: bwriaf bwrir bwriwyd
bwydlen *eb. ll.* bwydlenni
bwyta: bwytâf bwytânt
bwytawr *eg. ll.* bwytawyr
bychanu: bychanaf bychenir
   bychanwyd
bynnag
byr *b.* ber: byrred byrrach byrraf

cadarnhad
cadarnhau
cael: caf, fel yn *caf air ag ef yfory*
   câi cânt
cangen *eb. ll.* canghennau
calon *eb. ll.* calonnau
calonnog
cam-drin

camera *eg. ll.* camerâu
camgymryd: camgymeraf
   camgymerir camgymerwyd
cân *eb. ll.* caneuon
canfod: canfûm
caniatâd
caniatáu: caniatâ caniatâf caniatâi
   caniatawn caniateid caniateir
canlyn: canlynaf canlynir
   canlynwyd
canlyniad
cannwyll *eb. ll.* canhwyllau
canol oed
canolfan *eb. ll.* canolfannau
canran *eb. ll.* canrannau
cant *eg. ll.* cannoedd
cânt: fel yn *fe gânt hwy ddod hefyd*
carafán *eg.b. ll.* carafannau
carfan *eb. ll.* carfanau
carreg *eb. ll.* cerrig
caru: caraf cerir carwyd
casáu: casâ casâf casâi casânt
   casaodd caseid caseir
casawr *eg. ll.* casawyr
cau: caeaf caeir caeedig
cenedl *eb. ll.* cenhedloedd
cenedlaethol
cenedlaetholwr *eg. ll.*
   cenedlaetholwyr
cenfigennu: cenfigennaf
   cenfigennir cenfigennwyd
cenfigennus
ceryddu: ceryddaf ceryddir
   ceryddwyd
ci *eg. ll.* cŵn
clo *eg. ll.* cloeau, cloir
cloëdig
cloriannu
clos: *sef buarth eg. ll.* closydd

clos: sef trywsus *eg. ll.* closau
clòs: sef mwll; neu agos, fel yn sefyll yn glòs at ein gilydd
clöyn *eb. ll.* cloÿnnau
cod: sef *code*
còd: sef penfras
coffâd
coffáu: coffâ coffawn
cofiannydd *eg. ll.* cofianwyr
cofiant *eg. ll.* cofiannau
cog: sef cwcw
còg: sef bachgen
comedi *eb.g. ll.* comedïau
confensiwn *eg. ll.* confensiynau
confensiynol
copi *eg. ll.* copïau
copïo: copïaf copiir copïwyd
copïwr *eg. ll.* copïwyr
côr *eg. ll.* corau
cor *eg. ll.* coriaid corraid corrod
coron *eb. ll.* coronau
coroni
côt/cot *eb. ll.* cotiau
creu: crëid crëir creodd crëwyd
crëwr
crio: criid criir
crïwr *eg. ll.* crïwyr
cronni: cronnaf cronnir cronnwyd
crwn *b.* cron *ll.* crynion: crynned crynnach crynnaf
crynhoi
cryno
crynodeb *eg.b. ll.* crynodebau
crynoder
crynu: crynaf crynir crynwyd
cul
curo: curaf curir curwyd
cusan *eg.b. ll.* cusanau
cusanu: cusanaf cusenir cusanwyd

cwestiwn *eg. ll.* cwestiynau
cwmni *eg. ll.* cwmnïau
cwpan *eg.b. ll.* cwpanau
cwyn *eb. ll.* cwynion *ond* dy gŵyn ei chŵyn
cwyno: cwynaf cwynir cwynwyd
cwynfan: cwynfanaf cwynfenir cwynfanwyd
cwynfan *eg.b. ll.* cwynfanau cwynfanion
cwynfanus (+ cwynfannus)
cychwyn: cychwynnaf cychwynnir cychwynnwyd
cychwynnol
cychwynnwr *eg. ll.* cychwynwyr
cyd-dynnu: cyd-dynnaf cyd-dynnir cyd-dynnwyd
cydgynnull
cydrannu
cyfanrif *eg. ll.* cyfanrifau
cyfeiriad *eg. ll.* cyfeiriadau
cyfeirio: cyfeiriaf cyfeirir cyfeiriwyd
cyferbynnu: cyferbynnaf cyferbynnir cyferbynnwyd
cyfle *eg. ll.* cyfleoedd, cyfleon
cyflenwad *eg. ll.* cyflenwadau
cyfleusterau *e.ll.*
cyflwr *eg. ll.* cyflyrau
cyflyru: cyflyraf cyflyrir cyflyrwyd
cyfraniad *eg. ll.* cyfraniadau
cyfrannedd: Saesneg *proportion eg. ll.* cyfraneddion
cyfrannog
cyfrannol
cyfrannu
cyfrifiadureg *eb.*
cyfrifiadurol
cyfrifiadurwr *eg. ll.* cyfrifiadurwyr
cyfrifiannell *eg. ll.* cyfrifianellau

Sillafu: geirfa

cyfrinair *eg. ll.* cyfrineiriau
cyfuniad *eg. ll.* cyfuniadau
cyfunol
cyfystyr *eg. ll.* cyfystyron
cyffredinol
cyffredinoli
cyffroi: cyffrôi (yr oedd ef/hi yn (arfer) cyffroi), cyffroaf
cyffröwr *eg. ll.* cyffrowyr
cynghanedd *eb. ll.* cynganeddion
cynghori
cynghorwr *eg. ll.* cynghorwyr
cynghorydd *eg. ll.* cynghorwyr
cynghrair *eg.b. ll.* cynghreiriau
cyngor *eg. ll.* cynghorau cynghorion
cylchgrawn *eg. ll.* cylchgronau
cylchlythyr *eg. ll.* cylchlythyrau
cylchlythyru: cylchlythyraf cylchlythyrir cylchlythyrwyd
cylchynol
cylchynu
cymhariaeth *eb. ll.* cymariaethau
cymharol
cymharu
Cymraes *eb. ll.* Cymraesau Cymraesi
cymryd: cymeraf cymerir cymerwyd
cyn: yn blaenori o ran amser
cŷn *eg. ll.* cynion
cynefino: cynefinaf cynefinir cynefinwyd
cynffonnwr *eg. ll.* cynffonwyr
cynhadledd *eb. ll.* cynadleddau
cynhenid
cynhennus
cynhyrfu
cynhyrfus
cyni *eg.*
cynigiad *eg. ll.* cynigiadau
cynilion *e.ll.*

cynllun *eg. ll.* cynlluniau
cynllunio: cynlluniaf cynllunnir cynlluniwyd
cynlluniwr *eg. ll.* cynllunwyr
cynllunydd *eg. ll.* cynllunwyr
cynllwynwr *eg. ll.* cynllwynwyr
cynnal (un *n + h* sydd yn y rhan fwyaf o'r ffurfiau, ond pan geir *-as-* yn y terfyniad, un *n* sydd, a dim *h*): cynhaliaf cynhelir cynhaliwyd cynaliasant
cynnar
cynnau: cyneuaf cyneuir cyneuwyd
cynneddf *eb. ll.* cyneddfau
cynnes
cynnig *eg. ll.* cynigion
cynnig: cynigiaf cynigir cynigiwyd
cynnil
cynnull
cynnwrf *eg.b. ll.* cynhyrfau
cynnwys (un *n + h* sydd yn y rhan fwyaf o'r ffurfiau berfol, ond un *n* a dim *h* os oes *-as-* yn y terfyniad): cynhwysaf cynhwysir cynhwyswyd cynwysasom cynwysasant
cynnydd *eg.*
cynnyrch *eg. ll.* cynhyrchion
cyn-oesoedd *e.ll.*
cyn-olygydd *eg. ll.* cyn-olygyddion
cynorthwyo
cynorthwywr *eg. ll.* cynorthwywyr
cynorthwyydd
cynwysedig
cynydd: sef heliwr, ceidwad cŵn hela *eg. ll.* cynyddion
cynyddol
cynyddu
cyraeddadwy

cyrchfan *eb.g. ll.* cyrchfannau
cyrhaeddiad *eg. ll.* cyraeddiadau
cyrraedd (un *r* + *h* sydd yn y rhan
 fwyaf o'r terfyniadau berfol ond
 un *r* a dim *h* os oes *-as-* yn y
 terfyniad): cyrhaeddaf cyrhaeddir
 cyrhaeddwyd cyraeddasom
 cyraeddasant
cysoni: cysonaf cysonir cysonwyd
cytûn
cytuno: cytunaf cytunir cytunwyd
cywiro: cywiraf cywirir cywirwyd

chwanneg
chwarae: chwaraeaf chwaraeem
 chwaraeir chwaraewyd
chwaraewr *eg. ll.* chwaraewyr
chwareus
chwerthin: chwarddaf chwerddir
 chwarddwyd
chwibanu: chwibanaf chwibenir
 chwibanwyd
chwydd *eg. ll.* chwyddau
chwyddo
chwynnu: chwynnaf chwynnir
 chwynnwyd
chwynnwr *eg. ll.* chwynwyr

dadleniad *eg. ll.* dadleniadau
dadlennu: dadlennaf dadlennir
 dadlennwyd
daeargryn *eg. ll.* daeargrynfâu
 daeargrynfeydd
daearyddiaeth *eb.*
dalen *eb. ll.* dalennau dalenni
dan: danaf danat
danfon: danfonaf danfonir
 danfonwyd
darfod: darfûm

darganfod: darganfûm
darlun *eg. ll.* darluniau
darlunio: darluniaf darlunnir
 darluniwyd
darllen: darllenaf darllenir
 darllenwyd
darlleniad *eg. ll.* darlleniadau
darllenwr *eg. ll.* darllenwyr
darllenydd *eg. ll.* darllenwyr
darparu: darparaf darperir
 darparwyd
datglöwr *eg. ll.* datglowyr
de
deffro: deffrodd deffrôdd deffrônt
del: sef tlws
dêl: y mae ef/hi yn dod, fel yn
 pan ddêl Mai, byddaf yn hapus
derbyn: derbyniaf derbynnir
 derbyniwyd
derbynneb *eb. ll.* derbynebau,
 derbynebion
derbynnydd *eg. ll.* derbynyddion
dianghenraid
dibynnol
dibynnu: dibynnaf dibynnir
 dibynnwyd
didaro
diddanwr *eg. ll.* diddanwyr
diddanydd *eg. ll.* diddanwyr
diddori: diddoraf diddorir diddorwyd
diddorol
diflaniad *eg. ll.* diflaniadau
diflannu
difrïo
difyrru: difyrraf difyrrir difyrrwyd
difyrrwch *eg.*
diffinio: diffiniad diffinnir diffiniwyd
diffynnydd *eg. ll.* diffynwyr
 diffynyddion

Sillafu: geirfa

digalonni: digalonnais digalonnir digalonnwyd
digonedd *eg.*
digonol
dihiryn *eg. ll.* dihirod
dileu: dileaf dileer dileodd
dilyn (un *n* sydd yn nherfyniad pob ffurf ar y ferf): dilynaf dilynir dilynwyd dilynasom dilynasant
dilynol
dilynwr *eg. ll.* dilynwyr
dimensiwn *eg. ll.* dimensiynau
diploma *eg. b. ll.* diplomâu
dirdynnol
dirdynnu: dirdynnaf dirdynnir dirdynnwyd
disgyn: disgynnaf disgynnir disgynnwyd disgynasom disgynasant
disgynedig
disgynnol
disgynnydd *eg. ll.* disgynyddion
di-sôn-amdani
disynnwyr
diweddariad *eg. ll.* diweddariadau
diweddaru: diweddaraf diwedderir diweddarwyd
diwydiannwr *eg. ll.* diwydianwyr
diwydiant *eg. ll.* diwydiannau
diwylliannol
diynni
diystyru: diystyraf diystyrir diystyrwyd diystyrwch diystyrid
dod: dêl dof (deuaf) doi (fel yn *A ddoi di yma fory?*); dôi (yr oedd ef/hi yn arfer dod)
dogfen *eb. ll.* dogfennau
dogfennaeth *eb.*

dogfennu: dogfennaf dogfennir dogfennwyd
doi: fel yn *A ddoi di acw heno?*
dôi: fel yn *fe ddôi ef/hi heibio acw bob hyn a hyn*
dôl: swm o arian a delir i berson di-waith
dôl *eb. ll.* dolydd
dolen *eb. ll.* dolennau dolenni
dosraniad *eg. ll.* dosraniadau
dosrannol
dosrannu: dosrannaf dosrennir dosrannwyd
drama *eb. ll.* dramâu
drôr *eg. ll.* droriau dreiriau
dûwch
dŵad: *gweler* dod
dŵr
dwysáu: dwysâf dwysaodd dwysawyd dwyseid dwyseir
dychanol
dychanu
dychanwr *eg. ll.* dychanwyr
dychryn: dychrynaf dychrynir dychrynwyd
dyfyniad *eg. ll.* dyfyniadau
dyfynnod *eg. ll.* dyfynodau
dyfynnu: dyfynnaf dyfynnir dyfynnwyd
dygnwch
dylunio: dyluniaf dylunnir dyluniwyd
dymuniad *eg. ll.* dymuniadau
dymuno: dymunaf dymunir dymunwyd
dyraniad *eg. ll.* dyraniadau
dyrannu
dyweddïad
dyweddïo

241

echdynnu: echdynnaf echdynnir echdynnwyd
efo: *with*
efô: efe
eglurhad *eg. ll.* eglurhadau
egluro
egnïol
electron *eg. ll.* electronau
electroneg *eb.*
eleni
elfen *eb. ll.* elfennau
elusen *eb. ll.* elusennau
emosiwn *eg. ll.* emosiynau
emosiynol
enillion *ell.*
enillwr *eg. ll.* enillwyr
enillydd *eg. ll.* enillwyr
ennill: enillaf enillir enillwyd
erlyn: erlynaf erlynir erlynwyd
erlyniaeth *eb. ll.* erlyniaethau
erlynydd *eg. ll.* erlynwyr
esbonio: esboniaf esbonnir esboniwyd
esboniwr *eg. ll.* esbonwyr
esmwythâd
esmwytháu: esmwythâ esmwythâf esmwythaodd
estyn: estynnaf estynnir estynnwyd
estyniad *eg. ll.* estyniadau

fôt
fotio: fotiaf
fyny

ffansïo: ffansïaf
ffansïol
ffárwel/ffarwél
ffasiwn *eg. ll.* ffasiynau
ffasiynol

ffatri *eb. ll.* ffatrïoedd
ffigur *eg. ll.* ffigurau
ffigurol
ffinio: ffiniaf ffinnir ffiniwyd
ffoi: (berfenw): ffôi (yr oedd ef/hi yn (arfer) ffoi)
ffon *eb. ll.* ffyn, ffonnau
ffôn: teliffon *eg. ll.* ffonau
ffônio, ffonio, defnyddio'r teliffon; gallwch roi acen grom ar *o* ym mhob ffurf ar y ferf: ffôniaf ffônir ffôniwyd ffôniasant, neu gallwch ei gadael yn foel: ffoniaf ffonir ffoniwyd ffoniasant (sylwch mai un *n* sydd yn ffônir/ffonir)
ffonio, taro â ffon: ffoniaf ffonnir ffoniwyd (sylwch fod dwy *n* yn ffonnir)
ffont *eg. ll.* ffontau
ffortunus
ffotocopïo
ffrâm *eb. ll.* fframiau
fframio
ffrio
ffurflen *eb. ll.* ffurflenni
ffynhonnell *eb. ll.* ffynonellau

gêm *eb. ll.* gemau, gêmau
gem *eb.g. ll.* gemau
geni: genir ganwyd
gennyf gennyt gennych gennym
gêr: Saesneg *gear*
ger: wrth
gerbron
glân: glaned glanach glanaf
glanhau: glanha glanhaf glanhâi glanheir glanhewch
glanhad
glanhäwr *eg. ll.* glanhawyr

glanio
glöwr *eg. ll.* glowyr
glöyn *eg. ll.* gloÿnnod gloÿnnau
gofyn: gofynnaf gofynnir gofynnwyd
gofyniad *eg.b. ll.* gofyniadau
gofynnol
gofynnwr *eg. ll.* gofynwyr
gohiriad *eg. ll.* gohiriadau
gohirio: gohiriaf gohirir gohiriwyd
gorchymyn *eg. ll.* gorchmynion:
 gorchmynnaf gorchmynnir
 gorchmynnwyd
goresgyn: goresgynnaf
 goresgynnir goresgynnwyd
goresgyniad *eg. ll.* goresgyniadau
goresgynnwr *eg. ll.* goresgynwyr
gorffen: gorffennaf gorffennir
 gorffennwyd
Gorffennaf *eg.*
gorffennol *eg.*
gorwyr *eg. ll.* gorwyrion
gresynu: gresynaf gresynir
 gresynwyd
grŵp *eg. ll.* grwpiau
gwadd: fel yn *gŵr gwadd*; *efallai y dylwn eu gwadd hwy acw;* hefyd gwahadden (Saesneg *mole*)
gwahanol
gwahanu
gwan: gwanned gwannach gwannaf
gwanhau
gwannaf: sef yr un mwyaf eiddil
gwanwyn *eg. ll.* gwanwynau
gwarant *eb.g. ll.* gwarantau
gwarantu: gwarantaf gwarentir
 gwarantwyd
gweddi *eb. ll.* gweddïau
gweddïo: gweddïant gweddiid
 gweddiir gweddïwch gweddïwn

gweithgaredd *eg. ll.* gweithgareddau
gwely *eg. ll.* gwelyau gwelâu
gwelliant *eg. ll.* gwelliannau
gwên *eb. ll.* gwenau
Gwenllïan
gwenu: gwenaf gwenir gwenwyd
gwenwynig
gwenwyno
gweriniaethol
gwerinol
gwerinwr *eg. ll.* gwerinwyr
gweu: gweaf gwëid gwëir gwëwyd
gwin *eg. ll.* gwinoedd
gwiriad *eg. ll.* gwiriadau
gwirio: gwiriaf gwirrir gwiriwyd
gwirionedd *eg.b. ll.* gwirioneddau
gwirioni
gwladgarwr *eg. ll.* gwladgarwyr
gwn *eg. ll.* gynnau
gŵn *eg. ll.* gynau
gwneud: gwnaf gwneir
 gwnaethpwyd gwnâi (yr oedd
 ef/hi yn (arfer) gwneud) gwnânt
 (y maent hwy yn gwneud/fe
 fyddant hwy yn gwneud)
gwnïad
gwnïo: gwniid gwniir
gŵr *eg. ll.* gwŷr
gwrandäwr *eg. ll.* gwrandawyr
gwrthgyferbynnu: gwrthgyferbynnaf
 gwrthgyferbynnir
 gwrthgyferbynnwyd
gwrthyrru
gwybod: gwn gwybûm gŵyr
gŵydd: sef *goose eb. ll.* gwyddau
gŵydd: sef presenoldeb, fel yn
 yng ngŵydd
gwyddonol
gwyddonydd *eg. ll.* gwyddonwyr

gwyddor *eb. ll.* gwyddorau
gŵyl *eb. ll.* gwyliau
gwŷn: sef poen/cynddaredd/nwyd *eg. ll.* gwyniau
gwyn *b.* gwen *ll.* gwynion: gwynned gwynnach gwynnaf
gŵyr: cam, heb fod yn syth
gŵyr: y mae ef/hi yn gwybod
gwyrdroëdig
gwyrdroi: gŵyr + droi (troi)
gwyriad *eg. ll.* gwyriadau
gwyro: gwyraf gwyrir gwyrwyd
gwŷs: sef gwrit *eb. ll.* gwysion
gwythïen *eb. ll.* gwythiennau
gynnau: ychydig amser yn ôl
gyriant *eg.*
gyrru: gyrraf gyrrir gyrrwyd gyrasom gyrasant (sylwer hefyd ar *gyr ef* ond *ef a yrr*)
gyrrwr *eg. ll.* gyrwyr

haf *eg. ll.* hafau
haleliwia, halelwia
hamddenol
haneru
hanerwr *eg. ll.* hanerwyr
hanfod *eg.b. ll.* hanfodion
hanner *eg. ll.* hanerau haneri
helô
hen: hyned hŷn hynaf
hir *ll.* hirion: hired hwy hwyaf
hofrenydd/hofrennydd *eg. ll.* hofrenyddion
honedig
honiad *eg. ll.* honiadau
honni: honnaf honnir honnwyd
honno
hosan *eb. ll.* hosanau
hun: fel yn *ar fy mhen fy hun*

hunan *eb.g. ll.* hunain
hunaniaeth *eb.g.*
hunanol
hunllef *eb.g. ll.* hunllefau
hurio
huriwr *eg. ll.* hurwyr
hwnnw
hyd
hyn: fel yn *ar hyn o bryd*
hŷn: sef gradd gymharol *hen,* fel yn *A yw Ceri'n hŷn na Siân?*
hynaf
hyned
hynny

iâ
iachâd
iâr *eb. ll.* ieir
ie
innau
inni
Iôr
isadran *eb. ll.* isadrannau
isel: ised is isaf

jiwbilî, jwbilî *eb.g. ll.* jiwbilïau, jwbilïau
jôc

larwm *eg.b. ll.* larymau
lòg *eg. ll.* logiau
lôn *eb. ll.* lonydd
lorri *eb. ll.* lorïau

lladrata: lladratâf lladratânt lladrataodd
llanw: llanwaf llanwant llanwodd
llawer *ll.* llaweroedd
llawr *eg. ll.* lloriau

Sillafu: geirfa

lle *eg. ll.* lleoedd
llen *eb. ll.* llenni
llên
llên-ladrad
llên-ladrata
llenor *eg. ll.* llenorion
llenwi: *gweler* llanw
lles
llesâd
llesáu
llesgáu
llinell *eb. ll.* llinellau
llinyn *eg. ll.* llinynnau
llinynnu: llinynnaf llinynnir llinynnwyd
lloeren *eb. ll.* lloerennau lloerennod lloerenni
llog *eg.b. ll.* llogau
llonydd
llun *eg. ll.* lluniau
llungopi *eg. ll.* llungopïau
llungopïo
llungopïwr
llunio: lluniaf lluniwn llunnir lluniais lluniodd lluniwyd llunnid
llw *eg. ll.* llwon
llwyddiannus
llwyddiant *eg. ll.* llwyddiannau
llyfryn *eg. ll.* llyfrynnau
llyn *eg. ll.* llynnoedd llynnau
llysgennad *eg. ll.* llysgenhadon
llythrennol
llythrennu: llythrennaf llythrennir llythrennwyd
llythrennydd *eg. ll.* llythrenyddion
llythyr *eg. ll.* llythyrau
llythyrdy *eg. ll.* llythyrdai
llythyren *eb. ll.* llythrennau
llythyru: llythyraf llythyrir llythyrwyd
llythyrwr *eg. ll.* llythyrwyr

man *eg.b. ll.* mannau
mân: maned manach manaf
maneg *eb. ll.* menig
manion *ell.*
mantolen *eb. ll.* mantolenni
manwl
mas: fel yn *mynd mas*
math *eg. ll.* mathau
mechnïaeth
mechnïwr *eg. ll.* mechnïwyr
mechnïydd *eg. ll.* mechnïyddion
meddiannu: meddiannaf meddiennir meddiannwyd
meddiant *eg. ll.* meddiannau
Meirionnydd *eb.*
mêl
melfaréd
melltennu
memrwn *eg. ll.* memrynau
mên: Saesneg *mean*
methiannus
methiant *eg. ll.* methiannau
mewnbwn *eg. ll.* mewnbynnau
mewnbynnu: mewnbynnaf mewnbynnir mewnbynnwyd
mewnforio: mewnforiaf mewnforir mewnforiwyd
miliwn *eb. ll.* miliynau
miliwnydd *eg. ll.* miliwnyddion
miliynydd *eg. ll.* miliynyddion
milwrol
milltir *eb. ll.* milltiroedd
minnau
mohonof mohonot mohono mohoni
moliannu: moliannaf moliennir moliannwyd
môr *eg. ll.* moroedd
Môr y Caribî
mor: fel yn *mor hapus*

245

môr-forwyn
Morgannwg *eb.*
mur *eg. ll.* muriau
mwg: Saesneg *smoke*
mẁg *eg. ll.* mygiau
mwnci *eg. ll.* mwncïod
mwy
mwynhad
mwynhau: mwynhaf mwynhâi
   mwynhânt
mỳg *eg. ll.* myg(i)au
mynd: â (y mae ef/hi yn mynd) af
   (yr wyf i yn mynd) âi (yr oedd ef/hi
   yn mynd) ânt (y maent yn mynd)
mynnu: mynnaf mynnir mynnwyd
myrddiwn *eg. ll.* myrddiynau
myrr *eg.*

naïf
naïfrwydd
nesáu: nesâf nesânt nesaodd
newynog
newynu
nifer *eg.b. ll.* niferoedd
niferus
ninnau
nòd: Saesneg *nod*
nôl: ymofyn, fel yn *nôl torth o'r siop*
'nôl: yn ôl, fel yn *mynd 'nôl* =
   'dychwelyd'
nos *eb. ll.* nosau
nyni

ochenaid *eb. ll.* ocheneidiau
od: fel yn *peth od*
ôd: sef eira
oedrannus
oen *eg. ll.* ŵyn
offeryn *eg. ll.* offerynnau

offerynnol
offerynnwr *eg. ll.* offerynwyr
ogof *eb. ll.* ogofâu ogofeydd
oherwydd
ohonof ohonot ohoni ohono
   ohonom ohonoch ohonynt
ôl
olaf
ôl-ddodiad/olddodiad
ôl-ddyddio
ôl-ddyled *eb. ll.* ôl-ddyledion
olnod
ôl-nodiad *eg. ll.* ôl-nodiadau
olynol
olynu: olynaf olynir olynwyd
olynwr *eg. ll.* olynwyr
olynydd *eg. ll.* olynwyr
oni bai
opera *eb. ll.* operâu
opiniwn *eg. ll.* opiniynau
opiniynllyd
opiniynus
oren *eg. ll.* orenau
organ *eg.b. ll.* organau
organaidd
organydd *eg. ll.* organyddion

pagan *eg. ll.* paganiaid
paganaidd
panel *eg. ll.* paneli
papur *eg. ll.* papurau
papuro: papuraf papurir papurwyd
pâr *eg. ll.* parau
para
paraffîn
paratoad
paratoi: paratô paratoaf paratoant
   paratôdd paratoesai
   paratoesant paratôi

Sillafu: geirfa

parhad
parhaol
parhau: parhaed parhaf parhâi
  parhânt parhawyd parheir
  pery/para
parhaus
parti *eg. ll.* partïon
pas, y pas: sef peswch
pàs: Saesneg *pass*
Pasg
pecyn *eg. ll.* pecynnau
pegwn *eg. ll.* pegynau
peirianneg *eb.*
peiriannol
peiriannwr *eg. ll.* peirianwyr
peiriannydd *eg. ll.* peirianwyr
peiriant *eg. ll.* peiriannau
peirianwaith *eg. ll.* peirianweithiau
pêl *eb. ll.* peli
pêl-droed
pêl-droediwr *eg. ll.* pêl-droedwyr
pêl-rwyd
pellhad
pellhau: pellhaf pellhâi pellhânt
pen *eg. ll.* pennau
pen blwydd *eg. ll.* penblwyddi
penderfyniad *eg. ll.* penderfyniadau
penderfynol
penderfynu (un *n* sydd yn
  nherfyniad pob ffurf ar y ferf):
  penderfynaf penderfynwn
  penderfynwch penderfynir
  penderfynais penderfynodd
  penderfynasom penderfynwyd
penelin *eg.b. ll.* penelinoedd
pennaeth *eg. ll.* penaethiaid
pennaf
pennawd *eg. ll.* penawdau
pennill *eg. ll.* penillion

pennod *eb. ll.* penodau
pensaernïaeth
pensiwn *eg. ll.* pensiynau
pensiynwr *eg. ll.* pensiynwyr
pentwr *eg. ll.* pentyrrau
pentyrru: pentyrraf pentyrrir
  pentyrrwyd
pentyrrwr *eg. ll.* pentyrwyr
perchennog *eg. ll.*
  perchenogion/perchnogion
perchenogi
peri: pâr/pair paraf
person *eg. ll.* personau personiaid
personél
personol
perswâd
perthynol
pin: fel yn *coed pin*
pìn *eg. ll.* pinnau
pìn: fel yn *yn syth bìn*
Piwritan *eg. ll.* Piwritaniaid
Piwritaniaeth *eb.*
pla *eg. ll.* plâu
plan *eg. ll.* planiau
planio
plannu (mae dwy *n* ym mhob ffurf
  ar y ferf oni bai am y rhai sydd
  ag -*as*- yn y terfyniad): plannaf
  plennir plennais plannodd
  plannwyd planasant
plas *eg. ll.* plasau
plasty *eg. ll.* plastai
plât *eg. ll.* platiau
plentyndod *eg.*
plentynnaidd
pob: fel yn *pob peth*
pob: fel yn *tatws pob*
pŵer *eg. ll.* pwerau
polaru

247

polisi *eg. ll.* polisïau
popty *eg. ll.* poptai
pori: poraf porir porwyd
portreadu: portreedir
pos *eg. ll.* posau
pren *eg. ll.* prennau preniau
prennaidd
pres
presennol
presenoldeb *eg.*
priflythyren *eb. ll.* priflythrennau
prin: prinned prinnach prinnaf
prinhau: prinha
priod
proffesiynol
proflen *eb. ll.* proflenni
Protestannaidd
Protestant *eg. ll.* Protestaniaid
Prydeiniwr *eg. ll.* Prydeinwyr
pryfôc *eg.*
pryfocio
pryniant *eg.*
prynu (un *n* sydd yn nherfyniad
    pob ffurf ar y ferf): prynaf prynir
    prynwyd prynasom prynasant
    pryn/prŷn
prynwr *eg. ll.* prynwyr
punt *eg. ll.* punnoedd punnau
pŵer *eg. ll.* pwerau
pwerdy *eg. ll.* pwerdai
pwerus
pwyllgor *eg. ll.* pwyllgorau
pwyllgorwr *eg. ll.* pwyllgorwyr

ras *eb. ll.* rasys
rîm *eb. ll.* rîmau
rŵan
rysáit *eg. ll.* ryseitiau rysetiau

rhaglen *eb. ll.* rhaglenni

rhaglennu: rhaglennaf
    rhaglennir rhaglennwyd
rhagorol
rhan *eb. ll.* rhannau
rhannol
rhannu: rhannaf rhennir rhannwyd
    rhanasom
rhannwr *eg. ll.* rhanwyr
rhibidirês
rhifyn *eg. ll.* rhifynnau
rhoi: rhof rhoi rhônt rhôi
rhüwr *eg. ll.* rhuwyr
rhyddhad
rhyddhau: rhyddhaer rhyddhaf
    rhyddhâi rhyddhaodd
    rhyddhawyd rhyddheid rhyddheir
rhynnu: rhynnaf rhynnir rhynnwyd

saernïaeth
saernïo
safon *eb. ll.* safonau
safonol
sâl
sarhad: sarha sarhaed sarhaf sarhâi
sarhau
sarrug
sarugrwydd *eg.*
sbâr
seboni
senedd *eb. ll.* seneddau
seremoni *eb. ll.* seremonïau
seren *eb. ll.* sêr
serennu
sero *eg. ll.* seroau
serog
sesiwn *eg. ll.* sesiynau
set *eb. ll.* setiau, fel yn *set radio*,
    tair set o blant
sêt: sef eisteddle *eb. ll.* seti

sgâm *eb. ll.* sgamiau
sganio
sganiwr *eg. ll.* sganwyr
sgêm *eb. ll.* sgemiau
sgil: fel yn *mynd yn sgil rhywun arall*
sgìl *eg. ll.* sgiliau
sgôr *eg. ll.* sgoriau
sgorio
sgrifennu: *gweler* ysgrifennu
sgrin *eb. ll.* sgriniau (ond ysgrîn)
sgwâr *eg. ll.* sgwariau
siâp *eg. ll.* siapau, siapiau
siâr *eb. ll.* siarau siariau
siario
sièd *eb. ll.* siediau
sigâr *eb. ll.* sigarau
sigarét *eb. ll.* sigaretau, sigarennau
siôl *eb. ll.* siolau
sir *eb. ll.* siroedd
siŵr/siwr
sôn: soniaf sonnir soniwyd
soned *eb. ll.* sonedau
stad *eb. ll.* stadau
stèm: sef *shift*
stêm: sef *steam*
stôl *eb. ll.* stolion
stôn *eb. ll.* stoniau
stordy *eg. ll.* stordai
stori *eb. ll.* straeon storïau
storio: storiaf storrir storiwyd
storïwr *eg. ll.* storïwyr
strôc
stryd *eb. ll.* strydoedd
sw
sŵn *eg. ll.* synau
sŵoleg
sŵolegydd
syn: synnaf synnir synnwyd synasom
synnu

synnwyr *eg. ll.* synhwyrau

tad *eg. ll.* tadau
taenlen *eb. ll.* taenlenni
taenlennu
taeru: taeraf taerir taerwyd
taflen *eb. ll.* taflenni taflennau
tafluniad *eg. ll.* tafluniadau
tâl
talfyriad *eg. ll.* talfyriadau
talfyrru
tân *eg. ll.* tanau
tant *eg. ll.* tannau
tap: fel yn *tap dŵr eg. ll.* tapiau
tâp: fel yn *llinyn*, neu *tâp fideo*
 eg. ll. tâpiau
taran *eb. ll.* taranau
taranu
tarian *eb. ll.* tarianau
taro: trawaf trewir trawyd tery
tasg *eb. ll.* tasgau
taw: fel yn *gwn taw ef a wnaeth*;
 taw piau hi
te
tegan *eg. ll.* teganau
telyn *eb. ll.* telynau
telyneg *eb. ll.* telynegion
telynor *eg. ll.* telynorion
temtasiwn *eg.b. ll.* temtasiynau
tennis *eg.*
tensiwn *eg. ll.* tensiynau
terfyn *eg. ll.* terfynau
terfynell *eg. ll.* terfynellau
terfynol
terfynu (un *n* sydd yn nherfyniad
 pob ffurf ar y ferf): terfynaf
 terfynir terfynais terfynwyd
 terfynasom terfynasant
testun *eg. ll.* testunau

testunol
tew
tîm *eg. ll.* timau
to *eg. ll.* toeau toeon
tocyn *eg. ll.* tocynnau
ton *eb. ll.* tonnau
tôn *eb. ll.* tonau
tonnog
toradwy
torcalonnus
Torï *eg. ll.* Torïaid
toriad *eg. ll.* toriadau
Torïaeth
Torïaidd
torri (mae dwy *r* ym mhob ffurf
    ferfol heblaw am y rhai sydd ag
    -*as*- yn y terfyniad): torraf torrir
    torrwyd torasom torasant
torrwr *eg. ll.* torwyr
trannoeth
trawsblannu: trawsblannaf
    trawsblennir trawsblannwyd
    trawsblanasant
trawsfeddiannu
trawsyriad
trawsyriant *eg. ll.* trawsyriannau
trawsyrru
trawsyrrydd *eg. ll.* trawsyryddion
trefnlen *eb. ll.* trefnlenni
trefnlennu
trefnlennydd *eg. ll.* trefnlenyddion
trên *eg. ll.* trenau
trigiant *eg. ll.* trigiannau
trin: triniaf triniant trinnir
tristáu: tristâf tristâ
tro *eg. ll.* troeon
troëdig
tröedigaeth *eb. ll.* tröedigaethau
trofannau *ell.*

trofannol
troi: troaf troais trodd troesant
    troesom trof trôi trônt
trwybwn *eg. ll.* trwybynnau
trydanol
trydanu
trydanwr *eg. ll.* trydanwyr
trywanu
tudalen *eg.b. ll.* tudalennau
tudaleniad *eg.*
tudalennu
tun *eg. ll.* tuniau
tunnell *eb. ll.* tunelli
twf
twnnel *eg. ll.* twnelau twneli
twr: sef pentwr *eg. ll.* tyrrau
tŵr: sef rhan o adeilad *eg. ll.* tyrau
twrci *eg. ll.* tyrcïod tyrcwn
tŷ *eg. ll.* tai
tydi
tyngedfennol
tyn, yn dynn, tynion: tynned
    tynnach tynnaf = mwyaf tyn
tyndra *eg.*
tynhau: tynhaf
tyniad *eg.*
tynnu (mae dwy *n* ym mhob ffurf
    ferfol sy'n dod o dan yr acen,
    ac eithrio'r rhai sydd ag -*as*-
    yn y terfyniad): tynnaf tynnir
    tynnwyd tynasom tynasant
tyrru (mae dwy *r* ym mhob ffurf
    ferfol sy'n dod o dan yr acen, ac
    eithrio'r rhai sydd ag -*as*- yn y
    terfyniad): tyrraf tyrrir tyrrwyd
    tyrasom tyrasant

thema *eb. ll.* themâu

Sillafu: geirfa

unbenaethol
unbennaeth *eg. ll.* unbenaethiaid
undonedd *eg.*
undonog
uned *eb. ll.* unedau
unioni

wy *eg. ll.* wyau
wylo: wylaf wyla wyli
wyneb *eg. ll.* wynebau (nid yw *ŵyneb* na *gwyneb* yn gywir er y defnyddir *gwyneb* mewn iaith llai ffurfiol)
wyneb-ddalen *eg. ll.* wyneb-ddalennau
ŵyr *eg. ll.* wyrion ŵyrion

ynghanol
ynghyd â
ynghyn
ynglŷn â
ŷm
ymarferol
ymddwyn: sef ymarweddu
ymddŵyn: sef beichiogi, geni
ymdrin â
ymdrin: ymdriniaf ymdrinnir
 ymdriniwyd
ymdriniaeth *eb. ll.* ymdriniaethau
ymennydd *eg. ll.* ymenyddiau
ymestyn: ymestynnaf ymestynnir
 ymestynnwyd ymestynasom
 ymestynasant
ymfalchïo
ymgorffori
ymgorfforiad *eg.*
ymgymryd (â): ymgymeraf
 ymgymerir ymgymerwyd
ymgynnull

ymhél â (ond hefyd ymhel â)
ymhoniad *eg.*
ymhonni
ymhonnwr *eg. ll.* ymhonwyr
ymladd: fel yn *greddf ymladd*
ymlâdd: sef blino'n lân
ymraniad *eg. ll.* ymraniadau
ymrannu
ymryson *eg. ll.* ymrysonau
ymweld: ymwêl
ymwneud: ymwnêl
ymyrraeth *eb.*
ymyrrwr *eg. ll.* ymyrwyr
ymyrryd: ymyrraf ymyrrir ymyrrwyd
ynni *eg.*
ynof ynot
ŷnt (ydynt)
yntau
ysbïo
ysbïwr *eg. ll.* ysbïwyr
ysblennydd
ysgafnhau: ysgafnhaf ysgafnhâi
 ysgafnheir ysgafnhewch
 ysgafnhaodd
ysgariad *eg. ll.* ysgariadau
ysgrifennu: ysgrifennaf
 ysgrifennwn ysgrifennwch
 ysgrifennir ysgrifennais
 ysgrifennodd ysgrifenasom
 ysgrifenasant ysgrifennwyd
ysgrifennwr *eg. ll.* ysgrifenwyr
ysgrifennydd *eg. ll.* ysgrifenyddion
ysgrifenyddes *eb. ll.*
 ysgrifenyddesau
ystyr *eg.b. ll.* ystyron
ystyried: ystyriaf ystyrir ystyrid
 ystyriwyd

Y Golygiadur

Yn Gymraeg mae naw ar hugain o symbolau ar ffurf llythrennau i gynrychioli'r gwahanol seiniau. Mae'r rheini'n ymrannu'n symbolau syml (*a b c d e f g h i j l m n o p r s t u w y*) a symbolau deugraff (*ch dd ff ng ll ph rh th*). Ceir hefyd bum symbol diacritig:
1. acen grom neu'r to bach (ˆ)
2. acen ddyrchafedig (´)
3. acen ddisgynedig (`)
4. didolnod (¨)
5. heiffen neu gysylltnod (-)

Rhestrir yma rai rheolau a chanllawiau ynghylch defnyddio'r marciau hyn.

Acen grom (ˆ)

Mae'r acen grom, neu'r to bach, yn dangos hyd sain ar bapur. Pan roir acen grom dros lythyren, mae hyd y sain yn newid.

tôn   ton

Mae'r acen grom yn dynodi bod y llafariad yn hir, ond nid oes angen dangos hynny bob amser.

1 Geiriau unsill

1 Rhoir acen grom ar lafariad hir o flaen -*nt*.
> Os cânt dreulio'r Pasg yn Ffrainc, byddant yn hapus.
> Mae'r Gwyddelod yn dathlu gŵyl Badrig ble bynnag y bônt.
> Ânt o nerth i nerth.

Os oes dwy gytsain yn dilyn y llafariad mae'r llafariad yn un fer, ond mae angen acen grom i ddangos yr eithriadau.

2 Rhoir acen grom ar lafariad hir o flaen *p, t, c, m, ng*. O flaen y cytseiniaid hyn mae'r llafariad fel arfer yn fyr, felly mae angen acen grom i ddangos yr eithriadau.
> Bydd y grŵp mwyaf yn cyfarfod yn ystafell y Cyfarwyddwr.
> Grât o'r tridegau oedd asgwrn y gynnen.
> Dyna jôc wael.
> Sawl rîm o bapur sydd ar ôl?
> Daeth gwrêng a bonedd i'r wledd.

Gwallau cyffredin yw ysgrifennu *nôs, tâd, têg, tô, pôb,* a *hâf*.

3 O flaen *-l, -n,* ac *-r* mae angen dangos hyd pob llafariad heblaw am *i* ac *u* gan fod y rheini fel arfer yn hirion. Rhoir acen grom ar lafariad hir, a gadewir llafariad fer yn foel.

â	Erbyn te roedd wedi newid ei gân.
a	Bydd yn gweithio i'r Gorfforaeth tan yr hydref.
ê	Dewch yn llu i sêl y ganrif.
e	Teimlai fod y cerydd yn sen ar ei gymeriad.
ô	Pwysodd yn ôl yn erbyn y wal.
o	Merch fechan, gron yw Meinwen Jones.
ŵ	Mae tymheredd berwi alcohol yn llawer is na thymheredd berwi dŵr.
w	Mae'n fore dwl iawn heddiw.
ŷ	Roedd ganddo sticer *Rwy'n caru Llŷn* ar gefn ei gar.
y	Roedd y Sianel fel llyn llefrith.

Eithriadau: *dyn* a *hen*. Er mai llafariad hir sydd yn *dyn* a *hen*, oherwydd confensiwn ni ddangosir hynny gydag acen grom. Un dull o gofio'r llythrennau hyn yw cofio 'halen o'r wy'.

(H) A L E N O R W Y

Newid: arferid rhoi acen grom ar *pîn* a *sgîl* ond ni wneir hynny bellach. Ni ddefnyddir acen grom ar *pin* na *sgil* pan fydd y llafariad yn hir. Fel rheol mae *i* ac *u* yn seiniau hir pan ddônt o flaen *-l, -n,* ac *-r* ac nid oes angen nodi hynny trwy roi acen grom arnynt. Yn lle hynny, rhoir acen ddisgynedig arnynt i nodi pan fyddant yn fyr.

Daeth Elin John i'r cinio yn sgil ei thiwtor.
Sgìl amhrisiadwy yw medru canu'r piano heb gerddoriaeth o'ch blaen.
Amgylchynwyd y caban â choed pin.
Am draethau Barbados y meddyliodd Mandy yn syth bìn.

4 Bydd angen gwahaniaethu rhwng parau o eiriau tebyg. Gellir gwneud hynny trwy osod acen grom i ddangos y gwahaniaeth yn seiniau'r ddau air.

Fe ddeuaf i dy dŷ di yfory.
'Uwch dy dŷ di mewn daear' (Marwnad Gwenallt i T. Gwynn Jones)

Dangosir y gwahaniaeth sain rhwng *dy* a *dŷ* trwy osod acen grom ar y naill air a gadael y llall heb yr un, ond nid oes acen grom ar *tŷ* yn *lladd-dy, ffermdy,* ac ati.

> Gêm dda yw *Trivial Pursuits.*
> Sawl gem oedd ar gleddyf y Brenin Arthur?
> Ni allai'r ffotograffydd weithio'n effeithiol yng ngolau pŵl y fynachlog.
> Cafodd bwl o chwerthin pan ddaeth y briodferch i'r eglwys yn ei gwisg ysgarlad.

Mae rheolau 2. a 3. yn cyfrif am y rhain mewn gwirionedd.

- Weithiau bydd angen gwahaniaethu rhwng parau o eiriau sy'n cynnwys y ddeusain *wy*. Pan ddaw'r llafariad yn gyntaf ceir deusain ddisgynedig, a dyna sydd yn *cwyn* a *gŵyl*. Ni roddir acen grom ar yr *w* fel arfer.

wy	dwys
swyn	crwyn
llwyn	brwyn

Rhag drysu'r gair â gair arall sydd o'r un sillafiad fe nodir y llafariad bur trwy roi acen grom yn ôl ynganiad y gair.

gŵyr	gwŷr
dy ŵyn	dy wŷn (o *gwŷn*)
chwys	ei chŵys (o *cwys*)
gŵyl	gwŷl (o *gweld*)

Felly, er na roir acen grom ar *cwyn*, fe roir acen grom ar y ffurfiau treigledig i arbed dryswch â *gwyn (white)* ac â *chwyn (weeds).*

> Mae cwyn gennyf yn ei erbyn.
> Y gŵyn yn ei erbyn oedd ei fod yn ddioglyd.
> Gwrandawodd ar ei chŵyn yn ddirwgnach.

Pan ddaw'r llafariad gytseiniol yn gyntaf ceir deusain esgynedig (er enghraifft yn y gair *gwyn*) ac nid oes angen dangos hynny gydag acen grom gan fod y llafariad yn fer. Lle bo'r llafariad yn hir defnyddir acen grom (ac eithrio yn y gair *gwych*):

> Gair arall am aradr yw *gwŷdd.*
> Arferid bwyta *gŵydd*, nid twrci, adeg y Nadolig.

5 Pan geir gair yn gorffen yn -*a*, a bod angen ychwanegu -*au* ato er mwyn ffurfio'r lluosog, unir y ddwy *a* yn *a* hir a rhoir acen grom arni.
    pla + terfyniad lluosog -au = pla + -au = plâu
Yn yr un ffordd, mae -*a* + terfyniad berfol -*ai* yn mynd yn -*âi*:
    gwna + -ai = gwnâi
ac mae -*o* + terfyniad berfol -*ai* yn mynd yn -*ôi*.
    rho + -ai = rhôi.

2 Geiriau o fwy nag un sillaf

Fel arfer, mae geiriau Cymraeg yn acennu ar y goben. Os yw'r acen bwyslais yn y sillaf olaf (*apêl, casáu, mwynhad*) mae mwy nag un ffordd o ddangos bod yr acen wedi symud oddi ar y goben ac y dylid ynganu'r gair trwy acennu'r sillaf olaf. Un o'r ffyrdd hynny yw trwy osod acen grom.

1 Rhoir acen grom ar lafariad hir ar ddiwedd gair o flaen -*nt* ac -*m*.
    Parhânt i chwarae *Solitaire* ar y cyfrifiadur er iddynt gael eu gwahardd rhag gwneud hynny.
    Canfûm fod yna lawer ffordd o gael y maen i'r wal.

2 Rhoir acen grom ar bob llafariad hir (gan gynnwys *i* ac *u*) ar ddiwedd gair o flaen -*l*, -*n*, ac -*r*.
    Ar wahân i Sophie Green, bydd pawb o'r staff technegol yn gweithio tan bump o'r gloch.
    Lansiwyd 'Apêl y Sganiwr' yn y Neuadd Fawr neithiwr.
    Ysgrîn werdd sydd ar rai cyfrifiaduron.
        (Sylwch ar y gwahaniaeth yn sillafiad *sgrin* ac *ysgrîn*.)
    Yr oedd ganddi ystôr o wybodaeth berthnasol am feddygaeth amgen.
    Nid oedd pawb yn gytûn y dylid diwygio'r amserlen.
    Dyna biti na ddeuai trwbadŵr i'm swyno.
    Daethpwyd i gytundeb buan ynglŷn â'r drefniadaeth.

3 Rhoir acen grom ar lafariad sy'n gywasgiad o ddwy lafariad. Mae'n anodd penderfynu ar y rhain oherwydd mae'n rhaid

gwybod ychydig am darddiad geiriau cyn medru gweld
a fu cywasgiad. Dyma enghraifft:
>   **paratôdd = parato- (bôn y ferf) + -odd** (terfyniad 3 unigol gorffennol)
>
> Yn lle cadw dwy *o* fe'u rhoir at ei gilydd a'u gwasgu'n un,
> felly ceir *-o-* hir. I ddangos hynny, rhoir acen grom arni.
> Enghreifftiau pellach o gywasgu yw'r geiriau *iachâd, coffâd,
> nacâd, caniatâd, esmwythâd.*

- Yn achos geiriau sy'n gorffen gydag *h* + llafariad hir, nid oes
  angen rhoi acen grom ar y llafariad hir ar ddiwedd gair os
  yw'n dilyn y llythyren *h*.
  > **glanhaf**
  > **mwynhaf**

4 Rhoir acen grom ar bob llafariad hir heb gytsain yn ei dilyn
pan ddaw ar ddiwedd gair, boed y llafariad yn gywasgiad
ai peidio.
> **Caniatâ imi fenthyg y llun hwn am wythnos.**
> **Efô oedd llywydd cyntaf yr Academi Gymreig.**

Enghreifftiau eraill yw *esmwythâ, ymwnâ, paratô.*

- Eithriadau i'r rheol uchod yw'r geiriau *myfi, tydi, hyhi, nyni,
  chwychwi.*

Yn achos geiriau sy'n gorffen gydag *h* + llafariad hir, nid
oes angen rhoi acen grom ar y llafariad hir ar ddiwedd gair
os yw'n dilyn y llythyren *h*. Bydd yr *h* yn dangos bod yr acen
ar y sillaf olaf a bod y llafariad yn hir.
> **Ceir parhad ar y tudalen nesaf.**
> **Mae'n annheg gofyn imi weithio Sadyrnau.**
> **Glanhaf y ceir hyd eithaf fy ngallu.**

Gellir drysu rhwng *h* a *ch, ph, rh, th. Ch* ac nid *h* sy'n dod
o flaen y llafariad olaf yn y gair *iachâ*, er enghraifft; *th* ac
nid *h* sy'n dod o flaen y llafariad olaf yn y gair *esmwythâ.*

5 Lle bydd llafariad yn aros yn hir yn y lluosog, dynodir hynny
ag acen grom.

> Gemau glas sydd yn ei modrwy.
> Chwarae gêmau cyfrifiadurol yw ei brif ddiléit.

6 Bydd angen gwahaniaethu rhwng parau o eiriau tebyg sy'n dechrau ag *ym-*. Dangosir bod yr acen ar y sillaf olaf, nid ar y goben, trwy roi acen grom ar y llafariad hir.
> Yn ôl rhai, nid yw plant y wlad yn ymddwyn yn soffistigedig.
> Mae cyfnod ymddŵyn plant yn gyfnod anodd.
> Mae greddf ymladd gref ynddo.
> Wedi bugeilio'i braidd trwy'r nos roedd wedi ymlâdd.

7 Pan geir gair yn gorffen yn *-a*, a bod angen ychwanegu sillaf arall sy'n dechrau ag *-a* at y gair hwnnw, rhoir y ddwy *-a* at ei gilydd a rhoi acen grom arni i ddangos bod yr acen ar y sillaf olaf yn lle ar y goben.
> drama + terfyniad lluosog -au = drama + -au = dramâu
> diploma + terfyniad lluosog -au = diploma + -au = diplomâu

Mae *-o* + *-ai* yn rhoi *-ôi*.
> parato- + -ai = paratôi

Mae *a-* + terfyniad berfol *-ai* yn rhoi *-âi*.
> caniata- + -ai = caniatâi.

8 Pan geir *-w-* hir yn y sillaf olaf ond un mewn gair, a'r acen bwyslais yn syrthio ar y sillaf honno, rhoir acen grom ar yr *-w-*.
> Rŵan, Huw, mynd adref ar d'union fyddai orau.
> Gwir yw'r dywediad fod pŵer yn llygru dyn.
> Pobl ddŵad yw'r rhan fwyaf o boblogaeth y pentref.

9 Yn achos y seiniau *ŵy* ac *wy*, pan ddaw'r sain *wy* mewn gair o fwy nag un sillaf nid oes angen nodi hynny ag acen grom.
> wyneb
> wylo
> wythnos

10 Problem sy'n codi'n gyson yw pryd i roi acen grom ar y gair *a*. Nid oes gwahaniaeth, yn aml, yn y sain. Ystyr yr *a*, nid ei sain, sy'n penderfynu a roir acen grom arno ai peidio.

- Ni roir acen grom ar *a* sy'n golygu *and* yn Saesneg.
  Dyn uchelgeisiol a balch yw'r Cyfarwyddwr Addysg.
  Pan ddaw'r *a* o flaen gair sy'n dechrau â llafariad (a, e, i, o, u, w, y), *ac* (heb acen grom) yw'r ffurf gywir i'w defnyddio.
  Dyn balch ac uchelgeisiol yw'r Cyfarwyddwr Addysg.

- Nid oes angen rhoi acen grom ar y rhagenw perthynol, sef yr *a* a drosir i'r Saesneg gan *who, whom, which,* neu *that*.
  Dyma'r wraig a enillodd Wobr Booker.

- Ni roir acen grom ar *a* sy'n gofyn cwestiwn.
  A oes rhaid imi fynd i'r cyfarfod lansio?

- Mae angen acen grom ar *a* i gyfleu meddiant, perthynas.
  Y dyn â'r het goch oedd yma neithiwr.
  Ond pan fydd arddodiad yn dilyn yr *a* honno, nid oes angen acen grom ar yr *a*.
  Dyma wraig a chanddi lawer o gyfoeth.
                /   \
  'a' heb acen grom   arddodiad

  Fel rheol nid oes angen acen grom ar yr *a* pan wahenir y ddwy elfen heblaw bod cryn bellter rhwng y ddwy elfen.
  Dyma wraig a thŷ newydd ganddi.
  Y dyn a'r got wen amdano oedd yma neithiwr.
  Ambell waith teimlir bod rhyw amwyster os na roir acen grom ar yr *a*, ac y gellid ei gamddeall fel cysylltair. Os oes awgrym o amwyster gwirioneddol, felly, gellir rhoi'r acen grom ar yr *a*.
  Eisteddodd Gwydion â'r llun ar ei liniau.
  Cwyno mae o dy fod ti â dy gyllell ynddo.
  Mae'n amlwg bod John Jones â'i fys ar y pyls gwleidyddol.

  Rhestrir isod fannau lle mae'n rhaid rhoi acen grom ar *a*.

- Rhoir acen grom ar *a* ar ôl *sydd, oedd,* a *fydd*:
        y dyn sydd â het am ei ben
        y dyn oedd â het am ei ben
        y dyn fydd â het am ei ben
  Ond ni roir acen grom ar *a* ar ôl *sydd, oedd,* a *fydd* yn y

gystrawen a ganlyn (lle mae *a* yn eiryn perthynol):
> Beth sydd a wnelo hyn â mi?

- *Ansoddair* yw gair sy'n disgrifio enw neu ragenw.
  Weithiau mae i ansoddair wahanol raddau o ddisgrifio.

  du   dued   duach   duaf

  Wrth ddefnyddio'r radd gyfartal, mae'n rhaid rhoi acen grom ar yr *a*.

  cystal â
  mor . . . â
  cyn . . . â

  Dyma enghreifftiau pellach:
  > Mae ef cynddrwg â'i daid am godi helynt.
  > Roedd yno lygod yn lluoedd afrifed cyn amled â'r gwlith.
  > Mae'r dyn acw mor dwp â llo ond mor onest â'r dydd.

  O flaen llafariad y ffurfiau yw *cystal ag, cyn . . . ag,* ac *mor . . . ag*. Ni roir acen grom ar *ag*.
  > Yn ôl coel gwlad roedd y dyn hysbys cystal ag unrhyw feddyg am drin dafad wyllt.
  > Roedd ei wallt cyn felyned ag eithin mynydd.
  > Edrychai'r hen wraig mor annwyl ag erioed.

- Rhoir acen grom ar yr *â* sy'n rhagflaenu gwrthrych neu offeryn a ddefnyddir.
  > Irodd y plât â menyn.

  Yn ffigurol:
  > Aeth trwy'r adroddiad â chrib mân.

  Ag (heb acen grom) yw'r ffurf a roir o flaen llafariad.
  > Irodd y plât ag olew.

- Rhoir acen grom ar yr *â* sy'n dilyn berfau, berfenwau, ac adferfau.

  berf + â: peidiwch â
               ymunaf â
               cysylltir â
               siaradwn â

  berfenw + â: mynd â
                  dod â
                  ymweld â
                  ffarwelio â
                  cytuno â

adferf + â:	bron â
	agos â

Ag, eto, yw'r ffurf a roir o flaen llafariad, ac ni roir acen grom ar *ag*.

berf + ag:	Peidiwch ag agor y drysau cyn diwedd y gystadleuaeth.
berfenw + ag:	Yr wyf yn mynd ag ef at y deintydd.
adferf + ag:	Roedd hi bron ag agor ei boch yn y ddamwain.

- Mae rhai arddodiaid yn cynnwys mwy nag un gair. Pan geir *â* yn un o'r geiriau, rhoir acen grom arno.
  > Bu llawer o anghytuno ynglŷn **â'r** cynllun arfaethedig.
  > Gyferbyn **â'r** garej y bydd yr archfarchnad.
  > Daeth cynrychiolwyr o bob plaid, ynghyd **â** chynrychiolwyr o bob cyngor lleol, i agor y ffatri newydd.

- Pan ddefnyddir *â* i olygu *mae ef yn mynd* rhoir acen grom arno.
  > **Â** ef i ddosbarthiadau Rwsieg bob nos Fawrth.

- Ni ddefnyddir *Â* wrth dalfyrru *Af* mewn ffuglen; defnyddir *A'*.

Acen ddyrchafedig (´)

Fel arfer mae geiriau Cymraeg yn acennu ar y sillaf olaf ond un ond oherwydd cywasgu dwy lafariad gall yr acen fod ar y sillaf olaf.

1 Defnyddir acen ddyrchafedig i nodi ble mae'r acen mewn berfenwau sy'n gorffen yn *-au* (ond nid yn *-hau*). Yn achos y berfenwau sy'n gorffen yn *-hau* mae'r *h* yn ddigon i ddangos bod y gair yn acennu ar y sillaf sy'n ei dilyn.
> Mae gwyliau'r Nadolig yn agosáu.
> Yr wyf yn amgáu siec o ganpunt gyda'r ffurflen archebu.
> Bydd yn parhau i bwyso ar y Cyngor am ateb cadarnhaol.
> Glanhau tatws yw fy nghas ddyletswydd.

2 Mae nifer o eiriau cyffredin yn eithriadau ac ni roir acen ddyrchafedig arnynt er bod yr aceniad yn anarferol yn Gymraeg, er enghraifft *Cymraeg, paratoi, cyfleu*; gweler yr adran **Geirfa** am ragor o enghreifftiau.

3 Yn achos nifer o eiriau benthyg sydd wedi eu derbyn i'r Gymraeg, fe newidir y sillafiad Saesneg yn sillafiad Cymraeg, ond cedwir yr acen yn yr un man â'r aceniad Saesneg. Acennir y gair gan ddilyn y Saesneg ond ysgrifennir y gair yn y dull Cymraeg. Mae'n rhaid gosod y gair ar bapur fel bod pawb yn deall nad yw'r acen wedi ei symud i'r goben i gydymffurfio ag arferion y Gymraeg.

Mae'r gair Saesneg *caravan* yn acennu ar yr *a* gyntaf, ond hen aceniad y gair Saesneg oedd *caraván* ac o'r ynganiad hwnnw y benthyciwyd y gair i'r Gymraeg. Wrth ei ysgrifennu yn Gymraeg, dilynir sŵn y gair. Gan nad oes *v* yn Gymraeg rhoir *f* a gosod acen ddyrchafedig i leoli'r acen.

carafán

Fel arfer, yn achos geiriau sy'n cael eu hynganu fel yn Saesneg, nid oes angen dangos bod yr aceniad yn anarferol yn Gymraeg, er enghraifft *Methodist, ocsigen,* ac *alcohol,* heblaw pan ddaw'r acen bwyslais ar y sillaf olaf fel yn *dyciáe, consérn, sigarét, cysáct.*

Acen ddisgynedig (ˋ)

Fel arfer mae gair unsill sy'n gorffen â llafariad neu'n gorffen â *b, d, g, f, dd, ff, th, ch,* neu *s* yn air hir ei sain.

llafariad:	**da**	**te**	**lli**	**llo**	**llu**	**llw**	**fy**
cytsain:	**mab**	**rhod**	**ffug**				

Ond weithiau, yn groes i'r arfer, mae'r gair yn gallu bod yn fyr, fel yn *heb, nid,* a *bag*. Dim ond lle ceir dau air wedi eu sillafu yn yr un ffordd mae angen dangos hyd y llafariad. Er enghraifft, mae'r sain *a* yn sain fer yn y gair *bag* ond nid oes rhaid dangos hynny gan nad oes gair arall o'r un sillafiad y gellid ei ddrysu ag ef.

Rhag drysu rhwng dau air o'r un sillafiad, dangosir hyd y sain fer trwy roi acen ddisgynedig dros y llafariad.

Chwyrlïai'r mwg drwy'r simnai.
Llond mẁg o ddiod fêl sy'n dda at annwyd.

Gosododd ddau bos i'r plant eu datrys.
Hoffai ddangos mai ef oedd y bòs.

Yn yr un modd mae'r gair *clòs* gydag acen ddisgynedig yn gallu golygu *tywydd mwll*, yn ogystal ag *agos*, fel yn *clòs at ei gilydd*, a gall *clos* olygu *buarth* a *thrywsus* mewn rhai tafodieithoedd. Gan amlaf benthyciadau o'r Saesneg sy'n acennu'n groes i'r arfer Gymraeg, ac mae angen dangos ai llafariad fer sydd ynddynt.

- Mae dwy eithriad Gymraeg i'r rheol, sef *nad* a *nâd*; *nag* a *nâg*.
  Yr arfer gywir yw ysgrifennu:

  nad = Saesneg *not*
  nâd = llef, cri
  nag = Saesneg *than* (Mae John yn fwy prydweddol nag ef.)
  nâg = gwrthodiad

O flaen *-l*, *-n*, ac *-r* mae'r sain *i* a'r sain *u* yn hir fel arfer mewn geiriau unsill.

  -l mil   -l cul
  -n gwin   -n un
  -r gwir   -r mur

Os bydd y sain yn un fer rhoir acen dros y llafariad fer pan fydd angen gwahaniaethu rhwng pâr o eiriau o'r un sillafiad.

> Gallech glywed pìn yn syrthio rhwng pob symudiad o'r symffoni.
> Cegin o bren pin sydd yn y ganolfan newydd.
>
> Mae angen sawl sgìl i fod yn gricedwr da.
> Penderfynodd nifer o athrawon dderbyn ymddeoliad cynnar yn sgil y toriadau diweddaraf.

Mae'r arfer o roi acen grom ar y llafariad hir yn *sgil* a *pin* wedi ei disodli gan yr arfer o roi acen ddisgynedig ar y seiniau byrion.

Didolnod (¨)

1 Mae didolnod yn help i ddangos sawl sillaf sydd mewn gair ac yn arweiniad i'r ynganu. Am fod tair sillaf yn y gair *troëdig* mae angen didolnod i nodi fod *ë* yn gnewyllyn sillaf.

  tro-ë-dig

O beidio â rhoi didolnod ar yr *ë* byddai'r *oe* yn ddeusain i'w hynganu fel y gair *troed*. Dwy sillaf sydd yn *troedio*. Gan nad oes dim i ddangos fod *e* yn gnewyllyn sillaf mae'n rhaid

cymryd mai rhan o'r ddeusain *oe* yw'r *e* ac felly mai dwy sillaf sydd yn y gair *troedio*.
>troed-io

2 Pan fydd un llafariad yn cael ei hysgrifennu ddwywaith, fel yn y gair *amgaeedig*, nid oes angen didolnod ar y naill *e* na'r llall. Pan ysgrifennir llafariad ddwywaith mae'n amhosibl eu hanwybyddu wrth eu 'siarad'. Mae'n *rhaid* ynganu'r ddwy lafariad ar wahân ac felly nid oes angen didolnod i dynnu sylw at lafariad a allai fynd ar goll yn y sain. Am yr un rhesymau nid oes angen heiffen i'w cadw ar wahân.
>cynorthwyydd
>amgaeedig
>deellir
>gwniir
>dileer

3 Pan fydd gair sy'n dair sillaf neu ragor yn acennu ar y llafariad *i* yn y goben, os oes *i* arall yn ei rhagflaenu nid oes angen didolnod, er enghraifft *diildio*. Ond os dilynir yr *i* gan lafariad neu ddeusain arall, rhoir didolnod ar yr *i* i ddangos mai llafariad ydyw ac nid cytsain.
>Polisïau diegwyddor fu gan y cwmnïau hynny erioed.
>Y peiriant ffotocopïo sy'n mynd â lle.

Heb ddidolnod, dwy sillaf fyddai *cwmnïau* a phedair sillaf fyddai *ffotocopïo*.

4 Fel arfer nid oes angen rhoi didolnod ar eiriau nad oes iddynt ond dwy sillaf a lle nad oes modd eu hynganu ond fel rhai dwy sillaf.
>priod   sgio
>crio   ffrio
>sbio   glowyr

Ond lle gellid eu camynganu yn un sillaf, sef fel deusain yn hytrach na dwy lafariad, bydd angen didolnod ar y llafariad gyntaf.

Y Golygiadur

crïwr	düwch
crëwr	crëyr glas
glöyn byw	crëwyd
clöyn	glöwr

5 Yr arfer bellach gyda'r didolnod yw ei roi ar y llafariad sy'n cynnal yr acen.

cloÿnnau	glöyn
troëdig	gloÿnnod

6 Dros y blynyddoedd mae'r egwyddorion wedi newid ac mae anghysonderau i'w gweld o gymharu ein geiriaduron, er enghraifft *Y Geiriadur Mawr*, *Geiriadur Prifysgol Cymru*, *Geiriadur Gomer* ac *Orgraff yr Iaith Gymraeg*, ac mae'n hawdd dod o hyd i ffurfiau nad ydynt yn cydymffurfio â'r egwyddorion presennol. Nid oes didolnod ar y geiriau canlynol:

> **glanhawyr**
> **iachawyr**
> **bwytawyr**

er y disgwyliech hynny. Heddiw, ni ddefnyddir didolnod ar y ffurf luosog *-awyr*, er enghraifft *bwytawyr* (rhai sy'n bwyta). Ond yn achos parau o eiriau sy'n gorffen yn *-fawr* rhoir didolnod ar yr *a* i wahaniaethu rhyngddynt ac i nodi ble mae'r gair yn acennu.

> **glofäwr**: dyn sy'n gweithio mewn glofa
> **glofawr**: mawr ei lo

Mae *glofäwr* yn acennu ar *ä* ac mae *glofawr* yn acennu ar *o*.

Heiffen

Defnyddir heiffen (-), neu gysylltnod neu gyplysnod, i uno geiriau er mwyn ffurfio un ymadrodd disgrifiadol neu air cyfansawdd.

> 'Dic-Siôn-Dafyddion' yw Cymry sy'n gwadu eu gwlad a'u hiaith.
> Agwedd linc-di-lonc iawn oedd ganddo at waith.

Yn aml mae'r rhain yn dechrau â *di-*, er enghraifft di-alw-amdano, di-alw-yn-ôl, di-asgwrn-cefn, di-ben-draw, di-droi-draw, di-droi-heibio, di-droi'n-ôl, di-dderbyn-wyneb, di-flewyn-ar-dafod, di-sôn-amdano.

Sillafu: heiffen

1 Defnyddir heiffen i uno gair neu ran o air ac enw priod, neu ag ansoddair a grëwyd o enw priod.
> **Fe'i cyhuddwyd o fod yn hanner-Pelagiad.**
> **Cynhelir yr ŵyl Ban-Geltaidd ym mis Mai.**

Gan fod priflythyren i bob enw priod byddai cydio'r briflythyren honno wrth lythyren fechan sy'n dod o'i blaen yn edrych yn smala ar bapur ac felly defnyddir heiffen i gydio'r ddwy elfen ynghyd. Yn achos enwau lleoedd, er hynny, gellir rhoi llythyren fach i enw priod, er enghraifft *Llanbryn-mair*.

2 Weithiau mae'n rhaid ysgrifennu'r un gytsain ddwywaith ar ôl ei gilydd. Os oes rhaid gwahanu dwy gytsain i wneud ystyr y gair yn fwy eglur, defnyddir heiffen i wneud hynny.
> **cyfyng-gyngor**
> **cyd-ddyn**
> **llygad-dynnu**

Mae angen gwahanu cyfuniadau megis *d + d, d + dd, dd + d, dd + dd, ff + f, ng + g, g + g, l + l, ll + l,* a *t + h*, â heiffen: ad-dalu, cybydd-dod, all-lein, all-lif, aml-liwiog, anfad-ddyn, argraff-faen, cyd-destun, gwag-grefyddol, gwyrdd-der, gwyrdd-ddail, hardd-ddysg, hwynt-hwy, priod-ddull, rhyng-golegol.

3 Aceniad gair, yn aml, sy'n penderfynu a ddylid rhoi heiffen ynddo ai peidio, er enghraifft *diraen, di-raen*. Yn achos geiriau deusill sy'n acennu ar y sillaf olaf, rhoir heiffen rhwng y ddwy sillaf.
> **Daeth Tad-cu a Mam-gu i gyngerdd yr ysgol.**
> **Gŵr di-lol yw ef, ond gwraig ddi-ddal yw hi.**

Os yw'r gair deusill yn acennu ar y sillaf gyntaf, lle mae'n arferol i air Cymraeg acennu, nid oes angen rhoi heiffen rhwng y ddwy sillaf.
> **Teithiai** ledled **Ewrop** gyda'i fand roc gan ennill mwyfwy o glod.

4 Mae nifer o eiriau Cymraeg yn dechrau â rhagddodiad. *Rhagddodiad* yw elfen sy'n cael ei dodi o flaen gair i greu gair newydd.

Y Golygiadur

ad-	adlewyrchu	di-	di-drefn
an-	anaddas	gor-	gorymateb
ar-	arwisgo	gwrth-	gwrthryfela
arch-	archdderwydd	rhag-	rhagflas
cyd-	cydradd	rhyng-	rhyngwladol
cyn-	cynfab	tra-	tra-arglwyddiaethu
dad-	dadorchuddio	traws-	trawsnewid

Gosodir rhagddodiad o flaen gair weithiau i'w negyddu, dro arall i'w gryfhau, ond bob tro i newid ei ystyr i ryw raddau.

Mae nifer o ansoddeiriau, sef geiriau disgrifiadol, yn cael eu defnyddio'n debyg i'r rhagddodiaid hyn.

ail-	ail-law	lled-	lled-orwedd
aml-	amlwreiciaeth	ôl-	ôl-nodyn
blaen-	blaendal	pen-	pen-bandit
cam-	cam-drin	prif-	prifathro
cyn-	cyn-ddarlithydd	uwch-	uwchradd
is-	is-gadeirydd		

Gall fod yn anodd penderfynu a oes heiffen yn eu dilyn. Yr egwyddor sylfaenol ar gyfer rhagddodiaid + geiriau unsill yw'r un a ganlyn:

- os oes acen ar y gair unsill sy'n dilyn y rhagddodiad, mae angen heiffen:

    di-ail
    gor-hael
    cyd-fynd
    gwrth-ddweud
    rhag-weld
    cyf-weld

- os acennir y rhagddodiad yn unig, yna nid oes heiffen:

    ad**borth**
    rhag**rith**
    tra**serch**
    ar**brawf**
    gwrth**bwynt**

Yn achos geiriau o fwy nag un sillaf, ar y cyfan nid oes heiffen ynddynt, ond gweler isod.

Sillafu: heiffen

- Nid oes, o reidrwydd, angen gwahanu dwy lythyren unfath sy'n dilyn ei gilydd.

> Bu Mark yn gynorthwyydd dygn a diildio.
> amgaeedig
> caeedig

ad-

Pan roir *ad-* o flaen gair unsill mae'r acen bwyslais yn syrthio ar yr *ad-* bron yn ddieithriad, fel yn *adlais* ac *adlam*, felly nid oes angen heiffen. Yn achos *ad-fyw* mae'r acen bwyslais ar *fyw*, felly mae'n rhaid cael heiffen.

Pan ychwanegir geiriau o fwy nag un sillaf at *ad-*, maent yn acennu'n naturiol ar y goben, sef ar y sillaf olaf ond un, felly nid oes angen heiffen ar ôl *ad*.

> Cyhoeddwyd adargraffiad yn 1901.
> Daeth yr haul ag adfywiad i'r ddaear.

O'r herwydd, yn achos *ad-* + gair o fwy nag un sillaf, nid oes byth angen heiffen i ddilyn *ad-* heblaw pan fydd *d* arall yn ei ddilyn, neu pan fydd *dd* yn ei ddilyn.

> Ad-drefnu llywodraeth leol sydd nesaf ar yr agenda.
> Bydd yn rhaid ad-ddosbarthu'r arian i gyfateb i'r newidiadau.

ail-

Ystyr *ail-* fel rhan o air yw'r Saesneg *re-*, hynny yw mae'n cyfleu eich bod yn gwneud rhywbeth am yr eildro, neu drachefn.

> ailymgynnull   *reconvene*
> ail-gael   *repossess*

I gyfleu'r ystyr *second* rhoir *ail* yn air ar wahân.

> ail argraffiad   *second edition*

Eithriadau yw *ailblentyndod* (*second childhood*) ac *ailnatur* (*second nature*).

Pan roir *ail-* o flaen gair unsill defnyddir heiffen gan fod acen ar y ddwy elfen.

> ail-drin
> ail-fyw
> ail-greu
> ail-wneud

267

Pan ddilynir *ail-* gan *l* defnyddir heiffen i wahanu'r ddwy *l*.

>ail-lunio
>ail-liwio
>ail-law

Pan roir *ail-* o flaen geiriau o fwy nag un sillaf nid oes angen defnyddio heiffen gan fod yr acen bwyslais yn disgyn yn y lle arferol i'r Gymraeg, sef ar y goben. Dyma rai geiriau a gamysgrifennir yn aml:

ailadeiladu	ailgydio
ailadrodd	ailgyhoeddi
ailafael	ailgylchu
ailagor	ailnatur
ailblentyndod	ailolwg
ailbriodi	ailosod
aildalu	ailwampio
ailddarlleniad	ailwrando
ailddechrau	ailymddangos
aileni	ailysgrifennu
ailfeddwl	ailystyried

Ystyriwch y ddau gymal hyn:

>**ail ddatblygiad harbwr Aberystwyth**
>**ailddatblygiad harbwr Aberystwyth**

Ystyr y cyntaf yw *Aberystwyth harbour's second development* ac ystyr yr ail yw *Aberystwyth harbour's redevelopment*. Mae ysgrifennu *ail-ddatblygiad* bob amser yn anghywir.

all-

Pan roir *all-* o flaen gair unsill ni ddefnyddir heiffen gan fod yr acen bwyslais ar *all-*.

>allbrint
>allblyg
>alltud
>allbwn

Pan ddilynir *all-* gan *l*, hyd yn oed os yw'n air unsill defnyddir heiffen er mwyn osgoi cael *lll*.

>all-lein
>all-lif

Pan ddaw *all-* o flaen geiriau o fwy nag un sillaf nid oes angen defnyddio heiffen.

>allforion
>allddarlleniad
>allyrrydd

aml-

Pan roir *aml-* o flaen gair unsill nid oes angen heiffen.

>amlwraig
>amldroed
>amlhau

Pan ddilynir *aml-* gan *l*, hyd yn oed os yw'n air unsill defnyddir heiffen i wahanu'r ddwy *l*.

>aml-liwiog

Pan roir *aml-* o flaen geiriau o fwy nag un sillaf nid oes angen defnyddio heiffen (ac eithrio *aml* + *l-*).

>amlieithog
>amlonglog
>amlraglennu
>amlwreiciaeth

an-

Pan roir *an-* o flaen gair unsill mae'r acen ar y goben.

>anfri
>ansad
>anhael

Pan ddilynir *an-* gan *n* arall ni roddir heiffen i'w cadw ar wahân.

>annaturiol
>annatod
>annioddefol
>annuwiol

Pan ychwanegir geiriau o fwy nag un sillaf at *an-* maent yn acennu'n naturiol ar y goben, felly nid oes angen heiffen ar ôl *an-*.

>anenwog
>anobaith
>anwastad

Pan ddilynir *an-* gan *t*, er enghraifft *an-* + *trefn*, y sillafiad yw *anhrefn*, nid *anrhefn*.

ar-
Pan roir *ar-* o flaen gair unsill mae'r acen ar y goben.
> arlliw
> arwr
> arwyl

Ond pan yngenir y gair gyda dwy acen, defnyddir heiffen.
> ar-lein

Pan ddilynir *ar-* gan *r* arall rhoir heiffen i'w gwahanu.
> ar-rifydd

Dau air yw *ar wahân* (ond mae *arwahanrwydd* yn un gair). Nid rhagddodiad yw *ar* yma ond gair unigol.

Pan ychwanegir geiriau o fwy nag un sillaf at *ar-* maent yn acennu'n naturiol ar y goben, felly nid oes angen heiffen ar ôl *ar-*.
> argymell
> arddangos

arch-
Ystyr *arch-* yw *prif*. Pan roir *arch-* o flaen gair unsill mae'r acen yn dal i ddod ar y gair ac nid ar *arch-* ac felly mae angen heiffen i ddangos lleoliad yr acen.
> arch-ddug
> arch-wŷs

Pan roir *arch-* o flaen geiriau o fwy nag un sillaf maent yn acennu'n naturiol ar y sillaf olaf ond un ac nid oes angen heiffen.
> archdderwydd
> archesgob
> archfarchnad

Ond os dilynir *arch-* gan y llythyren *ch* neu *h* yna bydd angen heiffen i osgoi dryswch.
> arch-chwaraewr
> arch-hudolwr

blaen-
Nid oes angen defnyddio heiffen o gwbl gyda *blaen-*. Mae geiriau unsill a geiriau o fwy nag un sillaf yn cydio wrth *blaen-* heb heiffen am fod yr acen bob amser ar y goben.

blaendir
blaenffrwyth
blaenddannedd
blaenllaw
blaendal

cam-

Pan roir *cam-* o flaen gair unsill defnyddir heiffen gan fod acen ar y ddwy elfen.

cam-drin
cam-droi
cam-ddal
cam-farn

Ond os bydd y gair yn acennu'n bendant ar *cam-* heb acen ar yr ail elfen, ysgrifennir y gair heb heiffen.

camwedd

Pan roir gair o fwy nag un sillaf i ddilyn *cam-*, ni roir heiffen i'w cydio ynghyd.

camdreiglad
camosod
camgopïo
camargraff

cyd-/cyt-

Pan ddaw *cyd-* o flaen gair unsill a'r gair hwnnw'n acennu ddwywaith, hynny yw ar y rhagddodiad ac ar y gair sy'n ei ddilyn, defnyddir heiffen.

cyd-fynd
cyd-fyw
cyd-weld
cyd-gwrdd

Pan ddaw *cyd-/cyt-* o flaen gair unsill ni ddefnyddir heiffen pan fydd yr acen yn syrthio ar y rhagddodiad, hynny yw pan fydd y gair yn acennu unwaith yn unig.

cydnaws
cydradd
cytgord
cytir

Pan roir *cyd-* o flaen geiriau o fwy nag un sillaf nid oes angen heiffen:

  cydamseru
  cydchwerthin
  cydweithrediad

oni bai ei fod yn cael ei ddilyn gan *d* neu *dd* ac yna mae'n rhaid eu gwahanu â heiffen.

  cyd-daro
  cyd-destun
  cyd-ddigwyddiad
  cyd-ddyheu

Ond os yw *cyd-* yn golygu *co-, fellow, joint,* ac enw yn ei ddilyn, rhoir heiffen ar ei ôl.

  cyd-aelod
  cyd-berchennog
  cyd-garcharor
  cyd-olygydd

Felly:

  cyd-weithiwr ond **cydweithio**
  cyd-wladwr ond **cydwladol**

Pan ddaw *cyd-* o flaen gair sy'n dechrau ag *c, ff, s, t,* neu *p* yna mae'n troi'n *cyt-* fel yn *cytgerdd* (cyd- + cerdd). Ni roir heiffen ar ôl *cyt-*. Os yw'r gair sy'n dilyn *cyd-* yn dechrau â *t* yna daw'r ddwy *t* yn un gan nad oes modd cael dwy *t* yn olynol yn Gymraeg.

  cyd- + tir > cyt- + tir > cytir

cyn-

Os yw sain yr *y* yn *cyn-* yn debyg i'r ddwy *y* yn *tywyllwch* nid oes angen heiffen.

cynllun	cyn-archdderwydd
cynsail	cyn-bennaeth
cynfyd	cyn-arlywydd
cyn-aelod Ewropeaidd	cyn-ddarlithwyr
cyn-aelodau	cyn-faer

Os oes priflythyren i'r prif air, er enghraifft *Cyfarwyddwr*, defnyddir llythyren fechan i *cyn-*.

  y cyn-Gyfarwyddwr   nid   y Cyn-Gyfarwyddwr
            nac   y Cyn-gyfarwyddwr

y cyn-Archdderwydd Brinli
y cyn-Arlywydd Kennedy
y cyn-Ysgrifennydd Gwladol

Nid oes angen rhoi priflythyren i'r gair *dirprwy*.

y cyn-ddirprwy brifathro (os yw *dirprwy brifathro* yn derm disgrifiadol yn hytrach na theitl swyddogol)
y cyn-ddirprwy Gyfarwyddwr

(Ymhellach gweler isod o dan *dirprwy* ac o dan *is-*)

dad-/dat-

Pan roir *dad-* o flaen gair unsill defnyddir heiffen am fod acen ar y ddwy elfen.

dad-wneud

Ni ddefnyddir heiffen pan fydd yr acen ar *dad-* yn unig.

dadrith
dadlaith

Pan roir gair o fwy nag un sillaf i ddilyn *dad-* yna ni roir heiffen i'w cydio ynghyd.

dadflino
dadelfennu
dadrithio
dadorchuddio
dadlwytho

Os dilynir *dad-* gan *d* arall neu gan *dd*, rhoir heiffen i'w cadw ar wahân.

dad-ddweud
dad-ddysgu

Try *dad-* yn *dat-* o flaen *c-* ac fe'i dilynir gan dreiglad.

dad- + cymalu >   datgymalu
dad- + cuddiad > datguddiad

Dyma enghreifftiau eraill lle try *dad-* yn *dat-*.

dad + ch   datchweliad
dad + d   datod(i)   (dad + dod(i))
dad + ff   datfferru
dad + p   datblygu
dad + s   datsain
dad + t   datroi

di-

Pan roir *di-* o flaen gair unsill defnyddir heiffen os yw'r gair yn cael ei acennu ddwywaith.

>di-chwaeth di-waith
>di-sbarc dyn di-weld

Os yw'r acen yn amlwg ar y *di-* yna nid oes angen heiffen gan fod yr acen yn syrthio'n naturiol ar y goben, sef y sillaf olaf ond un.

>dyn diddrwg didda
>diflas
>diserch

Mae heiffen weithiau'n dangos newid ystyr oherwydd newid aceniad. Gall *diflas* a *di-flas* fod yn gywir, yn dibynnu ar neges y frawddeg. Ystyr *diflas* yw anniddorol, ac ystyr *di-flas* yw rhywbeth heb flas arno.

>**Darlithiau diflas a bwyd di-flas fu tynged y cynadleddwyr druain.**

Os yw'r gair sy'n dilyn *di-* yn dechrau â'r llythyren *i* ac yn unsill, rhoir heiffen i'w gwahanu.

>di-ias

Pan fydd gair o fwy nag un sillaf yn dilyn *di-* nid oes angen heiffen i'w cydio ynghyd.

>diarddel dienw
>diboblogi difreintiedig
>dibriod diseremoni

Os yw'r gair sy'n dilyn *di-* yn dechrau â'r llythyren *i* ac yn hwy nag un sillaf fe ysgrifennir y cyfan yn un gair heb heiffen i wahanu'r ddwy *i* ddilynol. Caniateir ysgrifennu'r un llafariad ddwywaith heb orfod eu gwahanu â heiffen na didolnod.

>diildio
>diidiom

dirprwy

Ni ddefnyddir heiffen ar ôl y gair *dirprwy*; gair annibynnol ydyw.

>dirprwy faer
>dirprwy gyfarwyddwr
>dirprwy ganghellor

(Ymhellach gweler uchod o dan *cyn-*, ac isod o dan *is-*)

ffug-

Pan roir *ffug-* o flaen gair unsill, os yw'r gair yn acennu ar *ffug-* ni ddefnyddir heiffen.

ffugbeth
ffuglen
ffugliw

Os acennir y ddwy elfen mae angen heiffen i gydio'r ddwy sillaf ynghyd.

ffug-wneud

Pan fydd gair o fwy nag un sillaf yn dilyn *ffug-* nid oes angen heiffen.

ffugenw
ffugostyngeiddrwydd
ffugwyddonol

Os oes *g* yn dilyn *ffug-* cedwir y ddwy *g* ar wahân â heiffen.

ffug-ganmol
ffug-glasurol
ffug-grefyddol

Os oes *h* yn dilyn *ffug-* mae angen heiffen.

ffug-hanes
ffug-hynafol
ffug-honiad

gor-

Pan roir *gor-* o flaen gair unsill, os yw'r gair yn acennu ar *gor-* ni ddefnyddir heiffen.

gorlawn
gorgryf
gorffwyll (gor- + pwyll)

Os acennir y ddwy elfen mae angen heiffen i gydio'r ddwy sillaf ynghyd.

gor-wneud
gor-nai
gor-ddweud

Gorhoff: er bod llawer yn ei acennu ddwywaith wrth siarad, hynny yw, yn acennu *gor-* ac yn acennu *-hoff*, ynganiad cywir y gair hwn yw acennu *gor-* yn unig, ac felly nid oes angen heiffen yn ei ganol wrth ei ysgrifennu.

Pan fydd gair o fwy nag un sillaf yn dilyn *gor-* nid oes angen heiffen.

    gorbrisio   gorfelys
    gorbwysleisio   gorlifo

Os oes *r* yn dilyn *gor-* cedwir y ddwy *r* ar wahân â heiffen.

    gor-resymoli
    gor-ryfelgar

gwrth-

Pan roir *gwrth-* o flaen gair unsill ni ddefnyddir heiffen mewn geiriau sy'n acennu ar *gwrth-*.

    gwrthblaid   gwrthglawdd
    gwrthbwynt   gwrthwynt

Pan roir *gwrth-* o flaen gair unsill a'r gair hwnnw'n acennu ddwywaith, sef ar *gwrth-* ac ar yr ail elfen, defnyddir heiffen.

    gwrth-droi
    gwrth-ddweud
    gwrth-ddadl

Pan roir gair o fwy nag un sillaf i ddilyn *gwrth-* ni ddefnyddir heiffen.

    gwrthdystio   gwrthglocwedd
    gwrthfiotig   gwrthwynebydd

Os dilynir *gwrth-* gan *h* rhoir heiffen i wahanu'r *th* a'r *h*.

    gwrth-heintio
    gwrth-holi

is-

Mae *is* yn gallu bod yn air annibynnol.

    Gallwch osod y silffoedd yn is, os dymunwch.

Ni roir acen grom ar *is*; nid oes ei angen wrth ei ddefnyddio'n air annibynnol, nac wrth ei ddefnyddio'n rhan o air hwy.

    Pan roir *is-* o flaen gair unsill, fel arfer ni ddefnyddir heiffen, ac mae'r acen ar *is*.

    isradd   islif
    isrif   isbridd

Eithriad yw *islaw* lle mae'r acen yn syrthio ar yr ail elfen.

Pan roir *is-* o flaen gair unsill a bod yr *is-* yn rhan o deitl, neu o derm swyddogol, yna fe ddefnyddir heiffen.

    is-faer
    yr is-grŵp llety

Pan ddilynir *is-* gan air o fwy nag un sillaf, os nad yw'n deitl nac yn derm ar swyddogaeth benodol, nid oes angen heiffen.

isadran	israddol
isddosbarth	isreolwr
isetholiad	isymwybod
isgyfandir	isbennawd

Pan ddilynir *is-* gan air o fwy nag un sillaf sy'n deitl neu'n derm swyddogol, defnyddir heiffen.

is-arglwydd	is-gapten
is-brifathro	is-lywydd
is-bwyllgor	is-olygydd
is-ddeon	is-warden
is-gadeirydd	is-ysgrifennydd
is-ganghellor	

    yr Is-Ganghellor Gwyn Elias Jones
    Is-Iarll Ceredigion

Pan ddefnyddir *cyn* o flaen y rhagddodiad *is-* mae *cyn* yn mynd yn air annibynnol, felly ni ddefnyddir dwy heiffen.

    y cyn Is-Ganghellor Gwyn Elias Jones

Pan ddilynir *is-* gan *s* rhoir heiffen i'w gwahanu.

    is-swyddog
    is-sonig
    is-system

Pan ddilynir *is-* gan *d,* y rheol yw fod *d* yn troi'n *t* pan fydd yn dilyn *s*. Felly, dylai cyfuniad fel *is* + *deitl* fynd yn *isteitl*; yn yr un modd ceir *istalaith, istrofannol,* ac *istarged*. Dyna sy'n dechnegol gywir, a dyna'r sillafiadau a argymhellir. Ond mae arferiad weithiau'n ennill y dydd ar y rheol ac yn hawlio'r ffurf *is-deitl*, ac ati.

lled, lled-

Pan roir *lled* (= rhannol; gweddol, eithaf) o flaen gair unsill, mae sawl peth yn bosibl.

Os yw *lled* yn adferf sy'n goleddfu ansoddair fe ysgrifennir dau air, heb heiffen.

    lled fyw

Os yw'r acen ar *lled* a'i fod yn cyfuno ag enw neu â berfenw i greu cysyniad newydd, nid oes angen heiffen.

llediaith	lledled
lledfyw	lled-ddall
	(sylwer bod yn rhaid rhoi heiffen i wahanu'r *d* a'r *dd*)

Os berf neu ferfenw sy'n dilyn *lled* rhoir heiffen yn ddiwahân.

    lled-fynd
    lled-weld
    lled-feddwl
    lled-geryddais

Os nad berf na berfenw sy'n dilyn *lled* ni ddefnyddir heiffen os yw'r gair sy'n dilyn yn fwy nag unsill.

lledgyfieithiad	(lled + enw)
lled-ddiffeithwch	(lled + enw; sylwer bod yn rhaid rhoi heiffen i wahanu'r *d* a'r *dd*)

Fel arfer, ysgrifennir *lled* + ansoddair ar wahân:

    lled arbennig
    lled chwithig
    lled ddymunol
    lled debygol

Ond sylwer bod *lledagored* a *lled agored* yn cael eu rhestru ynghyd yn *Geiriadur Prifysgol Cymru* a bod i'r ddau fersiwn ddwy ystyr, sef 'llydan agored' a 'hanner neu rannol agored'.

O dan rai amgylchiadau, sef o dan yr acen fel arfer, mae *lled-* yn mynd yn *llet-*. Ni roir heiffen i ddilyn *llet-*.

lled + c	lletgudd	ond **lledgellwair**
lled + ch	lletchwith	
	hefyd lletchwithdod	ond **lledchwelan (ffôl)**
lled + ff	lletffol	
lled + h	lletollt (o lled + hollt)	
lled + p	lletboeth	ond **lledbiso**
lled + s	lletsyth	
lled + t	lletrem (o lled + trem)	

ôl-

Gellir defnyddio *ôl* yn air annibynnol, ac wrth ei ddefnyddio felly rhoir acen grom arno.

Bydd yn symud i swydd newydd ar ôl yr haf.

Wrth ddefnyddio *ôl-* fel rhagddodiad, hynny yw wrth roi *ôl* o flaen gair arall, mae heiffen ac acen grom yn mynd law yn llaw. Os defnyddir y naill, mae'n rhaid defnyddio'r llall.

    ôl-ddodiad
    olddodedig

Pan roir *ôl-* o flaen gair unsill, ac os acennir *ôl-* yn ogystal â'r gair unsill sy'n ei ddilyn, yna rhoir acen grom ar *o* a rhoir heiffen i ddilyn *ôl-*.

    ôl-drem

Os yw'r acen ar *ol*, nid oes angen acen grom na heiffen.

    olgart
    olnod

Fel arfer, gair o fwy nag un sillaf sy'n dilyn *ôl-*, a defnyddir acen a heiffen gyda'r rhain.

    ôl-ddyddio   ôl-ofal
    ôl-ddyled   ôl-rifynnau
    ôl-nodyn

Pan ddilynir *ôl-* gan *l* mae angen heiffen i wahanu'r ddwy *l*.

    ôl-lyngesydd

pen-

Pan roir *pen-* o flaen gair unsill a bod yr acen ar *pen-*, ni ddefnyddir heiffen.

    pendro   penrhydd   penben
    peniog   pensaer

Mae'r sillafiad *pen-ben* yn anghywir.

Pan roir *pen-* o flaen gair unsill a bod yr acen ar *pen-* ac ar yr ail elfen, defnyddir heiffen.

    pen-gwas
    pen-lin

Eithriadau yw *pen blwydd* (er yr arddelir *pen-blwydd* hefyd), *pen draw*.

Pan roir *pen-* o flaen gair o fwy nag un sillaf ni ddefnyddir heiffen fel arfer.

    penagored   penllinyn
    penelin   penrhyddid

Ond pan ddefnyddir *pen-* o flaen gair o fwy nag un sillaf yn yr ystyr *prif*, rhoir heiffen.

    pen-adeiladwr   pen-blaenor
    pen-bandit   pen-campwr

prif-

Pan roid *prif-* o flaen gair unsill yr arfer oedd cyfuno'r cyfan yn un gair heb heiffen gan acennu'r goben.

    priflys
    prifiaith
    prifwyl

Pan ddilynid *prif-* gan air yn treiglo i *f* fe ddileid yr *f* yn *prif*.

    prif + bardd > prif fardd > prifardd

Yn yr un modd pan ddilynid *prif-* gan *ff* fe ddileid yr *f* yn *prif*.

    prif + ffordd > priffordd

Cedwir at yr un system yn achos hen eiriau, ond wrth i eiriau newydd ddod i'r iaith nid yw'r system wedi medru eu cwmpasu. Yn lle bod *prif* + *ffeil* yn mynd yn *priffeil*, cedwir at *prif ffeil* yn syml, a lle disgwylid *prifddisg* fe gedwir at *prif ddisg*. Bellach, mae *prif* wedi colli ei rym fel rhagddodiad ac yn cael ei roi fel gair ar wahân (sy'n cael ei acennu fel gair ar wahân) wrth lunio cyfuniadau newydd, er enghraifft *prif dyst*.

Pan ddilynir *prif* gan air o fwy nag un sillaf, fe'i hysgrifennir fel arfer yn air ar wahân, heb heiffen i'w ddilyn.

    prif gwnstabl   prif reswm
    prif weithredwr   prif weinidog

Mae gwahaniaeth ystyr rhwng *prif weinidog* (sef y gweinidog pwysicaf yn y Senedd), a *Prif Weinidog* (*First Minister*, Senedd Cymru) a *Prif Weinidog* (*Prime Minister*, Llywodraeth y DG).

Mae eithriadau i'r drefn o gadw'r ddau air ar wahân ond ni ddefnyddir heiffen gyda'r eithriadau ychwaith.

    prifathro   priflythyren
    prifysgol   prifddinas

Mae gwahaniaeth rhwng *prif ddinas* a *prifddinas*.

    Prif ddinas America yw Efrog Newydd, ond ei phrifddinas yw Washington.

rhag-

Pan roir *rhag-* o flaen gair unsill ni ddefnyddir heiffen gan fod y gair yn acennu ar *rhag-*.

    rhagair   rhagfarn
    rhagbrawf   rhagrith

Eithriad yw *rhag-weld*, lle nad yw'r acen ar *rhag-*.

Pan roir *rhag-* o flaen gair o fwy nag un sillaf ni ddefnyddir heiffen.

    rhagfynegi   rhagolygon
    rhagbaratoi   rhagymadrodd
    rhaghysbysiad

Pan ddaw *rhag-* o flaen *g* bydd angen cadw'r ddwy *g* ar wahân â heiffen.

    rhag-ganfyddiad

rhan-

Pan roir gair unsill i ddilyn *rhan-* nid oes angen heiffen.

    rhandir
    rhanbarth
    rhanrif

Sylwer hefyd ar *rhangan* (rhan + cân), *rhangylch* (rhan + cylch) lle disgwylid heiffen i wahanu *n* + *g* rhag eu drysu am *ng*. Ond yn hytrach dilynir aceniad naturiol y gair a hepgor yr heiffen (a fyddai'n newid yr ynganiad).

    Pan ddaw *rhan-* o flaen gair o fwy nag un sillaf ysgrifennir ef heb heiffen.

    rhandirol
    rhanberchenogaeth
    rhanbarthol
    rhangymeriad

Ond sylwer ar *rhan-amser*.

rhyng-

Pan roir gair unsill i ddilyn *rhyng-* nid oes angen heiffen.
>rhyngrwyd
>rhyngwr

Pan ddaw *rhyng-* o flaen gair o fwy nag un sillaf nid oes angen heiffen.
>rhyngberthynol
>rhyngwladol
>rhyngosod

Pan ddilynir *rhyng-* gan *g* defnyddir heiffen i wahanu'r *ng* a'r *g*.
>rhyng-genedlaethol   rhyng-golegol
>rhyng-gipio   rhyng-gyflyrau

tra-

Pan roir gair unsill i ddilyn *tra-* nid oes angen heiffen.
>traserch   trachwant
>traphlith   tramor

Pan geir *tra* + ansoddair gosodir *tra* yn air annibynnol a'r ansoddair hefyd yn air annibynnol.
>tra siomedig
>tra galluog
>tra phwerus

Ond mae *tragwyddol* yn ansoddair sy'n cael ei osod yn un gair. Pan geir *tra* + berf, berfenw, neu enw mae'n rhaid defnyddio heiffen i'w cysylltu.
>tra + berfenw: tra-arglwyddiaethu tra-dyrchafu
>tra + berf: tra-awdurdodaf tra-dyrchafaf
>tra + enw: tra-chywiredd

traws-

Pan roir gair unsill ar ôl *traws-* ni ddefnyddir heiffen.
>trawsffurf
>trawslin

Pan roir gair o fwy nag un sillaf ar ôl *traws-* ni ddefnyddir heiffen.
>trawsblannu   trawsfeddiannu
>trawsddodiad   trawsyriant

Nid oes modd cael *d* i ddilyn *traws-*; bydd *d* bob amser yn newid yn *t* wrth iddi ddilyn *s*.

    traws + doriad > trawstoriad

Noder hefyd *croestoriad*.

uwch-

Pan unir *uwch-* ag elfen unsill, os yw'r acen yn aros ar *uwch-* nid oes angen heiffen i'w cysylltu.

    uwchradd

Pan unir *uwch-* ag elfen unsill a'r gair wedyn yn acennu ar *uwch-* a hefyd ar yr ail elfen, rhoir heiffen i'w cysylltu.

    uwch-las

Mae *uwchben* ac *uwchlaw* yn eithriadau i'r rheol uchod oherwydd hir arfer.

 Pan unir *uwch-* â gair o fwy nag un sillaf, os nad yw'n deitl nac yn derm ar swyddogaeth benodol, nid oes angen heiffen.

    uwchnormal   **uwchraddio**
    uwchgynhadledd **uwchfeirniad**
    uwchefrydiau

Pan ddilynir *uwch-* gan air o fwy nag un sillaf sy'n deitl neu'n derm swyddogol, defnyddir heiffen.

    uwch-ddarlithydd **uwch-bwyllgor**
    uwch-gapten   **uwch-ringyll**
    uwch-arolygydd

Awgrymiadau pellach

Gall anhawster godi pan unir dwy elfen. Mae i'r gair *arallgyfeirio* ddwy elfen, sef *cyfeirio* ac *arall*. A ddylid gosod heiffen rhwng y ddwy elfen ai peidio?

1 Os berf neu ferfenw yw'r ail elfen nid oes angen heiffen.

    torheulo
    llwgrwobrwyo
    arallgyfeirio

Eithriadau i'r rheol yw *delw-addoli* a *gwag-siarad*.

Ond fe roir heiffen i wahanu cyfuniadau o gytseiniaid tebyg i *d + d*.

llygad-dynnu

Nid yw benthyciadau diweddar o'r Saesneg yn dilyn y rheolau treiglo yng nghanol gair.

ffotocopïo
kilometr/cilometr/cilomedr
microcyfrifiadur
minicyfrifiadur

Er hynny, os Cymreigir elfen gyntaf y gair fe geir treiglad.

meicrodon
meicrogyfrifiadur

2 Pan roir dau enw at ei gilydd i greu un gair, yn amlach na pheidio nid oes angen eu cysylltu â heiffen. Os un acen sydd i air, nid oes angen heiffen oherwydd mae'n rhaid cael pwyslais y naill ochr a'r llall i heiffen pan ddefnyddir hi. Mae i'r gair *mordaith* ddwy elfen, sef *môr* a *taith*, sy'n ddau enw. Un acen sydd i'r gair ac mae honno'n syrthio ar yr *o*. O'r herwydd nid oes angen heiffen i ddod â'r ddwy elfen ynghyd. Enghreifftiau eraill yw *golchdy, ffermdy, hafdy, moeswers, morglawdd, dwyreinwynt* a *rheilffordd*. Un acen bwyslais sydd iddynt. Eto, gwahenir cyfuniadau cytseiniol fel *d + dd* gan heiffen.

gardd-dy   **pridd-dy**

Weithiau ceir acen ar y ddwy elfen. Mae i'r gair *môr-leidr* acen bwyslais ar *môr* ac ar *leidr* ac i ddangos hynny mae'n rhaid dod â'r ddwy elfen ynghyd trwy ddefnyddio heiffen, er mwyn dynodi'r ddwy acen. Enghreifftiau eraill yw *môr-filltir, gwersyll-garchar*.

Ond nid oes cysondeb llwyr ar y mater ac fe ysgrifennir geiriau sy'n acennu fwy nag unwaith heb heiffen weithiau, er enghraifft *ysgolfeistr, heddgeidwad, milfeddyg, tystlythyr* a *llawysgrifen*.

Pan fydd yr ail elfen yn unsill rhoir heiffen pan fydd acen ar yr elfen honno.

genedigaeth-fraint
hunan-barch

Sillafu: heiffen

3 Pan roir dau ansoddair at ei gilydd i ffurfio gair sydd ag un acen arno ni ddefnyddir heiffen. Un acen sydd i'r gair *brithlwyd*. Mae ynddo ddwy elfen, sef *brith* yn golygu smotiog, neu o liw cymysg, ynghyd â *llwyd*. Pan roir dwy elfen at ei gilydd i ffurfio un gair, a dim ond un brif acen ar y gair hwnnw, nid oes angen heiffen rhwng y ddwy elfen.

    unionsyth   byrdew
    melyngoch   crasboeth
    gwyrddlas

Pan roir dau ansoddair at ei gilydd i ffurfio gair a hwnnw'n acennu fwy nag unwaith defnyddir heiffen. Mae'r gair *llwm-fonheddig* yn acennu ddwywaith, sef ar yr *w* ac ar yr *e*, ac fe roir heiffen rhwng y ddwy elfen i ddynodi bod dwy acen bwyslais. Enghreifftiau eraill yw *bydol-ddoeth, ffug-hynafol, mân-wythïog, sych-dduwiol* ac *unig-anedig*. Eithriad i'r rheol yw *ffugddysgedig*.

    Mae'n rhaid gwahanu cyfuniadau cytseiniol fel *d* + *d*, *dd* + *dd*, a *g* + *g*: llwy*d-d*ywyll, narsisai*dd-dd*iflas, ffu*g-g*refyddol.

4 Pan roir enw ac ansoddair at ei gilydd i ffurfio un gair newydd nid oes angen heiffen os yw'r gair newydd yn acennu unwaith yn unig. Un acen sydd i'r gair *bochgoch* ac ar y sillaf gyntaf mae honno'n syrthio. Enw yw *boch* ac ansoddair yw *coch*. Ond os yw'r gair newydd yn gyfuniad sefydlog fel *pigfelyn,* ni roir heiffen.

    Os yw'r gair yn acennu ddwywaith, mae angen heiffen i gysylltu'r ddwy elfen.

    byd-eang
    byd-enwog
    calon-galed
    gwên-deg

5 Pan unir ansoddair ac enw, yn amlach na pheidio fe'u cysylltir heb heiffen.

dyfalbarhad	hirhoedledd
ffugenw	llosgfynydd
goruwchystafell	ucheldir

Ond mae *mân-werthwr* yn eithriad i'r arfer.

Hollti geiriau

Defnyddir heiffen ar ben llinell i ddangos bod y gair wedi'i hollti, a bod ail ran y gair ar y llinell nesaf. Ond wrth baratoi gwaith ar gyfer y wasg, byddai'n llai trafferthus i'r wasg petai'r awdur yn peidio â hollti geiriau ar ddiwedd llinell. Dylid paratoi'r gwaith ar gyfer y wasg heb unioni'r testun ar y dde, a heb hollti geiriau o gwbl os oes modd.

Am reolau hollti geiriau ar gyfer golygyddion a chysodwyr, gw. tt. 59–64.

Enwau lleoedd

Mae'r broblem o osod heiffen mewn enwau lleoedd wedi ei datrys yn foddhaol yn y cyfrolau a ganlyn:

- Elwyn Davies, *Rhestr o Enwau Lleoedd/Gazetteer of Welsh Place-names* (Caerdydd: Gwasg Prifysgol Cymru, 1975)
- Melville Richards, *Welsh Administrative and Territorial Units* (Caerdydd: Gwasg Prifysgol Cymru, 1969)
- Hywel Wyn Owen a Richard Morgan, *Geiriadur Enwau Lleoedd Cymru/Dictionary of the Place-Names of Wales* (2007).

Gweler hefyd:

comisiynyddygymraeg.cymru/polisi-ac-ymchwil/enwau-lleoedd

Heblaw am y rhestrau cynhwysfawr o enwau lleoedd bach a mawr a geir yn y cyfrolau uchod, mae rhagymadrodd Elwyn Davies i *Rhestr o Enwau Lleoedd* yn esbonio'n eglur pa ganllawiau i'w hystyried wrth osod enw lle ar bapur. Rhoir yno gyfarwyddiadau manwl ynglŷn â'r defnydd o heiffen er mwyn cysoni golwg pob enw lle.

At ei gilydd, fe ysgrifennir enwau lleoedd yn un gair lle mae hynny'n bosibl heb sathru ar reolau arferol acennu yn Gymraeg.

Sillafu: heiffen

Perchir safle'r acen, ac fe'i dangosir trwy ddefnyddio heiffen yn ôl yr angen. Gwneir eithriad pan geir enw disgrifiadol (er enghraifft cwm, mynydd, nant) yn elfen gyntaf mewn enw ar nodwedd ddaearyddol; mewn achos o'r fath fe nodir yr enw disgrifiadol ar wahân.

Cwm Aman (am y cwm)

Ond os yw'r enwau daearyddol yn rhan o enw pentref neu fferm, fe nodir hwy'n un gair.

Cwmaman (am y pentref a'r plwyf)

Dyma rai rheolau:

1 Pan fydd dwy elfen mewn gair deusill, a dwy acen, defnyddir heiffen.

Dre-fach

Mae nifer o eithriadau i'r rheol hon:

Caerdydd
Llanrwst
Llanrug

2 Pan geir gair o fwy nag un sillaf + gair unsill a'r brif acen ar y sillaf olaf, defnyddir heiffen.

Eglwys-fach
Ffynnon-ddrain
Llanbryn-mair

Pan fydd acen grom ar y sillaf olaf, er bod dwy elfen mewn gair a dwy acen, ni ddefnyddir heiffen.

Llanllŷr
Sanclêr
Aberdâr

3 Pan fydd enw lle yn enw + y + gair sy'n un sillaf o hyd a hwnnw'n cael ei acennu, fe ddefnyddir dwy heiffen, un bob ochr i'r *y*.

Tal-y-bont
Plas-y-ward
Pont-rhyd-y-fen
Tafarn-y-gath

Os yw'r acen ar y sillaf olaf ond un, nid oes angen heiffen.

Llanycil
Trefyclo

Y Golygiadur

4 Pan fydd dwy *d* yn dilyn ei gilydd, neu gyfuniadau o gytseiniaid a allai gamarwain rhywun wrth geisio ynganu enw lle, cedwir hwy ar wahân â heiffen.

    Coed-duon

5 Pan ychwanegir geiriau i wahaniaethu rhwng lleoedd o'r un enw, ni ddefnyddir heiffen, ond yn hytrach rhoir bwlch rhwng y geiriau a defnyddir priflythrennau.

    Llannerch Aeron   Llanfihangel Ysgeifiog
    Llannerch Hudol   Llanfihangel Glyn Myfyr

6 Pan roir gair sy'n unsill at air o fwy nag un sillaf ni ddefnyddir heiffen.

    Brynsiencyn
    Tyddewi
    Caerffili

7 Pan roir gair sy'n fwy nag un sillaf at air arall sy'n fwy nag un sillaf ni ddefnyddir heiffen.

    Castellmartin
    Penrhyndeudraeth

8 Eithriad i bob rheol yw'r enw lle dychmygol *Tir na n-Og* sy'n rhoi ei enw i Wobr Tir na n-Og.

9 Os oes angen enwi sir yng Nghymru, neu swydd yn Lloegr, gellir defnyddio priflythyren neu lythyren fach ar gyfer y gair *sir/swydd*, cyhyd â bod cysonder ac nad oes gan y wasg farn bendant ar y mater.

    sir Fynwy/Sir Fynwy
    swydd Amwythig/Swydd Amwythig

Defnyddio *h* wrth sillafu

Rhestrir isod rai mannau lle mae'r defnydd o *h* yn peri dryswch:

angen	anghenion	bonheddwr	boneddigion
angenrheidiol		brenhines	breninesau
anghenfil	angenfilod	brenin	brenhinoedd
angheuol		cangen	canghennau
anhawster	anawsterau	cenhades	cenadesau

Sillafu: defnyddio *h*

cenhinen	cennin	cynhyrchiad	cynyrchiadau
cyngerdd	cyngherddau	cynneddf	cyneddfau
cynghanedd	cynganeddion	cynnen	cynhennau
cynghrair	cynghreiriau	cyrraedd	cyrhaeddodd
cyngor	cynghorau	dameg	damhegion
cymedrol		dehongliad	deongliadau
cymhariaeth	cymariaethau	eang	eangderau
cymhleth	cymhlethdodau	enghraifft	enghreifftiau
cymhorthdal	cymorthdaliadau	ehangder	eangderau
cymhwyster	cymwysterau	ehangu	ehangaf
cynhadledd	cynadleddau	ffynhonnell	ffynonellau
cynhaliaf	cynaliasom	ffynnon	ffynhonnau
cynhwysaf	cynwysasom	tymor	tymhorau

Os yw gair gwreiddiol yn dechrau ag *h*, cedwir yr *h* ym mhob ffurf ar y gair.

arholiad	arholiadau	(< holiad)
anhwylustod		(< hwylus)

Yr unig eithriad yw'r ffurf luosog *anawsterau*, sy'n deillio o *hawdd*.

Cyfuniadau o lythrennau

Mae yn Gymraeg gyfuniadau posibl o lythrennau a hefyd gyfuniadau amhosibl. Un o'r rhai posibl yw *s* + *t*, ac un o'r rhai amhosibl yw *s* + *d*. Ar yr un egwyddor mae'r sillafiadau canlynol yn gywir.

hast	Y Swistir
bwrdeistref	gwesty
clustog	gwastraff
plasty	staff

Cyfuniad posibl arall yw *s* + *b*; un amhosibl yw *s* + *c*.

asb	asbri
sbwng	ysblander
sbwriel	anghysbell

Eto, mae *s* + *g* yn gywir, ond *s* + *c* yn anghywir.

hesg	desg
ysgwyddo	ysgaru
sgert	

Mae'r cyfuniadau *s* + *b, t,* a *g* yn gywir bob amser ac ym mhob safle yn y gair, o dan yr acen ac fel arall.

Y Golygiadur

Mae anghysonderau hyd yn oed rhwng y geiriaduron mwyaf safonol ar bwynt cyfuniadau cytseiniol, a hynny'n bennaf am eu bod yn eiriaduron disgrifiadol, hynny yw yn disgrifio sut y bu, a sut mae sillafiad geiriau yn newid. Cyflwynir isod ganllawiau sut i sillafu yn y sefyllfa bresennol a sut y dylid sillafu geiriau o hyn allan yn wyneb benthyciadau cyson o'r Saesneg.

Yn wahanol i'r rheol *s + b, t,* a *g,* mae'r cyfuniadau posibl o lythrennau a restrir isod yn gorfod cael eu lleoli *o dan yr acen* mewn gair cyn y deuant i rym.

p + t g
 -b/-p + t- > -pt-: popty (< pobi + tŷ); capten
 -b/-p + c- > -pg-: pipgorn (< pib + corn); hepgor; napgyn

t + b g
 -d/-t + p- > -tb-: cytbwys (< cyd- + pwys)
 -d/-t + c- > -tg-: cytgan (< cyd- + cân); utgorn; ymffrostgar

c + t b
 -g/-c + d- > -ct-: gwacter (< gwag + -der); doctor
 -g/-c + p- > -cb-: crocbren (< crog + pren); crocbris; ffacbys

ch th + b d g
 -ch + b-/-p- > -chb-: uwchben (< uwch + pen); calchbwn
 -ch + d-/-t- > -chd-: clochdy (< cloch + tŷ); echdoe; balchder
 -ch + g-/-c- > -chg-: bochgoch (< boch + coch); bachgen; cachgi
 -th + b-/-p- > -thb-: chwythbren (< chwyth + pren); gwrthblaid
 -th + d-/-t- > -thd-: llaethdy (< llaeth + tŷ); chwithdod; lleithdra
 -th + g-/-c- > -thg-: brathgi (< brath + ci); rheithgor; bythgofiadwy

ff ll s + b t g
 -ff + p-/-b- > -ffb-: hoffbeth (< hoff + peth)
 -ff + t-/-d- > -fft-: praffter (< praff + der); Eifftiwr; llofftydd
 -ff + c-/-g- > -ffg-: hoffgar (< hoff + -gar)

 -ll + p-/-b- > -llb-: allblyg (< all- + plyg); pellbell
 -ll + t-/-d- > -llt-: tollty (< toll + tŷ); mellten; pellter
 -ll + c-/-g- > -llg-: gwallgof (< gwall + cof); pwyllgor; sillgoll

 -s + p-/-b- > -sb-: croesbren (< croes + pren); hysbys; sosban
 -s + t-/-d- > -st-: plasty (< plas + tŷ); croestoriad; croestynnu
 -s + c-/-g- > -sg-: croesgad (< croes + cad); esgid; blysgar

b + s
 -b/-p + s- > -bs-: mabsant (< mab + sant); lobsgows; absen

t + s ff ch
 -d/-t + s- > -ts-: dyletswydd (< dyled + swydd); atsain; cytsain
 -d/-t + ff- > -tff-: troetffordd (< troed + ffordd); hefyd troedffordd
 -d/-t + ch- > -tch-: lletchwith (< lled + chwith): atchwyl

c + s ll ff
 -g/-c + s- > -cs-: drycsawr (< drwg + sawr): cecsyth; gwacsaw
 -g/-c + ll- > -cll-: dicllon (< dig + -llon)
 -g/-c + ff- > -cff-: picfforch (< pig + fforch); drycffydd

Termau defnyddiol

I ddeall rhai rheolau gramadeg mae'n rhaid deall y termau a ddefnyddir amlaf wrth ddadansoddi iaith. Rhoir isod eglurhad syml arnynt, ac fe nodir rhai o'r problemau amlycaf ynglŷn â'u defnydd. Mae wyth term dechreuol ac fe'u gelwir yn wyth *rhan ymadrodd*.

Enw: gair a roir ar berson, priodoledd, peth, neu le er mwyn ei adnabod a gwybod beth yw, er enghraifft *Menna, diwydrwydd, cyfrifiadur, Caerdydd.*

Rhagenw: gair a ddefnyddir yn lle enw, er enghraifft *fi, ti, ef, hi, ni, chi, hwy, ninnau, hwn, rhain.*

Ansoddair: gair sy'n disgrifio enw neu ragenw; mae'n dweud sut beth yw, er enghraifft *glân, cyrliog, hyll.*

Bannod: mae'n gwneud enw'n benodol, ac mae tair ffurf arni, sef *yr, y,* a *'r,* er enghraifft *y* llwybr, *yr* afon, a*'r* eglwys.

Berf: mae fel arfer yn dweud tri pheth am weithgarwch neu fodolaeth. Yn gyntaf mae'n nodi gweithred; yn ail mae'n nodi person (yn amlach na pheidio); ac yn drydydd mae'n nodi amser.
    cerddais: y weithred yw cerdded
                     fi yw'r person sy'n gwneud hynny
                     yn y gorffennol y digwyddodd y weithred

Adferf: mae'n disgrifio berf ran amlaf. Weithiau defnyddir y term *goleddfu* (sef cyfyngu mewn rhyw fodd) am ddisgrifio. Gall adferf hefyd ddisgrifio ansoddair neu adferf arall.
    cyrhaeddodd (berf) yn hwyr (adferf)   disgrifio berf
    da (ansoddair) iawn (adferf)   disgrifio ansoddair
    enillodd (berf) unwaith (adferf) eto (adferf)   disgrifio adferf

Cysylltair: mae'n cysylltu geiriau, cymalau, neu frawddegau.
    Catrin a Mair
    dau neu dri
    Ni chaiff yr erthygl ei chyhoeddi oherwydd prinder lle.
    Aeth i'r ysbyty ond roedd hi'n rhy hwyr.

Arddodiad: mae'n dangos y berthynas rhwng un person neu un peth a pherson neu beth arall; yn aml mae'n disgrifio safle un peth mewn perthynas ag un arall.

> Mae mwnci ar y bwrdd.
> Ysgrifennodd y ferch at ei thad.
> Dywedais wrtho am fod yn dawel.

Mae pob gair yn gwneud gwaith penodol o fewn brawddeg.

> Fy hoff ddefnydd yw sidan.

Yn y frawddeg uchod mae'r gair *sidan* yn enw, am ei fod yn enwi *fy hoff ddefnydd*. Yn y frawddeg nesaf:

> Gwisgais ffrog sidan.

mae *sidan* yn disgrifio *ffrog*. Ansoddair yw *sidan* yma am ei fod yn disgrifio *ffrog*. Mae'r un gair yn gallu cyflawni dwy swydd, yn dibynnu ar ei gyd-destun.

Enwau

Enw yw gair a roir ar berson, priodoledd, peth, neu le.
Mae'r geiriau canlynol i gyd yn enwau.

> amlen   amser
> modrwy   dychymyg
> cae   ysbryd

Fel arfer, gellir rhoi'r fannod, sef *yr, y,* neu *'r,* o flaen enw, a gellir rhoi *hwn, hon,* neu *hyn* ar ei ôl.

> yr aelodau hyn
> y sŵn hwn
> y ffeil hon

Mae enwau pobl benodol a lleoedd penodol yn enwau, ac felly nid oes angen rhoi bannod o'u blaenau, er bod ambell eithriad oherwydd rhesymau hanesyddol.

> Lorraine
> Garmon
> Paris
> Amwythig
> Y Bala

1 Enw priod

Mae enw priod yn cyfeirio at le neu berson neu iaith arbennig. Defnyddir priflythyren wrth ysgrifennu enw priod.

> **Meri**
> **Ken**
> **Llangefni**
> **Awst**
> **y Gymraeg**

Gall Mam, Dad, Nain, Taid, Tad-cu, Mam-gu, Anti Ann, ac ati, fod yn enwau priod, a dylid rhoi priflythyren iddynt os defnyddir hwy'n enw ar berson penodol.

> **Daeth Tad-cu a Mam-gu i gyngerdd yr ysgol.**
> **Nid oedd Nain a Taid yno; roeddent ar eu gwyliau.**

2 Enw lle

Mae rheolau pendant yn y Gymraeg ar gyfer ysgrifennu enwau lleoedd. Dilynwch gyfarwyddiadau:
- Elwyn Davies, *Rhestr o Enwau Lleoedd/Gazetteer of Welsh Place-names* (Caerdydd: Gwasg Prifysgol Cymru, 1975)
- Melville Richards, *Welsh Administrative and Territorial Units* (Caerdydd: Gwasg Prifysgol Cymru, 1969)
- Hywel Wyn Owen a Richard Morgan, *Geiriadur Enwau Lleoedd Cymru/Dictionary of the Place-Names of Wales* (2007).

Os yw un gyfrol yn deddfu'n wahanol i'r llall (fel yn achos Y Rhyl/Rhyl, Y Drenewydd/Drenewydd), dilynwch gyfrol Hywel Wyn Owen a Richard Morgan.

Gweler hefyd:
  comisiynyddygymraeg.cymru/polisi-ac-ymchwil/enwau-lleoedd

3 Unigol a lluosog

Gall enw fod yn enw unigol, yn cyfeirio at un peth neu un person, er enghraifft *seren, car, canrif,* neu gall fod yn enw lluosog, yn cyfeirio at fwy nag un peth neu fwy nag un person, er enghraifft *sêr, ceir, canrifoedd.*

ci	cŵn
cynhadledd	cynadleddau
clogwyn	clogwyni

Weithiau nid oes ffurf luosog yn bod, er enghraifft gyda'r enwau a ganlyn:

newyn
tywydd
te

Dro arall nid oes ffurf unigol, fel gyda'r enghreifftiau canlynol:

carthion
ysgyfaint

Yn aml yn Gymraeg mae i air ddwy ystyr, ac mae i'r ddwy ystyr ffurfiau lluosog gwahanol. Mae i'r gair *person* ddwy ystyr yn y Gymraeg, sef *unigolyn* ac *offeiriad*. Lluosog y naill yw *personau* a lluosog y llall yw *personiaid*.

bron	bronnau (breasts)	bronnydd (hills)
canon	canonau (rules)	canoniaid (canons)
cyngor	cynghorau (councils)	cynghorion (counsels)
llwyth	llwythau (tribes)	llwythi (loads)
pryd	prydau (meals)	prydiau (times)

Ambell dro mae dwy ffurf luosog heb wahaniaeth ystyr rhyngddynt.

| amser | amserau | amseroedd |

4 *Cenedl*

Mae pob enw Cymraeg naill ai'n enw benywaidd neu'n enw gwrywaidd. Y term technegol am hynny yw *cenedl* enw. Mae'n amlwg beth yw ambell un.

| athro | enw gwrywaidd |
| athrawes | enw benywaidd |

Ond nid yw pob enghraifft mor hawdd i'w dosbarthu a gall cywirdeb rhannau eraill o'r frawddeg ddibynnu ar genedl yr enw(au). Mae *llyfr* yn enw gwrywaidd.

> Treuliwyd chwe mis yn rhoi'r llyfr hwn at ei gilydd.
> Mae'n llyfr deallus, diwastraff, a phellgyrhaeddol ei apêl.
> Bydd pawb sy'n ei ddarllen yn cael budd mawr ohono.

Wrth drafod nofel, sy'n enw benywaidd, byddai'n rhaid geirio fel hyn:
> Treuliwyd chwe mis yn rhoi'r nofel hon at ei gilydd.
> Mae'n nofel ddeallus, ddiwastraff, a phellgyrhaeddol ei hapêl.
> Bydd pawb sy'n ei darllen yn cael budd mawr ohoni.

Mae chwe gwahaniaeth rhwng y naill ddarn a'r llall a hynny'n unig am fod cenedl yr enw wedi newid.

- Weithiau mae cenedl enw'n amrywio yn ôl arfer ardal, neu dafodiaith:

> ystyr
> munud
> cyngerdd
> cinio
> breuddwyd

Mae'r ffurf *yr ystyr hwn* a'r ffurf *yr ystyr hon* ar arfer mewn gwahanol ardaloedd ac mae'r naill a'r llall yn dderbyniol: dylid dewis un ffurf a chadw ati.

- Os bydd geiriadur yn nodi bod gair yn gallu bod yn enw gwrywaidd ac yn enw benywaidd (*eg.b.*, neu'r gwrthwyneb, *eb.g.*), a bod ansicrwydd ynghylch pa ffurf i'w dilyn, dylid cadw at y dewis cyntaf a gynigir.

Rhagenwau

Gair a ddefnyddir yn lle enw yw rhagenw ac fe'i defnyddir rhag gorfod ailadrodd yr enw'n llawn bob tro mae angen cyfeirio at berson neu wrthrych penodol.
> Bu Elena Richards yn Bruges ym mis Mai ac fe fwynhaodd hi ddathliadau *Mardi Gras* yn fawr iawn.

Rhagenw yw *hi* ac mae'n cynrychioli *Elena Richards*.

1 Dylid defnyddio rhagenwau'n ofalus gan osgoi amwysedd.
> Dywedodd Gwenno wrth ei ffrind nad oedd ei hiaith yn ddigon safonol.

Yn iaith pwy mae'r diffygion – yn iaith Gwenno neu yn iaith

ei ffrind? Os nad yw'r rhagenw'n gallu cyfeirio'n benodol at un person ac at un yn unig, ac os nad yw'r cyd-destun yn torri'r amwysedd, dylid ailffurfio'r frawddeg neu ei thorri'n ddwy.

Teimlai Gwenno nad oedd iaith ei ffrind yn ddigon safonol a dywedodd hynny wrthi.

2 Mewn gwaith ffurfiol ei naws dylid osgoi ffurfiau tafodieithol megis *chdi* os yn bosibl. Ond mewn gwaith llai ffurfiol, er enghraifft deialog realistig mewn ffuglen, maent yn cymryd eu lle yn ddigon naturiol. Ystyrir *nhw* bellach yn ffurf dderbyniol hyd yn oed mewn testunau lled ffurfiol.

3 Trafferth sy'n codi'n aml ar lafar ac ar bapur yw pryd i ddefnyddio *chi* neu *ti*. Os cyfyd ansicrwydd, dylid defnyddio *chi*.

4 Gall rhagenw gael ei gwtogi i fod yn rhagenw mewnol; nid yw hwnnw'n gallu sefyll ar ei ben ei hun ac mae'n rhaid ei gysylltu â gair arall. Mae dau fath o ragenw mewnol:

1 Gallant ddangos meddiant: dyma'r ffurfiau a ddefnyddir yn lle *fy, dy, ei, ein, eich,* ac *eu* ar ôl y geiriau *a, â, i, o, gyda, efo, tua, na, mo*; maent yn dod o flaen enw a berfenw.

	Unigol	Lluosog
1	'm	'n
2	'ch (ffurfiol)	'ch
2	'th (anffurfiol)	
3	'i, 'w (gwrywaidd)	'u, 'w, (gwrywaidd)
3	'i, 'w (benywaidd)	'u, 'w (benywaidd)

Daeth fy mrawd a'm chwaer i'r dathliad.
Pryn hwn â'th gyflog.
Daeth â hwn i'w sylw.
O'i swyddfa ef y deuthum.
Gyda'u chwiorydd hwy y teithiais.
Efo'ch caniatâd, fe wnaf hynny.
Fe awn tua'n gwlad ein hunain yfory.
Ni hoffais mo'u bwyd na'u tai.
Ni chymeraf mo'ch cardod.

i Sylwer mai *'w* a ddaw ar ôl *i* ac nid *'i* neu *'u*.
> Rhedais i'w olwg ef.
> Rhedais i'w golwg hi.
> Rhedwn i'w golwg hwy.

ii Defnyddir *'i, 'n, 'ch,* ac *'u* (ond nid *'m* na *'th*) ar ôl geiriau eraill sy'n gorffen â llafariad neu ddeusain.
> Nid dyna'i gariad cyntaf.
> Cofia'n gwlad, Benllywydd tirion.
> Ewch i gadw'ch cotiau.
> Maent yn bwyta'u brecwast.

Ni ddefnyddir *'m* a *'th* yn yr un ffordd. Dim ond ar ôl y geiriau *a, â, i, o, gyda, efo, tua, na, mo* y defnyddir hwy.

> Yr wyf yn caru fy nghymydog.   cywir
> Yr wyf yn caru'm cymydog.   anghywir
>
> A wyt ti yn hoffi tŷ dy gymydog?   cywir
> A wyt ti yn hoffi tŷ'th gymydog?   anghywir

Defnyddir *fy* a *dy* yn hytrach na *'m* a *'th* ar ôl enw a berfenw.
> Mae cyflwr fy iechyd i'n fregus.
> Mae brecwast dy dad ar y bwrdd ers awr.

iii Rhoir *h* o flaen llafariad ar ôl defnyddio *'m, 'i* (benywaidd), *'n, 'u* (lluosog) ac *'w* (lluosog) yn y cyflwr genidol.
> Bydd hyn yn lles i'm hysbryd
> Bu'n alltud o'i hardal enedigol am dros ugain mlynedd.
> Mae'n perthyn i'w hoes yn hynny o beth.
> O'n hochr ni, nid oes dim anhawster.
> A yw hyn yn arwydd o'u hewyllys da?
> Aeth i'w hannedd yn brydlon am hanner dydd.

2. Fe'u defnyddir yn lle *fy, dy, ei, ein, eich,* ac *eu* ar ôl y geiriau *a, y (geiryn), ni, na, fe, mi, o, pe, pe na, oni* ac o flaen berf; defnyddir *-s* ar ôl *ni, na, oni, pe* (gweler isod).

	Unigol	Lluosog
1	'm	'n
2	'ch (ffurfiol)	'ch
	'th (anffurfiol)	
3	'i, -s	'u, -s

a, y (perthynol)
> Ef yw'r un a'th drywanodd.
> Pa bryd y'n gwelir ar y teledu?

ni, na (negyddol)
> Ni'ch gwelir yn y cyffiniau hyn yn aml.
> Am na'th welais ers tro fe anghofiais bopeth amdanat.

fe, mi
> Fe'm siomwyd.
> Mi'th ganmolaf di i'r entrychion.

pe, pe na, oni
> Pe'm dewisid, fe awn ar y cwrs.
> Pe na'ch ganed i deulu amlwg, ni fyddai cystal cyfleoedd yn dod i'ch rhan.
> Oni'ch rhybuddiwyd chi rhag gwneud hyn?

i   Pan ddaw *'i* o flaen berf nid yw'n achosi treiglad:
> Fe'i gwelais ef yn y dref.

ond pan ddaw *'i* o flaen enw mae'n achosi treiglad:
> Aeth yn syth o'i wely i'w waith.

ii   Defnyddir *-s* gyda *ni, na, oni, pe* i ffurfio'r geiriau *nis, nas, onis, pes*. Deuant o flaen berf, ac fe'u defnyddir mewn Cymraeg ffurfiol.

nis gwelais	ni welais ef, ni welais hi, ni welais hwy
nas gwelwyd	na welwyd ef, na welwyd hi, na welwyd hwy
onis gwelwyd	oni welwyd ef, oni welwyd hi, oni welwyd hwy
pes gwelwn	pe gwelwn ef, pe gwelwn hi, pe gwelwn hwy

Mae'r *ef* yn *nis gwelais ef* yn ddiangen am fod y gwrthrych *ef* yn gynwysedig yn y gair *nis*; yn yr un modd mae'r *hi* yn er *nas gwelais hi* yn ddiangen am fod *hi* yn gynwysedig yn y gair *nas*.

5 Rhoi *h* o flaen llafariad

1. O flaen enw rhoir *h-* ar ôl y rhagenwau hyn os oes llafariad yn eu dilyn: *'m, ei* (benywaidd), *'i* (benywaidd), *'w* (benywaidd a lluosog), *'n, ein,* ac *eu*.

Daeth i'm hymyl.
Gadawodd y cyfan iddo yn ei hewyllys.
Daeth lles o'i haberth.
Cafodd niwed i'w hymennydd yn y ddamwain.
Cawsant niwed i'w hesgyrn.
Daeth i'n hadeilad newydd.
Bu ein hymdrech yn ofer.
Yr oedd eu hesgyrn yn frau.

Felly: ein hiaith
eich iaith
eu hiaith

Ni roir *h* ar ôl *eich* na'r rhagenw mewnol *'ch*. Mae *eich hiaith* yn anghywir.

- Mae *h-* felly'n cael ei chlymu wrth eiriau sy'n dechrau â llafariad yn dilyn rhai rhagenwau. Nid yw *ei mham, ei nhain*, a'r cyffelyb, yn gywir oni bai ei fod yn gofnod o iaith lafar.

2. O flaen berfau rhoir *h-* ar ôl ffurfiau gwrthrychol y rhagenwau *'i* (gwrywaidd a benywaidd), *'m, 'n,* a *'u*.
Fe'i haddysgwyd ef yno.
Fe'i haddysgwyd hi yno.
John a'm hanogodd i fynd.
Hi a'n hatebodd ni.
Fe'u hanogodd hwy i weithio'n galetach.

3. O flaen *ugain* rhoir *h-* ar ôl *ar*:
pump ar hugain

6 Weithiau ceir anhawster wrth ddefnyddio *i* neu *fi*. Os yw person cyntaf y ferf neu'r arddodiad yn gorffen yn *-f*, gellir defnyddio *i* neu *fi*.
Breuddwydiaf i bob nos.
Breuddwydiaf fi bob nos.
Arnaf i yr oedd y bai mwyaf.
Arnaf fi yr oedd y bai mwyaf.

Bob tro arall defnyddir *i*.
Ciliais i o'r ffordd.

Yn yr ail berson fe ddefnyddir *di* bob amser heblaw pan geir berf neu arddodiad sy'n gorffen yn -*t*. Pan ddigwydd hynny defnyddir *ti*.

> Mae dy ginio di yn y popty.
> Dy fai di yw hyn.
> Welaist ti ysbryd erioed?
> Amdanat ti yr oedd yn meddwl drwy'r dydd.

Defnyddir y rhain er mwyn dangos pwyslais.

7 Gall y gair *a* fod yn rhagenw perthynol.

> Dyma Stanley a fu'n gyrru bws rhwng Corc a Dulyn.
> Ni wn pwy a ddaeth i'r drws.
> Dyma'r plant a welais yn y siop.

Y ffurf negyddol yw *na* o flaen cytsain, a *nad* o flaen llafariad.

> Dacw'r dyn na ddaeth ar y trip.
> Dacw'r dyn nad aeth ar y trip.

Yn yr enghreifftiau hyn, cymal yn hytrach nag ansoddair sy'n disgrifio'r enw. Yn yr enghraifft gyntaf yr enw yw *Stanley*, ac i'w ddisgrifio fe ddywedir mai ef yw'r dyn *a fu'n gyrru bws rhwng Corc a Dulyn*. Ond yn gynyddol aml fe ddilynir yr arfer lafar wrth ysgrifennu, sef peidio â chynnwys *a*, yn enwedig o flaen ffurfiau'r ferf *bod*, ond fe gedwir y treiglad meddal a achosir gan yr *a* (gweler hefyd **a oedd, oedd** tt. 184-5 uchod):

> y bachgen (a) oedd yn marchogaeth yn y parc
> y ferch (a) fydd yn nofio dros Gymru

Mae ei hepgor o flaen ffurfiau'r ferf *bod* yn dderbyniol, ond mae'n rhaid ei ddefnyddio o flaen ffurfiau berfau eraill wrth ysgrifennu'n ffurfiol.

> Dyma Stanley fu'n gyrru bws rhwng
> Corc a Dulyn.   derbyniol
> Dyma Stanley wrthododd yrru bws
> rhwng Corc a Dulyn.   annerbyniol

Wrth ysgrifennu deialog, neu wrth ysgrifennu mewn cywair anffurfiol, gellir hepgor yr *a* o flaen ffurfiau'r berfau eraill.

- Weithiau mae angen defnyddio *yr* (o flaen llafariad ac o flaen *h*) neu *y* (o flaen cytsain) yn rhagenw perthynol yn lle *a*. Dyma'r amgylchiadau:

i pan fydd arddodiad yn y cymal disgrifiadol yn cyfeirio at yr enw sy'n cael ei ddisgrifio:
> **Dyna'r car** y **teithiais** ynddo.
> **Dyna'r gadair** yr **hepiais** ynddi.

Y ffurf negyddol yw *na* o flaen cytsain, ac o flaen berfau wedi eu treiglo y mae eu ffurfiau cysefin yn dechrau â chytsain; defnyddir *nad* o flaen llafariad.
> **Dyna'r car** na **theithiais** ynddo.
> **Dyna'r llyn** nad **euthum** iddo.

ii pan fydd y cymal disgrifiadol yn adferfol, sef yn nodi amser, lle, achos, neu ddull:
> **Am hanner awr wedi wyth** y **chwaraewyd y gêm**.
> **Am hanner awr wedi wyth** yr **agorwyd y glwyd**.

Y ffurf negyddol yw *na* o flaen cytsain, ac o flaen berfau wedi eu treiglo y mae eu ffurfiau cysefin yn dechrau â chytsain; defnyddir *nad* o flaen llafariad.
> **Yr oedd ef yn fachgen** na **wnâi neb ddim drosto**.
> **Y rheswm** nad **oes cwsmeriaid yma yw fod prisiau'r siop yn rhy ddrud**.

iii pan fydd y cymal disgrifiadol yn enidol, sef yn dangos meddiant neu berthynas, neu'n cynnwys berfenw:
> **Dyna'r dyn** y **dygais ei gar**.
> **Y mae rhai llyfrau** y **dylai pawb eu darllen**.

Y ffurfiau negyddol a arferir amlaf heddiw yw *na* a *nad*.
> **Dyna'r dyn** na **welais mo'i gi**.
> **Y mae llawer o lyfrau** na **ddylai neb eu dallen**.

Wrth ddewis rhwng *a* ac *y* gallai'r enghreifftiau a ganlyn fod o gymorth:

- *y* a ddefnyddir os oes rhagenw blaen yn y cymal, a bod y rhagenw blaen yn cyfeirio at y sawl sy'n cael ei ddisgrifio:
> **Rhedodd** Alun **ar hyd y traeth mewn llai o amser nag** y **cymerai i fwyta ei frecwast**.

Yn y frawddeg a ganlyn nid yw'r rhagenw blaen *ei* yn cyfeirio'n ôl at yr hyn sy'n cael ei ddisgrifio, sef *hyn*, felly *a* sydd ei angen (mae *ei* yn cyfeirio'n ôl at *Alun*).

> Gwnaeth Jo hyn **mewn llai o amser** nag a **gymerai** Alun i fwyta ei frecwast.

Yn y frawddeg a ganlyn nid yw'r rhagenw mewnol *'i* yn cyfeirio'n ôl at yr hyn sy'n cael ei ddisgrifio, sef *hyn*, felly *a* sydd ei angen (mae *'i* yn cyfeirio'n ôl at *Alun*).

> Gwnaeth hyn **mewn llai o amser** nag a **gymerai** Alun i lwytho'i drol.

- *a* a ddefnyddir os nad oes rhagenw blaen yn dilyn:
> Gwnaeth Jo hyn **mewn llai o amser** nag a **gymerai** Alun i lwytho'r drol.

8 Camgymeriad cyffredin yw gadael rhagenw allan pan ddylid ei gynnwys.

Unigol	Lluosog
fy	ein
eich (ffurfiol)	eich
dy (anffurfiol)	eich
ei	eu

Mewn rhai amgylchiadau mae'n rhaid cael un o'r rhagenwau uchod i hebrwng y rhagenw perthynol *y* neu *yr*. Os yw'r cymal sy'n diffinio yn cynnwys berf gwmpasog, mae'n rhaid cynnwys un o'r rhagenwau uchod yn y frawddeg i gyfeirio at yr enw sy'n cael ei ddisgrifio.

> Dyma'r ferch yr **wyf yn** ei **charu**.

Y cymal sy'n diffinio yw *yr wyf yn ei charu*. Y ferf yw *yr wyf yn caru*. Mae mwy nag un gair yn y ferf, felly mae'n ffurf gwmpasog. Y ffurf gryno, un gair, ar y ferf yw *caraf*, ac wrth ddefnyddio *caraf* ni fyddai angen rhagenw blaen.

> Dyma'r ferch a garaf.

Diffinio *merch* y mae'r geiriau *yr wyf yn ei charu*. Mae'n dweud pa ferch sydd dan sylw. Mae *merch* yn unigol, felly defnyddir y rhagenw *ei* i gyd-fynd â hynny.

Defnyddir y ffurf luosog *eu* os defnyddir enw lluosog:
> **Dyma'r merched yr wyf yn eu caru.**

Mae'n rhaid defnyddio rhagenw gyda ffurf gwmpasog berf.
> **Dyma'r ferch yr wyf yn caru.**   anghywir
> **Dyma'r ferch yr wyf yn garu.**   anghywir
> **Dyma'r merched yr wyf yn caru.**   anghywir
> **Dyma'r merched yr wyf yn garu.**   anghywir

- Mae'n rhaid defnyddio rhagenw pan fydd dwy ferf neu ddau ferfenw yn y cymal sy'n diffinio.
> **Dyma'r ferch yr hoffwn ei charu.**

Y cymal sy'n diffinio yw *yr hoffwn ei charu*, a'r rhagenw perthynol yw *yr*. Mae berf (*hoffwn*) a berfenw (*caru*) yn y cymal sy'n diffinio, felly mae'n rhaid cael y rhagenw *ei* yn y frawddeg i gyd-fynd â *merch*.
> **Dyma'r ferch yr hoffwn garu.**   anghywir

9 hwn, hon, hyn

Mae *hwn* (unigol), *hon* (unigol), a *hyn* (lluosog) yn cyfeirio at un neu fwy o bersonau neu bethau sydd gerllaw ar y pryd.
> **y bachgen hwn**
> **y ferch hon**
> **y bobl hyn**
> **y ddwy ferch hyn**   nid   **y ddwy ferch hon**
> **y ddau fachgen hyn**   nid   **y ddau fachgen hwn**

Mae *hwnnw* (unigol), *honno* (unigol), a *hynny* (lluosog) yn cyfeirio at un neu fwy o bersonau neu bethau nad ydynt gerllaw, neu sy'n gysylltiedig â rhyw amser arall heblaw'r gorffennol.
> **y bachgen hwnnw**
> **y ferch honno**
> **y bobl hynny**
> **y ddau fachgen hynny**
> **y ddwy ferch hynny**

Mae *hyn* a *hynny* yn cyfeirio at haniaeth, rhyw amgylchiad, digwyddiad, maint, neu syniad y cyfeirir ato neu y cyfeiriwyd ato eisoes.
> **Mae hyn yn ofnadwy.**
> **Hynny sy'n ofid i mi.**

- Ni ddefnyddir *hyn* gyda'r unigol am rywbeth sydd gerllaw, er enghraifft *y bwrdd hyn* mewn Cymraeg ffurfiol (er bod ambell eithriad, er enghraifft *y pryd hynny*). Eto, mae'n ffurf dderbyniol ar lafar (Ble cest ti'r llyfr hyn?) ac mewn deialog mewn ffuglen.
- Camddefnydd cyffredin, efallai ar sail tafodiaith ac efallai oherwydd anhawster gyda chenedl enwau, yw defnyddio *yma* yn lle *hwn* neu *hon* mewn iaith ffurfiol. Mae'n amhriodol ysgrifennu *y llyfr yma* mewn arddull safonol, ond fe'i derbynnir mewn deialog, ynghyd â'r talfyriad *'ma*.

10 ambell, aml

Ni roir *i* ar ôl *aml* (*many a, many*) ac *ambell* (*an occasional*).
> Aml ddrygau a gaiff y cyfiawn.
> Dim ond ambell un sy'n llwyddo gyda chroesair The Times.
> Mae ambell gân yn codi calon.

Dilynir *aml* ac *ambell* gan dreiglad meddal. Mewn arddull anffurfiol, fodd bynnag, rhoir *aml i, ambell i* o flaen yr enw, er enghraifft *aml i dro, ambell i gân.*

11 (ei) gilydd

Mae *eu gilydd* yn anghywir. Ysgrifennir *ei gilydd* yn gyson wrth ddilyn cytsain ac *'i gilydd* wrth ddilyn llafariad.
> Mae'r chwiorydd yn meddwl am ei gilydd yn gyson.
> Gyda'i gilydd, byddant yn llwyddo.

Gellir hefyd ysgrifennu *ein gilydd, 'n gilydd, eich gilydd, 'ch gilydd,* ac *'w gilydd.*
> Gweddïwn dros ein gilydd.
> Gyda'n gilydd fe lwyddwn.
> Gweddïwch dros eich gilydd.
> Gyda'ch gilydd fe lwyddwch.
> Mae'n biti i'r dilledyn dynnu i'w gilydd i gyd ar ôl ei olchi.

Mae *yn eu cysuro'i gilydd* yn anghywir; dylid ysgrifennu *yn cysuro'i gilydd.*

12 pawb

Ffurf unigol yw *pawb* fel rhagenw, fel y gellir dirnad o'r ymadroddion a ganlyn:

> Rhydd i bawb ei farn.
> Pawb drosto'i hunan.
> Pawb â'i farn.
> Pawb â'i fys lle bo'i ddolur.

Ystyr unigol sydd i *pawb* yn yr achosion hyn ac felly mae'r rhagenwau sy'n cyfeirio'n ôl at *pawb* yn ffurfiau unigol. Erbyn heddiw, fodd bynnag, fe ystyrir *pawb* yn ffurf luosog, ar lafar ac ar bapur, a dylid sicrhau bod elfennau eraill y frawddeg yn ffurfiau lluosog pan fyddant yn cyfeirio at *pawb*.

> Gan nad oedd pawb o'r un farn, fe aethant i ffraeo'n gas.
> Er nad oedd pawb yn gytûn ar y manylion, yr oeddynt yn hapus â'r egwyddor.
> Yr oedd pawb yn teimlo'u bod wedi cael amser da.

13 pob un

Ffurf unigol yw *pob un*.

> Yr oedd pob un yn teimlo'i fod wedi gwneud ei orau yn yr arholiad.
> Yr oedd pob un yn ei weld ei hun yn arwr.

Ystyr unigol sydd i *pob un* yn yr achosion hyn ac felly mae'r rhagenwau sy'n cyfeirio'n ôl at *pob un* yn ffurfiau unigol. Weithiau mae anhawster yn codi pan ddilynir *pob un* gan yr arddodiad *o* sy'n cyflwyno diffiniad. Dylai elfennau eraill y frawddeg fod yn ffurfiau lluosog pan fyddant yn cyfeirio'n ôl at elfennau lluosog.

> Yr oedd pob un o'u plith yn teimlo'u bod yn fethiant.
> Yr oedd pob un ohonom yn teimlo'n bod yn fethiant.

14 Mae'r ffurfiau canlynol yn gywir: *yn eu blaen, yn eu blaenau, wrth eu bodd, wrth eu boddau*, ond sylwer ar y ffurfiau a ganlyn:

colli eu bywyd	cywir
colli eu bywydau	anghywir
cribo'u gwallt	cywir
cribo'u gwalltiau	anghywir
rhywbeth yn mynd o'i le	cywir
pethau'n mynd o le	cywir
pethau'n mynd o'u lle	cywir
pethau'n mynd o'i le	anghywir

Sylwer hefyd fod angen cytundeb rhwng gwrthrych ac enw/rhagenw. Mae'r enghraifft ganlynol yn anghywir:

> Tan y diwrnod hwnnw y trodd un ohonynt eu pennau, ac mi welais ei llygaid.

Yn yr achos hwn dylid newid *eu pennau* yn *ei phen* gan fod yr *un* yn gofyn am gytundeb unigol (*ei phen*) ac nid lluosog (*eu pennau*).

Ansoddeiriau

Ansoddair yw gair sy'n disgrifio neu'n goleddfu enw neu ragenw.

1 Fel rheol mae ansoddair *yn dilyn* enw neu ragenw.
> **Dyma domato** aeddfed.
> **Roedd yn dîm** cryf **a** chaled.

2 Pan ddaw ansoddair ar ôl enw benywaidd unigol mae'r ansoddair yn treiglo'n feddal; eithriad yw *braf* ac weithiau *bach*.

ystafell gul	**noson** braf
torth gras	**Eglwys**-bach
siop ddrud	

3 Mae rhai ysgrifenwyr yn rhoi'r ansoddair o flaen enw ond fe ystyrir hynny'n arfer hynafol erbyn hyn heblaw mewn rhai meysydd fel barddoniaeth a rhyddiaith gain.
> 'Gwelais long ar y glas li.'
> pell **orwel**
> pêr **gân**

Mae'r enw'n treiglo'n feddal yn dilyn yr ansoddair.

4 Er bod ansoddair yn dilyn enw neu ragenw fel rheol, mae rhai ansoddeiriau sy'n eithriadau. Ohonynt i gyd *hen* yw'r pwysicaf a'r amlaf ei ddefnydd, ond mae'r ansoddeiriau a ganlyn i gyd yn gallu cymryd eu lle yn naturiol *o flaen* yr enw neu'r rhagenw.

ambell	**gau**
annwyl (daw *annwyl* o flaen enw mewn llythyr neu gyfarchiad, ond mewn cyd-destunau eraill fe ddaw ar ôl yr enw)	**gwahanol**
	gwir
	hen
	hoff
	holl
cas	**newydd**
cryn	**prif**
eithaf	**unig**

Ansoddeiriau

Maent i gyd, heblaw am *eithaf*, yn achosi treiglad meddal i'r enw.

ambell air	gau grefydd	hollbresennol
annwyl gyd-Gymry	gwahanol gyflyrau	newydd wyrth
camglywed	gwir ddiddanwch	prif gost
cas bethau	hen glwt	unig ddiddordeb
cryn boblogrwydd	hoff beth	

Mae *cam* a *holl* yn y cyd-destun uchod yn cael eu cydio wrth y gair nesaf i ffurfio gair cyfansawdd, sef (yn yr achosion hyn) un gair wedi ei lunio o ddau air.

    cam + clywed   > camglywed
    holl + presennol   > hollbresennol

5 Ni cheir treiglad ar ôl *eithaf*, *eithaf peth*, er enghraifft, er y treiglir weithiau ar lafar i olygu *quite a* yn hytrach na *quite*, a gellir adlewyrchu hynny mewn deialog:

    eitha glatsien
    eitha bryd o dafod

6 Weithiau mae safle'r ansoddair yn gallu newid ystyr yr ansoddair.

cam brint (a misprint)	ond	**ffon gam** (a crooked stick)
cas bethau (hated things)	ond	**pethau cas** (nasty things)
unig fab (an only son)	ond	**mab unig** (a lonely son)

7 Yn anaml iawn y bydd angen defnyddio mwy na dau ansoddair ar gyfer un enw. Fel arfer mae un yn ddigon, ac weithiau'n ormod. Wrth nodi dau ansawdd mae angen dau ansoddair, er enghraifft *dyn cryf a chaled*, ond mae rhestru ansoddeiriau er mwyn ychwanegu pwyslais yn gamddefnydd o ansoddeiriau.

8 Yn achos nifer o ansoddeiriau mae yna ffurf wrywaidd (dyn *crwn*), ffurf fenywaidd (dynes *gron*), a ffurf luosog (tyllau *crynion*). Ond nid oes dwy na thair ffurf i bob ansoddair.

Yn y gorffennol disgwylid i enw lluosog gael ei ddilyn gan ansoddair lluosog lle ceid un, ond nid yw hynny'n rheidrwydd heddiw (er ei fod weithiau'n ddymunol wrth ysgrifennu'n ffurfiol iawn). Yn y gorffennol fe gafwyd Brad y *Llyfrau Gleision*, ond heddiw fe lunnir *Papurau Gwyn* ar hyn a'r llall. Arferid canu mai 'Ar y *creigiau geirwon*' yr oedd yr hen afr yn arfer crwydro, ond yn awr fe ddarlledir *newyddion caled* ar y teledu a'r radio. Gan amlaf yr arfer bellach yw defnyddio ansoddair yn ei ffurf unigol gydag enw lluosog.

> **caneuon** ysgafn
> **cerrig** llwyd
> **nentydd** llawn

Ond gellir parhau â'r hen drefn os dymunir.

> **cyfrolau** cyfain
> **cyrff** meirw
> **ffenestri** budron
> **bechgyn** ifainc

- Ceir o hyd sawl cyfuniad o enw lluosog + ansoddair lluosog sy'n gyfuniadau sefydlog, nad oes angen eu newid.

> **straeon** byrion
> **mwyar** duon
> **gwragedd** gweddwon

arall, eraill

Yn achos *arall* (unigol) ac *eraill* (lluosog) mae'n rhaid defnyddio'r ffurf unigol *arall* ar ôl enw unigol a'r ffurf luosog *eraill* ar ôl enwau lluosog.

> Stori arall **yw honno.**
> Daw plant eraill **i'r amgueddfa yfory.**

9 Yn y gorffennol disgwylid i enw benywaidd unigol gael ei ddilyn gan ffurf fenywaidd yr ansoddair, lle ceid un. Nid yw hynny'n rheidrwydd heddiw, ond eto mae'n ddymunol, yn aml, wrth ysgrifennu'n ffurfiol. Mae rhai ffurfiau benywaidd yn fwy cyfarwydd na'i gilydd, ac ni ddylid hepgor y rhai mwyaf cyffredin pan ddônt yn union ar ôl yr enw.

bychan	pont fechan	gwyrdd	llinos werdd
byr	stori fer	hysb	buwch hesb
crwn	tôn gron	llym	awel lem
cryf	diod gref	melyn	gwawr felen
dwfn	afon ddofn	tlws	alaw dlos
gwyn	torth wen	trwm	haenen drom

Weithiau mae'r ffurf fenywaidd yn un anghyffredin:
   ffrwd grech (croch)   noson foll (mwll)
   merch lofr (llwfr)

Mewn achosion fel y rhain, defnyddir y ffurf wrywaidd.

10 Mae i rai ansoddeiriau sawl dosbarth neu radd. Mae pedair gradd i'r ansoddair *trwm*, er enghraifft, sef y radd gysefin, y radd gyfartal, y radd gymharol, a'r radd eithaf.

cysefin	trwm		
cyfartal	trymed	neu	mor drwm
cymharol	trymach		
eithaf	trymaf		

- y radd gysefin yw'r ansoddair syml:
   hyll   ysgafn   llawdrwm
   prennaidd   swnllyd

- defnyddir y radd gyfartal i gymharu dau beth sy'n debyg:
   Nid yw'r ystadegau hyn mor arwyddocaol â'r rhai eraill.
   Yr oedd un cyn futred â'r llall.

- defnyddir y radd gymharol i gymharu dau beth sy'n wahanol:
   Mae'r staen hwn yn ddyfnach na'r llall.
   Mae hwn yn eglurach nag adroddiad Arwel.
   Nid oedd y naill yn fwy graslon na'r llall.

- defnyddir y radd eithaf i nodi'r gorau neu'r mwyaf o ddau neu ragor:
   Dyma'r adroddiad llawnaf.
   Hwn yw'r dehongliad mwyaf cignoeth.

Mae tair ffordd o lunio'r graddau hyn yn y Gymraeg.

Dull 1

Y ffordd fwyaf arferol o gymharu ansoddeiriau yw trwy ychwanegu *-ed*, *-ach*, ac *-af* at y radd gysefin.

Cysefin	Cyfartal	Cymharol	Eithaf
byr	byrred	byrrach	byrraf
llawn	llawned	llawnach	llawnaf
melyn	melyned	melynach	melynaf

- trwy ychwanegu *-ed* at y radd gysefin mae llunio'r radd gyfartal
- trwy ychwanegu *-ach* at y radd gysefin mae llunio'r radd gymharol
- trwy ychwanegu *-af* at y radd gysefin mae llunio'r radd eithaf

i Os yw'r radd gysefin yn gorffen yn *-b, -d, -g, -dl, -dr, -gr*, ânt yn *-p, -t, -c, -tl, -tr, -cr* o flaen *-ed, -ach*, ac *-af*, sef terfyniadau'r graddau eraill. Eithriad i'r rheol hon yw *od*, gan fod y gair yn fenthyciad o'r Saesneg.

	Cysefin	*Cyfartal*	*Cymharol*	*Eithaf*
-b > -p-	gwlyb	gwlyped	gwlypach	gwlypaf
-d > -t-	rhad	rhated	rhatach	rhataf
-g > -c-	teg	teced	tecach	tecaf
-dl > -tl-	huawdl	huotled	huotlach	huotlaf
-dr > -tr-	budr	butred	butrach	butraf
-gr > -cr-	hagr	hacred	hacrach	hacraf

Yn y radd gyfartal, y gymharol a'r eithaf mae *n* ac *r* yn dyblu o dan yr acen:

gwyn	gwynned	gwynnach	gwynnaf
byr	byrred	byrrach	byrraf

ii Mae rhoi *mor* o flaen y radd gysefin yn achosi treiglad meddal, ond nid i *ll* a *rh*.
   mor dwp â llo
   mor llonydd â'r dydd
   mor rhwydd â dim

iii Mae rhoi *cyn* o flaen y radd gyfartal yn achosi treiglad meddal, ond nid i *ll* a *rh*.
   cyn welwed â'r wawr
   cyn lleted â drws
   cyn rhwydded â dim

iv Ni ddefnyddir *mor* + gradd gyfartal mewn testun safonol; defnyddir *cyn* o flaen ansoddair sy'n gorffen yn *-ed*.
   cyn amled cywir   mor aml cywir
   cyn belled cywir   mor bell cywir

Er hynny, defnyddir *mor belled/amled* mewn tafodiaith:
   Dyw e ddim wedi cyrraedd mor belled.

v Mae rhoi *yn* o flaen y radd gymharol yn achosi treiglad meddal, ond nid i *ll* a *rh*.
   yn wlypach na gwlyb
   yn lletach na drws
   yn rhwyddach na dim

vi Dim ond yn y gysefin y ceir ffurfiau benywaidd, ac ni cheir hwy yno'n gyson. Yn achlysurol fe geir ffurf fenywaidd ar y radd eithaf, ond bellach dim ond mewn barddoniaeth y defnyddir y ffurfiau hyn, os o gwbl, er enghraifft *wennaf Wen*.

Dull 2

i Yn achos rhai ansoddeiriau, yn enwedig y rhai sy'n gorffen yn *-aidd, -ig, -og, -ol, -us*, a *-gar*, fe ffurfir y gwahanol raddau trwy roi *mor, mwy/llai*, a *mwyaf/lleiaf* o flaen y radd gysefin.

Cysefin	Cyfartal	Cymharol	Eithaf
gwaraidd	mor waraidd	mwy gwaraidd	mwyaf gwaraidd
		llai gwaraidd	lleiaf gwaraidd
llithrig	mor llithrig	mwy llithrig	mwyaf llithrig
		llai llithrig	lleiaf llithrig
gwyntog	mor wyntog	mwy gwyntog	mwyaf gwyntog
		llai gwyntog	lleiaf gwyntog
symol	mor symol	mwy symol	mwyaf symol
		llai symol	lleiaf symol
mentrus	mor fentrus	mwy mentrus	mwyaf mentrus
		llai mentrus	lleiaf mentrus
gweithgar	mor weithgar	mwy gweithgar	mwyaf gweithgar
		llai gweithgar	lleiaf gweithgar

Er hynny gellir cymharu nifer o ansoddeiriau sy'n gorffen yn *-aidd, -ig, -og*, ac *-us* yn ôl y dull cyntaf hefyd, er enghraifft *pwysig, serchog*.

ii Yn achos ansoddeiriau sy'n dair sillaf neu ragor o hyd, mae'n well defnyddio'r ail ddull hwn o gymharu.

Cysefin	Cyfartal	Cymharol	Eithaf
ardderchog	mor ardderchog	mwy ardderchog	mwyaf ardderchog
		llai ardderchog	lleiaf ardderchog
gwrthwynebus	mor wrthwynebus	mwy gwrthwynebus	mwyaf gwrthwynebus
		llai gwrthwynebus	lleiaf gwrthwynebus
cefnogol	mor gefnogol	mwy cefnogol	mwyaf cefnogol
		llai cefnogol	lleiaf cefnogol
diffuant	mor ddiffuant	mwy diffuant	mwyaf diffuant
		llai diffuant	lleiaf diffuant

iii Gwelwyd eisoes fod rhoi *mor* o flaen y radd gysefin yn achosi treiglad meddal, gan eithrio *ll* a *rh*. Ond nid yw *mwy, llai, mwyaf*, na *lleiaf* yn achosi treiglad.

iv Ni ddylid ychwanegu'r terfyniad *-ed* at ansoddair ar ôl defnyddio *mor*.

pell	pelled	cywir
	mor bell	cywir
	mor belled	anghywir mewn testun safonol

Dull 3

Yn Gymraeg ceir nifer o ansoddeiriau sy'n cael eu cymharu'n afreolaidd. Dyma restr o'r rhai pwysicaf:

Cysefin	Cyfartal	Cymharol	Eithaf
agos	nesed	nes	nesaf
anodd	anhawsed	anos	anhawsaf
bach/bychan	lleied	llai	lleiaf
buan	*cynted	cynt	cyntaf
cynnar	*cynted/*cynhared	cynt/cynharach	cyntaf/cynharaf
da	*cystal	gwell	gorau
drwg	*cynddrwg	gwaeth	gwaethaf
hawdd	hawsed	haws	hawsaf
hen	hyned	hŷn	hynaf
hir	*cyhyd	hwy	hwyaf
ieuanc	ieuanged	iau	ieuaf
isel	ised	is	isaf
llawer	*cymaint	mwy	mwyaf
llydan	*cyfled/lleted	lletach	lletaf
mawr	*cymaint	mwy	mwyaf
uchel	*cyfuwch/uched	uwch	uchaf
ychydig	lleied	llai	lleiaf

i Ni ddefnyddir *cyn* o flaen y ffurfiau sydd â seren wrthynt. Mae'r elfen *cyn* yn gynwysedig ac felly yn dechnegol mae'n anghywir dweud fod y naill beth *cyn gymaint* â'r llall, er y clywir hyn ar lafar, neu fod un peth *cyn gystal* (neu *cyn gystled*) â'r peth arall. Ond gellir defnyddio'r ffurfiau wrth gofnodi deialog neu dafodiaith.

ii   Wrth ysgrifennu mewn cywair anffurfiol gall awdur ddefnyddio'r ffurfiau a ganlyn os ydynt yn addas ar gyfer cywair ei destun:

anodd	mor anodd	anoddach/mwy anodd	anoddaf/mwyaf anodd
hen	hyned	hynach	hynaf
hir	cyhyd/cyn hired	hirach	hiraf

Ni ddylid defnyddio'r ffurfiau *uchelach, iselach,* mewn testunau ffurfiol, ond gallant fod yn addas ar gyfer cywair anffurfiol.

iii   Nid yw gradd gyfartal ansoddair yn treiglo ar ôl berf na berfenw.

> A fyddech cystal â chau'r drws?
> Gwnaed cymaint yn ddigartref o ganlyniad i'r tirlithriad.
> Mae Non wedi darllen cyn lleied â phosibl i gwblhau'r dasg.
> Ar ôl darllen cymaint mae'n syndod cyn lleied a wyddai.
> Bu cyhyd o amser cyn dod at y prif bwynt, roedd pawb wedi hen syrffedu.

iv   Lle mae gradd gyfartal ansoddair yn cyflwyno gwrthrych brawddeg, ac yn dod yn syth ar ôl y ferf, fe'i treiglir.

> Defnyddiwch gyn lleied o eiriau tramor ag sy'n bosibl.

v   Nid yw gradd gyfartal ansoddair yn treiglo ar ôl goddrych enwol.

> Yr oedd ganddo restr gyhoeddiadau cyhyd â'm braich.
> Yr oedd ei briw cymaint fel y bu'n rhaid galw ambiwlans.
> Yr oedd ef cystal â'i efaill.
> Yr oedd hi cyn dloted â'i mam.

vi   Mae gradd gyfartal ansoddair yn treiglo ar ôl sangiad.

> Bu oddi cartref gyhyd ag y bu ei thad.

Y fannod

Mae tair ffurf ar y fannod, sef *yr, y* a *'r*.

yr

Rhoir *yr* o flaen llafariad:

> yr antur
> yr adeilad
> yr Undeb

o flaen deusain, heblaw am un yn dechrau ag *w* gytsain:
> yr oen
> yr aer
> yr Wyddfa

o flaen *i* gytsain:
> yr iâ
> yr iarll
> yr ieuanc

ac o flaen *h*:
> yr henoed
> yr hyfforddiant

y

Rhoir *y* o flaen pob cytsain heblaw am *i* gytsain ac *h*.
> y Biwrô
> y Gynhadledd ar Ieithoedd Lleiafrifol
> y wal

'r

Rhoir *'r* ar ôl gair sy'n gorffen mewn llafariad.
> Gobeithiai'r gyrrwr gyrraedd adref cyn nos.
> Un o sêr sglefrio'r dyfodol yw Arwyn Scott.

Ond os bydd synnwyr y frawddeg yn mynnu bod saib o flaen y fannod, gellir rhoi *y/yr* yn lle *'r*.
> Dewch yma – y twyllwyr.
> Rhwystrwyd y Senedd rhag pleidleisio y diwrnod hwnnw.
> Roedd y ddwy blaid yn gwbl gyfartal ar 29 o seddau yr un.
> Cyhoeddwyd y canlyniad am chwarter i ddau y bore.

- Mae rhai geiriau penodol yn creu anawsterau:

yr aur	y weddi
yr haf	y wennol
yr hanner	y wisg
yr hyfforddiant	y wraig
yr hyrwyddwr	yr wy
yr iâ	yr wybodaeth
yr iaith	yr Wyddeleg
yr iâr	yr Wyddfa
yr ieuainc	yr wyddor

yr Undeb   yr wylan
y waedd   yr wyneb
y wal   y wythïen
y wasg   yr wythnos
y wawr

Oherwydd y newid a fu yn ynganiad *gwybodaeth* a *Gwyddeleg* gellir cyfiawnhau rhoi'r ffurf *y* o'u blaenau yn y ddau achos, yn dibynnu ar gywair y testun.

Treiglo ar ôl y fannod

Crynhoir isod y prif reolau treiglo sy'n gysylltiedig â'r fannod. (Am ymdriniaeth fanylach ar y treigladau, gweler tt. 372–403.)

1 Pan ddaw bannod o flaen enw benywaidd unigol mae'r enw'n treiglo'n feddal.

p	pensil	y bensil
t	teyrnas	y deyrnas
c	coeden	y goeden
b	benyw	y fenyw
d	damcaniaeth	y ddamcaniaeth
g	gwledd	y _wledd
m	moeswers	y foeswers

Nid yw *ll* na *rh* yn treiglo'n feddal mewn enw benywaidd unigol ar ôl bannod.

| ll | y llen werdd |
| rh | y rhaw ddu |

2 Pan geir bannod + ansoddair + enw benywaidd unigol, fe dreiglir yr ansoddair a'r enw. Nid yw *ll* a *rh* yn eithriadau yn achos yr ansoddair.

y brif gost
y _wir ddadl
y lydan _wlad
y rugl ferch

Dylid ceisio osgoi gosod ansoddair o flaen enw; mae testun yn darllen yn llawer mwy naturiol pan ddaw'r ansoddair ar ôl yr enw.

y _wlad lydan
y ferch rugl

3 Pan fydd ansoddair yn cyfeirio at enw benywaidd a'r enw hwnnw'n ddealledig, treiglir yr ansoddair.

    y lwyd a'r goch

4 O'r prif rifau, dim ond *dau* a *dwy* sy'n treiglo ar ôl y fannod.

    y ddau geffyl
    y ddwy wennol
    y tair gwraig
    y pedair teipyddes
    y pum gair
    y deg ansoddair
    y deuddeg dyn
    y pymtheg diacones
    y can llyfr

Nid yw *tair* a *pedair* yn treiglo:

Roedd y dair chwaer yn hoffi cerddoriaeth.	anghywir
Roedd y tair chwaer yn hoffi cerddoriaeth.	cywir
Nid oedd gan yr un o'r dair ddiddordeb mewn pensaernïaeth.	anghywir
Nid oedd gan yr un o'r tair ddiddordeb mewn pensaernïaeth.	cywir
Aeth y bedair i'r Bedol ar eu ffordd o'r gwaith.	anghywir
Aeth y pedair i'r Bedol ar eu ffordd o'r gwaith.	cywir

Treigladau llafar yw'r treigladau yn yr enghreifftiau uchod a gellir eu cynnwys wrth gofnodi deialog neu dafodiaith.

5 Treiglir y trefnolion benywaidd ar ôl y fannod a threiglir hefyd yr enwau sy'n dilyn y trefnolion hyn.

    y drydedd _wers   y ddeuddegfed wythnos
    y bedwaredd res   y ganfed salm
    y bumed linell   y filfed _waith
    y ddegfed gyfrol

Rheolau cyffredinol

1 Ni roir bannod o flaen enw afon yn Gymraeg.

Croesodd afon Hafren yn ddirwystr.	cywir
Croesodd yr Hafren yn ddirwystr.	anghywir

Yn yr un modd afon Gwy, afon Moselle, afon Alaw, ac ati.

Dau eithriad pendant sydd i'r rheol, sef afon Menai (nad yw'n afon yn yr ystyr arferol) ac afon Iorddonen.

> Croesodd yr Iorddonen yn ddirwystr.
> Ond anghofiat titha'r cwbwl
> Dae ti'n gweld y Fenai dlos.

Cynan, 'Anfon y Nico i Lan Dŵr', *Telyn y Nos* (Wrecsam: Hughes a'i Fab, 1921), t. 36.

Ni ddylid defnyddio enw afon heb na bannod na'r gair *afon* o'i flaen. Nid oes angen rhoi priflythyren i'r gair *afon* oni bai ei fod yn rhan o enw, er enghraifft Afon-wen.

2 Ceir bannod o flaen rhai enwau lleoedd yn Gymraeg.

> Y Bala
> Yr Wyddgrug

Ond ni roir bannod o flaen pob enw lle. Nid oes bannod o flaen Amwythig nac Aberffraw. Am restr gyflawn o enwau lleoedd gweler:
- Elwyn Davies, *Rhestr o Enwau Lleoedd/Gazetteer of Welsh Place-names* (Caerdydd: Gwasg Prifysgol Cymru, 1975).
- Melville Richards, *Welsh Administrative and Territorial Units* (Caerdydd: Gwasg Prifysgol Cymru, 1969).
- Hywel Wyn Owen a Richard Morgan, *Geiriadur Enwau Lleoedd Cymru/Dictionary of the Place-Names of Wales* (Llandysul: Gomer, 2007).
  comisiynyddygymraeg.cymru/polisi-ac-ymchwil/enwau-lleoedd

Pan nad yw Davies a Richards yn gytûn, dylid dilyn cyfrol Hywel Wyn Owen a Richard Morgan. Dyma restr o rai enwau sy'n peri anhawster:

Aberffraw	Berffro
Abermaw	Ceinewydd
America	Iwerddon
Amwythig	Tywyn

Y Bala	Y Maerdy
Y Barri	Y Pîl
Y Bont-faen	Y Porth
Y Bontnewydd	Y Rhath
Y Borth	Y Rhws
Y Clas-ar-Wy (Glasbury)	Y Rhyl
Y Cymer	Y Sblot
Y Drenewydd	Y Sger
Y Felinheli	Y Trallwng
Y Fenni	Y Tymbl
Y Foel	Y Waun (Chirk)
Y Gaerwen	Y Wig
Y Ganllwyd	Yr Eglwys Newydd
Y Garnant	Yr Hob
Y Gelli-aur	Yr India/India
Y Gelligandryll	Yr Wyddgrug
(Hay-on-Wye)	Yr Ystog (Churchstoke)

Pan ddigwydd yr enw lle yn rhan o gyfeiriad, neu mewn safle arall ar ei ben ei hun, defnyddir priflythyren i'r fannod. Os yw'r enw lle yn rhan o frawddeg, ni roir priflythyren i'r fannod.

Mae'n byw yn yr Eglwys Newydd.

3 Rhoir *Yr* neu *'r* o flaen enw rhai gwledydd. Os yw enw'r wlad yn digwydd yn rhan o gyfeiriad, rhoir priflythyren i'r fannod; pan ddigwydd enw'r wlad yn rhan o frawddeg, defnyddir llythyren fach.

Yr Almaen	Y Deyrnas Gyfunol
Yr Eidal	Yr Unol Daleithiau
Yr Aifft	Y Ffindir
Y Swistir	Yr Alban

Bydd yn teithio i'r Almaen yfory.
Mae'n byw yn yr Almaen.

Ni ddefnyddir bannod o flaen *America* ac *Iwerddon*.

Yn Iwerddon y ceir y golygfeydd godidocaf.
Llynedd aethom i America ar ein gwyliau.

ond: **Llynedd aethom i'r Amerig ar ein gwyliau.**

Yn achos rhai gwledydd gellir defnyddio bannod neu beidio, dim ond bod yn gyson.

  Yr Ariannin neu **Ariannin**
  Yr India neu **India**

4 Rhoir bannod o flaen enw rhai ieithoedd ond ni roir priflythyren iddi os digwydd o fewn brawddeg.

  y Gymraeg
  yr Wyddeleg
  y Llydaweg

Weithiau mae dewis:

  Darllenais hwn yn Gymraeg yn gyntaf.
  Darllenais hwn yn y Gymraeg yn gyntaf.
  Cyfieithwch i Eidaleg.
  Cyfieithwch i'r Eidaleg.

5 Rhoir bannod o flaen teitlau neu swyddi. Os digwydd y teitl neu'r swydd yn rhan o frawddeg, ni roir priflythyren i'r fannod.

  Yr Athro J. S. Hughes
  Y Prif Weithredwr
  Y Parchedig T. Jones
  Y Prif Lenor Robin Llywelyn
  Y Barnwr Elwyn Ashton
  Yr Esgob Owens
  Y Fonesig James
  Y Bonwr Ellis
  Y Chwaer Margaret
  Daeth y Barnwr Elwyn Ashton i'r llys yn brydlon.

Ni roir bannod o flaen *Mr, Mrs, Miss, Ms, Syr,* nac o flaen *Dr* chwaith erbyn hyn.

  Darlithir gan Dr Huw Huws a chadeirir
  y cyfarfod gan Syr Wyn Evans.

Yn achos y teitl *Arglwydd*, os enw person sy'n dilyn y teitl mae angen bannod o'i flaen, ond os enw lle, ni roir bannod o flaen y teitl.

  Yr Arglwydd Cledwyn o Benrhos ond **Arglwydd Tonypandy**

Y Golygiadur

6 Mae'n angenrheidiol rhoi'r fannod o flaen *rhain* a *rheini (rheiny)*.
> Mae'r rhain yn bâr cyfforddus o esgidiau.
> Er bod y rheini wedi treulio maent yn dal yn esmwyth.

7 Mae'n rhaid ailadrodd y fannod wrth restru enwau penodol.
> Aeth y tad, y fam, y nain a'r ewythr i wrando ar
> gyngerdd Nadolig yr ysgol.

Mae'r bobl hyn a restrir uchod yn enwau ar bersonau penodol. Os nad ydynt yn enwau penodol, ni ddefnyddir bannod.
> Taflodd lyfrau, cylchgronau, a dogfennau i'r bin sbwriel.

8 Os yw *y/yr* yn air cyntaf teitl llyfr neu gyfrol, ac ati (er enghraifft *Y Cymro, Y Wawr, Y Traethodydd, Yr Herald Cymraeg)*, a'i fod yn dilyn llafariad, gellir defnyddio *'r* mewn teip rhufeinig.
> Hysbysebwyd y swydd ar dudalennau'r *Cymro*.
> Ei hoff gylchgrawn yw'r *Wawr*.

Os nad yw *y/yr* yn dilyn llafariad, defnyddir priflythyren ac italeiddir y teitl llawn.
> Golygydd *Y Cymro* yw Rob Jones.

- Wrth enwi papurau newydd a chylchgronau Saesneg mewn testun Cymraeg, hepgorir *The* a rhoir *y/yr/'r* yn ei le o fewn brawddeg (llythyren fechan a theip rhufeinig).
> Mae'r *Western Mail* yn gwerthu'n dda yn y cylch,
> ond nid y *Daily Post*.
> Yn y *Daily Telegraph* y darllenais am y mater gyntaf.
> Ceisiodd y *Welsh Outlook* gydio Cymru wrth wledydd
> Ewrop o ddyddiau'r Rhyfel Mawr ymlaen.

Mae *The Times* a *The Economist* yn eithriadau am eu bod yn dymuno cadw at y teitl llawn, ond mae'r *Sunday Times* a'r *New York Times* yn caniatáu gollwng *The*.

- Gyda theitlau papurau tramor cedwir at y gwreiddiol.
> *Le Monde*
> *Die Welt*

- Cedwir *The*, wedi ei italeiddio, wrth ddyfynnu teitl cyfrol.

9 Pan ddefnyddir gradd eithaf ansoddair gydag enw pendant, ni threiglir yr enw:
> y rhan fynychaf
> y rhan amlaf

Os na cheir bannod, treiglir yr enw:
> ran amlaf
> ran fynychaf

Berfau

Berf yw gair neu grŵp o eiriau sy'n dweud beth mae rhywun neu rywbeth yn ei wneud, neu sut mae rhywun neu rywbeth yn bodoli.
> Chwibanai'**r trydanwr wrth ei waith.**
> Carlamaf **i lawr y grisiau.**

Gellir defnyddio nifer o eiriau i gyfleu'r un ystyr.
> Yr oedd **y trydanwr** yn chwibanu **wrth ei waith.**
> Yr wyf yn carlamu **i lawr y grisiau.**

Ar lafar fe ddefnyddir grŵp o eiriau i gyfleu'r meddwl ran amlaf, sef ffurf gwmpasog ar y ferf. Ar bapur mae defnyddio'r ffurf gryno weithiau'n fwy cymeradwy, ond gall fod gwahaniaethau ystyr rhwng ffurf hir a ffurf gryno a dylech fod yn ymwybodol o'r rheini. Am restr lawn o'r ffurfiau berfol gweler:
- Peter Wynn Thomas, *Gramadeg y Gymraeg* (Caerdydd: Gwasg Prifysgol Cymru, 1996)
- D. Geraint Lewis, *Berfau* (Gomer@Lolfa, 2021)

Geirynnau berfol

Wrth wneud gosodiad cadarnhaol mae'n bosibl gosod geiryn berfol, er enghraifft *y/yr, fe/mi,* o flaen y brif ferf.
- Defnyddir *y/yr* o flaen ffurfiau presennol ac amherffaith *bod*:
  > Yr wyf **yn credu ei fod yn euog o'r drosedd.**
  > Yr oedd **mwy o lawer o'i blaid erbyn ddoe.**

Nid oes rhaid defnyddio *y/yr*, ond o wneud hynny mae'r frawddeg yn gallu bod ychydig yn fwy ffurfiol ei naws.
> Y mae **llawer yn credu ei fod yn ddieuog.**
> Mae **llawer yn credu ei fod yn ddieuog.**

- Mae'n bosibl gosod y geiryn berfol *mi* o flaen y brif ferf mewn tafodieithoedd gogleddol:
    Mi **wadodd o'r cyfan**.

    Weithiau gosodir *mi* + (y)*r* o flaen y ferf *bod* mewn tafodieithoedd gogleddol:
    Mi **roedd o'n gwadu pob cyhuddiad**.
- Mewn tafodieithoedd deheuol gellir defnyddio *fe* o flaen y brif ferf, er bod *mi* hefyd yn cael ei ddefnyddio.
    Fe **welodd e ryfeddod**.
    Mi **welodd e ryfeddod**.
- Yn achos ffurfiau ar y ferf *bod*, pan mae'r geiryn berfol *yr* yn dilyn gair sy'n diweddu â llafariad, gellir naill ai ei gadw heb ei dalfyrru i '*r*, neu ei dalfyrru a'i gysylltu â ffurf ar y ferf *bod* heb gollnod:

Holi yr oedd **y plentyn a gâi fynd i'r ffair.**	cywir
Holi roedd **y plentyn a gâi fynd i'r ffair.**	cywir
Holi'r oedd **y plentyn a gâi fynd i'r ffair.**	nid dyma a argymhellir
Yr oedd **y gath yn rhuthro allan bob tro** yr o'n **i'n tisian.**	cywir
Roedd **y gath yn rhuthro allan bob tro** ro'n **i'n tisian.**	cywir
Roedd **y gath yn rhuthro allan bob tro**'r o'n **i'n tisian.**	nid dyma a argymhellir
Yr wyf yn **mynd i aros** lle yr ydwyf.	cywir
Rwy'n **mynd i aros** lle rydwyf.	cywir
Rwy'n **mynd i aros** lle'r ydwyf.	nid dyma a argymhellir

    Argymhellir y drefn hon rhag cymysgu â thalfyriad y fannod *yr* i '*r*. Yn rhesymegol, perthyn i'r ferf a wna'r geiryn *yr* ac wrth y ferf y dylid ei glymu. Yn yr un modd, argymhellir y ffurfiau *ble roedd* a *lle roedd* er bod nifer o awduron yn arfer ysgrifennu *ble'r oedd* a *lle'r oedd*.

- Yn achos berfau ar wahân i'r ferf *bod* argymhellir peidio â thalfyrru'r geiryn berfol *yr* yn '*r* heblaw mewn deialog. Wrth gofnodi deialog, nid yw'n briodol cysylltu'r geiryn rhagferfol â'r ferf.

Ai dyma'r lle yr ymwelwyd **ag ef ddoe?**	cywir
Ai dyma'r lle'r ymwelwyd **ag ef ddoe?**	nid dyma a argymhellir
Ai dyma'r lle rymwelwyd **ag ef ddoe?**	anghywir
Yno yr âi **bob wythnos.**	cywir
Yno'r âi **bob wythnos.**	nid dyma a argymhellir
Yno râi **bob wythnos.**	anghywir
I ble yr est ti?	cywir
I ble'r est ti?	cywir mewn deialog
I ble 'rest ti?	anghywir

- Gellir defnyddio *fe* o flaen y brif ferf (ond nid gyda ffurfiau presennol nac amherffaith y ferf *bod*).

    Fe wadodd y cyfan.

- Weithiau defnyddir *fe/mi* i bwysleisio bod gweithred y ferf wedi'i chyflawni.

    Fe orffennir y gwaith adeiladu cyn bo hir.
    Mi orffennaf y gwaith cyn nos.

Goddrych

Goddrych y ferf yw'r person neu'r peth sy'n gwneud, neu sy'n bod, yr hyn a ddisgrifir gan y ferf. Nodi gweithred neu fodolaeth a wna berf, a'r sawl sy'n cyflawni'r weithred neu fodolaeth yw ei goddrych. Y ferf yn y frawddeg a ganlyn yw *brysiodd*, a'r goddrych yw *tad*.

Brysiodd ei thad at y drws.

Dyma ragor o enghreifftiau; fe nodir goddrych y ferf mewn print italig.

A fuoch *chi* **erioed yng Nghaernarfon?**
Y Brenin Arthur **a arweiniai Farchogion y Ford Gron.**
Eleri Francis **a losgodd y cacennau.**

Nid yw goddrych y ferf yn cael ei enwi bob amser.

Collais forthwyl ddoe.

Y ferf yw *colli*, a *fi* yw'r sawl a'i collodd, felly *fi* yw'r goddrych. Mae hynny'n cael ei amlygu yn ffurf y ferf er nad yw'r gair *fi* i'w weld yn y frawddeg.

Y Golygiadur

Prynais lwy garu yn y ffair grefftau.	(goddrych = fi)
Arhoswch amdanaf.	(goddrych = chi)
Cadw lygad ar y fasged hon.	(goddrych = ti)
Aeth i nofio gyda'i frawd cyn brecwast.	(goddrych = ef)
Aeth gyda'i mam i Gaerdydd.	(goddrych = hi)
Byddwn yn Ffrainc cyn nos.	(goddrych = ni)
Ewch ar unwaith.	(goddrych = chi)
Maent bob amser yn teithio wedi nos.	(goddrych = hwy)

Os oes goddrych i'r ferf, mae'n ferf bersonol am ei bod yn dweud pa berson sydd ynglŷn â'r weithred.

Mae berf hefyd yn dweud am amser y weithred, sef pryd mae'r weithred yn digwydd. Gall hynny fod naill ai ar ryw adeg sydd wedi mynd heibio, ar ryw adeg yn y dyfodol, neu yn awr, sef yn y presennol.

Traethiad

Mae traethiad yn traethu neu'n dweud rhywbeth am y goddrych. Mewn rhai mathau o frawddegau mae'r traethiad yn cael ei gyflwyno gan *yn* neu *'n*. Nid yr arddodiad *yn* (= *in* yn Saesneg: *yn y tŷ* = *in the house*) yw hwn, ac nid *yn* berfenwol (*yn* + berfenw) ond *yn* traethiadol, sef *yn* sy'n hebrwng yr hyn a draethir neu a ddywedir am y goddrych.

Dilynir *yn* traethiadol gan dreiglad meddal (gweler t. 376).

> Mae Elwyn Gruffudd yn ddyn diog.
> Nid yw Morys Huws yn ddiolchgar am ddim.
> Eithriad: Mae hi'n braf.

Ni threiglir *ll* a *rh* yn dilyn *yn* traethiadol er y gwneir hynny ar lafar mewn rhai tafodieithoedd.

> Mae hwn yn llyfr da.
> Nid yw hwn yn rheswm digonol.

Gwrthrych

Pan fydd y ferf yn effeithio ar rywun neu rywbeth arall, gelwir y rhywun neu'r rhywbeth hwnnw yn wrthrych y ferf. Nid oes gwrthrych i'r ferf yn y frawddeg hon:

> Mae'r cathod yn mewian.

Y ferf yw *Mae . . . yn mewian,* a goddrych y ferf yw *y cathod.* Nid yw eu gweithgaredd yn effeithio ar neb na dim arall yn ôl yr hyn a ddywedir yn y frawddeg, felly nid oes gwrthrych i'r ferf. Yn y frawddeg sy'n dilyn, mae gwrthrych i'r ferf.

> **Daliodd y gath lygoden.**

Y ferf yw *daliodd,* a goddrych y ferf yw *cath. Llygoden* yw'r peth yr effeithir arno gan weithred y gath, felly dyna wrthrych y frawddeg. Gallwch ofyn *beth a ddaliodd y gath?* er mwyn dod o hyd i'r gwrthrych. Mae'r gwrthrych yn nodi at bwy neu at beth mae gweithred y ferf yn ymestyn neu'n cyfeirio. Dyma ragor o enghreifftiau o frawddegau sydd â gwrthrych i'r ferf neu i'r berfenw.

> **Prynodd y cwmni** gyfrifiaduron.
> **Ar hyn o bryd mae Gillian Jenkins a gweddill y grŵp yn ychwanegu** lleisiau cefndir **at eu record newydd.**
> **Chwythodd y gwynt y** dillad **i'r cae.**

Mae gwrthrych berf bersonol, sef berf sydd â chyfeiriad at berson ynddi, yn treiglo'n feddal, ond nid yw gwrthrych berfenw'n treiglo (gweler tt. 376–7).

> **Gwelais gi yn udo.**

Y ferf yw *gwelais* ac mae'n ferf bersonol oherwydd ei bod yn dweud pa berson sy'n gwneud y weithred o weld, gan mai ystyr y frawddeg yw:

> **Gwelais [i] gi yn udo.**

Fi yw'r person a welodd. Mae'n rhaid treiglo gwrthrych berf bersonol, felly mae gofyn treiglo'r gair *ci* yn feddal.

Berfenw

Mae berfenw yn mynegi'n syml ystyr y ferf; enwi'r gweithgarwch a wna, a hynny'n unig. Nid yw berfenw ynddo'i hun yn gysylltiedig â goddrych, nac ag unrhyw amser neilltuol. Dyma enghreifftiau:

edrych	cysgu
ffrio	gwybod
holi	parhau
credu	marw

Benywaidd yw'r gair *berf* (y ferf; dwy ferf), a gwrywaidd yw'r gair *berfenw* (y berfenw; dau ferfenw). Pan droir berfenw yn enw trwy, er enghraifft, roi bannod (sef *yr, y, 'r*) o'i flaen, mae pob enghraifft heblaw *cyfeddach* (y gyfeddach) a *gafael* (yr afael) yn enw gwrywaidd.

> **Beth yw'r** bloeddio **yna?**
> **Roedd y** canu **mawr i'w glywed o bell.**

Bôn y berfenw

Bôn y berfenw yw'r rhan honno o'r berfenw yr ychwanegir terfyniadau berfol ati.

1 Yn aml ychwanegir *-i* at y bôn cyn ychwanegu'r terfyniad berfol:

cynnig	cynigi- + af	> cynigiaf
disgwyl	disgwyli- + af	> disgwyliaf
gwylia	gwyli- + af	> gwyliaf

- Nid yw *dewis* yn newid o gwbl wrth roi terfyniad berfol i'w ganlyn.

    dewis: **dewis + wyd**   **> dewiswyd**

Ni roir *-i-* rhwng *dewis* a'r terfyniad berfol. Mae *dewisiwyd* yn anghywir.

Yr un modd gyda'r gair *cyfieithu*. Nid *cyfieithiaf* yw'r ffurf gywir ond yn hytrach *cyfieithaf* (ond *cyfieithiad*). Os yw'r berfenw yn gorffen yn *-u*, nid ychwanegir *-i-*.

2 O ychwanegu'r terfyniadau *-i, -ais, -aist, -wch, -ir, -id* at y berfenw mae'r *-a* hon yn troi'n *-e*.

    addo neu addaw: **addewi**
                            addewais
                            addewaist
                            addewwch > addefwch (gan fod *w* ac *f* yn cyfnewid lle yn aml yn y Gymraeg)
                            addewir
                            addewid

Wrth ddefnyddio'r iaith yn answyddogol ac yn anffurfiol ni ddilynir y rheol hon o droi *a* yn *e* bob amser (er enghraifft gyda'r ffurfiau *siaradais/siaredais; cadwch/cedwch, gallwch/gellwch, gofalwch/gofelwch*). Mae'r norm yn newid hefyd wrth ysgrifennu'n ffurfiol. Mae'r *Beibl Cymraeg Newydd* yn rhoi sêl ei fendith ar y ffurfiau *cadwch* a'r cyffelyb. Ond gellid ystyried cadw at y rheol wrth ysgrifennu mewn rhai cyd-destunau ffurfiol iawn.

Berf amhersonol

Berf bersonol yw berf sy'n enwi'r goddrych. Nid oes cyfeiriad at oddrych mewn berfau amhersonol, er enghraifft *ysgrifennir*.

Ysgrifennir llawer o bethau byrbwyll yn y wasg.

Ni ddywedir pwy sy'n ysgrifennu, ond deellir bod y weithred yn digwydd yn awr, yn yr amser presennol, ac y bydd y weithred hefyd yn digwydd yn y dyfodol.

    berfenw: disgrifio'r digwyddiad

    berf bersonol: disgrifio'r digwyddiad
                             mynegi amser y digwyddiad
                             mynegi pwy sy'n gwneud y weithred

    berf amhersonol: disgrifio digwyddiad
                             mynegi amser y digwyddiad

Ffurfiau amhersonol y ferf yw:

ysgrifennir	(yn yr amser presennol a'r amser dyfodol, neu weithred arferol)
ysgrifennwyd	(yn yr amser gorffennol)
ysgrifennid	(yn yr amser amherffaith)
ysgrifenasid	(yn yr amser gorberffaith)

Dyma'r ffurfiau i'w defnyddio wrth ysgrifennu traethiad ffurfiol. Mae llawer yn cymysgu'n aml rhwng yr amser gorffennol, yr amser amherffaith, a'r amser gorberffaith; gweler isod tt. 333–6.

Moddau'r ferf

Modd yw categori berfol sy'n nodi pa un ai ffaith, gorchymyn, dymuniad ynteu rywbeth arall mae ffurf ferfol yn ei harwyddocáu. Mae tri modd i'r ferf yn y Gymraeg.

Y Golygiadur

1 Y cyntaf o'r tri, a'r un a ddefnyddir amlaf o ddigon, yw'r modd mynegol. Mynegi yw gwaith y modd hwn, sef sôn am rywbeth, rhoi gwybod am sefyllfa neu ddigwyddiad.

> Galwodd **y ferch arnaf.**
> Fe lunnir **mynegai i'r llyfr hwn ymhen tipyn.**
> Mae **Emyr** yn mynd **yn fwy pengaled bob tro y** gwelaf **ef.**

2 Yr ail fodd yw'r modd dibynnol ac mae'r modd hwn yn datgan dibyniaeth ar rywbeth arall. Weithiau mae rhyw amod ynglŷn â'r cyflwr hwn, dro arall mae'n datgan dymuniad, a thro arall fodolaeth neu weithred dybiedig. Ni ddefnyddir y modd hwn yn aml heddiw. Fe'i gwelir amlaf mewn ymadroddion sefydlog, er enghraifft *Da boch chi,* i fynegi dymuniad, *tra bo, pe bai, pan fo.* Fe'i ceir hefyd mewn testunau hŷn, er enghraifft penillion gwerin.

> **Tra** bo **dŵr y môr yn hallt ... mi fydda'n ffyddlon iti.**
>
> **O! bydd glaswellt dros fy llwybrau i gyd**
> **Cyn** delwyf **i Gymru'n ôl.**

Yma mae dychwelyd i Gymru'n dibynnu ar amgylchiadau. Mae rhyw amhendantrwydd ynglŷn â'r weithred o ddychwelyd. Erbyn heddiw y tebyg yw mai defnyddio'r modd mynegol a wneid, 'Cyn *deuaf/dof* i Gymru'n ôl' heb ystyried na dymuniad na dibyniaeth.

3 Y trydydd modd yw'r modd gorchmynnol.

> Rho **fenyn ar dy fara.**
> Dewch **â'r proflenni ataf fi y funud y cyrhaeddant y swyddfa.**

Pan geir gorchymyn negyddol gellir rhoi *na* neu *nac* o flaen y modd gorchmynnol.

> Na **ladd** ... ac nac **arwain i brofedigaeth.**

Ond y drefn fwyaf cyffredin heddiw o roi gorchymyn yn y negyddol yw rhoi ffurf ar y ferf *peidio â/ag* o flaen y ferf.

> Paid â **dweud.**
> Peidiwch â **ffraeo.**
> Paid ag **oedi'n rhy hir.**

Berfau

Amserau'r ferf

- Mae amser i bob berf, ac mae medru gweld y gwahaniaeth rhwng holl amserau'r ferf yn fater pwysig. Mae'r rhan fwyaf o ferfau'n dilyn patrwm rheolaidd o ran sut y ffurfir hwy, ond nid pob un. Yr eithriadau yw *adnabod, bod* (a berfau sy'n cynnwys *bod*, er enghraifft *canfod, hanfod*, ac ati), *cael, dod, dwyn, gwneud, gwybod*, a *mynd*, ac fe'u gelwir yn ferfau afreolaidd.

  Trafodir yma rai o'r egwyddorion hynny sy'n peri anhawster.
  Y berfau rheolaidd
  Y modd mynegol

Y person cyntaf unigol

Credaf yw'r ffurf gryno; os dymunir gellir defnyddio rhagenw hefyd: *credaf fi/i*. Daeth yn arferol peidio â chynnwys *f* ar ddiwedd rhai geiriau, er enghraifft fe ysgrifennir *tre* yn lle *tref* a *cartre* yn lle *cartref*. Yn dilyn yr un egwyddor, weithiau fe ddefnyddir y ffurf *creda + i* (gan ddilyn hefyd y sain lafar). Mae uno'r ddau air yn *credai* yn anghywir, ac mae'n rhaid eu cadw ar wahân.

Mae modd ysgrifennu *fe greda i* ac *fe gredaf fi*; mae'r ddwy ffurf yn dderbyniol ond mae iddynt ychydig o wahaniaeth naws. Mae *fe greda i* yn awgrymu ychydig bach llai o ffurfioldeb arddull na *fe gredaf fi* ac felly defnyddir y naill yn hytrach na'r llall yn ôl gwahanol ofynion ac amgylchiadau. O fod wedi taro cywair penodol trwy ddefnyddio'r naill ffurf yn hytrach na'r llall, mae'n rhaid cadw ato'n gyson drwy'r gwaith.

Yr ail berson unigol/lluosog

Ceir dwy ffurf, sef *ych* ac *ydych*. Fe dalfyrrir *ydych* yn *'ych* yn aml, sef:
        [yd]ych > 'ych   nid   y[dy]ch > y'ch.
        Tybed faint 'ych chi'n ei gofio?

Y trydydd person unigol

- Cyflwynir isod restr o ferfenwau gyda thrydydd person unigol presennol mynegol y ferf mewn ffurf dderbyniol a chyffredinol

Y Golygiadur

ddealladwy. Mae mwy na hyn o ffurfiau'n dechnegol gywir, ond ffurfiau hynafol yw'r rhan fwyaf o'r rheini.

adrodd	edrydd/adrodda	cyfaddef	cyfeddyf/cyfaddefa
arbed	arbed/arbeda	cyfleu	cyflea
arfer	arfer/arfera	cyffroi	cyffry
agor	egyr/agora	cymryd	cymer
agosáu	agosâ	cynnal	cynnal/cynhalia
anfon	enfyn/anfona	cyrchu	cyrch/cyrcha
aros	erys/arhosa	cyrraedd	cyrhaedda/cyrraedd
atal	atalia/etyl	cysgu	cwsg/cysga
ateb	ateba/etyb	chwalu	chwâl
barnu	barn/barna	chwerthin	chwardd
beiddio	beiddia	dal	deil/dalia
bloeddio	bloeddia	dangos	dengys/dangosa
bod	mae/oes/sydd/yw	darparu	darpar/darpara
bydd (presennol arferiadol, gweler isod t. 338)		deall	deall/dealla
		deffro	deffry/deffroa
brathu	brath/bratha	derbyn	derbyn/derbynia
bwyta	bwyty	dianc	dianc/dihanga
cadw	ceidw/cadwa	dilyn	dilyn/dilyna
cael	caiff	dirmygu	dirmyga
caniatáu	caniatâ	disgyn	disgyn/disgynna
canu	cân/cana	dweud	dywed
caru	câr	dwyn	dwg/dyga
casglu	casgl/casgla	dwysáu	dwysâ
ceisio	cais/ceisia	dychwelyd	dychwel/dychwela
cerdded	cerdd/cerdda	dymuno	dymuna
cilio	cilia	dyrnu	dyrna
claddu	cladd/cladda	dysgu	dysg/dysga
cloi	mae ... yn cloi/cly	gadael	gedy/gad/gadawa
clywed	clyw	galw	geilw/galwa
cochi	cocha	gallu	gall/geill
codi	cwyd/cyfyd/coda	glanhau	glanha
colli	cyll/colla	glynu	glŷn/glyna
cosbi	cosba	gofyn	gofyn/gofynna
credu	cred	gosod	gesyd/gosoda
crynhoi	crynhoa	gwadu	gwad/gwada
crynu	cryn/crŷn/cryna	gwanhau	gwanha
cwblhau	cwblha	gwanu	gwân/gwana

Berfau

gwaredu	gwared/gwareda	rhedeg	rhed/rheda
gwario	gwaria	rhoddi	rhydd/rhodda
gwasanaethu	gwasanaetha	rhoi	rhydd
gwasgaru	gwasgar/gwasgara	rhyddhau	rhyddha
gwasgu	gwasg/gwasga	sathru	sathr/sathra
gweddïo	gweddïa	sefyll	saif/safa
gweiddi	gwaedda	sychu	sych/sycha
gweld	gwêl	syrthio	syrth/syrthia
gwenu	gwena	taeru	taera
gwerthu	gwerth/gwertha	taflu	teifl/mae ... yn taflu/tafla
gwlychu	gwlych/gwlycha		
gwrando	gwrendy/gwrandawa	talu	tâl/tala
haeru	haera	tarddu	tardd/mae ... yn tarddu/tardda
hawlio	hawlia		
holi	hawl	taro	tery/mae ... yn taro/trawa
iacháu	iachâ		
llanw	lleinw/llanwa	terfynu	terfyna
llyfu	llyf/llyfa	tewi	tawa
llyncu	llwnc/llynca	toddi	todda
malu	mâl/mala	torri	tyr/torra
medi	med/meda	traethu	traetha
medru	medr/medra	treiddio	mae ... yn treiddio/treiddia
meiddio	meiddia/maidd		
moli	mola/mawl	troi	try
mwynhau	mwynha	trugarhau	trugarha
mynnu	myn/mynna	trymhau	trymha
neidio	neidia/naid	tybio	tyb/tybia
nesáu	nesâ	tyngu	twng/tynga
nofio	mae ... yn nofio/nofia	tynnu	tyn (ef a dynn) tynna
		yfed	yf/yfa
paratoi	paratoa	ymadael	ymedy/mae ... yn ymadael
parhau	pery/para		
peidio	paid/peidia	ymaflyd	mae ... yn ymaflyd/ymafla
pellhau	pellha		
peri	pair/para	ymdrechu	ymdrech/ymdrecha
plygu	plyg/plyga	ymddiried	ymddiried/ymddirieda
pori	pora		
profi	prawf/profa	ymosod	mae ... yn ymosod/ymosoda
prynu	pryn/prŷn/pryna		
rhannu	rhan/rhanna	ymweld	ymwêl/ymwela

Gall ffurfiau cryno sy'n union yr un fath â'r berfenw achosi penbleth i rai darllenwyr ac fe ddylid ystyried eu hosgoi drwy ddefnyddio, er enghraifft, *eistedda* yn lle *eistedd*, *cyrhaedda* yn lle *cyrraedd*.

Ar lafar defnyddir y terfyniadau *-iff* ac *-ith* yn y trydydd person unigol presennol.

Mi ddiolchith Arwel Maredudd i'r gŵr gwadd.
Fe ddiolchiff ef i'r arweinydd.

Dim ond fel rhan o ddeialog neu dafodiaith neu arddull anffurfiol y dylid defnyddio'r rhain ar bapur; hyd yma nid ydynt wedi cael eu hystyried yn ffurfiau llenyddol cyffredin na phriodol.

fe wnaiff **y tro yn iawn**	annerbyniol
fe wna'r **tro yn iawn**	derbyniol
fe aiff **i'w wely'n gynnar heno**	annerbyniol
fe â **i'w wely'n gynnar heno**	derbyniol

Ond *caiff* yw'r ffurf gywir, nid *ca*.

Y trydydd person lluosog

Wrth ddefnyddio'r trydydd person lluosog yn yr amser presennol mae *-t* ac *-nt* weithiau'n mynd i golli ar ddiwedd gair. Caiff y frawddeg:

Pam maent hwy **yn sôn yn ddi-baid am yr ymgyrch?**

ei mynegi fel hyn:

Pam mae nhw'n **sôn yn ddi-baid am yr ymgyrch?**

Mae'r *-t* ar ddiwedd *maent* wedi diflannu ac mae'r *-n* wedi symud at ddechrau'r gair *hw(y)*. Ond nid yw'r ffurf *mae nhw* yn dderbyniol gan mai ffurf unigol yw *mae* a ffurf luosog yw *nhw*. Dylid ysgrifennu:

Pam maen nhw'n **sôn yn ddi-baid am yr ymgyrch?**

Nid oes collnod rhwng yr *e* a'r *n* (*maen nhw*) gan mai ystyr *mae'n* yw *mae ef yn* neu *mae hi'n*. Ysgrifennir naill ai *maent hwy* neu *maen nhw*. Mewn testunau anffurfiol eu cywair gellid ysgrifennu *ma nhw/ma' nhw*.

Yr amser gorffennol

Mae'r amser hwn yn disgrifio rhyw fodolaeth neu weithred a ddaeth i ben yn y gorffennol. Dyma'r ffurfiau cryno.

	Unigol	Lluosog
1	rhedais	rhedasom
2	rhedasoch (ffurfiol)	rhedasoch
	rhedaist (anffurfiol)	
3	rhedodd	rhedasant

Y ffurf amhersonol yw *rhedwyd*.

- Gall *-a-* droi'n *-e-* o flaen *-ais* ac *-aist*, hynny yw gyda'r person cyntaf unigol a'r ail berson unigol anffurfiol.
    cân + ais > cenais
    cân + aist > cenaist
  Wrth ddefnyddio'r iaith yn anffurfiol nid oes rhaid defnyddio'r ffurfiau *cenais, siaredais,* a'u tebyg, ond gellid ystyried cadw at y ffurfiau hynny wrth ysgrifennu'n ffurfiol.

- Gan fod rhai o ffurfiau'r gorffennol yn hir a braidd yn drwsgl, er enghraifft *cyfarfuasant, ystyriasant,* ac ati, gellid eu hosgoi mewn sawl modd, yn dibynnu ar gywair y testun:
    fe gyfarfuon nhw
    fe wnaethon nhw gyfarfod
    ddaru nhw gyfarfod
    bu iddyn nhw gyfarfod

Amser amherffaith

Ceir anhawster weithiau i weld gwahaniaeth rhwng yr amser gorffennol lle mae gweithred yn gyflawn, ac amser arall sydd hefyd wedi mynd heibio ond lle nad yw'r weithred wedi'i chyflawni, neu weithred a oedd yn arferol neu'n parhau. Yr amser amherffaith yw'r term am yr amser hwnnw. Yn yr amser amherffaith mae amser y ferf yn dynodi gweithred sydd wedi ei dechrau yn yr amser a fu ond na ddaeth i ben hyd yma. Mae'n weithred amherffaith am ei bod yn anorffenedig. Gall hefyd nodi gweithred a oedd yn arferol neu'n para dros gyfnod ac a ddaeth i ben:
    Cysgwn mewn pabell yn yr ardd bob haf pan oeddwn yn blentyn.

Y Golygiadur

Ffurfiau cryno yr amser amherffaith yw'r ffurfiau a ganlyn.

	Unigol	Lluosog
1	cysgwn	cysgem
2	cysgech (ffurfiol)	cysgech
	cysgit (anffurfiol)	
3	cysgai	cysgent

Y ffurf amhersonol yw *cysgid*.

Ffurfiau cwmpasog yr amser amherffaith yw'r ffurfiau a ganlyn.

	Unigol	Lluosog
1	yr oeddwn yn cysgu	yr oeddem yn cysgu
2	yr oeddech yn cysgu (ffurfiol)	yr oeddech yn cysgu
	yr oeddit yn cysgu (anffurfiol)	
3	yr oedd yn cysgu	yr oeddynt yn cysgu

Y ffurf amhersonol yw *yr oeddid yn cysgu*.

Neu os yw'n dynodi arferiad:

	Unigol	Lluosog
1	byddwn yn cysgu	byddem yn cysgu
2	byddech yn cysgu (ffurfiol)	byddech yn cysgu
	byddit yn cysgu (anffurfiol)	
3	byddai yn cysgu	byddent yn cysgu

Y ffurf amhersonol yw *byddid yn cysgu*.

Mae tuedd gyson erbyn hyn i ddefnyddio'r amser gorffennol lle dylid defnyddio'r amser amherffaith. Os yw'r weithred y sonnir amdani wedi para'n hir yn y gorffennol ac yn un arferol, dylid defnyddio'r amser amherffaith. Ond os gweithred unwaith-ac-am-byth ydoedd, dylid defnyddio'r amser gorffennol.

Âi Gwen i'r theatr bob wythnos.	amherffaith
Aeth Gwen i'r theatr yr wythnos honno.	gorffennol
Credid i'r byd gael ei greu mewn chwe diwrnod (a chredir felly gan lawer yn awr).	amherffaith
Credwyd yn y cyfarfod y dylid rhoi ail gyfle iddo.	gorffennol

Yn yr amser amherffaith y defnyddir *credid*, hynny yw fe ddechreuwyd ar y weithred o gredu rywbryd yn ystod yr amser a aeth heibio ac mae'r weithred yn dal heb ei gorffen, neu yr oedd yn arferol. Yn yr amser gorffennol y defnyddir *credwyd* ac mae'r weithred ar ben. Mae'r un anhawster yn codi gyda *dywedwyd* (amhersonol gorffennol) a *dywedid* (amhersonol amherffaith).

> Dywedwyd wrtho ddoe am fynd â'r cloc i gael ei drwsio.
> Dywedid straeon rif y gwlith amdano.

Y ffurf hir am rywbeth arferol yw:

> Byddai John yn mynd i'r farchnad bob wythnos.
> nid: Yr oedd John yn mynd i'r farchnad bob wythnos.

Mae'r ffurf *meddais* yn anghywir; *meddwn* yw'r ffurf gywir.

Yr amser gorberffaith

Os dymunir defnyddio amser sydd ymhellach yn ôl na'r gorffennol a'r amherffaith, gellir defnyddio'r gorberffaith. Dyma'r ffurfiau cryno.

	Unigol	*Lluosog*
1	cred*aswn*	cred*asem*
2	cred*asech* (ffurfiol)	cred*asech*
	cred*asit* (anffurfiol)	
3	cred*asai*	cred*asent*

Y ffurf amhersonol yw *credasid*.

Ffurfiau cwmpasog yr amser gorberffaith yw'r ffurfiau a ganlyn.

	Unigol	*Lluosog*
1	yr oeddwn wedi credu	yr oeddem wedi credu
2	yr oeddech wedi credu (ffurfiol)	yr oeddech wedi credu
	yr oeddit wedi credu (anffurfiol)	
3	yr oedd wedi credu	yr oeddynt wedi credu

Y ffurf amhersonol yw *yr oeddid wedi credu*.

Ni ddefnyddir ffurfiau cryno'r amser gorberffaith ar lafar nac yn ysgrifenedig ryw lawer heddiw. Y ffurfiau hir sy'n arferol. Os yw brawddeg yn agor yn yr amser gorffennol (er enghraifft *dywedais*) neu'r amser amherffaith (er enghraifft *dywedwn*) a bod bwriad cyfeirio'n ôl at rywbeth a ddigwyddodd hyd yn oed cyn yr amser hwnnw, mae'n rhaid defnyddio'r amser gorberffaith. Y peth pwysig am y gorberffaith yw fod y weithred wedi ei chwblhau yn y

gorffennol, a chyn yr amser yn y gorffennol y sonnir amdano.
> Heddiw yw'r pymthegfed o Ebrill. Dywedais ar yr ail o
> Ebrill na chredaswn erioed cyn hynny ddim drwg amdano.

Mae *yw* yn dynodi'r amser presennol, sef y pymthegfed o Ebrill. Mae *dywedais* yn yr amser gorffennol, sef ar yr ail o Ebrill, ac am fod y weithred o *ddweud* wedi'i gorffen ar yr un pryd. Mae *credaswn* (yr amser gorberffaith) yn cyfeirio'n ôl at amser cyn y gorffennol, sef holl gyfnod fy myw hyd at yr ail o Ebrill. Wrth gyfeirio'n ôl at weithred oedd wedi ei chwblhau cyn yr adeg yn y gorffennol y sonnir amdani, defnyddir yr amser gorberffaith. Ni ddefnyddir
yr amser gorffennol a'r gorberffaith yn yr un gwynt oni bai fod cyfeiriad bwriadol at amserau gwahanol. Dyma ddyfyniad o ddechrau Efengyl Mathew:
> Yna Herod, wedi galw y doethion yn ddirgel, a'u holodd
> hwynt yn fanwl am yr amser yr ymddangosasai y seren.

Mae *holodd* yn yr amser gorffennol, ond holi am rywbeth a ddigwyddodd cyn hynny eto a wnaeth Herod, felly mae'n rhaid defnyddio'r gorberffaith *ymddangosasai*. Mae'r *Beibl Cymraeg Newydd*, fodd bynnag, wedi newid y ffurf gryno:
> Yna galwodd Herod y sêr-ddewiniaid yn ddirgel ato, a holodd
> hwy'n fanwl pa bryd yr oedd y seren wedi ymddangos.

Ystyrir bod ffurf gryno'r gorberffaith bellach yn drwm ac yn drwsgl mewn testunau. Ceir llu o enghreifftiau o awduron yn camddefnyddio'r gorffennol ac yn ei roi yn lle'r gorberffaith, gan fod y cyd-destun, fel arfer, yn dileu unrhyw amwyster:
> Adroddodd John hanes y noson y collasai ei eiddo yn y ddinas.
> Adroddodd John hanes y noson y collodd ei eiddo yn y ddinas.

Fe ymddengys, felly, fod y gorberffaith yn colli'r dydd yn gyflym. Er hynny, mae rhai ffurfiau, er enghraifft *aethai*, yn dal yn dderbyniol gan awduron:
> Adroddodd John hanes y noson yr aethai ar goll yn y ddinas.

Y modd dibynnol

Ni wneir fawr ddefnydd o'r presennol dibynnol ar bapur heddiw, dim ond mewn ymadroddion set (er enghraifft *bid a fo am hynny*) a diarhebion. Yn amlach na pheidio defnyddir ffurfiau'r presennol mynegol yn eu lle. Nid yw hynny'n codi problemau sylweddol heblaw efallai mewn un man, sef gyda thrydydd person unigol presennol dibynnol y ferf *bod*. Mae llawer yn gyndyn iawn o ddisodli'r ffurf ddibynnol *bo* a rhoi'r ffurf fynegol *mae* yn ei le i ddilyn *pan* (er bod y ffurf fynegol arall *yw* yn hollol dderbyniol er yn hynod ffurfiol). Mae pobl yn swil o ddefnyddio *pan mae* am eu bod yn gwybod bod *y* i fod o flaen *mae* ac yn gwybod hefyd na ddylid ysgrifennu *pan y*.

Un ffordd o oresgyn y broblem yw trwy ysgrifennu *pan fydd* pryd bynnag y bo hynny'n addas. Ond nid yw'n taro bob amser. Beth amdani felly – *pan fo, pan yw* neu *pan mae*? Mae'r tair ffordd yn dderbyniol erbyn hyn.

Y modd gorchmynnol

Dim ond yn yr amser presennol y gellir defnyddio'r modd gorchmynnol, a dim ond ffurf gryno sydd iddo.

	Unigol	*Lluosog*
1	dim ffurf	rhedwn
2	rhedwch (chi) rhed rheda (di)	rhedwch
3	rheded	rhedent

Y ffurf amhersonol yw *rheder*.

Os daw -*a*- o flaen -*wch* mae'r -*a*- yn troi'n -*e*-:
        can + wch > cenwch

Ystyrir hyn gan rai yn arfer rhy ffurfiol gan fod y ffurf *canwch* yn dderbyniol bellach.

Y berfau afreolaidd

Nid yw pob berf yn dilyn y patrymau arferol wrth ffurfio'n wahanol amserau. Yr eithriadau yw *adnabod, bod* (a berfau sy'n cynnwys *bod*, er enghraifft *canfod, hanfod*, ac yn y blaen), *cael, dod, dwyn, gwneud, gwybod*, a *mynd*, ac fe'u gelwir yn ferfau afreolaidd.

Y trydydd person unigol presennol

Yn aml ceir anhawster gyda thrydydd person unigol presennol mynegol rhai o'r berfau hyn. Rhestrir rhai ohonynt isod.

adnabod	adwaen/edwyn/adwen
bod	mae/oes/sydd/yw
	bydd (presennol arferiadol, gweler uchod t. 330)
cael	caiff
canfod	cenfydd/canfydda
cydnabod	cydnebydd/mae ... yn cydnabod
cyfarfod	cyferfydd/mae ... yn cyfarfod
darfod	derfydd/mae ... yn darfod
dod	daw
dwyn	dwg/dyga
gwneud	gwna
gwybod	gŵyr
mynd	â

Y trydydd person unigol gorffennol
Yr amser gorffennol

	Unigol	Lluosog
1	bûm	buom
2	buoch (ffurfiol) buost (anffurfiol)	buoch
3	bu	buont/buant

Y ffurf amhersonol yw *buwyd*.

1 Mae'n anghywir rhoi *buodd* (ynghyd â'r ffurfiau *cyfarfuodd, cyfarfyddodd, darganfuodd,* a *cydnabyddodd* sydd hefyd yn anghywir) yn lle *bu*. *Bu* yw'r ffurf gywir, ac felly hefyd *cyfarfu, darganfu, cydnabu,* ac ati.

2 Ni ddefnyddir *gwnaeth* + berfenw mewn testun safonol, nac ychwaith *(fe) ddaru* + berfenw. Dim ond mewn testun anffurfiol mae'r brawddegau a ganlyn yn dderbyniol:

Gwnaeth y dyn ffoi.
Ddaru'r dyn ffoi.

> Gwnaeth y ferch farw o'i hanafiadau.
> Ddaru'r ferch farw o'i hanafiadau.

Y ffurfiau safonol yw'r rhai a ganlyn.
> Ffodd y dyn.
> Bu farw'r ferch o'i hanafiadau.

Nid oes angen acen grom mewn geiriau unsill megis *ffodd, trodd* (gweler tt. 252–5).

Adferfau

Gwaith arferol adferf yw disgrifio, goleddfu, neu ddiffinio berf, ansoddair neu adferf arall; gall hefyd ychwanegu at ein gwybodaeth am arddodiad a chysylltair. Mae adferf fynychaf yn ateb cwestiynau fel sut? pa bryd? ble? pam? ar ba amod? a chyda pha ganlyniadau?

1 Os nad yw adferf yn talu am ei le, mae'n well ei hepgor. Yn aml defnyddir adferfau yn y fath fodd fel nad ydynt yn ychwanegu dim at ystyr y frawddeg; yn wir maent yn lleihau effaith yr ansoddeiriau yn hytrach na datblygu eu hystyr.
> **Neithiwr gwelsom ddrama** ffantastig **o wych gyda phobl** anghredadwy **o ddiddorol, chredech chi ddim.**

Mae'r geiriau *ffantastig* ac *anghredadwy*, yn y math o gyddestun a geir uchod, bellach bron yn ddiystyr. Er hynny, gellid dadlau eu bod yn dderbyniol mewn testun anffurfiol lle mae'r awdur yn ceisio cyfleu brwdfrydedd a chyffro.

2 Defnyddir adferfau wrth ddiffinio, a'u hepgor, os yw hynny'n bosibl, wrth symud i fyd graddfa.
> **adferf sy'n diffinio: Gwenodd** yn bert.
> **adferf graddfa: Gwenodd** yn hynod **bert.**

Mae *yn hynod* bron yn ddiystyr yn y frawddeg uchod; felly hefyd *iawn* yn y frawddeg isod.
> **Mae'n amlwg iawn na allwn gytuno.**

Gair llanw yw'r adferf yn y frawddeg uchod ac nid oes rhaid wrtho. I'r un categori y perthyn *yn sicr*. Yn amlach na pheidio gellir gwneud hebddo.

> **Fe gymeraf hwn, yn sicr.**

Treigladau

1 Treiglir adferf yn feddal os yw'n dilyn *yn*.
> **Ymdrechodd** yn ddyfal i feistroli'r cyfrifiadur.
> **Cododd** yn gyflym i ateb y drws.

2 Weithiau defnyddir gair sydd fel arfer yn enw neu'n ansoddair i wneud gwaith adferf drwy ei ddefnyddio i ddynodi amser neu fesur. Enw yw'r gair *prynhawn* pan ddigwydd ar ei ben ei hun. Yn y frawddeg a ganlyn mae *prynhawn Mawrth* yn adferfol oherwydd ei fod yn ateb y cwestiwn *Pryd*?
> **Byddaf yna brynhawn Mawrth.**

Treiglir adferf yn feddal.

3 Pan ddaw adferf amser neu fesur ar ddechrau brawddeg, gellir treiglo neu beidio, dim ond bod yn gyson; yr arfer bellach yw treiglo.
> **Dydd Sul** darlledwyd rhaglen gyntaf cyfres newydd ar fywyd gwyllt.
> **Ddydd Nadolig** byddaf yn brysurach nag erioed.
> '**Ganllath** o gopa'r mynydd' y safai'r llwynog.
> **Lawer gwaith** y bûm yn meddwl ble mae yn awr.
> **Rhywbryd** bydd yn rhaid i mi holi ei hanes.

Mae *weithiau* a *ddoe* wedi magu treiglad parhaol.

4 Treiglir *rhywbryd, rhyw ddiwrnod,* a *llawer gwaith* bob amser.
> **Rywbryd** yn y dyfodol fe af i grwydro'r byd.
> Fe af **rywbryd** eto.
>
> **Ryw ddiwrnod** ni fydd o bwys am hyn.
> Ni fydd hyn o bwys **ryw ddiwrnod**.
>
> **Lawer gwaith** y dywedodd wrthyf am gynnig.
> Daeth yma'n hwyr **lawer gwaith**.

5 Ni threiglir *rhywfaint* pan mae'n adferf.
> Mae angen esbonio rhywfaint ar hyn.
> Mae adferf yn diffinio rhywfaint ar y ferf.
> Fe hoffwn drafod rhywfaint ar y mater cyn penderfynu.
> Mae angen lliniaru rhywfaint ar graster y neges.

Drysir weithiau rhwng parau penodol o adferfau.

gartref/adref

Ystyr *gartref* yw *yn y cartref*.
> Gofynnwch i Nan Ifans wneud y gacen – mae hi gartref trwy'r dydd.
> Gwnewch fel petaech chi gartref.
> Rwy'n aros gartref heddiw.

Tarddiad *adref* yw *tuag adref, i gyfeiriad y cartref,* ac mae'n dilyn y berfau *mynd, dod* a'u cyffelyb yn aml, ond nid bob tro.
> Byddaf yn mynd adref erbyn cinio bob dydd.

erioed/byth

Ystyr *erioed* yw *er ei oed*, hynny yw, yn ystod ei amser ef, neu yn yr amser rhwng hynny a heddiw. Mae a wnelo *erioed* yn bennaf â'r gorffennol, a *byth* yn cyfeirio at y dyfodol.
> **Welais i** erioed **mohono.**
> **Nid** euthum **yno erioed.**
> **Ni fûm erioed yn dristach.**

Byth a ddefnyddir gyda'r amser amherffaith.
> **Dywedais na** fyddwn **byth yn ei anghofio.**

Byth hefyd a ddefnyddir gyda'r amser presennol a'r amser dyfodol.
> **Ni fyddaf byth yn rhoi siwgr mewn te.**
> **Nid** af eto – **byth bythoedd.**

Mae'r cyfuniad *byth wedyn* yn gyfuniad sefydlog fel *byth eto* a ddefnyddir gyda'r gorffennol; ceir hefyd *byth* ar ei ben ei hun.
> **Ni fûm (**gorffennol**) yno** byth wedyn**, er addo droeon.**
> **Welais i** byth mohono. (= gweithred heb ei chyflawni)

6 *Rhy, lled, gweddol, digon, llawn, pur*
Pan ddaw geirynnau fel *rhy, lled, gweddol, digon, llawn, pur*, o flaen ansoddair ac ar ôl enw benywaidd unigol, treiglir yn feddal y geiryn sy'n union ar ôl yr enw benywaidd.

> merch ry denau
> pennod led gyfarwydd
> eglwys weddol lawn
> rheol ddigon amlwg
> teisen lawn cystal
> trafodaeth bur egnïol

Treiglir yn feddal hefyd ar ôl *rhy* (gan gynnwys geiriau'n dechrau ag *ll, rh*), *lled, gweddol,* a *pur*.

Cysylltieriau

Cysylltair yw gair sy'n cysylltu deubeth â'i gilydd. Gall gysylltu geiriau:
> Siôn a Siân
> tlawd a balch

ymadroddion:
> braslun o hanes y wlad neu nodiadau ar enwau lleoedd

cymalau:
> Tywalltodd ddŵr i'r bowlen er mwyn i'r ci fedru ei yfed.

neu asio dwy frawddeg, neu ragor, yn un:
> Roedd Gwenda'n sâl ond fe weithiodd drwy'r dydd.

Dyma restr o rai cysylltieriau Cymraeg:
> a, ac, â/ag, achos, canys, cyn, eithr, er, er pan, hyd oni, mai, na(c). . .na(c), na/nag, namyn, neu, o ran, oblegid, oherwydd, ond, oni/onid, os, pan, pe/ped/pes, po, pryd, taw, tra

Mae rhai cysylltieriau'n cysylltu geiriau, ymadroddion, cymalau, a brawddegau sy'n gydradd â'i gilydd, er enghraifft *a, ac,* ac *ond*; mae eraill yn cyflwyno elfennau isradd. Ond diffyg rhoi sylw i arddull sy'n peri gorddefnyddio *a/ac/ond* ar draul y lleill, heb ystyried perthynas elfennau â'i gilydd.

- Yn aml defnyddir cysylltieriau fesul pâr.
  > Yr oedd naill ai'n rhy dlawd neu'n rhy gynnil i brynu JCB.
  > Ni ddywedodd na bw na be.
  > Nid oedd nac un peth na'r llall.

Cysyllteiriau

Mae'r cysylltair bob amser yn cael ei leoli yn union o flaen yr hyn a gysylltir.

    Naill ai **yr oedd** gartref **neu'n teithio gyda'i fam.**   anghywir
    Yr oedd naill ai gartref **neu'n teithio gyda'i fam.**   cywir

a/ac

1 Mae'n anarferol dechrau brawddeg agoriadol unrhyw baragraff â'r cysylltair *a* neu *ac* oherwydd nid yw'n ymgysylltu â dim. Er hynny mae agor unrhyw frawddeg arall â'r cysylltair *a* neu *ac* er mwyn tynnu sylw at bwysigrwydd eich brawddeg yn dderbyniol os oes cyswllt rhwng yr ail frawddeg a'r frawddeg flaenorol. Peidiwch â chysylltu brawddegau am fod gennych ddilyniant o frawddegau byrion, ac am y byddai'n dda o beth cael un frawddeg hwy gyda dau neu dri o gymalau i dorri ar undonedd y patrwm, heb farnu a yw'r brawddegau byrion yn gydradd.

2 Os oes *a/ac* mewn brawddeg, ei waith yw cysylltu; os nad yw'n rhesymol cysylltu dau beth ni ddylid gwneud hynny. Dylid torri brawddeg os nad yw'r dilyniant meddyliol yn eglur. Dyma ddwy frawddeg ddigyswllt sydd wedi eu huno ag *a*.

    Rhannwyd y gwobrau yn y Cyfarfod Blynyddol a **chynhelir un y flwyddyn nesaf ar yr un dyddiad.**

Byddai'n well cadw'r ddwy frawddeg ar wahân.

3 Rhoir *a* o flaen cytseiniaid; cytsain yw *h*, ac mae *i* ac *w* hefyd yn gallu bod yn gytseiniaid: rhowch *a* o flaen *w* gytsain ac *ac* o flaen *i* gytsain (gweler isod).

        môr a **mynydd**
        da a **drwg**
        rhwng dyn a **tharo**
        pupur a **halen**
        byth a **hefyd**
        damwain a **hap**
        mêl a **wermod**

Mae *ac* + *h* yn anghywir:

    ac hefyd   anghywir

Y Golygiadur

ac heb	anghywir
ac hyd **byth**	anghywir
gwnaeth wanwyn sych ac haf **gwlyb**	anghywir
aeth yn ei flaen ac heibio **i'r ysgol**	anghywir

Mae *ac* + *bod* yn anghywir, ac mae *ac* + *fod* yn anghywir. Y ffurf gywir yw *a bod*.

> **Dywedodd fod y ffordd yn llithrig** a bod **angen cymryd pwyll.**

- Treiglad llaes sy'n dilyn y cysylltair *a*.
    > ci a **ch**ath
    > cig a **th**atws
    > halen a **ph**upur

4 Rhoir *ac* o flaen llafariaid:
> colli ac **e**nnill
> awr o chwerthin ac **o** grio
> ac **e**ithrio (mae *ag eithrio* yn anghywir)

5 Rhoir *ac* o flaen *i* gytsain, *w* lafarog, a deusain:
> Elin ac **I**ola
> Llywelyn ac **I**orwerth
> os byw ac **i**ach
> hen ac **i**euanc
> ac w**rth**
> chwerthin ac **w**ylo
> cig moch ac **w**yau

6 Rhoir *ac* o flaen *fe, fel, felly, mae, mai, meddaf, meddai, meddem, meddwn, megis, mewn, mi, mor, mwyach, na(d), nac, ni(d), roedd, roeddwn, sydd, wedi, wedyn*.

> Gwrthwynebais ac **fel** y gwyddoch ni wnaeth hynny les i neb.
> Cyrhaeddodd yn hwyr ac **felly** ni chafodd groeso.
> Gwn **mai** lleidr yw ac **mai** lleidr oedd ei dad o'i flaen.
> Ac **meddaf** wrthych, mae plant heddiw yn fwy gwybodus na'u tadau ond yn llai goddefgar.
> Ymddiheurais ac **meddai**, 'Dŵr o dan y bont'.
> Yn awr mae popeth yn iawn ac **megis** yr oedd cyn yr helynt.

(Ystyrir *megis* gan rai yn air hen ffasiwn a gorffurfiol heddiw.)

> Yr oedd mor iach â chneuen ac mor **hapus â'r gog**.
> **Fy Nhad, pechais yn erbyn y nef, ac o'th flaen dithau;** ac mwyach nid ydwyf yn deilwng i'm galw yn fab i ti (Luc 15:18–19).

(Mae'r gair *mwyach* yn cael ei ddefnyddio'n anamlach erbyn hyn, a'r gystrawen *ac mwyach* felly'n mynd yn llai arferol.)

> **Dyna William Owen sydd newydd golli ei swydd** ac sydd yn dal yn sensitif o'r herwydd.
> **Gofynnodd imi gadeirio'r cyfarfod** ac fe **gytunais**.
> **Gofynnodd imi beidio â chadeirio'r cyfarfod** ac mi **gytunais**.
> **Rhoddais y llythyr o'm llaw** ac ni welais gip arno wedyn.
> **Addewais iddo y byddwn yn dychwelyd** ac na **fyddwn yn edliw dim**.

7 Y cysylltair *a/ac* a ddefnyddir gydag arddodiad i nodi meddiant, neu berthynas rhwng dau beth.

> **y dyn** a chanddo **wallt piws**

Cysylltair yw *a* ac arddodiad yw *ganddo*. Os oes arddodiad yn rhan o'r ymadrodd, nid oes angen acen grom ar yr *a* am mai'r cysylltair *a/ac* yw ac nid yr arddodiad *â/ag* (*by means of, with*).

> **ysgol** ac iddi **gae pêl-droed**
> **amlen** a **stamp** arni
> **allor** a **dau ben** iddi
> **yr un** ac iddo **awdurdod**
> **llyfr** a **chlawr caled** iddo
> **gair o gyngor** a **rhybudd** wrtho
> **nifer o feini** a **nod arbennig** arnynt
> **Ysgrifennwch ddarn o ryddiaith** a **dydd o haf yn gefndir** iddo.

8 Pan ddilynir *sydd, oedd, fydd* gan y gair *â*, mae angen rhoi acen grom ar *â*, hyd yn oed os oes arddodiad yn rhan o'r ymadrodd.

> **Rho'r soser ar y bwrdd** sydd â **chwpan** arno.
> **Dyma'r babell** oedd â **thwll** ynddi.
> **Dyma'r babell** fydd â **thwll** ynddi **os na chymer ef bwyll**.

Ond ni roir acen grom ar *a* ar ôl *sydd, oedd* a *fydd* yn y gystrawen a ganlyn:

> **Beth** sydd a **wnelo hyn â mi?**

9 Pan mae enw'n dechrau â llafariad yn dilyn y cysylltair, defnyddir *ac*.

Y Golygiadur

> Richard Williams ac Elin Jones oedd yn beirniadu'r gystadleuaeth.
> Richard Williams ac E. Jones oedd yn beirniadu'r gystadleuaeth.

Os yw'r enw sy'n dilyn y cysylltair yn cael ei ynganu yn Gymraeg fel petai'n dechrau â llafariad, defnyddir *ac*.

> Richard Williams ac L. J. Thomas oedd yn beirniadu ddoe.

Hynny yw, gan mai *el* yw ynganiad Cymraeg *L*, defnyddir *ac* o'i blaen.

â/ag

1 Y cysylltieiriau *â/ag* sy'n dilyn *cyn* + ansoddair cyfartal.

> Yr wyf cyn dloted â **llygoden eglwys**.
> Nid wyf lawn cyn wynned ag **eira er na fûm yn yr haul eleni**.

2 Y cysylltieiriau *â/ag* sy'n dilyn *mor* + ansoddair cysefin.

> Mae mor llywaeth ag **oen er gwaethaf ei rieni powld**.
> Roedd mor welw â**'r galchen ar ôl ei salwch**.

3 Pan fydd cymal perthynol yn dilyn *â/ag* rhoir *ag a* os yw gwrthrych y gymhariaeth yn oddrych neu'n wrthrych y ferf.

> Gwelais lawn cymaint o wallau sillafu yn yr adroddiad hwn ag a welais yn yr adroddiad a ddarllenais echdoe.
> Yr oedd yno gymaint o fwyd ag a welais yn unman erioed.
> Gorfu imi ddarllen cynifer o adroddiadau ag a ddaeth i law.
> Yr oedd cymaint o faw ar ei ddillad ag a oedd ar y cae.

Ni roir *ag a* i ddilyn geiriau fel *popeth, pawb, y cwbl*. Mae *ag a* yn anghywir fel rhagenw perthynol:

> Aeth pawb ag a welodd y llun i'w ganmol.   anghywir
> Nid yw popeth ag a welais yn fy nenu i'r un graddau.   anghywir
> Mae'r cwbl ag a feddaf i yn eiddo i'm teulu hefyd.   anghywir

Y ffurfiau cywir yw *pawb a, popeth a, cwbl a*.

na/nag

1 Y cysylltair *na* (o flaen cytsain) neu *nag* (o flaen llafariad) a ddefnyddir ar ôl ansoddair cymharol.

> Mae'r naill wasg yn cysodi yn gywirach na'r llall.
> A yw ei draed yn fwy o faint na'ch rhai chi?

Cysyllteiriau

2 Mewn cymalau perthynol defnyddir *nag a* os yw'r hyn mae'r rhagenw perthynol yn cyfeirio ato, sef goddrych neu wrthrych y gymhariaeth, yn oddrych neu'n wrthrych y ferf.

> Daeth mwy yma heddiw nag a ddaeth yma ddoe.
> Gwelais fwy o wallau yn yr adroddiad hwn nag a welais ers llawer dydd.
> Gwelais fwy o salwch heddiw nag a welais erioed.
> Yr oedd yno lai o fwyd nag a fu.

3 Os bydd cymal cymharu cyfartal neu gymharol yn dilyn berf, dylid ysgrifennu *ag y/nag y*.

> Fe siaradodd yn rymusach nag y gwnaeth Jo.
> Fe siaradodd mor effeithiol ag y gwnaeth Jo.

Os ceir arddodiad + enw yn dynodi dull, yna dylid ysgrifennu *ag y/nag y*.

> Ewch oddi yma ar hyd yr un ffordd ag y daethoch.

Ond os bydd cymal cymharu'n dilyn enw, neu ansoddair a ddefnyddir fel enw, yn oddrychol neu'n wrthrychol, defnyddir *ag a/nag a* (gweler pwynt 2 uchod).

> Darllenwch fwy o lyfrau nag a wnaethoch y llynedd.

Felly:

i pan mae *fwy* yn cael ei ddefnyddio fel enw defnyddir *nag a*:

> Darllenwch fwy o ddarn nag a wnaethoch ddoe.

ii pan mae *fwy* yn adferfol defnyddir *nag y*:

> Darllenwch fwy nag y gwnaethoch ddoe.
> Darllenwch yn fwy hyglyw nag y gwnaethoch ddoe.

iii lle ceir rhagenw blaen a berfenw yn y cymal cymharu defnyddir *ag y/nag y* heddiw (er y defnyddid *ag a/nag a* yn ogystal gynt):

> Caf fwy nag y gallaf ei fwyta.
> Gallaf weld mwy nag y gelli di ei weld.

Y berfenw *yn y cymal cymharu* sy'n cyfrif; yn yr enghraifft uchod cyd-ddigwyddiad yw fod berfenw yn y prif gymal hefyd.

cyn

1 *cyn* yn union o flaen berf a berfenw.

> cyn bo **hir**
> cyn cael **mae'n rhaid ceisio**

Lle dilynir *cyn* gan gymal, gosodir *y* rhwng *cyn* a'r ferf.
> Bydd y lladron wedi gwerthu'r radio cyn y bydd ef wedi gweld ei cholli.

Ond mae tuedd weithiau i hepgor *y*:
> Bydd y lladron wedi gwerthu'r radio cyn bydd ef wedi gweld ei cholli.

2 Weithiau ceir trafferthion wrth benderfynu rhwng *cyn bo* a *cyn bod*. Mae *bo* yn gyfystyr â *byddo*. Y trydydd person unigol presennol dibynnol yw *bo* a *byddo*. Fel arfer defnyddir y dibynnol *bo* i fynegi dymuniad neu i fynegi rhywbeth amhenodol.
> Byddaf yno cyn bo hir.

Mae *cyn bo hir* yn gyfuniad sefydlog. Berfenw yw *bod* ac fe'i defnyddir wrth drafod ffeithiau pendant.
> Daeth â'r llythyr ataf cyn bod angen iddi wneud hynny.
> Penderfynwyd ar y mater cyn bod y pwyllgor wedi'i drafod.
> Lluniwyd yr agenda cyn bod Hywel Chambers yn cael ei big i mewn.

eithr

Ystyr *eithr* yw *ond*. Gellir ei ddefnyddio i gysylltu dwy frawddeg o'r un pwysigrwydd, neu i ddechrau brawddeg. Erbyn hyn, dim ond mewn gweithiau ffurfiol eu naws y defnyddir ef.

fel

Drysir yn aml rhwng *yn* traethiadol a'r cysylltair *fel*. Ystyr *fel* yw *megis*, neu *yn debyg i*.
> Fe'i penodwyd yn athrawes.
> Gallech ddefnyddio cynfas wely yn lliain bwrdd, pe dymunech.
> Deellir Pebidiog yn enw lle.

Nid *fel*, *yn debyg i*, enw lle y deellir *Pebidiog*, ond *yn* enw lle. Bernwch ai *yn debyg i* neu *yn* sydd ei angen ar y frawddeg.

mai/taw *(that)*

Mae'n gwbl dderbyniol ysgrifennu *mai* neu *taw* ond gan gofio bod naws fwy llafar a deheuol i *taw*.
> Dywedodd mai ef oedd Cyfarwyddwr y Wasg.
> Dywedodd taw ef oedd yr aelod hynaf ar y Bwrdd Rheoli.

Yn y cymal negyddol defnyddir *nad*.
> Taerodd nad ef oedd yr aelod hynaf ar y Bwrdd Rheoli.

Mae *mai nid, taw nid,* a *taw nad* yn ansafonol.

na/nac

1 Gwaith *na/nac* yw cysylltu geiriau mewn brawddeg negyddol. Rhoir *na* o flaen cytsain (gan gynnwys *i* gytsain) a *nac* o flaen llafariad.
> Ni soniodd John na Malcolm air am y drosedd.
> Ni ddaeth Megan nac Iola i'r cyngerdd.
> Ni chlywais sôn amdano ef na'i frawd ers hydoedd.
> Ni welais mo Elise nac Anwen ers tro.

2 Yn aml fe'u defnyddir fesul pâr gan leoli'r *na* cyntaf cyn yr elfen gyntaf sydd i'w chysylltu, a'r ail *na* o flaen yr ail elfen.
> Ni chlywais na siw na miw ganddi drwy'r nos.
> Nid oedd yno nac afal nac oren i'w fwyta.

Mae defnyddio pâr o gysyllteiriau yn cryfhau'r frawddeg, ac mae'n bosibl defnyddio nifer ohonynt.
> ... na wna ynddo ddim gwaith, tydi, na'th fab, na'th ferch, na'th wasanaethwr, na'th wasanaethferch, na'th anifail, na'th ddieithr ddyn a fyddo o fewn dy byrth. (Exodus 20:10)

na/nag gweler ar ôl â/ag

naill ai ... neu

Dyma bâr o gysyllteiriau a ddefnyddir o fewn yr un frawddeg.
> Rhowch naill ai jam neu fêl ar y bara.

Mae'r ddau gysylltair yn cael eu lleoli yn union o flaen yr elfennau a gysylltir.

- Weithiau camddefnyddir *naill ai ... neu, naill ai ... na* yn lle *na ... na ...*

Nid oedd yno naill ai jam neu fêl.	anghywir
Nid oedd yno naill ai jam na mêl.	anghywir
Nid oedd yno na jam na mêl.	cywir

Mae *naill ai ... neu* yn dwyn i sylw elfen o ddewis; mae *na ... na ...* yn dwyn i sylw elfen o negyddiaeth.

neu/ynteu

Mae *neu* yn dwyn i sylw elfen o ddewis rhwng elfennau sydd o fewn yr un categori; mae *ynteu* yn cyflwyno dewisiadau sy'n annibynnol ar ei gilydd, a lle mae'r naill ddewis yn cau allan y llall.

> Dylai gychwyn cyn bo hir neu fe fydd yn rhy hwyr iddo fentro.
>
> Rhowch wybod imi pan fyddwch wedi penderfynu a ydych am werthu ynteu am gadw'r fodrwy.

Bellach mae blas ychydig yn hynafol ar *ynteu* ac mae'r arfer o wahaniaethu rhwng *neu* ac *ynteu* yn llai cyson erbyn hyn.

oblegid/oherwydd

Cynnig neu gyflwyno rheswm neu ymresymiad yw gwaith *oblegid* ac *oherwydd*. O'r ddau, *oherwydd* a ddefnyddir amlaf. Mae'n air sy'n ennill ei le ym mhob arddull, tra cedwir *oblegid* ar gyfer arddulliau mwy ffurfiol. A chadw mewn cof naws a lefel y cyfathrebu, gellir defnyddio'r naill ffurf neu'r llall.

ond

1 Gellir defnyddio *ond* (= *but*) yn air cyntaf brawddeg, yn air cyntaf paragraff, a hefyd i gysylltu dwy frawddeg gydradd, sef o'r un pwysigrwydd.

> Gramadeg yw popeth i mi yn awr ond ymhen amser fe ailystyriaf.

2 Mewn brawddegau negyddol fe ddefnyddir *neb ond* a *dim ond* yn weddol gyffredin.

> Nid aeth neb ond Wenda Scott i'r cyfarfod.
> Nid oedd dim ond sothach ar ôl.

Os mynnir, gellir hepgor *neb* a *dim*.

> Nid aeth ond Wenda Scott i'r cyfarfod.
> Nid oes ond sothach ar ôl.

Derbyniwyd hefyd yr arfer o ddechrau brawddeg negyddol â *dim ond*, gan fod *dim* yn dueddol o gario ystyr negyddol yn amlach na pheidio.

> Dim ond awr o daith yw hi.

- Datblygiad diweddar yw dechrau brawddeg ag *ond* lle dylid arfer *dim ond*.
    Ond tair gôl a sgoriwyd.   anghywir

  Ystyr *ond* ar ddechrau brawddeg yw *but*. I gyfleu *only* ar ddechrau brawddeg dylid ysgrifennu *dim ond* neu ailffurfio'r frawddeg.
    Dim ond tair gôl a sgoriwyd.
    Ni sgoriwyd ond tair gôl.

- Nid yw *mond* yn air safonol, ond caniateir defnyddio'r ffurf mewn deialog, neu ddarn mewn tafodiaith. *Dim ond* yw'r ffurf safonol.

os

1 Defnyddir *os* i gyfleu sicrwydd am rywbeth, ond bod y sicrwydd hwnnw'n amodol, hynny yw yn dibynnu ar rywbeth arall, yn amod y mae'n bosibl ei gyflawni.
  Os caf y swydd, byddaf yn hapus.
  Os yw'r ddogfen hon yn un ddilys, nid oes dim i'w ofni.

Os oes amheuaeth, defnyddir *pe* (gweler isod tt. 353–5).

2 Fel rheol, daw berf yn union ar ôl y cysylltair, ac ni fydd yn treiglo.
  os bydd
  os collais
  os daw
  os wyt Gymro hoff o'th wlad

Dro arall bydd angen pwysleisio rhyw ran arall o'r frawddeg heblaw'r ferf ac wedyn fe roir yr hyn sydd i'w bwysleisio yn union ar ôl *os*.
  Os dyna'r afon a welsoch, ei henw yw afon Alaw.
  Os at farddoniaeth gaeth y cyfeirir, mae'n well inni ailystyried.

Dau beth ansafonol ac anghywir yw *os y* ac *os mai*. Mae'n demtasiwn rhoi *os y* o flaen berf ac *os mai* o flaen popeth arall.

os y **caf y swydd**	anghywir
os **caf y swydd**	cywir
os mai **dyna'r afon a welsoch**	anghywir
os **dyna'r afon a welsoch**	cywir

Byddai *os y* ac *os mai* yn annerbyniol mewn gwaith ffurfiol ei naws, er yn dderbyniol, er enghraifft, mewn deialog, a thraethiad llafar ei naws.

3 Ffurf negyddol *os* yw *oni*. Un gair yw *oni*. Mae beth bynnag sy'n ei ddilyn, neu'n mynd o'i flaen, ar wahân iddo. Dau air, felly, yw *hyd oni* ac *oni bai*. Ystyr y cysylltair *oni* yw *unless* neu *until*. Nid yw'n cael ei ddefnyddio'n aml tu allan i gyd-destun ysgrifennu ffurfiol. Mae *oni* (*onid* o flaen llafariad) bron â chael ei ddisodli gan *os na*, a chan *hyd* neu *nes*.

>Oni **ddoi di, ni ddaw neb.**
>Os **na ddoi di, ni ddaw neb.**
>Fe arhosaf oni **ddeui di.**
>Fe arhosaf nes y deui di.
>Fe arhosaf hyd nes y deui di.
>Onid **arhosi di amdanaf, ni allaf ddod.**
>Os **nad arhosi di amdanaf, ni allaf ddod.**

4 Ystyr *os* yw *if*, nid *whether*, ac felly ni ellir defnyddio *os* mewn gofyniad anuniogyrchol.

>**Gofynnodd** os **oeddem yn dod.**   anghywir

Gellir trosi'r cwestiwn i ffurf uniongyrchol:

>**A ydych chi'n dod?**

Os *a* a geir yn y cwestiwn uniongyrchol, rhoir *a* yn y gofyniad anuniongyrchol:

>**Gofynnodd a oeddem yn dod.**

pan

1 Wrth ddefnyddio'r cysylltair *pan* mewn cymal cadarnhaol dylid rhoi berf i'w ddilyn bob amser onid oes rhagenw mewnol yn ei ddilyn.

>**Pan** fyddwch **ar eich cythlwng nid oes dim yn well na chinio Sul.**

2 Treiglad meddal sy'n dilyn *pan*.

3 Mae'n annerbyniol rhoi *y* rhwng *pan* a'r ferf, er enghraifft *pan y bydd, pan y mae*.

4 Mae ysgrifennu *pan yn,* er enghraifft *pan yn blentyn* (o'r Saesneg *when a child*), yn annerbyniol; *pan oeddwn yn blentyn* sy'n gywir.

5 Pan roir rhagenw mewnol gwrthrychol o flaen y ferf, dylid bachu'r rhagenw wrth *y*:

> **Pan y'ch cyflwynir i ddieithriaid wrth enw arall, trowch glust fyddar.**

Dyna'r unig fan lle gellir rhoi *y* i ddilyn *pan,* sef i gydio rhagenw mewnol wrtho.

- Camddeall *y'ch* am *eich* oedd yn gyfrifol am ysgrifennu'r ffurf wallus *pan eich cyflwynir.* Gellir ailffurfio'r frawddeg fel hyn:

> **Pan gyflwynir chi i ddieithriaid wrth enw arall, trowch glust fyddar.**
> **Pan gewch eich cyflwyno ...**

6 Derbynnir *pan fo, pan yw,* a *pan mae* i gyfleu trydydd person unigol presennol y ferf *bod.*

> **Pan fo talent ac awch o'ch plaid, mae'r byd fel llyfr agored.**
> **Pan yw gŵr mewn oed yn priodi merch ifanc, bydd hen siarad.**
> **Pan mae dyn yn mesur pawb yn ôl ei lathen ei hun, mae'n gallu bod yn sefyllfa beryglus.**

7 Mewn cymal negyddol, *pan na* sy'n gywir.

> **Fe awn i'n cragen pan na fydd pethau'n llewyrchus.**

pe/ped

1 Defnyddir *pe* i gyflwyno amod y mae amheuaeth, ansicrwydd ac annhebygolrwydd yn ei gylch. Gosodir *pe* o flaen cytsain, ac fe arferid gynt roi *ped* o flaen llafariad ond ni wneir hynny odid fyth heddiw.

> **Ped aem yn gynnar o'r gwaith caem sedd ar y trên.**
> **Pe deuai ef yn gynnar, gallech chi fynd cyn pryd.**

Yn yr enghraifft uchod mae *pe* yn awgrymu'n gryf mai'r realaeth yw nad eir yn gynnar o'r gwaith, ac nad yw ef yn debygol o ddod yn gynnar. Gwelir yr amheuaeth yn gliriach mewn hen bennill telyn:

> **Pe cawn fy hen gariad 'r un feddwl â mi**
> **Ni fyddwn yn weddw am ddiwrnod ond tri;**

> Un i gael caru, a'r llall i bar'toi,
> A'r trydydd i wneuthur y fargen a'i chloi.

O dan yr wyneb mae'n ddealledig ei bod yn amheus a fydd fy hen gariad yn cytuno â mi.

2 O flaen ffurfiau'r amherffaith dibynnol (sef *-wn, -it, -ai, -em, -ech, -ent*) a'r gorberffaith dibynnol (sef *-aswn, -asit, -asai, -asem, -asech, -asent*) yn unig y defnyddir *pe* a *ped*, ac fe'i defnyddir bob amser i fynegi amheuaeth. Gyda'r rhediadau berfol hyn mae *pe* yn aros yn air ar wahân.

Yr amser amherffaith dibynnol

	Unigol	Lluosog
1	pe bawn	pe baem
2	pe baech (ffurfiol)	
	pe bait (anffurfiol)	pe baech
3	pe bai	pe baent

- Mae defnyddio *os buasai* neu *pebai* yn lle *pe bawn* yn anghywir.

Yr amser gorberffaith dibynnol

	Unigol	Lluosog
1	pe buaswn	pe buasem
2	pe buasech (ffurfiol)	
	pe buasit (anffurfiol)	pe buasech
3	pe buasai	pe buasent

Ceir hefyd y ffurf *pes*, sef *pe* + y rhagenw mewnol gwrthrychol *-s*. Yn anaml iawn y defnyddir y ffurf *pes* bellach ac fe'i hystyrir braidd yn hynafol.

> Pes **clywsent, byddai'n ddrwg.**

Ystyr y frawddeg yw pe byddent hwy wedi ei chlywed hi/ei glywed ef/eu clywed hwy/clywed y peth arbennig hwnnw, byddai'n ddrwg, ond y tebygolrwydd yw na chlywsent ddim. Heddiw byddai'n fwy derbyniol ysgrifennu *Pe baent wedi ei/eu ch/g/clywed* . . .

3 Mewn cymal negyddol defnyddir *pe na*.

> Pe na **bai hi'n poeni, ni fyddai ots gennyf finnau.**

Mae'n haws gan lawer ddefnyddio ffurfiau'r modd dibynnol:

Yr amser amherffaith

	Unigol	Lluosog
1	petawn	petaem
2	petaech (ffurfiol)	
	petait (anffurfiol)	petaech
3	petai	petaent

Yr amser gorberffaith

	Unigol	Lluosog
1	petaswn	petasem
2	petasech (ffurfiol)	
	petasit (anffurfiol)	petasech
3	petasai	petasent

Nid yw *pe tawn, pe tai,* ac ati, yn gywir; er bod rhai ysgrifenwyr yn gwahanu'r ddwy elfen, ni ddylid gwneud hynny. Dim ond o flaen berf neu fel rhan o ffurf ferfol y defnyddir *pe.* Nid yw *pe'n bosibl* yn gywir; dylid defnyddio *petai'n bosibl* neu *petai hynny'n bosibl.*

Roedd e fel pe'n cerdded ar wydr.	anghywir
Roedd e fel pe bai'n cerdded ar wydr.	cywir
Roedd e fel petai'n cerdded ar wydr.	cywir

tra

1 Dilynir y cysylltair *tra* gan ferf (heb dreiglad) a hynny'n uniongyrchol, heb *y/yr* yn eu gwahanu.

> **Eisteddais yn y car i ddarllen** tra oedd **aelodau'r tîm yn ymarfer.**

Mae ysgrifennu *tra roedd* yn anghywir gan mai *yr* + *oedd* wedi'u cywasgu yw'r ffurf honno. Nid yw *tra* + *yr* yn gyfuniad derbyniol. Am yr un rheswm ni chyfrifir *tra* + *y* yn gywir.

Fe ddeuaf tra y pery **Eirwen Howells yn diwtor.**	anghywir
Fe ddeuaf tra pery **Eirwen Howells yn diwtor.**	cywir

2 Nid oes treiglad yn dilyn y cysylltair *tra.*

> **Gwnaf hyn tra caf gyfle.**
> **Yma y byddaf tra pery'r haul.**
> **Cysylltwch ag ef tra bo amser.**
> **Mynnwch air ag ef tra bydd yn yr adeilad.**

3 Dylid sicrhau mai'r cysylltair *tra* + berf sydd dan sylw, yn hytrach na'r adferf *tra (very)* + ansoddair neu adferf.

> Ewch i brynu bara tra bo peth i'w gael. (tra = cysylltair)
> Yr oedd Ceri Charles yn ddyn tra chryf. (tra = adferf)

4 Mewn cymal negyddol, defnyddir *tra* + *na/nad*.
> **Fe awn yn awr tra nad oes glaw.**
> **Mae *tra bod hi ddim* yn anghywir.**

5 Weithiau ceir trafferthion wrth benderfynu rhwng *tra bo* a *tra bod* fel yn achos *cyn bo, cyn bod*. Mae *bo* yn gyfystyr â *byddo*. Y trydydd person unigol presennol dibynnol yw *bo* a *byddo*. Fel arfer defnyddir y dibynnol *bo* i fynegi dymuniad neu i fynegi rhywbeth amhenodol.
> **Tra bo dŵr y môr yn hallt**
> **A thra bo 'ngwallt yn tyfu**
> **A thra bo hiraeth dan fy mron**
> **Mi fydda'n ffyddlon iti.**

Datblygiad diweddar yw *tra* + y berfenw *bod*, a bellach fe'i derbynnir pan geir rhagenw blaen rhwng *tra* a *bod*.
> **Codwch** tra ei bod **yn ddydd.**
> **Fe dalaf y bil yn syth,** tra fy mod **yn cofio.**
> **Ysgrifennwch ati hi** tra'i bod **yn y swydd.**
> **Ysgrifennwch ato ef** tra'i fod **yn y swydd.**

Ni ddylid defnyddio *tra* + *bod* heb ragenw blaen rhyngddynt.
> **Fe af tra bod amser.** anghywir

Y gystrawen glasurol yw *tra bo amser*, ond mae *tra bod amser* yn prysur ddatblygu'n gystrawen dderbyniol mewn cyd-destunau anffurfiol; enghraifft arall yw *tra bod angen* – yn hytrach na'r gystrawen safonol glasurol *tra bo angen*.
> **Gwnaf y gwaith tra bod angen.**
> **Nid â neb yno tra bod Angelica Myers yn bresennol.**

6 Mae *tra'n* (*tra* + *yn*) yn anghywir. Weithiau gellir ei osgoi drwy ddefnyddio *gan, pan,* neu *wrth*.
> **Cydiodd yn ei gap** wrth **iddo fynd drwy'r cyntedd.**
> **Darllenodd y papur** wrth **iddi fwyta ei brecwast.**
> **Gan** ddal ei afael yn ei frechdan, atebodd y ffôn.

ynteu/neu gweler **neu/ynteu**

Arddodiaid

Defnyddir arddodiad gydag enw neu ragenw i ddangos ei berthynas â rhywbeth arall. Yn aml fe ddywed ble mae un peth o'i gymharu â pheth arall.

> **Cododd Alun Thomas yn gynnar. Rhedodd** drwy'r **strydoedd,** heibio i**'r Swyddfa Bost,** ar draws **y prom,** dros **y creigiau,** rhwng **y llwyni cyn dod** at **y tŷ** er mwyn **cael brecwast** wrth **y bwrdd.**

Am restr lawn o'r arddodiaid a'u defnydd, gweler:

- Peter Wynn Thomas, *Gramadeg y Gymraeg* (Caerdydd: Gwasg Prifysgol Cymru, 1996)
- D. Geraint Lewis, *Yr Arddodiaid* (Talybont: Y Lolfa, 2021)

1 Mae'n rhaid i wrthrych yr arddodiad, hynny yw y sawl neu'r peth mae'r arddodiad yn cyfeirio ato, fod yn amlwg. Ni ellir gohirio gwrthrych yr arddodiad; mae'n rhaid i'r gwrthrych ddilyn yr arddodiad yn uniongyrchol. Felly ni ellir defnyddio arddodiad ond gydag enw, rhagenw, neu yn ei ffurf bersonol.

> **Rwy'n hoff o ac yn ymddiried** yn yr esgob.   anghywir
> **Rwy'n ymddiried** yn **ac yn hoff** o'r esgob.   anghywir

Dylid cyflwyno *yr esgob* yn y cymal cyntaf.

> **Rwy'n hoff o'r esgob ac yn ymddiried** ynddo.   cywir
> **Rwy'n ymddiried** yn **yr esgob ac yn hoff** ohono.   cywir

2 Mewn testunau ffurfiol, nid yw'n dderbyniol gorffen brawddeg ag arddodiad yn ei ffurf gysefin (er enghraifft *yn, o*); mae'n rhaid defnyddio ffurf bersonol ar yr arddodiad (er enghraifft *ynddo, ohono*) lle gellir rhedeg arddodiad, a phan fo hynny'n briodol.

- I wybod a oes ffurf bersonol i arddodiad (hynny yw, a yw'n rhedadwy) neu beidio, rhowch *fi* neu *mi* ar ôl yr arddodiad i weld sut mae'n cymryd ato.

>   o + fi > ohonof fi
>   dan + fi > danaf fi
>   am + fi > amdanaf fi

Felly dylech arfer y ffurfiau canlynol:

Y Golygiadur

> O **ble** rwyt ti'n dod?
> (ffurf gysefin ar ddechrau brawddeg)
> Mae'r **beipen** yn gollwng dan **y garej**.
> (ffurf gysefin o fewn brawddeg)
> **Beth a ddywedodd** amdanaf?
> (ffurf bersonol ar derfyn brawddeg)

Os yw arddodiad yn rhedeg mae'n rhaid defnyddio'r ffurfiau priodol ar y rhediad yn y mannau priodol yn y frawddeg. Er bod ffurf bersonol i ambell arddodiad, nid yw'n dderbyniol ei roi ar ddiwedd brawddeg. Mae ffurfiau personol i'r arddodiad *i* ond nid yw'n gywir rhoi *iddo* ar gynffon y frawddeg ganlynol.

> **Ble ti'n mynd iddo?**   anghywir
> **I ble rwyt ti'n mynd?**   cywir

Yn y brawddegau isod:

> **Cofiodd** am yr achlysur hwnnw pan gollodd ei het yn y farchnad.
> **Cofiodd** amdani ei hun yn sgio yn yr Alpau.
> **Cofiodd** yn sydyn am ei hewythr.

defnyddir ffurf gysefin pan fydd gwrthrych yr arddodiad yn enw (dan gadair, wrth fwrdd), neu'n ferfenw (i redeg, dan ganu). Ond os yw'n rhagenw, fel yn y frawddeg isod, mae'n rhaid defnyddio ffurf bersonol:

> **Aros am fi.**   anghywir
> **Aros amdanaf fi.**   cywir

Os yw arddodiad yn rhedeg, ac os yw'r hyn y cyfeiria ato yn rhagenw, mae'n rhaid defnyddio'r ffurfiau personol. Dyma ragor o enghreifftiau:

> **Bu'n gas** wrth ei fam **ond bu hi'n dyner** wrtho ef.
> **Iddi hi** yr oedd y diolch am lwyddiant y noson.
> **Byddai'n annaturiol** iddo beidio â gwybod **amdanynt**.

3 Nid oes ffurf bersonol i bob arddodiad. Nid oes terfyniad personol i'r arddodiaid a ganlyn:

> â/ag, achos, am ben, ar ben, ar hyd, cyn, efo, er mwyn, er gwaethaf, ers, erbyn, fel, ger, gerbron, gerfydd, gerllaw, gyda(g), heblaw, hyd, islaw, megis, mewn, nes, o achos,

o amgylch, oblegid, oddeutu, o flaen, o gwmpas, o gylch, oherwydd, o ran, tros ben, uwchben, uwchlaw, wedi, yn anad, yn erbyn, ynghylch, yng ngŵydd, yn lle, ymhlith, ymhen, yn ôl

Os nad oes ffurf bersonol i arddodiad, ni ddylid ei osod ar ddiwedd brawddeg heb fod enw neu ragenw'n dilyn. Mae *gyda, efo, hefo* yn arddodiaid. Dyma enghreifftiau o'u camddefnyddio:

> Mae'n well peidio â chuddio smotiau â lliw sylfaen, neu beth bynnag arall y byddwch chi'n ceisio'u cuddio nhw gyda.
>
> Pwy wyt ti'n siarad hefo?

Rhestrir yma rai o'r trafferthion treiglo; am fanylion llawnach gweler **Treigladau**.

1 Treiglir yn feddal ar ôl *am, ar, at, dan, gan, heb, hyd, i, o, tros, trwy, wrth*.
> Nid awn yno am bensiwn.
> Dewch ar feic.

2 Y treiglad trwynol sy'n dilyn *yn* (= *in* yn Saesneg).
> Ym Mhontypridd mae fy nghariad yn byw.
> Yn Nhal-y-bont yr oedd yn byw cyn hynny.

3 Y treiglad llaes sy'n dilyn *â, tua, a gyda*.
> Llenwais y tanc â phetrol.
> Mae bwyta swper gyda chwmni cytûn yn bleser.

â/ag, gyda/gydag, (h)efo, gan

Defnyddir *â/ag* o flaen enw sy'n cael ei ddefnyddio fel gweithredydd.
> Torrais y cig â chyllell.
> Dyma gardigan wedi'i gwau â llaw.

Defnyddir *gyda* neu *(h)efo* wrth ei gyplysu â pherson neu gasgliad o bobl, 'yng nghwmni'.
> Euthum gyda'r miloedd i wylio'r gêm.
> Gyda Paul yr aeth i Wrecsam.

Mae'r gwahaniaeth sydd rhwng *â/ag* a *gyda/gydag/(h)efo* bellach yn llai pendant. Mewn ysgrifennu anffurfiol ac mewn deialog fe dderbynnir *gyda* yn lle *â*, ond ni ddefnyddir *â* lle dylid defnyddio *gyda/(h)efo*.

- Gellir defnyddio *gyda* fel cysylltair i olygu *cyn gynted â*.
    Cychwynnodd ar ei daith gyda'**i bod yn ddydd.**
- Defnyddir *gan* o flaen enw neu ragenw i ddynodi'r gweithredydd.
    Cefais help gyda'r gwaith gan ffrind.
    Cefais fenthyg beic gan Eryl.

Mae *gan* yn yr ymadrodd *gan mwyaf* yn adferfol; mae *gan fwyaf* felly'n anghywir.

- Mewn testun safonol mae'r frawddeg a ganlyn yn anghywir:
    Mae gydag ef **gyfrifiadur ond nid oes un** gyda mi.   anghywir
    Mae ganddo ef **gyfrifiadur ond nid oes** gennyf i'**r un.**   cywir

Eto:
    Mae gyda hi **ddau gorgi.**   anghywir
    Mae ganddi hi **ddau gorgi.**   cywir

Ond mewn testun anffurfiol sy'n cofnodi deialog neu iaith lafar mae'r brawddegau a nodwyd yn anghywir uchod yn gwbl dderbyniol.

am

Nid yw *amdan* yn air safonol, ac ni ddylid ei gynnwys mewn testun ffurfiol. *Am* yw'r arddodiad syml, ac *amdan*- yw'r bôn yr ychwanegir terfyniad ato.

Dywedais wrth olygydd y papur am **y digwyddiad.**   cywir
Dywedais wrth olygydd y papur amdan **y digwyddiad.**   anghywir
Dywedais wrth olygydd y papur amdano.   cywir

ar waethaf gweler **er gwaethaf**

at/i

Defnyddir *at* wrth gyfeirio at berson, ac *i* wrth gyfeirio at le.

Ysgrifennodd at **y pennaeth i gwyno.**
Anfonodd y llythyr i **Gasnewydd.**
Euthum i'r deintydd ddoe ond ni chefais driniaeth.   anghywir
Euthum at **y deintydd ddoe ond ni chefais driniaeth.**   cywir

Gweler hefyd **i**.

dan/tan/gan gweler **tan/dan/gan**

Arddodiaid

er/ers

Defnyddir *er* ac *ers* i fesur amser. Mae *er* yn mesur yn fanwl, ac *ers* yn mesur yn anfanwl. Gydag *er* fe nodir yr union adeg pryd mae'r cyfrif yn dechrau; arferid cyfrif o ddechrau amser penodol yn y gorffennol, neu o ryw ddigwyddiad neilltuol.

> Yr wyf yma er naw o'r gloch.
> Ni wnaed dim i wella cyflwr yr adeilad er 1919.
> Ni chefais siwt newydd er pan fu farw dy dad.
> Ni chefais siwt newydd er y dydd pan fu farw dy dad.

Weithiau mae cadw'n rhy gaeth at y rheol yn creu amwysedd; gall *er* fod yn arddodiad neu'n rhan o ymadrodd cysylltiol fel *er hynny*. Gellir defnyddio *oddi ar* yn lle *er/ers*; mae *oddi ar* yn gallu osgoi amwysedd.

> Gwaharddwyd hel cocos yn 1991. Er hynny y cynyddodd nifer y pysgotwyr môr.
>
> Gwaharddwyd hel cocos yn 1991. Oddi ar hynny y cynyddodd nifer y pysgotwyr môr.

Gellir ysgrifennu *ers* wrth fesur o ddigwyddiad nad yw'n hollol benodol o ran amser.

> Nid wyf wedi siarad ag ef ers iddo gael y ddamwain.
> Mae'r adeilad ar ei draed ers diwedd y Rhyfel.

Os na chrybwyllir amser na digwyddiad pendant, defnyddir *ers*.

> Mae'n wael ei iechyd ers blynyddoedd.
> Bu'n gwaelu ers dyddiau.
> Ni welais Ann Morgan ers amseroedd.
> Mae wedi prynu'r tŷ ers tro.
> Yr wyf yma ers meitin.
> Bu'n gweithio yno ers pum mlynedd.
> Bu'n gweithio yno er pum mlynedd i ddoe.

Mae *ers meitin* yn ddau air, ond gellir ysgrifennu *ers talwm* yn un gair bellach.

- Mewn testunau llai ffurfiol defnyddir *ers* drwyddi draw.

er gwaethaf/ar waethaf

Ystyr *er gwaethaf* yw *in spite of*.

Y Golygiadur

> Yr ydym yma o hyd er gwaethaf **pawb sy'n ein gwrthwynebu**.
> Aeth i'r dref er gwaetha'**r tywydd**.

Ystyr *ar waethaf* yw *ar ei (g)waethaf*, hynny yw *yn groes i'r graen* (yn Saesneg, *at his/her worst*).

> Es i'r capel ar fy ngwaethaf **am fod fy rhieni'n pwyso arnaf**.
> Yr oedd ar ei gwaethaf **y noson honno, yn blagardio pawb a phopeth**.

Ond bellach fe dderbynnir *ar waethaf* i olygu *in spite of* mewn testunau llai ffurfiol ac mewn deialog.

gan gweler **â/ag, gyda/gydag, gan**

gerllaw gweler **heibio i**

gyda gweler **â/ag, gyda/gydag, gan**

heibio i
Er bod *heibio i* yn ddau air fe'u defnyddir fel un uned, ond mae'r un mor dderbyniol defnyddio *heibio* heb *i* i'w ddilyn. Felly hefyd yn achos *gerllaw, islaw,* ac *uwchlaw*.

> **Draw** heibio i **gapel Disgwylfa mae'r parc.**   cywir
> **Ni ddaeth neb** heibio'**r glwyd.**   cywir

i

1 Weithiau ceir anhawster i leoli'r arddodiad *i* yn gywir.
Mae dwy ffordd o leoli'r arddodiad *i*; mae'r ddwy ffordd yn dderbyniol ond mae gwahaniaeth cywair rhwng y ddau ddull. Dyma'r cywair arferol a chyffredin:

> **Gofynnir i chi'n garedig** i **beidio ag agor y ffenestri.**
> **Dechreuodd ei araith drwy erfyn ar y gynulleidfa** i **anwybyddu ei Gymraeg anystwyth.**

O osod yr arddodiad *i* rhwng *ar* a gwrthrych, er enghraifft *y gynulleidfa,* mae'r brawddegau'n mynd yn fwy ffurfiol eu naws:

> **Dechreuodd ei araith drwy erfyn ar** i'**r gynulleidfa anwybyddu ei Gymraeg anystwyth.**
> **Plediodd yr heddlu ar** i'**r terfysgwyr ollwng y gwystlon yn rhydd.**
> **Erfyniaf ar** i **nerth yr Arglwydd gynyddu.**
> **Deisyf yr ydym ar** i **chwi gael eich grymuso.**

Arddodiaid

2 Weithiau cynhwysir yr arddodiad *i* mewn brawddeg pan na ddylid ei gynnwys. Ni roir *i* ar ôl *anodd, angenrheidiol, hawdd* a *trafferth*.

Mae'n anodd i wneud y cyfan ar unwaith.	anghywir
Mae'n angenrheidiol i ddysgu'r rheolau tân.	anghywir
Rwy'n cael trafferth i wneud bara da.	anghywir
Rwy'n cael trafferth bob tro i wneud bara da.	anghywir
Mae'n hawdd i anghofio pen blwydd.	anghywir
Mae'n anodd gwneud y cyfan ar unwaith.	cywir
Mae'n angenrheidiol dysgu'r rheolau tân.	cywir
Rwy'n cael trafferth gwneud bara da.	cywir
Rwy'n cael trafferth bob tro gwneud bara da.	cywir
Mae'n hawdd anghofio pen blwydd.	cywir

Ni ddylid ysgrifennu *anodd i'w* am *anodd ei*, a'r un modd gydag *angenrheidiol, hawdd* a *trafferth*.

Nid yw hyn yn rhy anodd i'w ddilyn.	anghywir
Nid yw hyn yn rhy anodd ei ddilyn.	cywir

3 Mae'r brawddegau a ganlyn yn annerbyniol oherwydd bod *i* yn digwydd ddwywaith; nid oes angen yr ail *i*.
    Mae'n rhaid i mi i fynd.
    Mae'n rhaid i'r cymunedau eu hunain i adnabod yr angen.
    Bydd gofyn i'r pwyllgor i adnabod darpar arweinyddion.

- Ni roir *i* ar ôl *rhaid, gofyn* yn union o flaen berfenw.
    Rhaid mynd ar unwaith.
    Mae'n rhaid mynd ar unwaith.
    Bydd gofyn rhuthro os ydym am ddal y trên.

- Gosodir goddrych *rhaid* a *gofyn* dan reolaeth *i* (a bydd treiglad meddal yn y berfenw).
    Rhaid inni fynd ar unwaith.
    Mae'n rhaid i'r gynulleidfa fod yn dawel.
    Bydd gofyn i'r pwyllgor adnabod darpar arweinyddion.

Gweler hefyd **at/i**.

im/i'm

Arddodiad hynafol yw *im* sy'n golygu *i mi*.

> Cynigiwch im beth bynnag a fynnoch, ni dderbyniaf ddim o'ch llaw.
> Cenwch im yr hen ganiadau.

Arddodiad a rhagenw mewnol yw *i'm* a'i ystyr yw *i fy*.

> Dewch i'm gweld yn fy swyddfa am dri o'r gloch.

islaw gweler heibio i

o dan gweler hefyd tan/dan/gan

Mae *o dan* yn ddau air ond mae pob un o'r ffurfiau personol yn un gair, er enghraifft *odanaf, odanat,* ac ati.

oddi wrth

Mae *oddi wrth* yn ddau air.

> Gyda chofion cynnes oddi wrth Maria.

Mae *oddi ar, oddi am,* a'r ffurfiau personol arnynt hefyd yn ddau air, yn ogystal ag *oddi yma*. Un gair yw *oddieithr,* gair ac iddo naws hynafol bellach.

tan/dan/gan gweler hefyd o dan

1 Ffurfiau amrywiol ar *tan* yw *dan, o dan* ac maent yn gyfystyr. Erbyn hyn, fodd bynnag, mae blas hynafol ar *tan*.

2 Arferid gwahaniaethu rhwng *dan* a *gan* yn y modd a ganlyn:

i dan

Os yw'r berfenw'n cyfeirio at gyflwr, defnyddir *dan/tan* o flaen y berfenw. *Dan/tan* a ddefnyddir hefyd pan mae gweithred ferfol y prif gymal yn cyd-ddigwydd â gweithred berfenw'r isgymal.

> Rhedodd allan o'r tŷ dan weiddi.

ii gan

Pan mae gweithred ferfol y prif gymal (*gwaeddodd*) yn dechrau o flaen gweithred berfenw'r isgymal (*ymbil*) defnyddir *gan* i ragflaenu'r berfenw.

> Gwaeddodd y dyn ar y plismon, gan ymbil arno i'w helpu.

Arddodiaid

Ystyrir, felly, fod y ddwy weithred ar wahân i'w gilydd a rhoir coma ar ddiwedd y prif gymal sy'n rhagflaenu *gan*.

Dyma ragor o enghreifftiau o'r gwahaniaethu a fu rhwng *dan/gan*.

> Cerddodd i'r capel dan **ganu** emyn.
>
> Llusgais y plentyn i'r tŷ dan **ddweud** y drefn yn hallt.
>
> Addawodd hynny i'r brenin, gan **dyngu llw** y byddai'n ffyddlon iddo.
>
> Aeth y picedwyr i'r brif fynedfa, gan **rwystro gweithwyr rhag mynd i mewn**.

Ond bellach ni chedwir yn gaeth at y drefn uchod. *Gan* a ddefnyddir amlaf o ddigon. Erbyn hyn yr arfer yw defnyddio *dan* gyda rhestr gyfyngedig o ferfenwau, er enghraifft *canu* a *chwibanu*, yn dilyn *mynd, dod*, sef cadw at yr enghreifftiau hynny sydd wedi ffosileiddio yn yr iaith.

> Ar ôl ennill yr ysgoloriaeth roedd Jo yn mynd dan **ganu**.
>
> Mynd, gan **gerdded** i'r dwyrain, a wnâi'r pererinion.
>
> Rhuthrodd drwy'r drws, gan **gydio yn ei gap ar y ffordd**.
>
> Cerddodd yn araf, gan **edrych i weld a oedd Jim yn dod o'r cae pêl-droed**.

tu ôl (i), y tu ôl (i)

Gellir defnyddio'r naill ffurf neu'r llall yn dibynnu ar gywair y gwaith; mae'r ffurf *y tu ôl (i)* yn fwy ffurfiol ei gywair na *tu ôl (i)*.

> Yn y cae **y tu ôl** i'r neuadd yr oedd y gath wyllt yn cuddio.

uwchlaw gweler heibio i

yn/mewn

1 Wrth ddefnyddio *yn* (= *in* yn Saesneg) yn hytrach na *mewn* mae'n rhaid nodi'n bendant *yn* beth.

> Roedd yr amlenni **yn y** bocs coch.

Oherwydd bod bannod yma (*y* bocs) mae'r frawddeg yn cyfeirio at focs arbennig felly defnyddir *yn* yn hytrach na *mewn*. Hyd yn oed mewn brawddeg negyddol, os yw'r man yn bendant defnyddir *yn*.

Y Golygiadur

> **Nid oedd Nesta Rees** ym **Mangor fore Sadwrn;** roedd hi yng **Nghaerdydd.**

Os nad yw'r man yn cael ei enwi, ond ei fod yn dal yn lle pendant, eto defnyddir *yn*.

> **Nid oedd** yn **y tŷ am dri o'r gloch;** roedd yn **yr ardd.**

Mae'r fannod (*y* tŷ; *yr* ardd) yn gwneud y tŷ a'r ardd yn lleoedd penodol.

2 Mewn brawddeg lle nad yw'r man yn bendant defnyddir *mewn*.

> **Nid oedd yn byw** mewn **tref, nac ychwaith** mewn **pentref.**

Ni sonnir yma am na thref na phentref penodol ac felly defnyddir *mewn*.

3 Defnyddir *yn* o flaen enw a ddilynir gan enw genidol (sef enw sy'n cyfleu meddiant neu berthynas).

> **Gwerthir y cynnyrch yng nghwrt y garej.**
> **Bydd rhialtwch mawr yng ngwestai Cymru ar nos Galan.**

4 Gall penderfynu rhwng *yn* a *mewn* fod yn anodd, er enghraifft gydag ieithoedd.

> **Canodd** yn **Gymraeg ar lwyfan yr Eisteddfod.**

Defnyddir:
- yn Gymraeg (pan sonnir am yr iaith Gymraeg; mae *yn y Gymraeg* bellach yn ddull hynafol o fynegi'r un peth)
- mewn Cymraeg ffurfiol (pan sonnir am fath o Gymraeg, er enghraifft *mewn Cymraeg Canol*)
- yng Nghymraeg y Beibl (gydag enw yn y cyflwr genidol)

5 Mae'r geiriau *rhai* a *llawer* yn eiriau amhendant ac felly dylid rhoi *mewn* o'u blaenau.

> **Bydd hi'n bwrw'n drwm** mewn **rhai mannau yfory.**
> **Mae canolfan hamdden** mewn **llawer o drefi.**

Ond pan fydd enw penodol yn dilyn, a bannod bendant, defnyddir *yn*.

> **Bydd hi'n bwrw glaw** yn **rhai o'r mannau hynny yfory.**

6 Nid yw *mewn* yn treiglo ar ôl *i*, felly *i mewn* sy'n gywir, nid *i fewn*.

> **Dewch i mewn!**

Er hynny mae treiglo *mewn* ar ôl *i* yn dderbyniol mewn deialog a thestunau anffurfiol.

7 Ni ddylid newid yr arddodiad *yn* (= *in* yn Saesneg) yn *'n* pan mae'r arddodiad *yn* yn dilyn llafariad.

Nid ti oedd yn cuddio'n y gwrych.	anghywir
Nid ti oedd yn cuddio yn y gwrych.	cywir
Canu'n La Scala yw fy uchelgais.	anghywir
Canu yn La Scala yw fy uchelgais.	cywir

Ond fe'i derbynnir wrth ysgrifennu deialog, yn enwedig pan mae bannod yn dilyn.

8 Caniateir talfyrru *yn* berfenwol, *yn* adferfol, ac *yn* traethiadol yn *'n* yn dilyn llafariad.

Mae'n canu fel brân.	yn berfenwol
Yn anffodus mae hynny'n wir.	yn traethiadol

Yn y frawddeg isod mae'r *'n* cyntaf yn dalfyriad o *yn* berfenwol, a'r ail *'n* yn dalfyriad o *yn* adferfol.

    Mae'n canu'n bert.

Yn y frawddeg isod mae'r *'n* yn dalfyriad o *yn* berfenwol, ac ni thalfyrrir yr arddodiad *yn*.

    Mae'n canu yn Neuadd Albert heno.

9 Ni ddylid collnodi *yn erbyn, yn ystod, yn sgil* (gweler hefyd tt. 127–8).

Arferai weithio'n ystod yr awr ginio.	anghywir
Arferai weithio yn ystod yr awr ginio.	cywir

Berfau a berfenwau

Mae'n bwysig defnyddio'r arddodiad priodol ar ôl berf neu ferfenw. Rhestrir isod ddetholiad o ferfau a berfenwau ynghyd â'r arddodiad cywir:

achub rhag	addef wrth
achwyn wrth	addo i
adrodd am; adrodd wrth: adrodd	aflonyddu ar
am rywbeth *wrth* rywun y byddir	agosáu at
Adroddodd *am* y cyfarfod *wrth*	anghofio am
ei phennaeth.	amddifadu o

amddiffyn rhag
anelu at; anelu am
anfon at; anfon i: anfon *at* berson
  i ryw bwrpas, neu le, y byddir
  Anfonodd *at* ei mam *i*'w
  llongyfarch.
  anfon *i* garchar; anfon y nico
  i Lan Dŵr
apelio at; apelio ar
arbed rhag
arfer â
arglwyddiaethu ar
argyhoeddi o
arswydo rhag
awdurdodi ar
atal rhag
ateb dros
benthyca oddi ar; benthyca gan;
  benthyca o: benthycir *oddi ar*
  neu *gan* berson, ond benthycir
  o le, er enghraifft llyfrgell
blino ar
bodloni ar; bodloni i
cadw rhag; cadw at:
  O gadw *at* y drefn byddwch yn
  ein cadw ni *rhag* drwg.
cadwyno wrth
cael gan
  Cefais lythyr *gan* y maer.
  Ei fwriad oedd cael *ganddo*
  fynd i'r ysbyty.
cael gafael ar
cael gwared ar; cael gwared â
cael hyd i
caniatáu i
cau ar; cau am
cefnu ar
ceisio gan
cenfigennu wrth
cilio rhag
clymu wrth

clywed am; clywed gan: clywed *am*
  ddigwyddiad *gan* berson y byddir
  Clywais *am* y cyfarfod *gan* fy
  chwaer.
cofio am; cofio at: cofio *am* berson
  neu achlysur, ond wrth gofio *at*
  rywun yr ydych yn anfon eich
  cyfarchion *at* y person hwnnw
craffu ar
credu yn; credu am
crefu ar; crefu gan
cuddio rhag: mae *cuddio*
  o'r cyhoedd yn anghywir;
  defnyddiwch *cuddio rhag*
  y cyhoedd
cydio yn
cydweithio â
cyd-weld â
cyfarfod â
cyfeirio at
cyfrannu at
cyfranogi o
cyfaddef i; cyfaddef wrth
cyfyngu ar
cyffelybu i
cyffesu wrth
cyffwrdd â
cyhuddo o
cymharu â
cymhwyso at
  Bydd yn rhaid cymhwyso'r
  wybodaeth *at* anghenion y
  farchnad.
cymodi â
cymysgu â
cynefino â
cynnig i; cynnig am: cynnig
  rhywbeth *i* berson ond cynnig
  am rywbeth, er enghraifft swydd
cysgodi rhag
cystadlu â; cystadlu ar: cystadlu

Arddodiaid

â pherson arall *ar* gystadleuaeth arbennig
cysylltu â
cytuno â
cywilyddio am
chwanegu at
chwarae am; chwarae dros:
   chwarae *am* y cwpan ond
   chwarae *dros* (cynrychioli) (g)wlad
chwerthin am ben
dadlau â; dadlau dros; dadlau ynghylch: dadleuir *â* pherson *dros* neu *ynghylch* achos
dangos i; dangos sut: dangosir *i* berson *sut* i wneud rhywbeth
deisyf ar; deisyf am; deisyf gan:
   deisyf *ar* yr awdurdodau am arian nawdd; deisyf *ganddo*
derbyn oddi wrth; derbyn gan
dial ar
dianc rhag; dianc i: dihengir *rhag* y gelyn *i* noddfa
dibynnu ar
diflasu ar
digio wrth; digio am: digio *wrth* berson *am* ryw reswm a wneir
dioddef o
diogelu rhag
diolch i
disgwyl am; disgwyl i; disgwyl ... oddi wrth; disgwyl wrth
   disgwyl *am* hydoedd
   disgwyl *i* rywun alw
   disgwyl llythyr *oddi wrth* y prifathro
   yr wyf yn dal i ddisgwyl *wrtho*
dod â; dod at
dod o hyd i
dotio ar; dotio at
dweud am; dweud wrth; dweud i:
   dywedir *wrth* berson *am* rywbeth
   Euthum i ddweud *wrth* ei wraig. cywir
   Euthum i ddweud *i*'w wraig. anghywir
dwyn oddi ar
dychwelyd at
dylanwadu ar
dymuno i
dyweddïo â
edifarhau am
edliw i
edrych am (*to look for; to visit*); edrych ar (*to look upon/at*); peidiwch â defnyddio *edrych i* i olygu 'looking to', e.e. 'looking to improve his status'
effeithio ar
eiddigeddu wrth
eisiau i
erfyn ar; erfyn dros: erfyn *ar* berson *dros* ryw achos a wneir
estyn at; estyn i
   Ar ôl estyn *at* y deisen bu'n rhaid imi ei hestyn *iddo* ef.
ffarwelio â
gadael i
galw ar; galw yn (*to call at*)
glynu wrth
gofalu am
gofyn i; gofyn am: gofynnir *i* berson *am* rywbeth
gogwyddo at
gorchymyn i
gwahardd rhag; gwahardd i
   Bu'n rhaid imi wahardd *iddo* fwyta'r gacen.
   Ar un wedd, yr oeddwn yn ei wahardd *rhag* glythineb.
gwarafun i
gwared rhag
gwasanaethu ar

gweddïo ar; gweddïo am; gweddïo
   dros: gweddïo *ar* Dduw *am*
   fendith *dros* rywun
gweiddi ar; gweiddi am: gweiddi
   ar berson *am* rywbeth y byddir
gwenieithio i
gwisgo am
gwledda ar
gwrando ar; gwrando am
   Wrth wrando *ar* y gerddoriaeth
   cafodd ei hun yn gwrando *am*
   ei gariad.
gwylio dros; gwylio rhag
hiraethu am
lladd ar
llwyddo i; llwyddo yn
   Llwyddodd *i*'m dychryn;
   Llwyddodd *yn* ei amcan.
maddau i
manteisio ar
manylu ar
mennu ar
methu â; methu gan ofn
myfyrio ar
mynd heibio i; mynd at; mynd i:
   mynd *at* rywun ond mynd *i* le
   a wneir
   Ar ôl mynd *at* y deintydd, bu'n
   rhaid imi fynd *i* Swyddfa'r
   Heddlu *heibio i* Fanc y Midland.
mynegi i
nesáu at
peidio â
peri i
priodi â
   Priododd y Tad John ei gymydog.
   (gweinyddu priodas)
   Priododd Elin *â* Huw Hopworth.
   (ymrwymo mewn priodas)
prynu gan
pwyso ar

rhagori ar
rhaid wrth
rhedeg at; rhedeg i; rhedeg
   ar; rhedeg am: ystyr *rhedeg*
   ar yw cwyno am neu ddifrïo,
   ac ystyr *rhedeg am* yw rhedeg
   i gyfeiriad
rhoi i; rhoi am; rhoi at: rhoir *i*
   berson *am* wneud rhywbeth;
   rhoi *at* ryw achos
rhyddhau o
rhoi cynnig ar: rhoi cynnig *ar*
   gysgu, ond methu
rhyfeddu at
sefyll wrth
sgwrsio â; sgwrsio am: sgwrsio
   â pherson *am* ryw bwnc
siarad â; siarad am; siarad dros:
   siaredir â pherson *am* ryw bwnc;
   siarad *dros* neu *ar ran* person arall
sôn am
sylwi ar
syllu ar
synnu at
talu i; talu am: telir *i* berson *am*
   rywbeth
tosturio wrth
troi at; troi oddi wrth; troi tua
trugarhau wrth
tueddu at; tueddu i
tywynnu ar
ufuddhau i
wylo dros
ychwanegu at
ymadael â
ymbil ar; ymbil dros: ymbil *ar*
   un person *dros* (neu *ar ran*)
   person arall
ymdrechu i
ymdrin â
ymddiried i; ymddiried yn

ymestyn at
ymffrostio yn
ymgadw rhag
ymguddio rhag
ymgymryd â
ymhyfrydu yn
ymladd â; ymladd dros: ymleddir
 â rhywun (person, gwlad) *dros*
 egwyddor, ac ati
ymosod ar
ymroi i
ymryson â
ymserchu yn
ymweld â
ymwneud â
ymwrthod â
ymwybod â
ymwybodol o
ymyrryd â
ysgrifennu at; ysgrifennu i:
 ysgrifennir *at* berson *i* ryw
 bwrpas, ac ysgrifennu *i*
 swyddfa neu le a wneir
 Ysgrifennais *at* y cynghorydd i
 gwyno am gyflwr y ffyrdd;
 ysgrifennais *i'*r swyddfa ac
 nid *i'*r tŷ rhag ofn y cawn fwy
 o sylw felly.

Mae berfau sy'n dechrau ag *ym-* fel arfer yn cael eu dilyn gan yr arddodiad *â*.

Enwau ac ansoddeiriau

Clustnodir rhai arddodiaid pwrpasol ar gyfer eu defnyddio gydag enwau ac ansoddeiriau neilltuol. Rhestrir detholiad ohonynt isod:

agos at
agwedd ar
apêl at
archwaeth at
caredig wrth
cariad at
cas wrth; cas gan
 Bu'n gas *wrth* ei phlant ac
 ymhen amser daeth yn gas
 ganddynt ei gweld.
cywilydd ar
dig wrth
eisiau ar; eisiau i
 Ni bydd *eisiau arnaf*.
 Mae *eisiau iddo* ddod yn brydlon.
ffurf ar (mae *ffurf i* yn anghywir)
 Mae tair *ffurf ar* y fannod.
gwahaniaeth rhwng
gwahanol i
gwiw gan
hawdd gan
hoff gan
mwyn wrth
nes at
nodwedd ar (mae *nodwedd o*
 yn anghywir)
 Mae cyffro bob amser yn
 nodwedd ar ei waith.
rheswm dros/am
rhyfedd gan
serch at
tirion wrth
tyner wrth
ymdriniaeth ar; ymdriniaeth â
 (mae *ymdriniaeth o* yn
 anghywir)
 Ceir *ymdriniaeth ar* y gerdd yn
 y rhifyn cyfredol o *Barddas*.

Treigladau

Mae naw o lythrennau'r wyddor yn treiglo, sef yn newid eu sain, o dan rai amgylchiadau. Y llythrennau sy'n treiglo yw *p, t, c, b, d, g, m, ll,* a *rh*. Canolbwyntir yma ar y mannau sy'n achosi trafferthion; am ymdriniaeth lawn ar reolau treiglo gweler:
- T. J. Morgan, *Y Treigladau a'u Cystrawen* (Caerdydd: Gwasg Prifysgol Cymru, 1952)
- D. Geraint Lewis, *Y Treigladur* (Gomer@Lolfa, 2018)

Y treiglad meddal

O dan yr amgylchiadau a restrir isod, mae *p, t, c, b, d, g, m* yn treiglo'n feddal, ac mae *ll* a *rh* hefyd yn treiglo'n feddal oni nodir yn wahanol.

Enwau

1 *i* Mae enw benywaidd unigol yn treiglo'n feddal ar ôl y fannod *y* a *'r*.

p	pais	y bais	mae'r bais
t	trol	y drol	mae'r drol
c	cloch	y gloch	mae'r gloch
g	gwên	y _wên	mae'r _wên

ii Ni threiglir enw benywaidd unigol yn dechrau â *ll* na *rh* yn dilyn *y* a *'r*.

ll	lleian	y lleian	mae'r lleian
rh	rhaw	y rhaw	mae'r rhaw

iii Enw benywaidd unigol yw *pobl* ac felly mae'n treiglo ar ôl *y* a *'r*.

iv Pan dreiglir gair yn dechrau â *g-* yn feddal, mae'r *g-* yn diflannu. Os oedd y *g-* yn gwahanu dwy lafariad bydd yn rhaid eu gwahanu bellach drwy newid *y* yn *yr*.

    y + gardd   >   y ardd   >   yr _ardd

v Ni threiglir enwau benywaidd unigol sy'n fenthyciadau o'r Saesneg ac sy'n dechrau â'r llythyren *g*.

gôl	y gôl
gêm	y gêm

vi Ni threiglir enwau lluosog yn dilyn *y* a *'r* heblaw am eithriadau prin.
       pobl   y bobloedd

vii Mae *pobloedd* yn ymddwyn fel enw benywaidd unigol ac fe dreiglir yn ôl y patrwm arferol felly.
       Erfyniwn dros bobloedd dlawd y byd.

2 *i* Treiglir enwau'n feddal ar ôl yr arddodiaid canlynol:
       am ar at gan tros trwy wrth dan heb hyd o i

am:	Af yno am bythefnos, ond dim mwy.
ar:	Roedd y ffeithiau ar flaenau'i fysedd.
at:	Aeth â'i gŵyn at gyfreithiwr.
gan:	Ni fu gennyf fodrwy saffir erioed.
tros:	Sglefriodd tros rew trwchus.
trwy:	Rhoddodd ei ddwrn trwy _wydr dwbl.
wrth:	Cwynodd wrth drysorydd y clwb.
dan:	Bu'n gweithio dan bwysau mawr ers tro.
heb:	Sut oedd modd trefnu heb ddyddiadur?
hyd:	Casâi ef hyd fêr ei esgyrn.
o:	Mae sôn amdano o Fôn i Fynwy.
i:	Af i Lys y Goron yfory.

ii Treiglir enwau lleoedd os ydynt yn enwau Cymraeg, ond yn achos mannau tramor treiglir yr enwau cyfarwydd yn unig.
       Teithiodd o Gaerdydd i Gaernarfon.
       Aeth i Fryn Glas ar doriad y wawr.
       Gyrrodd drwy Baris yn ddidrafferth.
       Ni allai wynebu gyrru drwy Tokyo.

iii Nid yw treiglo enwau personol yn arferol bellach heblaw mewn testunau tra ffurfiol.
       Cofiai am Dewi Sant bob tro yr âi i Landdewibrefi.
       Ni wyddys odid ddim am Rys Llwyd.

3 *i* Treiglir enwau'n feddal ar ôl y rhagenwau personol *dy*, *'th*, *ei* (gwrywaidd), *'i* (gwrywaidd), *'w* (gwrywaidd).
       dy dŷ
       gyda'th fam

> ei gamel
> gyda'i feistr
> i'w gartref

ii Nid yw berf yn treiglo ar ôl y rhagenw mewnol gwrthrychol *'i* (gwrywaidd a benywaidd) sydd yn cael ei ddilyn gan ferf.
> **Fe'i gwelwyd ef.**
> **Fe'i gwelwyd hi.**

4 Ar ôl *un* treiglir enwau benywaidd yn dechrau â *p, t, c, b, d, g, m* yn feddal.

b	berfa	un ferfa
d	daear	un ddaear
g	gwên	un _wên

Ni threiglir *ll* na *rh*.

ll	lleian	un lleian
rh	rhaw	un rhaw

Gweler hefyd tt. 85–6.

5 Yn dilyn *dau* a *dwy* treiglir enwau sy'n dechrau â *p, t, c, b, d, g, m, ll,* a *rh* yn feddal.

p	parlwr	dau barlwr		p	pais	dwy bais
b	bwa	dau fwa		b	berfa	dwy ferfa
d	drws	dau ddrws		d	daear	dwy ddaear
m	mur	dau fur		m	melin	dwy felin
ll	lliw	dau liw		ll	lleian	dwy leian
rh	rhif	dau rif		rh	rhaw	dwy raw

6 Ar ôl *saith* ac *wyth* arferid treiglo enwau yn dechrau â *p, t, c, ll,* a *rh* yn feddal, ond yn anaml y gwneir hynny bellach ac eithrio yn y gogledd. Daw'r treiglad hwn amlaf yn achos *cant, ceiniog,* a *punt*.

saith gant	wyth gant
saith geiniog	wyth geiniog
saith bunt	wyth bunt

7 Fel arfer mae ansoddair yn dilyn enw, ond o roi ansoddair o flaen enw mae'r enw hwnnw'n treiglo'n feddal.

i Mae enwau unigol sy'n dechrau â *p, t, c, b, d, g, m, ll,* a *rh* (gwrywaidd a benywaidd) ac enwau lluosog yn treiglo'n feddal pan fyddant yn dilyn ansoddair.

> Unig blentyn yw Jo.
> Casglai hen luniau.
> Dyna'r prif reswm.

ii Ni threiglir ar ôl graddau cyfartal a chymharol yr ansoddair.

p	gwell peth
b	llai bws
d	cystal dyn
g	cymaint gwell
ll	glanach lle
rh	hwy rhes

iii A siarad yn gyffredinol, ni threiglir ar ôl gradd eithaf yr ansoddair.

> lleiaf cyfandir
> Ef sy'n bennaf cyfrifol.
> gorau gŵr
> harddaf man
> hynaf rhingyll

Yn anaml iawn y ceir treiglad ar ôl gradd eithaf yr ansoddair, ond yn yr achosion hynny mae'r ansoddair syml yn golygu *iawn iawn* yn hytrach na bod yn ansoddair sy'n cymharu llawer o bethau â'i gilydd. Dyma enghreifftiau:

anwylaf dad	tad annwyl iawn iawn
anwylaf tad	tad sydd yn fwy annwyl na thadau eraill
harddaf fan	man hardd iawn iawn
harddaf man	man sydd yn harddach na phob man arall
ardderchocaf le	lle ardderchog iawn iawn
ardderchocaf lle	lle mwy ardderchog na phob lle arall

Gyda theitlau tebyg i *Parchedicaf Dad*, nid oes cymhariaeth yma o gwbl, dim ond cyfleu gradd uchel iawn o barch.

parchedicaf dad	tad parchedig iawn iawn
parchedicaf tad	tad mwy parchedig na thadau eraill

8 Pan geir enw ar ôl *yn* traethiadol (gweler tt. 127–8, 324, 367), sy'n cywasgu'n *'n* ar ôl llafariad, ceir treiglad meddal. Dyma enghraifft o *yn* traethiadol:

> Mae ef yn fachgen drwg.
> Mae e'n fachgen da.

Yn yr enghreifftiau a ganlyn, enwau sy'n dilyn *yn* a *'n* traethiadol ac mae enwau unigol a lluosog, gwrywaidd a benywaidd, sy'n dechrau â *p, t, c, b, d, g, m* yn treiglo'n feddal ar eu hôl.

> Mae'n ddarn anodd ei ddysgu.
> Mae'r rhain yn ddarnau anodd iawn.
>
> Mae'n bont anodd ei chroesi.
> Maent yn bontydd di-fai.

p	pennaeth	Mae Cynrig Huws yn bennaeth diegwyddor.
t	traeth	Nid yw traeth Aberbedw yn draeth glân o gwbl.
c	cwmni	Bu'n gwmni llewyrchus erioed.
b	blodeugerdd	Mae'n flodeugerdd hardd.
d	drysau	Nid yw'r rhain yn ddrysau derw.
g	gwyliau	A fu'r gwyliau yn _wyliau llawen?
m	melin	Mae hon yn felin broffidiol.

Nid yw *ll* a *rh* yn treiglo yn dilyn *yn* a *'n* traethiadol.

ll	llety	A yw'r llety hwn yn lle cyfforddus?
rh	rhaw	Mae'n rhaw gadarn.

Mae'r treiglad llafar sy'n dilyn *yn* a *'n* traethiadol yn ansafonol.

9 Mae gwrthrych berf bersonol gryno sy'n dechrau â *p, t, c, b, d, g, m, ll,* a *rh* yn treiglo'n feddal. Gwrthrych brawddeg yw'r sawl (neu'r peth) sy'n cael ei effeithio gan y ferf. Pan ddefnyddir ffurf hir ar y ferf, sef ffurf sy'n defnyddio berfenw, nid yw ei gwrthrych yn treiglo.

	Ffurf gryno:	Canodd gân.
	Ffurf hir:	Yr oedd ef yn canu cân.
p	pontydd	Cynlluniai bontydd i'r cyngor lleol.
t	tractor	Prynodd dractor gwerth chweil.
c	coesau	Peintiodd goesau'r gadair yn las.

b	beic	Prynodd feic i fynd i'w waith.
d	dalennau	Gludiwch ddalennau'r llyfr at ei gilydd.
g	gwallau	Cywirodd _wallau dirifedi yn ei oes.
m	mwnci	Gwelodd fwnci ar ben y wal.
ll	llenni	Prynodd lenni yn y ffair.
rh	rhaff	Taflodd raff dros yr afon.

Os oes rhestr o bethau i'w henwi, dim ond y cyntaf sy'n treiglo.
> Canodd gân, cywydd, a marwnad cyn iddo, o'r diwedd, eistedd.

10 Mae goddrych berf a gwrthrych berfenw yn treiglo'n feddal pan mae sangiad yn dilyn y ferf neu'r berfenw.
> Eisteddai **yno** weision **lawer**.
> Cefais **weld**, ar ôl disgwyl am oriau, lythyr **gan y pennaeth**.
> Penderfynais **brynu**, wedi gweld yr hysbyseb, gar **Porsche newydd**.
> Yr oedd yn ceisio, hyd y gallai, gyrraedd yn brydlon.

Er bod y brawddegau uchod yn gwbl gywir, mae'r treiglad weithiau'n taro'n chwithig. Mater bach fyddai newid trefn y brawddegau er mwyn osgoi sangiad, ac felly osgoi'r treiglad.
> Eisteddai gweision lawer yno.
> Ar ôl disgwyl am oriau, cefais weld llythyr gan y pennaeth.
> Wedi gweld yr hysbyseb, penderfynais brynu car Porsche newydd.
> Hyd y gallai, yr oedd yn ceisio cyrraedd yn brydlon.

- Nid oes angen treiglo ar ôl *hyd yn oed, bron, chwaethach*.
> Ni chefais hyd yn oed diod o ddŵr ganddo.
> Mae bron pawb â theledu lloeren y dyddiau hyn.
> Ni chefais ddiod o ddŵr chwaethach cinio ganddo.

11 Nid yw gwrthrych yn treiglo ar ôl berfenw.
> cicio pêl

Ond pan geir berfenw + sangiad + gwrthrych, mae'r gwrthrych yn treiglo'n feddal. Isod dangosir y sangiad rhwng cromfachau.
> ... gan adael (heibio) _orchymyn Duw
> Ceisiai ddwyn (i gof) ddwy linell o gywydd.
> Mae angen tynnu (allan) frawddegau cloff.

12 Pan roir dau enw at ei gilydd i ffurfio un gair newydd, ac elfen gyntaf hwnnw yn disgrifio'r ail elfen, treiglir llythyren gyntaf yr ail enw yn feddal os yw'n dechrau â *p, t, c, b, d, g, m, ll,* a *rh*. Gelwir y cyfuniad yn air cyfansawdd.

llaw + meddyg > llawfeddyg

Yma mae'r elfen gyntaf, sef *llaw*, yn disgrifio'r ail elfen, sef *meddyg*.

p	croes + pren > croesbren
t	fferm + tŷ > ffermdy
c	llyfr + cell > llyfrgell
b	hawl + braint > hawlfraint
d	llif + dôr > llifddor
g	rhwyd + gwaith > rhwydwaith
m	haul + man > heulfan
ll	hud + llath (ffon) > hudlath
rh	cof + rhodd > cofrodd

Nid yw *ll* yn treiglo bob tro ar ôl *-n* nac ar ôl *-r*, ac nid yw *rh* yn treiglo ar ôl *-n*.

tân + llwyth > tanllwyth
pen + rhyn > penrhyn

- Gyda rhai o'r geiriau hyn mae'n anodd penderfynu ai geiriau benywaidd neu wrywaidd ydynt. Yn gyffredinol, ail elfen y gair sy'n penderfynu cenedl yr enw cyfan.

fferm (enw benywaidd) + tŷ (enw gwrywaidd)

Tŷ yw'r ail elfen ac felly gwrywaidd yw *ffermdy*.

llyfr (enw gwrywaidd) + cell (enw benywaidd)

Cell yw'r ail elfen ac felly benywaidd yw *llyfrgell*. Ond sylwer mai gwrywaidd yw *tudalen*; er hynny, defnyddir *tudalen* fel ffurf fenywaidd bellach ac eithrio yn y testunau mwyaf ffurfiol.

13 Mae enw, berfenw, ac ansoddair sy'n dechrau â *p, t, c, b, d, g, m, ll,* a *rh* yn treiglo'n feddal ar ôl y cysylltair *neu*.

p	pinc	coch neu binc
b	bara	pasta neu fara
g	gweiddi	sibrwd neu _weiddi
ll	llyfr	cryno-ddisg neu lyfr
rh	rhes	rhes flaen neu res ôl

- Ni threiglir berf yn dilyn *neu*.
  Darllenwch y llyfr nawr, neu cadwch ef tan yfory.

14 Mae enw sy'n dechrau â *p, t, c, b, d, g, m, ll,* a *rh* ac sy'n cael ei ddefnyddio i gyfarch, yn aml yn treiglo'n feddal.

p	plant	Ewch adref, blant.
t	telynorion	Dyma'r alawon, delynorion.
c	cyfeillion	Gyfeillion, gwrandewch.
b	boneddigion	Foneddigion a boneddigesau...
d	dyn	Gwranda, ddyn.
g	gweision	_Weision y llywodraeth, ystyriwch.
m	merched	Ferched, dewch yma.
ll	llywyddion	Dewch chi, lywyddion, i eistedd yma.
rh	rhieni	Chi, rieni, sydd ar fai.

Nid yw'r gair *cariad* yn treiglo yn y cyd-destun hwn.
Paid â mynd, cariad.

15 Mae enwau sy'n dechrau â *p, t, c, b, d, g, m, ll,* a *rh* yn treiglo'n feddal ar ôl ebychiad.

p	plant	Hei, blant!
t	telynorion	Ust, delynorion!
c	cyfeillion	Hawyr bach, gyfeillion annwyl!
b	boneddigion	A, foneddigion!
d	Duw	O, Dduw!
g	gweision	O, _weision!
m	merched	Croeso, ferched!
ll	llywyddion	Rhag eich cywilydd, lywyddion!
rh	rhieni	Wel, rieni!

16 Mae enw mewn cyfosodiad sy'n dynodi swydd neu berthynas ac sy'n dechrau â *p, t, c, b, d, g, m, ll,* a *rh* yn treiglo'n feddal ar ôl enw priod.

p	pendefig	Dafydd Bendefig
t	tad	Duw Dad
c	Crist	Iesu Grist
b	brenin	Dafydd Frenin
d	diwinydd	Ioan Ddiwinydd
g	gwahoddwr	Gwilym _Wahoddwr

m	merch	Efa ferch Madog ap Maredudd
ll	llywodraethwr	Gruffudd Lywodraethwr
rh	rhingyll	Maredudd Ringyll

Hefyd mae enwau eraill mewn cyfosodiad yn treiglo'n feddal er nad ydynt yn deitlau nac yn enwau priod.

Yr oedd y dosbarth cyfan, giwed anhapus, yn eistedd yn dawel.

17 Mae enw sy'n cael ei ddefnyddio fel ansoddair yn y cyflwr genidol ac sy'n dechrau â *p, t, c, b, d, g, m, ll,* a *rh* yn treiglo'n feddal ar ôl enw benywaidd unigol.

> llwy de
> siop gig
> sir Gaerfyrddin

Enw yw *te* ond pan roir *te* i ddilyn y gair *llwy* mae'n gweithredu fel ansoddair yn y cyflwr genidol. Gan fod *llwy* yn enw benywaidd unigol, fe dreiglir y gair *te* pan mae'n dilyn *llwy*.

p	poced	cyllell boced
t	tân	rhaw dân
c	carolau	taflen garolau
b	brics	wal frics
d	dosbarth	ystafell ddosbarth
g	glo	pwced _lo
		(gall *bwced/pwced* fod yn wrywaidd hefyd)
m	mêl	diod fêl
ll	lludw	rhaw ludw
rh	rhuddem	priodas ruddem

Mae nifer o eithriadau, er enghraifft *gwraig* **tŷ**.

18 Mae enw sy'n cael ei ddefnyddio fel adferf i nodi amser, mesur, neu ddull ac sy'n dechrau â *p, t, c, b, d, g, m, ll,* a *rh* yn treiglo'n feddal. Yr arfer bellach yw treiglo'n feddal ar ddechrau brawddeg yn ogystal.

p	pum	Gwelais ef bum milltir o Wrecsam.
t	trannoeth	Aeth yno drannoeth.
c	canllath	Ganllath o'r drws fe gofiodd fod y papurau yn dal ar ei ddesg.

Treigladau

b	bore	Aeth yno fore Iau.
d	doe	Ddoe aeth i'w gweld.
g	gradd	Gostyngodd _radd.
m	mis	Roedd yma fis yn ôl.
ll	llawer	Dywedais wrtho lawer gwaith fod y traeth yn fudr.
rh	rhywle	Suddodd y cwch rywle yn yr harbwr.

19 Ar ôl trefnolion mae enw benywaidd unigol (a'r trefnol) sy'n dechrau â *p, t, c, b, d, g, m, ll,* a *rh* yn treiglo'n feddal.

p	pawen	yr ail bawen
t	telyn	y bumed delyn
c	casgen	y seithfed gasgen
b	brwydr	y drydedd frwydr
d	damwain	yr unfed ddamwain ar bymtheg
g	gwers	y chweched _wers
m	maneg	y drydedd faneg
ll	llinell	y bedwaredd linell
rh	rhinwedd	yr ail rinwedd

- Dim ond ar ôl *ail* mae enwau gwrywaidd yn treiglo.

p	plentyn	yr ail blentyn
t	tŷ	yr ail dŷ
c	cam	yr ail gam
b	bil	yr ail fil
d	diben	yr ail ddiben
g	gwrthrych	yr ail _wrthrych
m	mynydd	yr ail fynydd
ll	llwybr	yr ail lwybr
rh	rhif	yr ail rif

- Pan ddaw dau enw ar ôl ei gilydd, er enghraifft *llwy de,* cenedl yr enw cyntaf sy'n pennu cenedl y trefnol.

  llwy: enw benywaidd
  Mae'r drydedd lwy de o'r chwith yn fudr.

20 Treiglir enwau sy'n dechrau â *p, t, c, b, d, g, m, ll,* a *rh* yn feddal ar ôl y rhagenwau *pa, pa ryw, pa fath, rhyw, unrhyw, cyfryw,* ac *amryw.*

p	potel	Fe wnaiff unrhyw botel y tro.
t	twrci	Rhyw dwrci digon diflas yw hwn.
c	car	Ym mha gar y byddwch yn teithio?
b	beiro	Pa fath feiro sydd gennych?
d	dramâu	Mae'r cyfryw ddramâu yn rhai anodd eu cynhyrchu.
g	gwiriondeb	Pa ryw _wiriondeb yw hwn?
m	methiannau	Cafodd amryw fethiannau yn ei oes.
ll	llun	Pa lun yw un Lowri Richards?
rh	rhodd	Pa fath rodd yw hon?

21 Treiglir enwau sy'n dechrau â *p, t, c, b, d, g, m, ll,* a *rh* yn feddal ar ôl y geiriau *naill, ychydig, holl, y fath, ambell,* ac *aml.*

p	peth	Nid yw hwn y naill beth na'r llall.
t	troeon	Dyna un o'r ychydig droeon iddo alw.
c	cellwair	Ar ôl yr holl gellwair, fe gafodd siom.
b	blerwch	Ni welais y fath flerwch ers llawer dydd.
d	darn	Mae'n chwarae ambell ddarn yn llwyddiannus.
g	gair	Wedi aml _air cas, fe gytunodd yn y pen draw.
m	melin wynt	Byddai ambell felin wynt yma ac acw yn dderbyniol.
ll	llaw	Ar y naill law mae'n onest, ar y llaw arall mae'n esgeulus.
rh	rhew	Ni fentrodd allan ar y fath rew.

22 Treiglir enwau sy'n dechrau â *p, t, c, b, d, g, m, ll,* a *rh* yn feddal ar ôl *wele, dyma,* a *dyna.*

p	pennaeth	Dyma bennaeth newydd yr adran gyhoeddi.
t	trychineb	Dyna drychineb.
d	darlledwr	Dyma ddarlledwr dychmygus.
ll	llecyn	Wele lecyn tlws.
rh	rhagrith	Dyna ragrith.

Ansoddeiriau

1 Mae ansoddair sy'n dechrau â *p, t, c, b, d, g, m, ll,* a *rh* yn treiglo'n feddal ar ôl enw benywaidd unigol.

p	pert	Dyna olygfa bert.
t	tenau	Clymodd raff denau am wddf yr afr.

c	cenedlaethol	Chwifia'r faner genedlaethol tu allan i neuadd y dref.
ll	llechwraidd	Gêm lechwraidd yw honno.
rh	rhamantus	Ysgrifennodd stori ramantus i'r wasg.

- Pan ddaw mwy nag un ansoddair ar ôl enw benywaidd unigol, mae pob ansoddair sy'n dechrau â *p, t, c, b, d, g, m, ll,* a *rh* yn treiglo.
  Clymodd raff ddu, denau, gref am wddf yr afr.
  Cyrhaeddodd mewn amlen fawr frown.

- Ni cheir treiglad bob tro ar ôl *-s*.
  Nos da!

- Os rhoir ansoddair sy'n dechrau â *p, t, c, b, d, g, m, ll,* a *rh* i ddilyn *pobloedd* mae'r ansoddair yn treiglo.
  Erfyniwn dros bobloedd dlawd y byd.

- Pan geir enw yn dilyn enw, gellir cymryd fel arfer fod yr ail enw mewn perthynas enidol â'r enw cyntaf, felly dylai'r ail enw aros heb ei dreiglo.
  Prifysgol Cymru
  Ond yn aml hefyd cymerir mai swydd ansoddeiriol sydd i'r ail enw (sef yr enw genidol), ac felly fe'i treiglir yn unol â'r rheol uchod ynglŷn ag enw benywaidd unigol + ansoddair. Dyma enghreifftiau:
  cyllell boced
  rhestr lyfrau
  cwpan goffi
  wal frics

Mae'n anodd gwahaniaethu rhwng y ddau ddosbarth hyn, sef enw + enw ar y naill law, ac enw + enw sy'n gweithredu fel ansoddair ar y llaw arall. Dyma ragor o enghreifftiau o enw genidol ar ôl enw benywaidd yn ymddangos fel ansoddair, ac felly'n treiglo:
  siop lyfrau
  adran lyfrau
  gŵyl gerdd
  canolfan _waith

Weithiau mae modd dehongli'r naill ffordd neu'r llall.
  cystadleuaeth barddoniaeth (enw + enw)
  cystadleuaeth farddoniaeth (enw + enw sy'n gweithredu fel ansoddair)
  Adran Llenyddiaeth (enw + enw)
  adran lenyddiaeth (enw + enw sy'n gweithredu fel ansoddair)

  Adran Daeareg (enw + enw genidol)
  Adran Ddrama (enw + enw sy'n gweithredu fel ansoddair)

Argymhellir defnyddio'r ffurf gysefin yn dilyn *Adran*:
  Adran Cemeg
  Adran Cerdd
  Adran Botaneg
  Adran Gwleidyddiaeth Ryngwladol
  ond: Adran y Gymraeg

- Pan ychwanegir ansoddair, neu enw a ddefnyddir fel ansoddair, i ddisgrifio'r ail enw, treiglir ef ar ôl enw benywaidd unigol ond dad-dreiglir yr ail enw:
  cymdeithas (enw benywaidd 1)
  cerdd (enw benywaidd 2)
  dafod (enw a ddefnyddir fel ansoddair)

Dyma enghreifftiau pellach:
  Gŵyl Cerdd Dant   gŵyl [sy'n hyrwyddo] cerdd dant
  canolfan celfyddyd gain canolfan [sy'n hyrwyddo] celfyddyd gain

Dyma ffordd arall o'i esbonio: pan ddiffinnir yr enw genidol gan ansoddair neu enw genidol arall, cymerir bod y genidol dwbl, fel petai, yn cadw ei statws genidol ac ni cheir treiglad.

- Weithiau bydd yr enw a ddisgrifir yn enw gwrywaidd. Os felly, ni threiglir yr enw na'r ansoddair.
  canolfan gwaith coed   canolfan [sy'n gwerthu] gwaith coed

- Weithiau bydd yr enw a ddisgrifir yn enw lluosog. Ni threiglir yr enw lluosog.
  Adran Llyfrau Print   adran [sy'n cadw] llyfrau print
  siop llyfrau Cristnogol siop [sy'n gwerthu] llyfrau Cristnogol

> canolfan beiciau mynydd   canolfan [sy'n arbenigo mewn] beiciau mynydd

- Weithiau daw berfenw ar ôl enw benywaidd, a bydd y berfenw hwnnw'n gweithredu fel ansoddair. Treiglir y berfenw ar ôl enw benywaidd unigol.

  > esgid ddawnsio

  Mae *esgid* yn enw benywaidd unigol, ac mae *dawnsio* yn ferfenw. Ond yn yr achos hwn mae *dawnsio* yn disgrifio *esgid*. Nid *esgid gerdded* ydyw nac *esgid sgio* ond *esgid ddawnsio*. Os yw'r ail elfen yn dechrau â *p, t, c, b, d, g, m, ll,* neu *rh,* treiglir hwy.

  > gwialen bysgota   nodwydd _wnïo
  > swyddfa deithio   hwch fagu
  > rhaw garthu   ymgyrch losgi
  > gornest focsio   esgid redeg
  > esgid ddawnsio

  Nid yw'r berfenw'n treiglo ar ôl enw gwrywaidd unigol, er enghraifft *pwyllgor llywio*.

- Nid yw'r gystrawen enw benywaidd + berfenw yn gystrawen foddhaol bob amser. Weithiau mae'r berfenw'n galw am rywbeth i'w ddilyn er mwyn gorffen yr ymadrodd yn esmwyth: ni threiglir yn yr achos hwn.

  > ymgyrch llosgi glo   ymgyrch [i hyrwyddo] llosgi glo
  > ymgyrch gwerthu llyfrau   ymgyrch [i hyrwyddo] gwerthu llyfrau
  > ymgyrch colli pwysau   ymgyrch [i hyrwyddo] colli pwysau
  > gefail pedoli ceffylau   gefail [ar gyfer] pedoli ceffylau
  > siop trin gwallt   siop [ar gyfer] trin gwallt

- Mewn cyfuniadau fel y rhai isod, pan fydd ansoddair yn disgrifio'r enw cyntaf (a'r enw cyntaf hwnnw'n enw benywaidd) mae'r ail enw a'r ansoddair yn treiglo.

  > llwy de lân   llwy de [sy'n] lân
  > llwy fwrdd fudr   llwy fwrdd [sy'n] fudr
  > siop lyfrau Gristnogol   siop lyfrau [sy'n] Gristnogol [ei naws]
  > siaced ledr goch   siaced ledr [sy'n] goch
  > ysgol feithrin Gymraeg   ysgol feithrin [sy'n] Gymraeg [ei hiaith]

Y Golygiadur

Dylid penderfynu pa enw mae'r ansoddair yn ei ddisgrifio cyn penderfynu ar y treigladau.

siop llyfrau Cristnogol	cywir	siop [sy'n gwerthu] llyfrau Cristnogol
siop lyfrau Gristnogol	cywir	siop lyfrau [sy'n] Gristnogol [ei naws]
siop lyfrau Cristnogol	anghywir	
sir Geredigion	cywir (ond hynafol)	
Cyngor Sir Ceredigion	cywir	Cyngor Sir + Ceredigion
Cyngor Sir Penfro	cywir	Cyngor Sir + Penfro
Cyngor sir Benfro	cywir	Cyngor + sir Benfro

Nid yw *Cyngor Sir* yn peri treiglad i *Penfro*. Er bod treiglad yn dilyn enw benywaidd unigol, er enghraifft *sir*, mae *Cyngor Sir* yn un cysyniad; mae'r ddwy elfen *Cyngor + Sir* wedi dod ynghyd i ffurfio uned newydd sydd ag ystyr newydd iddo ac mae'n gweithio felly fel gair cyfansawdd.

2 Mae ansoddair sy'n dechrau â *p, t, c, b, d, g, m, ll,* a *rh* sy'n cael ei osod rhwng y fannod (*y, 'r*) ac enw benywaidd unigol yn treiglo'n feddal.

p	prif	y brif broblem
d	du	y ddu nos
	diweddar	teulu'r ddiweddar Ann Jones
		y ddiweddar Arglwyddes
g	gwir	y _wir gost
ll	llwyd	y lwyd wawr
rh	rhwydd	y rwydd wers

Eithriad i'r rheol hon yw *cyfryw*. Nid yw'r gair *cyfryw* yn treiglo o'i osod rhwng bannod ac enw benywaidd unigol.

y cyfryw noson

3 Pan geir bannod, ac yna ansoddair yn cyfeirio at enw benywaidd unigol, mae'r ansoddair sy'n dechrau â *p, t, c, b, d, g, m, ll,* a *rh* yn treiglo'n feddal.

t	trugarocaf	Nid y drugarocaf yw'r gallaf.
ll	lleiaf	Dewisais y leiaf.
rh	rhyfeddaf	Hi oedd y ryfeddaf.

Treigladau

4 Mae ansoddair sy'n dechrau â *p, t, c, b, d, g, m, ll,* a *rh* ac sy'n gweithredu fel enw yn treiglo'n feddal ar ôl *dau* a *dwy*.

p	piwis	dwy biwis
m	medrus	dau fedrus
ll	llwynogaidd	dau lwynogaidd
rh	rhamantus	dau ramantus

5 Treiglir ansoddair sy'n dechrau â *p, t, c, b, d, g, m, ll,* a *rh* yn feddal ar ôl y rhifolion benywaidd.

p	pengaled	tair bengaled
t	tew	pedair dew
c	call	dwy gall
b	beirniadol	tair feirniadol
d	diddorol	tair ddiddorol
g	gwallgof	tair _wallgof
m	melen	tair felen
ll	llechwraidd	pedair lechwraidd
rh	rhinweddol	pedair rinweddol

Nid yw *pum(p)* yn rhifol benywaidd fel y cyfryw, ond fe'i cymathwyd i'r un drefn.

c	call	pum gall
d	diddorol	pum ddiddorol

6 Mae ansoddair sy'n dechrau â *p, t, c, b, d, g, m* yn treiglo'n feddal ar ôl *mor* a *cyn* wrth eu cymharu.

p	parod	Nid oedd mor barod ei gymwynas â chynt.
c	cerddorol	Nid yw mor gerddorol â'i mam.
d	diddorol	A fydd y nofel hon mor ddiddorol â'i nofel gyntaf?

Ni threiglir geiriau yn dechrau â *ll* a *rh*.

ll	llymed	Nid yw'r gwynt cyn llymed heddiw.
rh	rhewllyd	Mae mor rhewllyd heddiw ag oedd hi ddoe.

7 Treiglir gradd eithaf ansoddair sy'n dechrau â *p, t, c, b, d, g, m, ll,* a *rh* yn feddal pan fydd yn dilyn *po*.

p	prinnaf	Gorau po brinnaf.
c	cyntaf	Gorau po gyntaf.
m	mwyaf	Gorau po fwyaf.
ll	lletaf	Gorau po letaf.
rh	rhwyddaf	Gorau po rwyddaf.

8 Treiglir ansoddair sy'n dechrau â *p, t, c, b, d, g, m* yn feddal ar ôl *yn* a *'n* yn y traethiad.

t	tenau	Roedd yr awyr yn denau ar ben y mynydd.
b	bach	Mae'r porthor yn fach o gorffolaeth.
		eithriad: yn braf
g	gwan	Mae'r golau'n _wan a'r llwybr yn anwastad.
m	milain	Mae bob amser yn filain gyda'i staff.

Ni threiglir y llythrennau *ll* a *rh* ar ôl *yn* yn y traethiad.

| ll | llithrig | Roedd y pafin yn llithrig. |
| rh | rhesymol | Roedd yr athro'n rhesymol a chwrtais. |

Ni threiglir ansoddair sy'n dod rhwng *yn* a berfenw, ond fe dreiglir y berfenw.

yn prysur _orffen

9 Mae ailadrodd ansoddair yn y radd gysefin a'r radd gymharol yn arfer gyffredin. Os bydd yr ansoddair cyntaf yn treiglo'n feddal, er enghraifft ar ôl enw benywaidd unigol, treiglir yr ail hefyd.

p	parchus	gwraig barchus barchus
t	tew	yn dewach dewach
c	cynnar	yn gynnar gynnar
b	beiddgar	llinell feiddgar feiddgar
d	distaw	yn ddistawach ddistawach
g	gwyllt	yn _wyllt _wyllt
m	melys	teisen felys felys
ll	llawen	gwraig lawen lawen
rh	rhyfedd	stori ryfedd ryfedd

Os nad yw'r ansoddair cyntaf yn treiglo mae'r ail hefyd yn aros yn ddidreiglad.

llun bach bach   llyn dwfn dwfn

10 Mae ansoddair (neu enw'n gweithredu fel ansoddair) sy'n dechrau â *p, t, c, b, d, g, m, ll,* a *rh* ac sy'n cael ei ddefnyddio'n

adferfol yn treiglo'n feddal pan ddaw ar ôl ansoddair arall.
cadarn (ansoddair) + rhyfeddol (ansoddair sy'n cael
ei ddefnyddio fel adferf) > cadarn ryfeddol

p	gwirion + post > gwirion bost
t	meddw + twll > meddw dwll
c	gwyllt + cynddeiriog > gwyllt gynddeiriog
d	taclus + digon > taclus ddigon
m	drud + melltigedig > drud felltigedig
rh	cadarn + rhyfeddol > cadarn ryfeddol

11 Treiglir ansoddair sy'n dechrau â *p, t, c, b, d, g, m, ll,* a *rh* yn feddal ar ôl y gair *neu*.

p	pigog	llyfn neu bigog
c	cyfoethog	tlawd neu gyfoethog
d	dedwydd	balch neu ddedwydd
ll	lleddf	llon neu leddf
rh	rhagfarnllyd	teg neu ragfarnllyd

12 Treiglir gradd gyfartal ansoddair sy'n dechrau â *p, t, c, b, d, g, m, ll,* a *rh* yn feddal wrth fynegi rhyfeddod, hynny yw pan ddefnyddir ef fel ebychiad. Ni ddefnyddir *cyn* gyda'r ansoddair hwnnw.

t	truaned	Druaned yw!
b	byrred	Fyrred yw oes!
ll	lleied	Leied a gaiff!
rh	rhyfedded	Ryfedded oedd hynny!

13 Treiglir *pob* yn feddal mewn ymadrodd adferfol, sef ymadrodd sy'n dweud rhagor am y ferf.

        Mae'n codi'n gynnar bob bore.
        Nid yw'n ymarfer bob penwythnos.
        Aethant bob un.

Ond pan mae *pob* yn dod ar ddechrau ymadrodd ansoddeiriol dim ond ar ôl enw benywaidd unigol mae'n treiglo.

        cot bob tywydd
        siop bob peth
        Siân bob swydd
        Sioni pob ochr

Ond mae *bob dydd* wedi ymsefydlogi'n ansoddair, felly 'bywyd **b**ob dydd', 'esgidiau **b**ob dydd'.

14 Treiglir *pawb* a *pob* yn feddal mewn cyfosodiad. Ychwanegiad sydd yn esbonio rhywbeth, neu'n dweud rhywbeth pellach, yw cyfosodiad, ac yn aml dweud rhagor am y goddrych a wna. Er enghraifft, yn y frawddeg gyntaf isod mae *bawb ohonynt* yn esbonio goddrych y ferf *aethant*, ond byddai'r frawddeg yn sefyll hebddo.
> Aethant, bawb ohonynt, i wrando arno'n canu.
> Daethom, bob un ohonom, adref cyn nos.

15 Pan geir enw priod, ac ansoddair yn cael ei roi ato i weithredu fel cyfenw neu i ddisgrifio'r enw priod, mae'n arferol treiglo ansoddair sy'n dechrau â *p, t, c, b, d, g, m, ll,* a *rh* yn feddal.

p	pwt	Beti Bwt
t	tlawd	Dic Dlawd
c	coch	Iolo Goch
d	ddu	Barti Ddu
ll	llon	Lili Lon

Ond yn aml fe hepgorir y treiglad.
> Rhodri Mawr
> Gruffudd Llwyd

16 Treiglir ansoddair sy'n dechrau â *p, t, c, b, d, g, m, ll,* a *rh* yn feddal ar ôl *cwbl, go, hollol,* a *rhy*.
> Nid oedd y cyngerdd yn gwbl foddhaol.
> Diwrnod go bethma wnaeth hi heddiw.
> Roedd hi'n noson hollol lonydd.
> Roedd y môr yn rhy dawel i syrffio.

Treiglir ansoddair sy'n dechrau â *p, t, c, b, d, g, m* yn feddal ar ôl *pur*, ond ni threiglir *ll* a *rh*.
> Clywais i stori bur _wahanol.
> Clywais fod y neuadd yn bur llawn.
> Sylwais fod yr hoelen yn bur rhydlyd.

Berfau

1 Os defnyddir y geiryn gofynnol *a* (= llythyren) i ofyn cwestiwn, mae'r ferf sy'n dilyn yn treiglo'n feddal ym mhob achos. Os

Treigladau

defnyddir y gair *oni* i ofyn cwestiwn mae'r ferf sy'n dilyn yn treiglo'n feddal os yw'n dechrau â'r llythrennau *b, d, g, m, ll,* neu *rh* (ond yn llaes os yw'n dechrau â'r llythrennau *p, t,* neu *c*: gweler yr adran ar y treiglad llaes).

p	plannaf	A blannaf fi'r syniad yn ei ben ai peidio?
t	traethwyd	A draethwyd yn groes i hynny ddoe?
c	cyrhaeddi	A gyrhaeddi di cyn te?
b	byddi	Oni fyddi di'n dod i'r cyfarfod?
d	dyfarnaf	A ddyfarnaf fi Elenid Hargreaves yn brif lenor?
g	gorfu	A _orfu ef ar ei elynion?
m	meddiannodd	Oni feddiannodd ef y swyddfa?
ll	lleisiwch	Oni leisiwch chi eich barn yn y cyfarfod?
rh	rhuodd	A ruodd y llew drwy'r nos?

Weithiau hepgorir yr *a* hon, ond ni hepgorir y treiglad.

A wyliaist ti'r gêm hoci?	>	_Wyliaist ti'r gêm hoci?
Oni ddewch chi?	>	Ddewch chi?

2 Mae berf sy'n dechrau â *p, t, c, b, d, g, m, ll,* a *rh* yn treiglo'n feddal os yw'n dilyn y rhagenw perthynol *a*. Dyma'r *a* sy'n golygu *who, whom, which* neu *that* yn Saesneg.

p	Dyma'r bachgen a blannodd yr ardd i mi.
t	Yr oedd y ferch a dalodd y bil yn fyddar.
c	Ai dyma'r dyn a glywodd y seiren?
b	Nid dyna'r un a fydd yn ein cynrychioli.
d	Dyma'r llythyr a dderbyniais ddoe.
g	Ai ef a glywais ar y radio amser cinio ddoe?
m	Syrthiodd y wraig a fynnodd ddringo'r clogwyn.
ll	Hi yw'r un a lwyddodd i'm hargyhoeddi.
rh	Dyma'r sawl a redodd ras hir Llundain.

Gellir hepgor yr *a* gyda ffurfiau berfol *bod*, ond ni ellir hepgor y treiglad.

Nid dyna'r un fydd yn ein cynrychioli.

3 Mae berfau sy'n dechrau â *p, t, c, b, d, g, m, ll,* a *rh* yn treiglo'n feddal ar ôl y cysylltair *pan*.

p	penderfynwch	Rhowch wybod i mi pan benderfynwch ar y mater.
t	tâl	Pan dâl ei ddyled byddaf yn hapus.

391

c	cewch	Dewch â'r rhestr i mi pan gewch gyfle.
b	bydd	Pan fydd anawsterau'n codi peidiwch ag ildio.
d	doi	Fe gei olwg newydd ar y lle pan ddoi di yma.
g	gwelwch	Cofiwch fi ato pan _welwch ef.
m	meddyliaf	Pan feddyliaf am y sarhad rwy'n ffyrnigo.
ll	llenwir	Bydd gennym lai o waith pan lenwir y swydd.
rh	rhennir	Ni fyddaf wrth law pan rennir y bai.

4 Mae berfau sy'n dechrau â *b, d, g, m, ll,* a *rh* yn treiglo'n feddal ar ôl y cysyllteiriau *oni/os na.* (Achosir treiglad llaes i'r berfau sy'n dechrau â *p, t,* neu *c*: gweler yr adran ar y treiglad llaes.)

b	bydd	Fe awn am dri oni fydd rhyw anhawster.
d	daw	Yma y byddwn os na ddaw ymwared.
g	gwelsoch	Oni _welsoch chi'r cytundeb ni allwn ei drafod.
m	meddyliwch	Oni feddyliwch am ateb llawn ni chawn ein parchu.
ll	lleiheir	Ein cosbi a gawn oni leiheir y gwariant.
rh	rhennir	Oni rennir yr enillion yn deg byddwn ar ein colled.

5 Pan ddaw *ni* neu *na* o flaen berf, mae berfau sy'n dechrau â *b, d, g, m, ll,* neu *rh* yn treiglo'n feddal (a berfau sy'n dechrau â *p, t* a *c* yn treiglo'n llaes: gweler yr adran ar y treiglad llaes).

b	bu	Ni fu fawr o drefn ar y gynhadledd.
d	darllenais	Ni ddarllenais y memo mewn pryd.
g	gweinyddodd	Ni _weinyddodd y cynllun yn ddigon effeithiol.
m	magodd	Ni fagodd ddigon o hyder i ymladd etholiad.
ll	llwyddodd	Gan na lwyddodd i'n darbwyllo, aethom i weld y gêm.
rh	rhowch	Os na rowch chi'r arian ar unwaith, fe fydd ar ben.

Mewn gweithiau ffurfiol iawn eu naws, ni threiglir ffurfiau'r ferf *bod* yn dilyn *ni* ond mae hyn yn eithaf prin bellach.

bydd	Ni bydd ef yn bresennol.

6 Mae berfau sy'n dechrau â *p, t, c, b, d, g, m, ll,* a *rh* yn treiglo'n feddal pan gânt eu rhagflaenu gan y geirynnau berfol *mi, ti, fe*: *mi* wrandawaf; *fe* ddaw; *ti* goeli.

p	Mi brynais gerdyn Pasg iddo.
t	Fe drawodd fargen â'i reolwr banc.
c	Fe gododd ofn arnaf.
b	Os caiff ei ddyrchafu'n esgob mi fydd yn hapus.
d	Fe ddaw ei dro yntau.
g	Mi _wrthwynebodd y dyfarniad.
m	Os na chymerwch bwyll fe fesurwch yn brin.
ll	Mi ledodd y broblem i Ewrop.
rh	Fe rannwyd yr adran ar y mater.

Pan na ddefnyddir y geirynnau berfol hyn o flaen y ferf ar ddechrau brawddeg, ni cheir treiglad.

> Cododd ofn arnaf.
> Rhannwyd yr adran ar y mater.

Mae'r geiryn berfol yn ddealledig yn y treiglad meddal llafar a ganlyn, ac mae'n dderbyniol mewn deialog ac mewn traethiad llafar ei naws.

> Brynes i e ddoe.

7 Mae berfenw ac enwau eraill sy'n dechrau â *p, t, c, b, d, g, m, ll,* a *rh* yn treiglo'n feddal pan fydd yn wrthrych i ffurf gryno'r ferf.

> **Ffurf gryno:** cofiwch ddarllen.
> **Ffurf hir:** mae'n rhaid i chi gofio darllen.

Os oes mwy nag un berfenw, dim ond y cyntaf sy'n treiglo.

> **Cofiwch** ddarllen, copïo a dysgu'r tablau hyn.

8 Piau

Mae'n fwy naturiol treiglo *piau* yn feddal erbyn hyn na pheidio â'i dreiglo. Bellach defnyddir *biau* yn amrywiad ar *piau*.

> Pwy biau'r car hwn?
> Ni biau'r cyfan a welwch.
> Ef oedd biau'r cwch.

Ni threiglir enw neu ferfenw sy'n dilyn *piau*.

> Fi biau medal y plentyn.
> Fi biau rhoi.

Mae *sydd biau* yn anghywir mewn testunau ffurfiol ond fe'i derbynnir mewn arddull anffurfiol ac mewn deialog. Er hynny, mae'r ffurfiau *fydd biau/piau*, ac *oedd biau/piau* yn ffurfiau safonol.

- Nid oes modd rhoi negydd yn union o flaen *piau*. I negyddu *piau* mae'n rhaid ail-lunio'r frawddeg.
  > Ef yw'r dyn biau'r car.
  > Ef yw'r dyn nad yw'n berchen ar y car.

9 Nid oes byth dreiglad meddal i'r berfenw ar ôl *yn*.
  > Yr oedd yn teithio'n gyflym o le i le.

Mae'r rheol yn dal pan ffurfir berfenw cyfansawdd o ansoddair a berfenw syml:
  > Yr oedd yn cyflym deithio o le i le.
  > Yr wyf yn dirgel gredu mai ef sy'n iawn.

Y treiglad trwynol

O dan yr amgylchiadau a restrir isod mae *p, t, c, b, d,* a *g* yn treiglo'n drwynol.

1 Ceir treiglad trwynol ar ôl *fy*.

fy mhabell	fy maner
fy nhriog	fy nawns
fy nghefn	fy ngreddf

2 Ceir treiglad trwynol ar ôl yr arddodiad *yn* sy'n golygu *in* yn Saesneg. Mae *yn* yn newid yn *ym* o flaen *p* a *b*, ac yn newid yn *yng* o flaen *c* a *g*.

ym Mharis	ym Mangor
yn Nhrawsfynydd	yn Nwygyfylchi
yng Nghaersws	yng Ngwalchmai

Ni threiglir teitlau cyhoeddiadau, ac ati, a chedwir at y ffurf *yn* lle na cheir treiglad.
  > Fe'i cyhoeddwyd gyntaf yn *Barn* ac yna fe'i cynhwyswyd yn *Pigion Llên*.
  > Mwynheais 'Yr Enfys'; yn 'Cân y Gwynt' y cefais fy siomi.

Treigladau

3 Mae'r geiriau *blwydd, blynedd,* a *diwrnod* yn treiglo'n drwynol ar ôl *pum, saith, wyth, naw, deg, deuddeg, pymtheg, deunaw, ugain,* a *can.*

pum	pum mlwydd oed
saith	saith mlynedd
wyth	wyth niwrnod
naw	naw mlwydd oed
deg	deng mlynedd
deuddeg	deuddeng niwrnod
pymtheg	pymtheng mlwydd oed
deunaw	deunaw mlynedd
ugain	ugain niwrnod
can	can mlwydd oed

Ond bellach caniateir peidio â threiglo'r gair *diwrnod* a chadw ffurf ddidreiglad y rhifol.

Mae:	deg	yn newid yn	deng
	deuddeg	yn newid yn	deuddeng
	pymtheg	yn newid yn	pymtheng

o flaen *m-,* o flaen *diwrnod,* ac weithiau o flaen llafariaid:

    deng mlwydd
    deuddeng niwrnod
    pymtheng awr

ond: pymtheg oed

Y treiglad llaes

O dan yr amgylchiadau a restrir isod mae'r llythrennau *p, t,* a *c* yn treiglo'n llaes.

1 Ceir treiglad llaes ar ôl y rhagenwau personol benywaidd *ei, 'i,* a *'w.*

ei phen	drwy'i phen	i'w phen
ei throed	drwy'i throed	i'w throed
ei chlust	drwy'i chlust	i'w chlust

2 Mae enw yn treiglo'n llaes ar ôl *tri* a *chwech.* Ar lafar fe anwybyddir y treiglad hwn yn amlach na pheidio, ond mae'n dal yn arferiad treiglo ar bapur.

pwynt	tri phwynt	chwe phwynt
teledu	tri theledu	chwe theledu
cyfrifiadur	tri chyfrifiadur	chwe chyfrifiadur

Nid yw ansoddair yn treiglo'n llaes ar ôl *tri* a *chwech*.

> Tri cyflym eu lleferydd oedd y bechgyn.

3 Daw treiglad llaes ar ôl yr arddodiaid *â (by means of, with)*, *gyda*, a *tua*.

> Roedd tua phump o ddieithriaid yno.
> Torrodd ei fys â chyllell.

Wrth lunio testun mewn cywair anffurfiol, neu wrth gofnodi sgwrs, caniateir peidio â threiglo.

> Rwy'n dod gyda thi.
> Rwy'n dod gyda ti.
>
> Fe hoffwn gael gair â thi am hyn.
> Fe hoffwn gael gair â ti am hyn.
>
> Cerddodd tua phedair milltir y pnawn hwnnw.
> Cerddodd tua pedair milltir y pnawn hwnnw.

Ystyrir y gair *(h)efo* yn air anffurfiol ei naws ac fe briodolir iddo yr un rheolau â'r dull anffurfiol o sgwrsio; mae'n amhriodol treiglo ar ôl *(h)efo*.

> Fe af yno efo pump o berthnasau.
> Torrodd ei fys efo cyllell.

4 Daw treiglad llaes ar ôl y cysylltteiriau *â (as)*, *a (and)*, *oni/os na (until, if not)*, a *na (than)*.

p	penderfynol	Mae'n berson cadarn a phenderfynol.
	penderfynodd	Fe ddaw oni phenderfynodd yn wahanol eleni.
t	tref	Nid oes na dinas na thref o fewn cyrraedd hwylus.
	tâl	Diddymwch yr archeb oni thelir amdani ymlaen llaw.
c	caf	Ni chredaf oni chaf weld drosof fy hunan.
	craig	Mae'r gacen mor galed â chraig.

5 Mae'r ferf yn treiglo'n llaes ar ôl *ni* a *na* negyddol.

| p | pleidleisiais | Pwdodd am na phleidleisiais iddo. |

| t | tawodd | Er na thawodd drwy'r gyda'r nos, ni chosbwyd ef. |
| c | cerddais | Ni cherddais i'r gwaith heddiw wedi'r cyfan. |

6 Pan ddefnyddir *oni* i ofyn cwestiwn, ceir treiglad llaes ar ei ôl.

p	pasiodd	Oni phasiodd y prawf?
t	teithiais	Oni theithiais i'ch gweld?
c	cawsoch	Oni chawsoch hwyl arni?

7 Daw treiglad llaes ar ôl yr adferf *tra (very)*.

p	prysur	Roedd yn dra phrysur y diwrnod hwnnw.
t	tawel	Bu'n dra thawel ar ôl y ddamwain.
c	crynedig	Mae'n dra chrynedig yn ei henaint.

Ni cheir treiglad ar ôl y cysylltair *tra*.

Arhosaf ar y traeth tra parhao'r haul
Eisteddodd yn dawel tra canai ei merch.
Tra tawa'r ffŵl, fe'i hystyrir yn ddoeth.

8 Treiglir y geiriau *gan, gyda, tros, trwy, trosodd, dan,* a *draw* yn llaes yn dilyn y cysylltair *a*.

gan	Daeth i'r swyddfa yn hapus a chan chwerthin.
gyda	Canodd yn uchel a chyda brwdfrydedd.
tros	Neidiodd i'r ardd a thros y clawdd.
trwy	Aeth allan o'i ystafell a thrwy'r dref ar ras.
trosodd	Canodd y gân drosodd a throsodd.
dan	Cerddodd yn gyflym a than sgrechian.
draw	Edrychodd yma a thraw.

Mewn testunau anffurfiol derbynnir y ffurfiau a ganlyn:

a gan, a gyda, a dros, a drwy, a drosodd, a dan.

Yn aml mae *ti* yn eithriad wrth dreiglo'n llaes.

Rwy'n bwriadu dod gyda ti.
Rwyf fi yn fwy na ti.

Mae'r rhagenw *ti* fel petai'n gwrthsefyll treiglo ar adegau.

Treiglo enwau pobl

Wrth lunio testun ffurfiol ei naws gellir dewis treiglo, neu beidio â threiglo, enw Cymraeg ar berson.

Fe'i lladdwyd gan Lywelyn ap Gruffudd.
Fe'i lladdwyd gan Llywelyn ap Gruffudd.

Nid yw'n arferol treiglo enwau sy'n dechrau â'r llythyren G-.
Mae'r enghraifft ganlynol yn annerbyniol.
> Er i _Wyndaf wrthwynebu, ni wnaed fawr o sylw ohono.

Wedi penderfynu dros dreiglo neu beidio, mae'n rhaid bod yn gyson. Ar y cyfan mae'n well gadael enwau personau heb eu treiglo, ar wahân, efallai, i enwau personau hanesyddol enwog fel Dafydd ap Gwilym, Llywelyn Fawr, a'u cyffelyb.

Treiglo enwau lleoedd

1 Treiglir enw Cymraeg ar leoedd yng Nghymru a'r tu allan i Gymru bob amser.
> Fe awn i Gaergybi erbyn naw.
> Pryd ddewch chi'n ôl o Lundain?

Treiglir ar ôl *i*, *yn*, ac *o*, ond ni threiglir *ll* a *rh* ar ôl *yn*.

2 Ni threiglir enwau Saesneg neu enwau tramor ar leoedd, os nad ydynt wedi eu Cymreigio.
> Ni fûm erioed yn Blackpool.
> Byddwn yn teithio i Burundi yn y gwanwyn.

Ceir anhawster gyda'r enwau sy'n lled gartrefol yn Gymraeg, ond heb eu llwyr dderbyn fel geiriau Cymraeg. Ystyrir *Paris*, bellach, yn air Cymraeg. Felly hefyd *Canada, Madagasgar* a nifer helaeth iawn o drefi, dinasoedd a gwledydd y byd. Ond beth am *Berlin*? Mae rhai yn treiglo, eraill yn peidio. Gan nad yw wedi ei lwyr Gymreigio o ran sain, mae'n well peidio â'i dreiglo. Nid *B* + *y* fyddai'r dull Cymreig (na'r dull Almaenig) o ynganu *B* + *e*. Os oes amheuaeth, ni ddylid treiglo.

3 At ei gilydd, ni threiglir enwau lleoedd tu allan i Gymru sy'n dechrau â'r llythyren G-, er enghraifft *Glasgow*. Nid yw *Glasgow* yn enw sydd wedi ei Gymreigio, ac ni fyddai'n naturiol ysgrifennu *yng Nglasgow, o Lasgow, i Lasgow*. Enghraifft gyffredin arall yw *Genefa*. Er bod *Genefa* yn enw sydd wedi'i Gymreigio, ni fyddai'n naturiol ysgrifennu *i Enefa*, mwy nag y byddai'n naturiol ysgrifennu *i Arndolbenmaen*. Ar y llaw arall croesewir *yng Ngenefa* ac *yng Ngwalchmai*. Felly mae tair elfen i'w hystyried, sef i ba raddau mae'r enw lle wedi ei Gymreigio, pa arddodiad a ddefnyddir o'i flaen, ac i ba raddau mae'r treiglad yn dieithrio'r enw i'r darllenydd.

Treiglo teitlau

1 Ni threiglir teitlau llyfrau, cylchgronau, cyfnodolion, straeon, cerddi, lluniau, ac ati.

> Yn *Gwaith Llywarch ap Llywelyn* cafwyd campwaith.
> Codwyd 'Y Deri Unig' o *Taliesin*.
> Edrychais drwy *Geiriadur Prifysgol Cymru* i gadarnhau'r sillafiad.
> Sylwais ar 'Dau yn Cerdded', llun diweddaraf M. Prydderch,
>   yn *Golwg ar y Byd*.

2 Treiglir teitlau pobl os ydynt yn deitlau Cymraeg neu'n rhai sydd wedi eu Cymreigio.

> Annwyl Barchedig Ddoethur Ernest Jones . . .
> Annwyl Brifathro . . .
> Annwyl Ddr Ellis . . .

3 Ni threiglir teitlau Saesneg, er enghraifft *Mr, Mrs,* a *Ms*.

Treiglo geiriau benthyg

Mae geiriau benthyg sydd wedi eu llwyr dderbyn i'r iaith yn cael eu trin yn union yr un fath â geiriau Cymraeg cynhenid. Treiglir pob un, ac eithrio'r rhai sy'n dechrau â'r llythyren *g-*, er enghraifft *gard, gêm, giât, gini, gôl,* ac ati.

> dau gard
> dwy gêm
> un giât
> dwy gini
> dwy gôl

Gyda'r geiriau sy'n dechrau â'r llythyren *g-*, treiglir yn drwynol:

> fy ngêm
> fy ngiât

ond ni threiglir yn feddal:

> ei êm ef   annerbyniol
> ei iât ef   annerbyniol

Mae llawer o eiriau cynhenid Gymraeg sy'n dechrau â *g-* yn gwrthsefyll treiglad yn ôl y patrwm uchod.

> mil o gau grefyddwyr

- **Y llythrennau j, ch**

Mae'r sain a gynrychiolir gan y llythyren *j* yn gwbl gartrefol yn yr iaith Gymraeg ac mae'r brawddegau a ganlyn yn gwbl dderbyniol.

> Berwi jam yr oedd pan dorrodd y lladron i'r tŷ.
> Cafodd lond ei fol o jips i swper.
> Gymri di jipsan?
> Prynodd bâr o jîns yn y farchnad.

Ond mae rhai geiriau sy'n cynnwys y llythyren *j* yn cael eu Cymreigio'n wahanol i'w gilydd, yn dibynnu ar ardal ac ar gyfnod y benthyg. Nid oes cysondeb yn hyn o beth, ac mae'n fater o dderbynioldeb yn hytrach na chywirdeb. Enghraifft o hynny yw'r gair *Japan*, a'r sillafiad Cymraeg *Siapan*.

Nid yw'r sain a gynrychiolir yn Saesneg gan *ch* mor gartrefol yn yr iaith Gymraeg ag yw'r sain a gynrychiolir gan *j*. Cynrychiolir *ch* yn Gymraeg gan *ts* heb dreiglad, a chan *ds* neu *j* gyda threiglad meddal:

> tsips: sglodion tatws   Tsipsen neu ddwy fyddai'n dda.
> tsita: llewpard hela   Roedd tsita yn y sw.
>   Roedd dau dsita yn y sw.
> neu: Roedd dau jita yn y sw.

Treiglo enwau cwmnïau, gwerthwyr nwyddau, ac ati

Treiglir yr enw os yw'n un Cymraeg neu'n un digon Cymreig ei naws.

> Hen Ffordyn oedd gan fy nhaid ond roedd gan fy ewythr ddau Gortina newydd sbon.

Ni threiglir enwau Saesneg, neu rai sy'n gyfarwydd mewn cyd-destun Saesneg.

> Ni fu gennyf erioed fawr i'w ddweud wrth Mercedes.
> Siocled gan Cadbury's yw'r melysaf.

Treiglo o flaen dyddiadau

Gellir treiglo o flaen dyddiadau os dymunir (gweler **Rhifau** tt. 85–9), ond mae cysondeb yn hollbwysig.

Treiglo *bod*

1 Nid yw gwrthrych berfenw (boed hwnnw'n enw neu'n ferfenw) yn treiglo fel arfer.

> gallu gwneud (berfenw + berfenw)
> medru mynd (berfenw + berfenw)
> tagu ci (berfenw + enw)
> prynu llyfr (berfenw + enw)

Yn lle gair, gellir cael ymadrodd yn wrthrych berfenw. Yn y brawddegau isod dangosir gwrthrych y berfenw mewn italig:

> Mae'n gallu *mynd i'r dosbarth cynganeddu nos Lun*.
> nid: Mae'n gallu *fynd i'r dosbarth cynganeddu nos Lun*.
> Nid yw'n gallu *dod draw yn gynnar*.
> nid: Nid yw'n gallu *ddod draw yn gynnar*.

- Nid yw *bod* yn treiglo pan ddaw ar ddechrau cymal sy'n wrthrych uniongyrchol i'r berfenw.

> Mae'n gallu *bod yn broblem*.

Os yw *bod* yn cyfieithu i'r Saesneg yn *be* (fel yn yr enghraifft uchod: It can *be a problem*), ni threiglir *bod*.

Pan fydd *bod* ar ddechrau cymal enwol gwrthrychol, gellir ei dreiglo er ei fod yn aml yn dod yn syth ar ôl berfenw. Yn y safle hwn bydd *bod* yn cyfieithu'n *that*, felly pan mae *bod* = *that*, gellir treiglo *bod*.

> Yr wyf yn meddwl *fod sawl ffordd o ennill rheolaeth*.
> Arferai ddweud *fod cynnwys y cyrsiau yn rhy draddodiadol*.
> Yr wyf yn credu *fod gennych lawer i'w gynnig i'r cwmni*.
> Nid wyf yn meddwl *fod defnydd i hwn bellach*.
> A oeddech yn dweud *fod elw sylweddol mewn busnes o'r fath*?

Erbyn hyn tyfodd yn arfer cysoni'r rheolau ar gyfer holl ystyron *bod* pan ddaw ar ôl berfenw, ac mae carfan o bobl sy'n gwrthwynebu treiglo *bod* ar ôl berfenw yn gyfan gwbl.

Os nad yw'r berfenw a *bod* yn dilyn ei gilydd y naill yn union ar ôl y llall, mae'n rhaid treiglo *bod*.
> Dylid *nodi*, fodd bynnag, *fod* Elen Elias yn absennol.
> Mae'n rhaid i chi *gofio* bob amser *fod* y broblem ar gynnydd.

2 Ni threiglir *bod* ar ôl yr amhersonol pan mae'n wrthrych i'r ferf amhersonol.
> Gellir *bod* yn gynnil wrth ganmol.

Os yw *bod* yn cyfieithu yn (*to*) *be*, fel yn yr enghraifft uchod, ni threiglir *bod*.

Pan fydd *bod* ar ddechrau cymal enwol gwrthrychol, gellir treiglo *bod* er ei fod yn aml yn dod yn syth ar ôl yr amhersonol. Yn y safle hwn bydd yn cyfieithu'n *that*, felly pan mae *bod* = *that*, gellir treiglo *bod*.
> Credir *fod arbrofi* yn llesol bob amser.
> Heddiw, ni ddywedir *fod osgoi* talu treth incwm yn lladrata.
> A welir *fod cyfiawnder* yn cael ei weinyddu yn y llysoedd?

Erbyn hyn tyfodd yn arfer cysoni'r rheolau ar gyfer holl ystyron *bod* pan ddaw ar ôl yr amhersonol, ac mae carfan o bobl sy'n gwrthwynebu treiglo *bod* ar ôl yr amhersonol yn gyfan gwbl.

Os nad yw'r ferf amhersonol a *bod* yn dilyn ei gilydd y naill yn union ar ôl y llall, mae'n rhaid treiglo *bod*.
> *Credir* gan amryw *fod* gwallau yn y rhestr aelodaeth.
> *Cyfaddefir* bob amser *fod* trip i Efrog Newydd yn agoriad llygad.
> Fe'i *hatgoffwyd* droeon *fod* angen agenda.
> *Gwelir*, wrth edrych drwy'r ffenestr, *fod* y gwaith adeiladu yn yr harbwr wedi dechrau.

3 Pan ddefnyddir berf bersonol, treiglir *bod*.
> *Credaf fod* maeth mewn cnau.
> *Tybiai fod* ei gar wedi'i yswirio.
> Oni *welwch fod* synnwyr yn yr hyn a ddywedaf?

Os nad yw'r ferf bersonol a *bod* yn dilyn ei gilydd y naill yn union ar ôl y llall, treiglir *bod*.

Dywedodd Saunders Lewis *fod* darllen ei waith ei hun
yn dasg ddiflas.
Mynnai'r ferch *fod* awr a hanner o ddarllediad yn ormod.
Awgrymodd yn gynnil *fod* y cyfan yn ofer.

4 Treiglir *bod* ar ôl *am, diau, dichon, efallai, gan, oni bai*,
ac *ymddengys*.
Am fod llygedyn o wir yn y stori, ni chafodd y swydd.
Diau fod gwir yn y stori.
Dichon fod gwir yn y stori.
Efallai fod trosedd wedi'i chyflawni.
Gan fod amheuaeth gref, peidiwch ag erlyn.
Oni bai fod trosedd wedi'i chyflawni, anwybyddwch y cwbl.
Ymddengys fod gwir yn y stori ddwl.

5 Ni threiglir *bod* ar ôl *er, heblaw, oherwydd, ond, rhag, rhaid, rhwng, sef*, ac *unwaith*.
Er bod y mwyafrif o'i blaid, ni chafodd y swydd.
Peidiwch â mynd yno *heblaw bod* gennych reswm da dros
wneud hynny.
Anwybyddwyd hynny *oherwydd bod* yr amser yn fyr.
Euthum i'r cyfarfod *rhag bod* achos gan neb i weld bai.
Mae'n *rhaid bod* llai o amser ganddi nag arfer.
Rhwng bod y rhybudd yn fyr a'r tywydd mor wlyb, arhosais gartref.
Dyma'r drwg, *sef bod* gormod o weinyddwyr a phrinder academwyr.

Dyma fannau eraill lle ceir trafferthion gyda threiglo *bod:*
Posibilrwydd arall yw *fod* ymchwiliad ar y gweill.
yw + *fod* (= *that*) sy'n gywir

Perygl arall yw *bod* yn rhy anffurfiol.
yw + *bod* (= (*to*) *be*) sy'n gywir

Nid oes unrhyw dystiolaeth *fod* y dyn yn euog.
enw + *fod* (= *that*) sy'n gywir

Mae'n bosibl *fod* ymchwiliad ar y gorwel.
mae'n bosibl + *fod* (= *that*) sy'n gywir

Brawddeg negyddol

Defnyddio dau negydd

At ei gilydd, un negydd sydd ei angen mewn brawddeg.
> *Ni* allaf gytuno â chi.
> *Nid* yw Elwyn yn dod.
> *Nid* yw'n arweinydd naturiol.

Ond mae'r geiriau canlynol yn gofyn dau negydd: *amau, amheuaeth, gwad, gwadu,* a *dadl*.
> *Nid* yw'n amau *na* fyddaf yn gorffen y gwaith mewn pryd.
> (Mae'n gwbl sicr y byddaf yn gorffen y gwaith mewn pryd.)
> *Nid* oes amheuaeth *na* fydd yn mynnu ei ffordd.
> (Mae'n gwbl sicr y bydd yn mynnu ei ffordd.)
> *Nid* oes a wad *nad* yw'r amodau yn rhai ffafriol.
> (Mae pawb yn cydnabod fod yr amodau yn rhai ffafriol.)
> *Nid* yw'n gwadu *nad* oedd yn y siop.
> (Mae'n cydnabod ei fod yn y siop.)
> *Nid* oes dadl *na* hoffwn fynd i'r cyngerdd.
> (Mae'n gwbl sicr yr hoffwn fynd i'r cyngerdd.)

Sylwer hefyd ar *dim dwywaith*:
> *Does* dim dwywaith *nad* yw'n alluog.
> (Mae'n gwbl sicr ei fod yn alluog.)

Mae / Nid yw, Nid oes

Efallai mai'r patrwm brawddegol a welir amlaf heddiw yw'r frawddeg sy'n dechrau â *Mae*.
> *Mae* Siôn yn sâl.

Dylid negyddu'r frawddeg fel hyn mewn testun ffurfiol:
> *Nid yw* Siôn yn sâl.

Mewn testun anffurfiol gellid negyddu:
> *Dydy* Siôn *ddim* yn sâl.
> *Dyw* Siôn *ddim* yn sâl.

nid: *Mae* Siôn *ddim* yn sâl.

Os yw'r goddrych yn bendant, negyddir y frawddeg â'r geiriau *Nid yw*. Nid unrhyw fachgen sy'n sâl ond bachgen penodol, sef Siôn.
> *Mae*'r môr yn las *a*'r dyn hufen iâ yn hapus.
> *Nid yw*'r môr yn las *na*'r dyn hufen iâ yn hapus.

Gan fod bannod (*y, yr,* neu *'r*) o flaen *môr* ac o flaen *dyn hufen iâ* maent yn bendant, felly *Nid yw ... na* yw'r ffordd o negyddu'r frawddeg uchod, neu *... ac nid yw'r dyn hufen iâ yn hapus.*

- Os yw'r goddrych yn amhendant mae'r rheol ynglŷn â negyddu ychydig yn wahanol. Yn y frawddeg a ganlyn mae *anifeiliaid* yn cyfeirio at anifeiliaid amhenodol, cyffredinol:

  Mae anifeiliaid *yn bwyta cig.*
  Nid yw anifeiliaid *yn bwyta cig.*

  Eto yn y frawddeg a ganlyn mae tadau da yn cyfeirio at dadau amhenodol, cyffredinol:

  Mae tadau da*'n werth y byd.*
  Nid yw tadau da*'n werth y byd.*

  Felly os yw *mae* yn cyfleu ansawdd, sef *gwerth y byd*, neu'n rhan o ffurf hir berf, negyddir goddrych pendant ac amhendant â *nid yw.*

  ond: *Mae* losin *ar y bwrdd.*
  Nid oes losin *ar y bwrdd.*
  Does dim losin *ar y bwrdd.*
  Mae'r losin *ar y bwrdd.*
  Nid yw'r losin *ar y bwrdd.*
  Dyw'r losin *ddim ar y bwrdd.*

  Os yw *mae* yn cyfleu bodolaeth rhywbeth, sef *ar y bwrdd*, defnyddir *nid yw* i negyddu goddrych pendant a *nid oes* i negyddu goddrych amhendant.

  Mae'r ffôn *ar fy nesg.*
  Nid yw'r ffôn *ar fy nesg.*
  Dyw'r ffôn *ddim ar fy nesg.*

  Mae gennyf ffôn *ar fy nesg.*
  Nid oes gennyf ffôn *ar fy nesg.*
  Does gen i ddim ffôn *ar fy nesg.*

Y mae / Y mae ... heb

Mewn testunau ffurfiol eu cywair nid yw'n dderbyniol defnyddio *y mae* a *heb* yn yr un cymal.

Mae'r heddlu wedi datgelu enw'r ferch a gyhuddwyd.

Oherwydd y fannod dylid negyddu fel hyn:
> *Nid yw*'r heddlu wedi datgelu enw'r ferch a gyhuddwyd.

Nid yw'r ffurfiau a ganlyn yn gywir:
> *Nid yw*'r heddlu *heb* ddatgelu enw'r ferch a gyhuddwyd.
> *Dyw*'r heddlu *heb* ddatgelu enw'r ferch a gyhuddwyd.

Mewn cywair anffurfiol derbynnir *y mae* a *heb* yn yr un cymal.
> *Mae*'r heddlu *heb* ddatgelu enw'r ferch a gyhuddwyd.
> *Mae heb* gael gwyliau ers blynyddoedd.
> *Mae*'n dal *heb* sôn am y peth.

Ond mae'r ffurf *dydi ... heb* yn anghywir.
> *Dydy* Alex *heb* fod yno.

Yr wyf / Yr wyf heb

Mewn testun ffurfiol ei arddull ni ellir defnyddio *wyf* a *heb* yn yr un cymal.
> *Yr wyf wedi* gorffen fy ngwaith am y dydd.

Gellid negyddu'r frawddeg fel hyn:
> *Nid wyf wedi* gorffen fy ngwaith am y dydd.

Gellir hefyd negyddu fel a ganlyn mewn testun ffurfiol neu anffurfiol:
> *Yr wyf heb* orffen fy ngwaith am y dydd.
> *Yr wyf heb* ei weld ers tro.

Weithiau ceir trafferthion wrth ddefnyddio *Yr oedd heb/Nid oedd heb*. Ystyr negyddol sydd i *yr oedd heb*; ystyr gadarnhaol sydd i *nid oedd heb*.

> *Yr oedd heb* rinweddau.   (Nid oedd ganddo rinweddau.)
> *Nid oedd heb* rinweddau. (Yr oedd ganddo rinweddau.)
> *Y mae heb* rinweddau.   (Nid oes ganddo rinweddau.)
> *Nid yw heb* rinweddau.   (Y mae ganddo rinweddau.)

Mae / Mae ... heb wedi

Ni ellir defnyddio *heb wedi* fel negydd.
> *Mae*'r heddlu *heb wedi* datgelu enw'r ferch a gyhuddwyd.

Cymysgedd o *heb ddatgelu* (negyddol) ac *wedi datgelu* (cadarnhaol) a geir yma. Gellir cywiro fel hyn:
> *Nid yw*'r heddlu wedi datgelu enw'r ferch a gyhuddwyd.

Brawddeg negyddol

Nid yw na(c) ... na(c) ...
    Nid yw na phoeth nac oer.   cywir
    Nid yw nac yn athro nac yn ddisgybl.   cywir

Mae defnyddio *nid yw naill ai ... neu, nid yw naill ai ... na* yn anghywir yn y cyd-destun uchod.
    Nid yw naill ai poeth neu oer.   anghywir
    Nid yw naill ai'n boeth na'n oer.   anghywir

a/na, nad
Wrth negyddu brawddeg sy'n cynnwys y rhagenw perthynol *a* (gweler tt. 300–2), defnyddir *na* o flaen cytsain a *nad* o flaen llafariad.

    Dyma'r plentyn a redodd i gyfarfod â'i fam.
    Dyma'r plentyn na redodd i gyfarfod â'i fam.
    Dyma'r plentyn a enillodd y tlws.
    Dyma'r plentyn nad enillodd y tlws.
    Dacw'r dyn a ganodd yn y cyngerdd.
    Dacw'r dyn na chanodd yn y cyngerdd (am ei fod yn sâl).
nid: Dyma'r dyn chanodd ddim yn y cyngerdd.
    Pwy yw'r merched a aeth i Awstralia?
    Pwy yw'r merched nad aethant i Awstralia?
nid: Pwy yw'r merched aeth ddim i Awstralia?

Gan fod *merched* yn lluosog defnyddir ffurf luosog y ferf mewn brawddeg negyddol, sef *aethant* (er mai'r ffurf unigol *aeth* a arferir mewn brawddeg gadarnhaol; mae defnyddio *a aethant* yn gystrawen ry hynafol bellach).

Sydd/nad yw
Wrth ddefnyddio *sydd yn/sy'n* neu *sydd wedi* mewn brawddeg, mae'n rhaid bod yn ofalus wrth negyddu.

    Dyma'r ferch sy'n deall y cyfrifiadur.
    Dyma'r ferch nad yw'n deall y cyfrifiadur.
    Dyma'r dynion sy'n saethu ffesantod.
    Dyma'r dynion nad ydynt yn saethu ffesantod.
    Dyma'r ferch sydd wedi ennill y cytundeb.
    Dyma'r ferch nad yw wedi ennill y cytundeb.
    Dyma'r dynion sydd wedi llwyddo.
    Dyma'r dynion nad ydynt wedi llwyddo.

Y Golygiadur

Clywir ar lafar ffurfiau megis *y myfyriwr sydd ddim yn cyfrannu i'r drafodaeth; y dyn sydd ddim yn clywed; y wraig sydd ddim wedi coluro'i hwyneb*. Nid yw'r rhain yn dderbyniol mewn testun ffurfiol a dylid eu cywiro fel hyn: *y myfyriwr nad yw'n cyfrannu i'r drafodaeth; y dyn nad yw'n clywed; y wraig nad yw wedi coluro'i hwyneb*. Ond fe'u caniateir mewn deialog ffuglen, ac mewn testunau anffurfiol eu cywair.

Ni ellir negyddu *sydd yn* na *sydd wedi* drwy ddefnyddio *na sydd*, er enghraifft *y dynion na sydd yma, y merched na sy'n dod*, neu'r *plant na sydd wedi mynd i'r parc*. Dylid cyfeirio atynt fel hyn: *y dynion nad ydynt yma; y merched nad ydynt yn dod; y plant nad ydynt wedi mynd i'r parc*.

Mewn testun ffurfiol ni ellir negyddu *sydd yn* na *sydd wedi* drwy ddefnyddio *sydd heb*. Ni ddylid cyfeirio at *y myfyriwr sydd heb orffen ei draethawd* ond at *y myfyriwr nad yw wedi gorffen ei draethawd*. Er hynny caniateir *sydd heb* mewn testunau anffurfiol eu cywair.

> **Dyna i chi rywun** sydd heb **fod yn agos i'r lle ers dyddiau.**

Byddai'r ffurf negyddol *nad yw wedi bod* yn drwsgl yn y cyd-destun uchod.

Am fod, oherwydd bod/am nad yw, oherwydd nad yw

Y gystrawen gadarnhaol gywir yw'r un a ganlyn:
> **Yr wyf yn drist am fod fy nhiwtor yma.**

Yr un ystyr sydd i'r frawddeg:
> **Yr wyf yn drist oherwydd bod fy nhiwtor yma.**

Mae dau gymal yn y frawddeg uchod, sef *yr wyf yn drist* ac *oherwydd bod fy nhiwtor yma*. I negyddu'r cymal cyntaf dylid ysgrifennu:
> **Nid wyf yn drist.**

I negyddu'r ail gymal dylid defnyddio'r ffurf *am nad yw*:
> **am nad yw fy nhiwtor yma.**

Felly mae *am fod* ac *oherwydd bod* yn cael eu negyddu gan *am nad yw/oherwydd nad yw* yn hytrach na chan *am fod ddim/oherwydd fod ddim*. Nid yw *am fod fy nhiwtor ddim yma* yn dderbyniol, nac ychwaith *oherwydd fod fy nhiwtor ddim yma*.

mai/nad

Mae cymal sy'n cynnwys *mai* yn gymal cadarnhaol.

> **Awgrymodd** mai **yfory y byddwn yn cyfarfod.**

I'w negyddu defnyddir *nad*, nid *mai nid*, na *mai dim* oni bai mai nodi deialog neu gywair anffurfiol a wneir.

> **Awgrymodd** nad **yfory y byddwn yn cyfarfod, ond drennydd.**

Mae *Awgrymodd mai nid yfory y byddwn yn cyfarfod, ond drennydd* yn frawddeg anghywir ei chystrawen. Yr un modd y frawddeg *Awgrymodd mai dim yfory y byddwn yn cyfarfod, ond drennydd*. Dyma ragor o enghreifftiau o negyddu *mai*:

> **Dywedodd** mai **Gwenno Ellis yw'r un fwyaf teilwng.**
> **Dywedodd** nad **Gwenno Ellis yw'r un fwyaf teilwng.**
>
> **Gwn o brofiad** mai **amser yw'r meddyg gorau.**
> **Gwn o brofiad** nad **amser yw'r meddyg gorau.**

Dweud am/dweud am beidio â

Weithiau gall ffurfiau ar y ferf *dweud* fod bron yn gyfystyr â gorchymyn.

> **Dywed wrth dy frawd** am **ddod yma.**

Pan ddigwydd hynny mae'n rhaid defnyddio'r arddodiad *am* (nid yr arddodiad *i*) gyda'r ferf *dweud*.

> **Dywedais wrtho** am **ddod i'r swyddfa cyn naw bob dydd.**
> nid: **Dywedais wrtho** i **ddod.**

Negyddir y ffurf *dweud* + *am* drwy ddefnyddio *am beidio â* o flaen cytsain ac *am beidio ag* o flaen llafariad.

> **Dywedais wrtho** am beidio â **dod i'r swyddfa cyn naw bob dydd.**
> **Dywedais wrtho** am beidio ag **ateb y llythyr.**
> nid: **Dywedais wrtho** am ddim **ateb.**

Sillgolli

Wrth lunio brawddeg negyddol gellir hepgor y gair *Ni/Nid* a rhoi sillgoll yn ei le. Os digwydd ar ddechrau brawddeg defnyddir sillgoll a phriflythyren.

> **Ni chefais i fawr o flas ar y gyfrol.**
> **'Chefais i fawr o flas ar y gyfrol.**

Y Golygiadur

> Ni chymrodd Byron fawr o ddiddordeb yn y ferch.
> 'Chymrodd Byron fawr o ddiddordeb yn y ferch.
> Ni synnai o ddim petai hi'n mudo.
> 'Synnai o ddim petai hi'n mudo.

Fodd bynnag, hepgorir y sillgoll yn aml erbyn hyn gan nad yw hynny'n peri anhawster i'r darllenydd. Nid oes angen sillgoll gyda ffurfiau'r ferf *bod* (gweler tt. 126–8).

Llyfryddiaeth ddethol

Geiriadur Prifysgol Cymru (Gwasg Prifysgol Cymru: Caerdydd, 1950–2002)

Y Geiriadur Mawr, goln H. Meurig Evans ac W. O. Thomas (Gomer@Lolfa, 2021)

Geiriadur yr Academi, goln Bruce Griffiths a Dafydd Glyn Jones (adarg. diwygiedig, Caerdydd: Gwasg Prifysgol Cymru, 2006)

Orgraff yr Iaith Gymraeg Rhan I a *Rhan II,* gol. Ceri W. Lewis (Caerdydd: Gwasg Prifysgol Cymru, 1987, 1989)

D. Geraint Lewis, *Geiriadur Cymraeg Gomer* (Gomer: Llandysul, 2016)

Elwyn Davies, *Rhestr o Enwau Lleoedd* (Caerdydd: Gwasg Prifysgol Cymru, 1975)

R. E. Jones, *Idiomau Cymraeg: y Llyfr Cyntaf* (Abertawe: Tŷ John Penry, 1995)

R. E. Jones, *Ail Lyfr o Idiomau Cymraeg* (Abertawe: Tŷ John Penry, 1997)

D. Geraint Lewis, *Berfau* (Gomer@Lolfa, 2021)

D. Geraint Lewis, *Yr Arddodiaid* (Gomer@Lolfa, 2018)

D. Geraint Lewis, *Y Diarhebion* (Gomer@Lolfa, 2022)

D. Geraint Lewis, *Y Treigladur* (Gomer@Lolfa, 2018)

T. J. Morgan, *Y Treigladau a'u Cystrawen* (Caerdydd: Gwasg Prifysgol Cymru, 1952)

Hywel Wyn Owen a Richard Morgan, *Geiriadur Enwau Lleoedd Cymru/Dictionary of the Place-Names of Wales* (Llandysul: Gomer, 2007).

Melville Richards, *Welsh Administrative and Territorial Units* (Caerdydd: Gwasg Prifysgol Cymru, 1969)

Peter Wynn Thomas, *Gramadeg y Gymraeg* (Caerdydd: Gwasg Prifysgol Cymru, 1996)

R. J. Thomas, *Enwau Afonydd a Nentydd Cymru* (Caerdydd: Gwasg Prifysgol Cymru, 1938)

Stephen J. Williams, *Elfennau Gramadeg Cymraeg* (Caerdydd: Gwasg Prifysgol Cymru, 1959)

British Standard 5261, *Copy Preparation and Proof Correction*
British Standard, BS 3700, *Preparing Indexes to Books, Periodicals and Other Documents*
Judith Butcher, *Butcher's Copy-editing* (Caergrawnt: Cambridge University Press, 2012)
Names of Persons: National Usages for Entry in Catalogues (Llundain: International Federation of Library Associations, 1996)
New Oxford Style Manual (Rhydychen: Oxford University Press, 2016)
The Economist Style Guide (Llundain: Profile Books Ltd, 2018)

Gwefannau dethol

Geiriadur Prifysgol Cymru ar-lein

Geiriadur yr Academi ar-lein

termiaduraddysg.cymru

www.comisiynyddygymraeg.cymru/polisi-ac-ymchwil/enwau-lleoedd

www.comisiynyddygymraeg.cymru/polisi-ac-ymchwil/enwau-lleoedd-tramor

www.cysgliad.com/en/cysill

Byd Term Cymru (Llywodraeth Cymru), https://llyw.cymru/bydtermcymru

Porth Termau Cenedlaethol Cymru, http://termau.cymru

Mynegai *Gweler hefyd* Geirfa 235-51

a acennu 257-60
  cysylltair 181, 182, 343-6, 396, 397
  geiryn gofynnol 181-2, 258, 390-1
  geiryn perthynol 258-9, 298
  rhagenw perthynol 181, 183, 258, 298, 300, 391, 407
  rhagenwau, gyda 297
â 181-2
  acennu 257-60
  arddodiad 181, 359-60, 396
  arddodiad sy'n cynnwys mwy nag un gair, gydag 260
  berf, berfenw, adferf, yn dilyn 181-2, 259-60
  cysylltair 181, 258, 345-6, 396
  gradd gyfartal ansoddair, gyda 259, 346
  meddiant, perthynas, yn cyfleu 258
  rhagenwau, gyda 297
  sydd, yn dilyn 181
  trydydd person unigol presennol mynegol *mynd* 181, 260
a ... ai, ai, a'i, â'i, a'u 183
a/na, nad 407
a oedd, oedd, a fu, fu, a fydd, fydd 184-5
a, os 182, 352
a/y 301-2, 347
ac 181, 182, 344-5
ac yn y blaen 96, 99
acen
  acen bwyslais 230, 231, 255, 267, 268, 284
  gweler hefyd goben, y
  acen ddisgynedig 252, 253, 261-2
  acen ddyrchafedig 252, 260-1
  acen grom 181, 183, 252-60, 262, 276, 279, 287, 339, 345
    ar ŵ ac ŷ 29, 45, 58
  camacennu 77
  didolnod 62, 252, 262-4, 274
  heiffen 77, 265-71, 273, 274, 275, 276, 278-80, 281, 283, 284-5, 286-7
  llythrennau ag acenion 44, 51
acronymau 98-101
  atalnodi 95, 102
  bannod, y fannod 95
  hollti 64
  priflythrennau bach 95-6, 137
ad- 267
AD, OC, CC 81, 97, 99, 100
adferfau 291, 339-42
  acen grom 259, 260
  graddfa 339
  treiglo 340-2
  yn 340, 367
adolygu eich gwaith 24-5
adrannau
  gofod rhwng 30-1
  llyfryddiaeth, mewn 164
  penawdau, mewn 54
  rhifo 84
adref, cartref, gartref 182-3, 341
addef, addo 183
afonydd *gweler* enwau afonydd
afonydd teipograffig 45, 59
afreolaidd, afreolus 184

ag
  arddodiad 181, 359–60
  berf, berfenw, yn dilyn 182, 259–60
  cysylltair 181, 346
  gradd gyfartal ansoddair, gyda 259, 346
  llafariaid, o flaen 181–2, 260
  sydd, yn dilyn 182
ai 183
ail, treiglo 92
ail– 267–8
ailgysodi 31
ailysgrifennu 11, 22, 24–6, 28, 31, 34, 53
albwm caneuon *gweler* italeiddio, teitlau
all– 268–9
am 360
am fod, oherwydd bod/am nad yw, oherwydd nad yw 408
ambell, aml 304
aml– 269
amlygiad, amlygrwydd 184
ampersand 96, 137
amrywiad, amrywiaeth 184
amserlen gyhoeddi 50
an– 269–70
ansoddeiriau 259, 291, 306–13
  arall, eraill 308
  arddodiaid 371
  benthyciadau Saesneg 310
  cymharu 309–13
  cymharu'n afreolaidd 312
  cynrychioli enw benywaidd unigol 85, 87, 88
  cysyllteiriau 346, 347
  enw, o flaen 306
  enw, rhagenw, yn dilyn 306
  ffurf fenywaidd 307, 308–9
  ffurf luosog 307–8
  ffurf unigol 308
  ffurf wrywaidd 307, 309
  geiriaduron 235
  graddau 235, 259, 309–13, 375
  parau 105
  priflythrennau 131
  safle 306–7
  treiglo 85–8, 307, 310, 313, 374–5, 378, 382–90
  un, ar ôl 85–6
ar, a'r, âr, â'r 185
ar– 270
ar gau, ynghau 186
ar ôl, wedi 187
ar waethaf/er gwaethaf 361–2
arall, eraill 308
arbenigedd, arbenigrwydd 186
arch– 270
arddodiaid 181, 292, 357–71
  ansoddeiriau 371
  berfau 367–71
  berfenwau 367–71
  cyfeirlyfrau 357
  enwau 371
  ffurf bersonol 357–9
  ffurf gysefin 357–8
  gwrthrych 357
  treiglo 359, 366–7, 373
arddull 11, 12, 16–19
  ailadrodd geiriau 16
  amrywio brawddegau 16
  dewis geiriau 16, 17
  geiriogrwydd 17–19
  llif geiriau 14
  tafodiaith 21–2

arfer, arferedig, arferol 186
argraffiadau 32, 149–50, 167
arian 79, 97
ariangar, ariannaid, ariannog,
   ariannol 186–7
at/i 360
atalnodau llawn 102–4
   acronymau 102
   amser 104
   brawddeg, mewn 102, 103–4
   bylchau ar ôl 102–3
   byrfoddau 94–5, 102, 103, 104
   cyfeiriadau, mewn 148, 149,
      150, 153, 157, 161, 163
   dyfyniadau, mewn 142, 144
   dynodi pwynt degol 104
   ebychnodau 113
   elipsis 103–4
   enwau personol 102–3
   hepgor 103–8
   penawdau, isbenawdau,
      mewn 30
   tri atalnod *gweler* elipsis
atalnodi 102–38
   acronymau 95, 102
   adnodau 110–11
   brawddegau 102, 103–4,
      108–9, 110
   byrfoddau 94–5, 96, 97, 102,
      104, 107
   colon 109–11
   coma 104–8
   cromfachau 103, 108, 119–21
   cymalau 107, 110
   cywiro 11, 51
   deialog 138
   dileu geiriau 51
   dyddiad 108

dyfyniadau 103–4, 110, 114–17,
   121, 142–5
dyfynodau 114–17
ebychnod 104, 113–14
enwau priod 102–3, 105–6
hanner colon 108–9
italeiddio 66–7
marc cwestiwn 111–12
mynegai 168, 172, 173, 174, 176
rhestrau 137–8
uwchrifau cyfeirio 33
atodiad(au) 32, 53
athro/Athro 132
athrod, enllib 187
awduron *gweler* enwau awduron
awyrennau *gweler* enwau llongau

bachau petryal
   cyfeiriadau, mewn 147, 151, 156
   dyfyniadau, mewn 121, 140–1,
      142
   mynegai, mewn 173, 174
bae, bai 187
bannod, y fannod 291, 292,
   313–21
   acronym 95
   berfenwau 326
   brawddegau negyddol 405, 406
   enwau 292
   enwau afonydd 316–17
   enwau lleoedd 176, 292, 317–18
   enwau penodol 292, 320
   ffurfiau 313–15, 322
   gwledydd 318–19
   ieithoedd 319
   mynegai 176, 178–9
   priflythrennau 129, 132, 318,
      319, 320

Y Golygiadur

rhain, y/'r, rheini, y/'r 320
teip italig 320
teip rhufeinig 320
teitlau 132, 319, 320
treiglo ar ôl 86, 315–16, 321, 372–3, 386
barddoniaeth
  dyfynnu 143–5
  rhifo llinellau 55
Beibl, y
  adnodau, cyfeirio at 110–11
  italeiddio 65
  teitlau llyfrau 65
benthyciadau o'r Saesneg 233, 261, 262, 284, 290
berfau 291, 321–39
  afreolaidd 337–9
  amhersonol 327, 333–8
  amserau 327, 329, 333–9
    amherffaith 333–5, 355, 354–5
    gorberffaith 335–6, 354–5
    gorffennol 333, 334, 335, 336, 338–9
    presennol 329–30, 332, 336–7, 338
  arddodiaid sy'n cael eu defnyddio gyda 367–71
  berfau afreolaidd 329, 337–9
  berfau rheolaidd 329
  berfenw 325–7
  cyfeirlyfrau 321
  cysyllteiriau 347–8, 351, 352, 353, 354–6
  ffurf amhersonol 327, 333, 334, 335, 337, 338
  ffurf bersonol 324, 325, 327
  ffurf gryno 20, 321, 329, 332, 333, 334, 335, 336, 337
  ffurf gwmpasog 321–2, 334, 335
  ffurf luosog 329, 332, 407
  ffurf unigol 329–32, 333, 337, 338–9
  geiriaduron 14, 234
  goddrych 323–4, 325, 327
  gwrthrych 324–5
  moddau 327–8
    dibynnol 328, 336–7
    gorchmynnol 328, 337
    mynegol 328, 329–30, 337
  o flaen â, ag 259–60
  personau 329–32, 338
  traethiad 324, 367, 388
  treiglo 324, 325, 376–7, 379, 390–4
berfenwau 325–6
  acennu 259, 260
  arddodiaid sy'n cael eu defnyddio gyda 367–71
  bôn 326–7
  cysyllteiriau 347, 348
  geiriaduron 14, 234
  rhestr o 329–31
  treiglo 377, 378, 385, 388, 393, 394
  yn 324, 367, 394
blaen– 271
blaengar, blaenllaw 187
blwydd, blynedd, blwyddyn 79–80, 81–3, 85, 86
  treiglo 88, 89, 395
bo/bod 348
bob yn ail, bob yn ddau 188
bod
  amserau 329, 337–9
  ffurf berthynol 183
  geirynnau berfol 321–2

pan, yn dilyn 353
  sillgolli 126–8
tra, yn dilyn 356
  treiglo 401–3
braf, gwrthsefyll treiglo 306
brawddegau
  adolygu 24–5
  ail-lunio 24
  ailysgrifennu 11, 14
  amrywio 16
  arddull 11, 14, 16
  atalnodi 102, 103–4, 108–9, 110
  brawddegau anghyflawn 115
  brawddegau cyflawn 115
  brawddegau cymhleth 120
  brawddegau negyddol 349, 350, 404–10
  cysyllteiriau 342, 343, 349, 350, 351
  dyfynodau 115
  ebychnodau 113
  golygu 36
  llif 14
  llinell em 123
  llinell en 123–4
  marc cwestiwn 111–12
  rhifau 77, 82
brig-y-ddalen *gweler* penawdau
bron, o'r bron 188
budd, bydd 188
bwlch, bylchau
  atalnod llawn 102–3
  dileu 51
  elipsis, gydag 103–4
  geiriau, rhwng 45–6, 51
  llinell em, gyda 123–4
  llinell en, gyda 123–4
  llinellau, rhwng 46, 141

llythrennau, rhwng 45, 49, 102–3
marc cwestiwn 111
terfyn adran 30–1
troednodiadau 126
gweler hefyd gofod
byrfoddau 32, 94–101
  acronymau 95–6
  atalnodi 94–5, 96, 97, 102, 104
  comas 97, 107
  cyfeiriadau, mewn 148–50, 153, 154–5, 157–8, 161, 163
  cylchgronau 154–5
  Cymraeg 96
  dyddiadau 82
  erthyglau 154–5, 160, 162
  gweithiau cerddorol, mewn 70
  italeiddio 72
  Lladin 96, 160, 162
  llyfryddiaeth, mewn 164
  prif destun, mewn 94
  priflythrennau 97, 98
  priflythrennau bach 81, 97, 137
  rhestr o 98–101
  rhestrau, mewn 235
  rhifolion rhufeinig 98
  Saesneg 96
  teitlau llyfrau, mewn 94
  trefnolion 89
  troednodiadau, tablau, mewn 94, 98, 163
byth, erioed 188, 341

c. 82
CC *gweler* AD, OC, CC, *c.* 82
cae, câi, cau 189
caledi, caledrwydd, caledu 189
cam– 271

can, cant 77, 80, 89, 395
canfod, darganfod, dyfeisio 189
canlyniad, casgliad, effaith 189
canlynol, dilynol 190
canmlwyddiant 77
canolig, canolog 190
canrifoedd 80, 81, 94, 99
cartref, gartref, adref *gweler* adref,
    cartref, gartref
catalogio, cofnod 32
catrawd 68
ceiniog, treiglo ar ôl *saith* ac *wyth*
    89
ceir 67
celf, gweithiau *gweler* teitlau,
    gweithiau celf
cemeg
    elfennau 69, 97
cenedl enw *gweler* enw, cenedl
cerddi
    cyfeiriadau at 153
    teitlau 66, 116, 131, 399
cerddoriaeth
    byrfoddau 70
    hollti geiriau 63–4
    italeiddio teitlau 70
    rhifo 70
    symbolau 35
cernio 45, 46
cil, cul 190
clau/cloi/clou, cloi 190
clòs 261–2
colofnau
    gofod 55
    hollti geiriau 59
    hyd 55
    rhifo 78
    unioni 49

colon 104, 109–11
    adnodau beiblaidd, mewn 110–11
    cyfeiriadau, mewn 147, 150
    cyflwyno rhestr 55
    cymalau, mewn 110
    dyfyniadau, mewn 107, 110
    gofod 110
    llinell em 124
    pwyslais mewn brawddeg 110
    rhestru 109–10
collnod 48
collnodi *gweler* sillgoll
coma 104–8
    ansoddeiriau 105
    byrfoddau 96, 107
    cromfachau 108, 150
    cyfarchion 106
    cyfeiriadau, mewn 108, 147,
        150, 153, 159–63
    cymalau, mewn 106–7
    cysylltair 105
    dyddiad 108
    dyfyniadau, mewn 107, 116
    e.e. 107
    enwau priod 105–6
    fel petai 107
    h.y. 107
    rhestrau enwau, mewn 105
    rhifau 77–8, 108
    sangiad 106
    sef 107
copi caled
    ail broflen 35
    cywiriadau golygydd 58
    teipysgrifau 29, 34
cromfachau
    atalnodi 103, 108, 119–21
    cyfeiriadau, mewn 150, 151,

Mynegai

159, 161
rhifau 84
sangiad 119–21, 123
crud/cryd 190
crug/crugyn, cryg, yn grug, grug 191
crynhoad, crynodeb, crynoder 191
crynoder wrth ysgrifennu 26
cul, cil *gweler* cil, cul
cwmpawd, pwyntiau'r 130
cychwyn, dechrau 191
cyd–/cyt– 271
cydnabyddiaeth 143–4
cyfeirio at ffynonellau 146–64
    atalnodi 146, 147
    cylchgronau, erthyglau mewn 154–6, 162
        byrfoddau 154–5, 160, 162
        cyfresi 155, 156
        dyfynodau 154
        manylion cyhoeddi 150-2
        rhifo 154, 155, 156
        teitl 154–5, 162
    dull awdur–dyddiad (Harvard) 34, 146, 160–2
    dull op. cit., y 34, 146, 162–3
    dyfyniadau 143–4, 146
    gwaith heb ei gyhoeddi 156–7
    llawysgrifau 157–8
    llyfrau 146–53
        argraffiadau 149–50
        cerddi o fewn cyfrol 153
        cyfieithiadau, addasiadau, trosiadau 149
        cyfresi 149, 154
        cyfrolau 150
        dyddiadau 147–8
        enw awdur 146–7, 148–9
        enw golygydd 148, 154
        erthyglau mewn 153–4
        ffolios 153
        ieithoedd heblaw'r Gymraeg 148, 150, 151–2
        manylion cyhoeddi 151–2
        passim 153
        penodau 153
        rhifau 153, 154
        teitlau 147–9, 162
    llyfryddiaeth, mewn 164
    papur newydd, erthyglau, mewn 156
    system teitl byr, y 146, 160
    teledu 159
    we, y 159–60
cyfeirlyfrau
    dywediadau 214–15, 219
    enwau lleoedd 129, 286, 293, 317
    geirfa 233, 234
    geiriau tramor 220, 227
    gramadeg 12–14 321, 357, 372
    mynegeio 165, 173, 175
cyfenwau 171–3
cyflwyniad 32, 53
cyflwyno copi 27–33
cyfnodau, digwyddiadau hanesyddol 133
cyfraith, achosion 72
    cytundebau 84
cyfreithiol, cyfreithlon 192
cyfresi
    cylchgronau 155, 156
    llyfrau 149, 154
    teip rhufeinig 65
cyfrifiaduron
    adolygu testun 34–5
    cyfrolau cyfansawdd 58

dulliau rhifo 84
gosod 29–30
heiffeneiddio 30, 60
paratoi mynegai 166
trosglwyddo ffeiliau 58
cyfuniadau o lythrennau 289–90
cynghorau, cynghorion 192
cynghorwr, cynghorydd 192
cyhoeddi
  amserlen 50
  mannau 151–2
  manylion 151–2, 154
cyhoeddwyr *gweler* gwasg
cylchgronau
  byrfodd 154–5
  cyfeiriadau at erthyglau mewn 154–6, 162
  italeiddio teitlau 65–6, 117
  llyfryddiaeth, mewn 164
  mynegai, mewn 178–9
  priflythrennau 131
  teitl a'r fannod 66, 178–9
  treiglo teitlau 179, 399
cymalau
  atalnodi 107, 110
  cymalau cadarnhaol 352
  cymalau cymharu 347
  cymalau negyddol 349, 353, 356
  cymalau perthynol 346, 347
  proflenni, mewn 51
cymhwysiad, cymhwyster 192
Cymraeg, Cymreig 192–3
Cymru, Cymry 193
cyn/cyn bod 356
cyn, mor 310–13, 387
cyn, o flaen 193, 347–8
cyn– 272–3
cynllunio gwaith

cynllun 11, 23
drafft 23–5
trefn adrannau llyfr 32
cyntaf, treiglo 91, 92
cyplysnod 264
CySill 31, 230
cysodi 35, 45–6, 143
  rheolau 50–5
cysondeb 13, 20–1, 26, 29, 34–5, 52, 71, 83, 92, 94
cystrawen 34
  dylanwadau Saesneg 215, 219
cysyllteiriau 181, 291, 342–56
  ansoddeiriau 346, 347
  arddodiaid 345, 347
  berfau 347–8, 351–6
  berfenwau 347, 348
  brawddegau 342, 343, 349, 350, 351
  cymalau 342, 346, 347, 349, 352, 353, 356
  enwau 345–6
  lleoli 343, 349, 350, 351
  paragraffau 350
  parau 342, 349
  rhagenwau 346, 347, 352, 353
  treiglo ar ôl 344, 351, 352, 355
  ymadroddion 342
cysylltnod 48, 252, 264
cytseiniaid 60
cywair 11, 19–22, 36
cywasgu llafariaid 255, 256, 260
cyweirio, cywiro 193
cywiro proflenni 47–58
  argraffydd, gan 50
  atalnodi 51
  awdur, gan 35, 43, 50, 52, 53
  canllawiau 50–8

Mynegai

cymalau 51
cysodydd, gan 45–6, 51
disg, ar 35, 50
dyfyniadau 52
enghraifft 56
electronig 34–5
geiriau, bylchau rhwng 51
geiriau, dileu 51
gofyn cwestiwn 52
golygydd, gan 35, 36, 43, 45, 52, 53, 58
lliw inc 50, 53
llythrennau 50–1
pensel, defnyddio 52
rhifau tudalen 53
sgrin, ar 58
symbolau (British Standard 5261) 35, 47–9, 56
cywreinrwydd, chwilfrydedd 193–4

chwe, chwech 77, 80, 88, 395–6
chwilfrydedd, cywreinrwydd 193–4
chwilio-a-newid cyfrifiadurol 34–5, 45, 50

dad–/dat– 273
daeareg, daearyddiaeth 194
dangosair 13
dan 364–5, 397
darllen, yr angen i 12, 23
darllenydd 14–17, 22, 24, 43, 94
dau, dwy 86
dealladwy, dealledig, deallus 194
dechrau, cychwyn *gweler* cychwyn, dechrau
deg 89, 395

degau 80
degawdau 81
deialog
  atalnodi 138
  geiryn berfol 322
  mewnosod 31
  Saesneg 68
  sillgoll 127
  gweler hefyd iaith, tafodiaith
deuddeg 89, 395
deunaw 89, 395
deusain ddisgynedig 254
deusain esgynedig 254
deuseiniaid 61, 62, 262–4
di– 274
diacritig
  gweler symbolau diacritig
diarhebion 215
dibynnol, dibynadwy 194
didolnod *gweler* acennu, didolnod
digon 341, 342
dileu
  bylchau 51
  geiriau 36, 51
  heiffen 51
  gweler hefyd cywiro proflenni
dilynol, canlynol
  gweler canlynol, dilynol
dim ond, ond 194–5
diolchiadau 32
dirprwy 274
dirwyo, dirywio 195
diwethaf, olaf 91, 195
diwrnod
  treiglo 88, 89, 395
diwylliadol, diwylliannol, diwylliedig 195
drafft cyntaf 23–4, 34

dramâu
- cyfarwyddiadau llwyfan 67
- italeiddio teitlau 66
- pennawd brig-y-ddalen 54
dull awdur–dyddiad, y 146, 160–2
dull op. cit., y 34, 146, 162–3
dweud am/dweud am beidio â 409
dwli, dwlu 196
dwy *gweler* dau, dwy
dyblu llythrennau 46, 60–1, 166, 230–4
- benthyciadau Saesneg 233
- dyblu o flaen y goben 230–1
- ffurfiau berfol 233
- geiriau o fwy nag un sillaf 231–4
- geiriau unsill 230–1
dyddiadau 80–3, 91
- atalnodi 108
- dyddiad ansicr 112
- dyddiau'r wythnos 133
- llinell fer 121
- misoedd y flwyddyn 133
- priflythrennau bach 97
- teitl llyfr, mewn 66, 147
- treiglo o flaen 401
- tua/tuag 83
- yn/ym 82–3
dyfeisio, darganfod *gweler* canfod, darganfod, dyfeisio
dyfyniadau
- atalnodi 103–4, 110, 114–17, 121, 142–3
- bachau petryal 121, 140–1, 142
- barddoniaeth 143–5
- brawddegau, mewn 140
- cyfeiriadau 143–4, 146
- cywirdeb 52, 140
- dyfynodau 139, 140, 144, 145
- elipsis 142
- gofodi 31, 141
- hawlfraint 139
- hollti geiriau 63
- hyd 139, 140
- lleoliad 139
- maint teip 141
- mewnosod 107, 139, 140, 141, 142, 144–5
- newidiadau 140–1, 142–3
- penillion 145
- rhyddiaith 139, 140
- Saesneg 68
- sic 141–2
- sillafu 52
- slaes 125
- teip italig a rhufeinig 68
dyfynnu 139–45
dyfynodau 48, 52, 111, 114–17
- atalnodi 114–17
- berfau 111
- brawddegau anghyflawn 115
- brawddegau cyflawn 115
- cyfeiriadau 115–16, 149, 154
- dyfyniadau 114–17, 139, 140, 144, 145
- dyfynodau dwbl 114, 115, 142, 154
- dyfynodau sengl 114, 115–16, 142, 154
- dyfynodau syth 114
- ieithoedd tramor 143
- llyfrau heb eu cyhoeddi 118
- mynegiant 117
- priflythrennau 116, 132–3
- sangiad 115
- teitlau 70–1, 116–17, 148, 154
- tro 114

dylunio 46, 58
dywediadau 214–19
  cyfeirlyfrau 214–15, 219
  cystrawen 215, 219
  diarhebion 215
  dylanwadau Saesneg 215–16, 219
  priod-ddulliau 214–15, 219
  ymadroddion cyffredin 215
  ymadroddion gwallus 216–19

eadem 163, 222
ebychnod 104, 113–14, 132
  atalnod llawn 104, 113
  brawddegau 113
  defnydd o 113–14
  dyfyniadau 116
  lleoli 113
  marc cwestiwn 114
  priflythrennau 132
  treiglo 379
efo 359–60
effaith, canlyniad *gweler* canlyniad, casgliad, effaith
effeithiol, effeithlon 196
eglurdeb 24, 25–6
ei gilydd *gweler* gilydd
eisoes, yn barod 196
eithr 348
elipsis 48
  atalnod llawn 103–4
  bylchau 103–4
  deialog, mewn 138
  dyfyniadau, mewn 142
emyn
  cenedl 92
  rhifo 77, 145
enllib, athrod *gweler* athrod, enllib
enwau 291, 292–5

arddodiaid 371
cenedl 12–13, 92, 294–5
cysyllteiriau 342–6
ffurf gysefin 13
ffurf luosog 293–4
ffurf rhifau o flaen 77
ffurf unigol 234, 293–4
ffurf unigol ar ôl rhifol 76
llythrennau cyntaf 102–3
person 102
piau 393–4
rhoi *h* o flaen 298–9
teip italig 67, 68
teip rhufeinig 67, 68
trefnolyn ac enw benywaidd 93
treiglo 85–9, 306–7, 372–82, 383–6
enwau afonydd 316–17
enwau awduron 146–7, 148–9, 156, 159, 161
enwau awyrennau *gweler* enwau llongau
enwau barddol 70–1, 172
enwau dwy ystyr 294
enwau golygyddion 148, 154, 161
enwau ieithoedd 129, 293
enwau lleoedd
  bannod o flaen 129, 292, 317–19
  cyfeirlyfrau 129, 286, 293, 317
  gwefannau perthnasol 286, 293, 317
  heiffen 265, 286–8
  mannau cyhoeddi 151–2
  mynegai, mewn 175–8
  priflythrennau 129–30, 318, 319
  treiglo 373, 398–9

enwau lleoedd tramor 172–3, 227–9
enwau llongau, llongau gofod,
   awyrennau, trenau 67, 119, 134
enwau masnachol 134, 400
enwau penodol 320
enwau priod/personol 293
   atalnodi 102–3, 105–6
   hollti 64
   mynegai, mewn 167, 170–5
   priflythrennau 128–9, 131, 293
   teitlau erthyglau 70–1
   treiglo 373, 379–80, 390, 397–8
enwau pynciau 136
enwau rhaglenni 66, 159
enwau sefydliadau, mudiadau 68,
   133–4
enwau siroedd/swyddi 130–1, 288
enwau strydoedd 68, 131
enwau tafarnau 68
enwau trenau *gweler* enwau llongau
epigraff 32, 53
e.e. 107
er, ers 196, 361
er bod/er fod 403
er gwaethaf/ar waethaf 361–2
erioed, byth *gweler* byth, erioed
erthygl, cyfeirio at
   cyfnodolyn, mewn 154–6
   cylchgrawn, mewn 154–6
   llyfr, mewn 153–4
   papur newydd, mewn 156
   gweler hefyd teitl
ewin, ewyn, gewyn 197

fe, mi (geiryn berfol) 298, 322–3
fel 348
firws, firysau 34
fu, a fu *gweler* a fu

fy, treiglo 394
fydd, a fydd *gweler* a fydd
ffigurau 75–6, 77–8, 83
ffilmiau *gweler* teitlau, ffilmiau
ffontiau
   bylchau rhwng llythrennau
      45–6, 49
   Cymraeg, ar gyfer 29, 44, 45
   gofod rhwng llinellau 29, 45–6
   maint 29, 44, 141
   New Baskerville 44
   Plantin Light 44
   symbolau cywiro 47–8
   Times New Roman 29, 44
   yn cyflwyno ŵ ac ŷ 29, 45, 58
ffracsiynau 83–4
ffug– 275
ffynonellau, cyfeirio at
   gweler cyfeirio at ffynonellau

gair gweddw 54
gallu, medru 197
gan 182, 359–60, 364–5, 397
gan mwyaf 360
gartref, cartref, adref *gweler* adref,
   cartref, gartref
geirfa 12, 15
   cyfeirlyfrau 234
   sillafu 234–51
   trefn llyfr, mewn 32
geirfa electronig 135
geiriaduron 12–14, 230, 233
geiriau 12–16, 180–213
   ailadrodd 16
   ansafonol 15
   bylchau rhwng 45–6, 51
   camddefnydd o 180
   cyfuniad o 14

cysoni 52
dangoseiriau 13
dewis 16, 17, 24
dileu 36, 51
gofodi 49
llif 14
mesur hyd 44
rhifau 75–6
technegol 15
trawsosod 48
treuliedig 16
gweler hefyd acennu, hollti geiriau
geiriau dwy ystyr 294
geiriau o fwy nag un sillaf 17, 231–3
  a'r acen grom 255–9
geiriau Saesneg
  acennu 261, 262
  benthyciadau 233, 284, 310
  defnyddio 12
  deialog 68
  dyfynnu 68
  enwau lleoedd 151
  hollti 63
  italeiddio 119
  llythrennau *j, ch* 400
  treiglo 284, 372, 399–400
geiriau tebyg 181–213, 253–4, 257, 261–2
geiriau tramor 220–9
  cyfeirlyfrau 220, 227
  enwau lleoedd 172–3, 227–9
  ffurf luosog 227
  italeiddio 68, 119, 220
  sillafu 227
  tanlinellu 220
geiriau unsill 230–1
  acen grom 252–5

ffurf luosog 230–1
  hollti 64
geiriogrwydd 17–19
geirynnau berfol 321–3, 393
genre 27, 68
gerllaw 362
gewyn *gweler* ewin, ewyn, gewyn
gilydd 304
goben, y
  acennu 230, 255, 257, 263, 267, 268, 270, 271, 274, 280
  dyblu llythrennau o flaen 230–1
goferu 168
gofod
  dwbl 29
  geiriau, rhwng 49
  llinell fer, gyda 121, 122
  llinellau, rhwng 29, 34, 35, 49, 55, 141, 166
  mynegai, mewn 167
  nodau, rhwng 49
  paragraffau, rhwng 49
  teipograffeg 44
  gweler hefyd bwlch, bylchau
gofynnod *gweler* marc cwestiwn
golygu 36–43
  dewis teip 44
  enghreifftiau 36–43
  gosod llyfr at ei gilydd 31–2
  papur, ar 56
  pecynnau golygu 58
  proflenni 35, 43, 45, 52, 53, 58
  sgrin, ar 34–5, 58
  gweler hefyd cywiro proflenni
golygyddion
  cywiriadau gan 30, 58
  enwau mewn cyfeiriadau 148, 154, 161

golygydd copi 28
golygydd creadigol 28
golygydd y wasg 28, 29, 30, 31, 33, 35
   perthynas ag awdur 28-9, 31-33
gor- 275
gostyngiad, lleihad 197
gostyngol, gostyngedig 198
grug, yn grug *gweler* crug, cryg, grug, yn grug
gwaeth, gwaith 198
gwaith heb ei gyhoeddi 156-7
gwario, treulio 198
gwasg
   cyflwyno gwaith i 29-35
   cysodi gan 35
   dewis 27-8
   gwaith ar ffurf electronig 34, 45
   gwasanaethau 28-9
   hollti geiriau 286
   perthynas ag awdur 28, 29, 31, 35, 53, 58
   teitl llyfr 32
gweddol 341-2
gweddw
   llinell, gair 54
gwefannau 175, 286, 293, 317
gweini, gweinyddu 198-9
gweler, gweler hefyd 169
gwiw, gwyw 199
gwrth- 276
gwrthrych berfenw, treiglo 377
gwyddorau arbennig 14, 35 *gweler hefyd* llythrennau, symbolau
gŵyl Dewi, gŵyl Ddewi 199
gyda/gydag 182, 359-60, 396

h wrth sillafu 288, 289, 297, 298-9

hael, haul 199
hanner cant 76
hanner colon 104, 108-9
   cyfeiriadau, mewn 147
   cysylltu darnau o frawddeg 108-9
   mynegai, mewn 168
   rhestrau 109
Harvard, y dull 146, 160-2
hawlfraint 32, 139
heb (negydd) 405-6, 408
hefo *gweler* efo
heibio i 362
heiffen 252, 264-90
   aceniad geiriau 265-71, 273, 274, 275, 276, 278-80, 281, 283, 284-5, 286-7
   ar y cyfrifiadur 30, 60
   dileu 51
   enwau lleoedd 176-8, 265, 286-8
      cyfeirlyfrau 286
      gwefannau perthnasol 286
   enwau priod 265
   ffracsiynau 83
   geiriau â rhagddodiaid 266-83
   gwahanu cytseiniaid 265
   hollti geiriau 59, 60, 62, 286
   llafariaid yn cael eu hysgrifennu ddwywaith 263
   mynegai, mewn 176
   priflythrennau bach 96
   rhifau 73, 77, 89
   uno dwy elfen 283-6
   uno geiriau 264-5
   wedi'i osod yn awtomatig 30, 60
hid, hud, hyd 199-200
hin, hi'n, hun, hyn, hŷn 200
hollti geiriau 59-64, 286

Mynegai

acronymau 64
afonydd teipograffig 45, 59
cerddoriaeth, cyfateb i nodau
   63–4
cytseiniaid 62, 265
deuseiniaid 61, 62
didolnod 62, 274
enwau lleoedd 265
enwau priod 64
gair olaf ar dudalen 64
geiriau llai na phum llythyren 64
geiriau Saesneg 63
geiriau unsill 64
hollti'n darddiadol 59, 60
hollti'n sillafog 59–60
i ac *w* gytsain 62, 63
llythrennau dwbl 60–1
paratoi gwaith ar gyfer y wasg
   30, 286
rhifau 64
teitlau 64
triseiniaid 61, 62
h.y. 107
hyd, hyd nes 352
hysbysebu, hysbysu 200–1
hwn, hon, hyn 303–4

i 360, 362–3
i gytsain 62, 63, 232
i lafariad 232
iaith
   iaith anffurfiol 19, 20–1, 37–8
   iaith ffurfiol, gyfoes 20, 36–7
   iaith lenyddol, draddodiadol
      19–20
   ieithoedd tramor 68, 119, 143,
      148, 150, 151–2 *gweler hefyd*
      geiriau tramor

llifymwybod anffurfiol 38–41
   tafodiaith 19, 21–2, 41–3, 127,
      214–15, 262, 322
   gweler hefyd enwau ieithoedd
ibid. 160, 163, 223
ichi/ichwi, i chi/i chwi 201
idem 160, 223
idiom 214, 215, 219 *gweler hefyd*
   dywediadau
im, i'm, imi, i mi 201, 364
ir, i'r 201–2
ISBN 32
is– 276
isbenawdau
   atalnodi 30
   lleoliad llinellau 55
   mynegai, mewn 167
   priflythrennau 30
is-deitl 277
   gweler hefyd isteitlau
isgymalau 107
islaw 362
isteitlau 147 *gweler hefyd* is-deitl
italeiddio 65–72, 117–19
   byrfoddau 72
   cyfarwyddiadau llwyfan 67
   enwau awyrennau, llongau,
      llongau gofod 67, 119
   geiriau Saesneg 119
   geiriau tramor 68, 119, 220
   gweithiau celf 67, 118
   pwyslais 71–2, 119
   teitlau 66–7, 117–19, 147–8,
      155, 156
   gweler hefyd teip, italig
   gweler hefyd teitlau
iti, i ti *gweler* ichi, im, imi
i'w, yw 202

j, ch treiglo 400
jargon 15

LATEX 69
loc. cit. 162–3, 224

ll, rh treiglo ai peidio 372, 376, 378, 386, 387, 388, 389, 390
llaeth, llaith 202
llafariad fer 230, 252–3, 262
llafariad hir 230, 252–6, 262
llawn 341, 342
llawysgrifau 157–8
lled 277, 341, 342
lled– 277
lleihad, gostyngiad
   gweler gostyngiad, lleihad
lleoedd *gweler* enwau lleoedd
llifymwybod anffurfiol *gweler* iaith, llifymwybod anffurfiol
llin, llun, llyn, Llŷn 202–3
llinell em (llinell hir)
   colon 124
   deialog 138
   dyfyniadau 142, 143
   gofodi 123–4
   llinell fer 122–4
   proflenni, mewn 48
   pwyslais 123, 124
   sangiad 120
   sylw pellach ar ddiwedd brawddeg 123
llinell en (llinell fer) 121–4
   cysylltu 122
   dyddiad 82, 121
   dyfyniadau 142
   gofodi 121, 122, 123–4
   llinell em 122–4

proflenni, mewn 48
pwyslais 123, 124
rhifau 76, 79, 82, 121–2
rhychwant 121
sangiad 120
sylw pellach ar ddiwedd brawddeg 123
tymheredd 122
ynysu 123, 124
llinellau
   ar osgo 48
   dechrau 55
   fertigol 143
   gofodi 29, 34, 35, 46, 49, 55, 141, 166
   lleihau gofod rhwng 49
   lleoliad llinellau 55
   llinell weddw 54
   llinellau olaf 54–5
   rhifo 78
   trawsosod 48
llongau, llongau gofod *gweler* enwau llongau
llorweddol
   cywiro unioni 49
llun, llyn, Llŷn *gweler* llin
lluniau 52, 165, 399
llus, llys 203
llyfrau
   America, cyhoeddwyd yn 152
   cyfeiriadau, mewn 146–54, 160–4
   cyfresi 149, 154
   heb eu cyhoeddi 118
   llyfryddiaeth, mewn 164
   mynegai, mewn 166, 178
   penodau 30–1, 53, 84
   teitlau 65, 94, 117–18, 131, 147, 162, 178, 399

Mynegai

llyfrau plant 52
llyfryddiaeth 32, 35, 53, 164
llyn, Llŷn, llun *gweler* llin
llythrennau
    ag acenion 44
    bach 45, 130
    bylchau rhwng 45–6
    cyfuniadau o 51, 289–90
    cywiro 50–1
    disgynnydd 44
    dolen 44
    dwbl 30, 46, 60–1, 166, 175, 230–4
    esgynnydd 44, 46
    Groeg 35, 46
    Hebraeg 35
    j, ch 400
    llythrennau unfath yn dilyn ei gilydd 263, 267
    mesur llythrennau 44, 48
    treiglo 85
    gweler hefyd priflythrennau, priflythrennau bach
llythrennol 180

mae/mae ... heb wedi 406
mae, mai 203
mae/nid yw, nid oes 404–5
mae, sudd, sy, sydd 203
mae'n, maen, main 204
mae'r, maer 204
maeth, maith 204
mai dim/nad 409
mai/taw 203, 348–9
marc cwestiwn (gofynnod) 111–12
    atalnod llawn 104
    bwlch ar ôl 111
    cwestiynau 111–12

anuniongyrchol 111
    rhethregol 112
    uniongyrchol 111
    cyfeiriadau, mewn 151
    cywiro proflenni, wrth 52
    dyfyniadau, mewn 116
    gorchymyn, mewn 112
    lleoli mewn brawddeg 111
    mynegi amheuaeth 112
    teitlau, mewn 67
marciau cywiro *gweler* symbolau cywiro
marciau diacritig *gweler* symbolau diacritig 62
marjin
    gosod 30
    nodi gwallau yn 50–1, 52
    rhifau yn y 55
    gweler hefyd ymyl
mathemateg
    gweler testunau mathemategol a symbolau mathemategol
medru, gallu *gweler* gallu, medru
megis 344
mewn, yn 204, 365
mewnosod
    dyfyniadau 107, 139, 140, 141, 142, 144–5
    paragraffau 30, 31
    rhestrau 137
    symbol 49
mi *gweler* fe
mil, miliwn 75
moddau'r ferf 327–8
moesgar, moesol 205
mor 310–12
mwy 347
mwyach, ac mwyach 345

mydr 11, 36
mynedfa, mynediad 205
mynegai, mynegeio 165–79
　argraffiadau newydd 167
　atalnodi 168, 172, 173, 174, 176
　bannod 176, 178–9
　cardiau unigol 165–6
　cyfeiriadau 166–7
　cyfeirlyfrau 165, 173, 175
　cyfenwau 171
　cyfenwau cyfansawdd 171
　cyfenwau tramor 172–3
　cyfrifiadur 166
　cynnwys 167, 169
　dull gair am air 175, 176, 178
　dull llythyren wrth lythyren
　　175, 176, 178
　enwau 170–5
　enwau barddol 172
　enwau bedydd 172
　enwau lleoedd 175–8
　　enwau ag elfen naturiol 177–8
　　lleoedd â mwy nag un enw 176
　　lleoedd o'r un enw 176
　　newid enw 177
　enwau personol 170–5
　　enwau cyffredin sy'n enwau
　　　priod 175
　　personau o'r un enw 173–4
　　personau sy'n defnyddio sawl
　　　enw 175
　enwau tramor 172–3, 177
　gofodi 166, 167
　gwefannau perthnasol 175
　gweler, gweler hefyd 169, 172
　heiffen 176
　isbenawdau 167
　is-isbenawdau 168
　lluniau 165
　llyfrau â mwy nag un mynegai
　　166
　llythrennau dwbl 166, 175, 178
　llythrennol 180
　penawdau 168
　penawdau brig-y-ddalen 54
　priflythrennau 167
　rhifo tudalen, paragraff 165, 167
　tablau 165
　teitlau
　　cylchgronau, papurau newydd
　　　178–9
　　llyfrau 178
　trefn llyfr, mewn 32
　trefn yr wyddor 166–8, 170, 172,
　　175, 178
　trefnu cofnodion 167–8

na/nac (negyddol) 301, 349, 392,
　396, 404
na(d) (rhagenw perthynol) 301,
　407
na/nag (yn dilyn ansoddair
　cymharol) 346–7, 396
nac, nag, nâg 205
nad/mai nid 409
nad yw/sy ddim 408
nag a/nag y 301–2, 347
naill ai ... neu 349
nas 298
natur, astudiaethau 69
naw 89
neges y gwaith 22
negyddu 404–10
nepell, nid nepell 205–6
neu, treiglo 379, 389
neu/ynteu 350

Mynegai

ni 392, 396
ni, na, nac (negyddol) 298, 392, 396, 404
nid 404–8
nid yw na(c) ... na(c) ... 407
nis 298
nodau 48–9
  atalnodau 48
  cario drosodd i'r llinell nesaf 49
  cario yn ôl i'r llinell flaenorol 49
  lleihau'r gofod rhwng 49
  sicrhau gofod cyfartal rhwng 49
  trawsosod 48
  ychwanegu gofod rhwng 49
nodiadau 32
  gweler hefyd nodiadau terfyn, troednodiadau
nodiadau terfyn 33
nodiadau wrth gywiro proflenni 53
nofelau, penawdau brig-y-ddalen 54

o dan 364
o flaen, cyn *gweler* cyn, o flaen
oblegid/oherwydd 350
OC *gweler* AD, OC, CC
oddi wrth 364
oddieithr 364
oedran 79–80
oedd, a oedd *gweler* a oedd, oedd
ôl– 279
olaf, diwethaf *gweler* diwethaf, olaf
ond, dim ond 194–5, 350–1
oni (geiryn gofynnol) 298, 397
oni (negyddol) 352
oni/os na (cysylltair) 352, 392, 396
oni bai 246, 352
onis 298
op. cit. 34, 146, 162–3, 225

operâu *gweler* teitl, operâu
o'r bron, bron *gweler* bron, o'r bron
os 351–2
os, a 182, 353
os na 352, 392, 396
os, pe 206, 298

pa, pwy 206–7
pan 337, 352–3, 391–2
pan, pryd 207
pan fo, pan yw, pan mae 337, 353
pan na 353
pan y, pan yn 337, 352–3
papur 31
papurau bro 65
papurau newydd 65–6, 131, 156
papurau tramor 66
paragraffau
  cynllunio gwaith 23
  cysyllteiriau 350
  gofodi 49
  golygu 36
  llinell olaf 54–5
  mewnosod 30, 31
  paragraffau newydd 48
  rhifo 84, 165
  ychwanegu gofod rhwng 49
parau o eiriau 253–4, 257, 262
parhaodd, parodd 207–8
parhaol, parhaus, parhad 208
passim 153
pawb 304–5, 390
pe, os *gweler* os, pe
pe, pe na, oni 298, 354
pe/ped 353–5
pe yn 355
pedair 87
pellhad, pellhau, pellter 208

pen– 279
pennawd
  atalnodi 30
  penawdau adran 54
  penawdau brig-y-ddalen 53–4
  penawdau mynegai 168
  priflythrennau 30
  priflythrennau bach 54
  rhestr gynnwys 53
  teitlau mewn 71–2
Penllyn, Pen Llŷn 208
pennod
  adrannau 30–1
  cenedl 92
  cyfeiriadau, mewn 153
  rhifo 53, 84
peri, pery 209
personiaid, personau 208–9
pes 298, 342, 354
piau 393–4
po 387–8
pob 389–90
pob un 305
prif, pryf 209
prif– 280
priflythrennau 128–37
  ansoddeiriau 131
  ardaloedd daearyddol 130
  arian 97
  atalnodi 30, 97
  bannod 129, 132, 318, 319, 320
  byrfoddau 94, 97
  cyfeiriadau, mewn 147
  cyfnodau 133
  cysoni defnydd o 34
  cywiro proflenni 47, 48
  digwyddiadau 133
  dyddiau'r wythnos 133

dyfyniadau, mewn 116
dyfynodau 132–3
ebychiad, ar ôl 132
enwau awyrennau, llongau, trenau 134
enwau ieithoedd 129
enwau lleoedd 129, 130, 318, 319
enwau masnachol 134
enwau priod 128–9, 131, 293
enwau pynciau 136
enwau sefydliadau, mudiadau 133–4
enwau siroedd 130–1
enwau strydoedd 131
geirfa electronig 135
misoedd y flwyddyn 133
mynegai, mewn 167
penawdau, isbenawdau 30
pwyntiau'r cwmpawd 130
rhifau rhufeinig 98
teitlau llyfrau 131, 147
teitlau swyddi 131, 132
teitlau sy'n rhagflaenu enw 131–2
troednodiadau 163
tymheredd 97
priflythrennau bach
  acronymau 95–6, 137
  atalnodi 97
  byrfoddau 81, 97, 137
  cywiro proflenni 47, 48
  penawdau 54
priod-ddulliau *gweler* dywediadau
proflenni 47
  ail broflen 35
  amserlen gyhoeddi 50
  cywiro *gweler* cywiro proflenni
  darllen 45, 50, 59

Mynegai

prydau, prydiau 209
pum(p) 77, 80, 87, 395
punt 79
    treiglo ar ôl *saith* ac *wyth* 89
pur 341, 342
pwynt degol 104
pwyntiau'r cwmpawd 130
pwyslais
    llinell em 122–4
    llinell en 122–4
    sill olaf ond un 77
    tanlinellu 119
    teip italig 72, 119
    gweler hefyd acennu, acen bwyslais, goben, y
pymtheg 89, 395

rh, ll *gweler* ll
rhag– 281
rhagair 32, 53
rhagdeitl 32, 53
rhagddodiaid 265–83
rhagenwau 291, 295–306
    acennu 258
    chi neu *ti* 296
    gwaith ffurfiol, mewn 296
    treiglo ar ôl 373–4, 381
rhagenwau blaen 301–2
rhagenwau mewnol 296–8, 302, 352, 353, 364, 373–4
    rhoi *h* o flaen enw 298–9
rhagenwau personol 295, 296, 373, 395
rhagenwau perthynol 181, 298, 300–2, 346, 347, 407
rhaglenni *gweler* enwau rhaglenni
rhagymadrodd 32
rhain, y/'r, rheini y/'r 320

rhan– 281
rhannu geiriau *gweler* hollti geiriau
rheibio, treisio 209
rhestr ddarluniau 32, 53
rhestr gynnwys 32, 52, 53
rhestrau
    acronymau 98–101
    atalnodi 105, 109, 137–8
    byrfoddau 110–11, 235
    mewnosod 137
    treiglo 137–8
rhestri, rhestru 209
rhesymegol, rhesymol 210
rhifau 73–93
    arabaidd 32
    comas 77–8
    cyfrifiadurol 84
    dyddiad 80–3
    emynau 77
    enwau 76, 77
    ffigurau, mewn 75–6, 77–8, 81–4
    geiriau, mewn 75–6, 77
    hollti 64
    mil, miliwn 75
    penodau 53
    priflythrennau bach 81
    rhufeinig 32
    sillafu 73, 77
    talfyrru 80, 81
    teip italig 66–7
    teitl llyfr, mewn 147
    testun, mewn 77, 78
    treiglo 80–1, 85–91
    tudalen 30, 32, 53–4, 55, 77, 78, 153, 160, 161, 163, 165
    tymheredd 83
uwchrifau cyfeirio 33–4, 161

rhifo
  adrannau 84
  ar lafar 77
  arian 79
  colofnau 78
  cyfresi 149
  cyfrolau 150
  dull degol 73–5, 77, 79
  dull traddodiadol 73–5, 76, 79, 80
  emynau 77, 145
  erthyglau 154, 155, 156
  ffracsiynau 83–4
  gwaith mathemategol neu wyddonol 78
  gweithiau cerddorol 70
  llawysgrifau 78
  llinell en (llinell fer) 48, 76, 78
  llinellau 78
  oedran 79–80
  paragraffau 84, 165
  penillion 145
  penodau 53, 84
  salmau 91
  troednodiadau 33, 53, 126
rhifolion
  arabaidd 84, 149, 150
  rhufeinig 32, 80, 98, 150
  treigladau 85–9, 374, 387, 395–6
  gweler hefyd trefnolion
rhu, rhy 210
rhy 341–2 *gweler hefyd* rhu, rhy
rhy, treiglo 390
rhyddhad, rhyddid 210
rhyddiaith
  dyfynnu 139, 140, 143
  rhifo llinellau 55
rhyng– 282

rhyngrwyd *gweler* we, y

safbwynt, safle, sefyllfa 210
sangiad 106, 115, 119–21, 126, 313, 377
saith 88–9, 395
salmau, rhifo 91
sefydliadau
  gweler enwau sefydliadau
sefyllfa *gweler* safbwynt
sic 141–2, 226
sillafu 230–90
  cyfeirlyfrau 233, 234
  cyfrifiaduron 230
  cyfuniadau o lythrennau 289–90
  cywasgu, wrth 125, 255–6, 260
  cywiro 31
  defnyddio *h* wrth 288–9
  dyfyniadau 52
  geiriaduron 12–13, 230, 233
  geiriau 234–51
  gweler hefyd dyblu llythrennau
sillafu geiriau tramor 220, 229
sillgoll, sillgolli 126–8, 409–10
  mewn tafodiaith 21, 127
sioe gerdd, italeiddio 66
sir, sur, syr 210–11
siroedd *gweler* enwau siroedd
slaes 124–6
  arbed gofod 124–5
  dyfyniadau, mewn 125, 143
  treiglo ar ôl 125–6
straeon byrion 116, 399
strydoedd *gweler* enwau strydoedd
sudd, sydd *gweler* mae, sudd, sy, sydd
sydd biau 394
sydd ddim/nad yw 408

Mynegai

sydd/nad yw 407–8
sydd/yw 184
symbolau
  cerddorol 35
  cywiro proflenni (British Standard 5261) 35, 47–9, 56
  deugraff 252
  diacritig 62, 252 *gweler hefyd* acen ddisgynedig, acen ddyrchafedig, acen grom, acennu, didolnod, heiffen
  ffonetig 46
  hawlfraint 32
  mathemategol 69, 84
  rhufeinig 80
synhwyrol, synhwyrus 211
synopsis 27
system teitl byr, y 160

tabiau 30
tablau 31, 52, 94, 165
taer, tair 211
tafarnau *gweler* enwau tafarnau
tafodiaith *gweler* iaith, tafodiaith
tair *gweler* tri, tair
talfyrru
  rhifau 80, 81
tan/dan/gan 364–5
tanlinellu 117–19
  enwau llongau 119
  geiriau tramor 119, 220
  pwyslais 119
  teitlau 117–19
taw/mai 203, 348–9
tebygolrwydd, tebygrwydd 211
teip
  acenion 45
  bylchau rhwng llythrennau 45–6

dewis 44, 46, 141
italig 34, 45, 47, 48, 54, 58, 65–72, 117–19, 147, 148, 159, 163, 169, 320
maint 29, 47–8, 141
rhufeinig 32, 45, 48, 54, 65–72, 118, 148, 153, 159, 162, 163, 320
trwm 34, 47
teipograffeg 44–6
teitlau
  adran 55
  bannod mewn 319
  byr 160
  byrfoddau 94–101
  caneuon 66, 70, 131
  canoli 55
  cerddi 66, 116, 131, 399
  cyfieithiadau 117–18
  cyfresi 65, 149
  cylchgronau 65–6, 117, 131, 154–5, 399
  darlithoedd 70
  dramâu 66, 118, 131
  erthyglau 70–1, 116, 153–5, 156, 162
  ffilmiau 66, 118, 131
  ffurf gryno 65
  gweithiau celf 67, 118
  gweithiau cerddorol 70
  heiffen mewn 273
  hollti 64
  italeiddio
    gweler italeiddio, teitlau
  llyfrau 65, 94, 117–18, 131, 147, 161, 320, 399
    cyfeiriadau, mewn 147–50
  mynegai, mewn 167

437

operâu 70
papurau bro 65–6
papurau newydd 65–6, 131, 156
papurau tramor 66
pennod 55, 153–4
pobl 319, 399
rhagflaenu enw, teitlau sy'n
   131–2
rhaglenni (radio a theledu) 66
sioeau cerdd 66
straeon byrion 70, 116, 399
swyddi 131–2
traethawd ymchwil 70
treiglo 65, 117, 379–80, 399
ysgrifau 117
teledu 159
termau defnyddiol 291–2
termau technegol 15
testun
  adolygu 24–5
  adolygu ar gyfrifiadur 34–5
  ail-lunio 31
  byrfoddau 94
  canoli 48
  codi lefel 49
  cynllunio 11, 23
  cysoni 34
  dewis 11
  drafftio 23–4, 25, 34
  gostwng lefel 49
  symud i'r dde neu'r chwith 49
  toriadau 31
  tudaleniad 78
  unioni 30
testun mathemategol
  cysodi 69
  rhifau 78
  symbolau 69

ti, tu, tŷ 211
Tir na n-Og 288
to bach 252
  gweler hefyd acen grom
tra 355–6, 397
  treiglad yn dilyn 355–6
tra– 282
tra bo/tra bod 356
tra yn/tra'n 356
traethiad 324, 367, 376, 388
traws– 282–3
trefn llyfr 31–3
trefnolion 89–93
  cenedl enwau 92
  dyddiad 91
  enwau benywaidd 93
  gweithiau cerddorol 70
  treiglo 92–3, 316, 381
  gweler hefyd rhifolion
treigladau 11, 372–403
  adferf 340–2
  bannod 86–7, 315–16, 321
  berfau 379, 392
  bod 401–3
  cyfeiriadau, mewn 152
  cyfeirlyfrau 372
  cysyllteiriau 344, 351, 352, 355,
    378, 391–2
  enwau cwmnïau 400
  enwau lleoedd 398–9
  enwau pobl 397–8
  geiriau Saesneg 284, 372
  geirynnau berfol, yn dilyn 393
  goddrych y ferf 377
  gwrthrych berfenw 377, 393
  gwrthrych y ferf 376, 393
  gwrthsefyll treiglo 383, 397
  rhagddodiaid 277, 280

Mynegai

rhagenwau 381
rhestrau 137
rhifau 80-1, 85-91
rhifolion 85-6
slaes 125-6
trefnolion 92-3, 316, 381
treiglad llaes 359, 395-7
   berfau 391
treiglad meddal 359, 372-94
   ansoddeiriau 380, 382-90
   berfau 390-4
   enwau 372-82, 393
treiglad trwynol 359, 394-5
   yn/ym, yn dilyn 394
treisio, rheibio
   gweler rheibio, treisio
trenau *gweler* enwau llongau
treulio, gwario
   gweler gwario, treulio
tri, tair 86-7, 395-6
triseiniaid 61, 62
troednodiadau
   byrfoddau 98
   defnydd 33
   gofodi 126
   lleoli 126
   rhifo 33, 53, 126
   gweler hefyd cyfeiriadau
tros, trosodd, trwy 397
tu ôl (i), y tu ôl (i) 365
tua/tuag 83, 396
tudalen
   cenedl 92
   cyfeirio at rifau 153, 160, 161, 163, 165
   gwag 54
   penawdau 53-4
   rhagarweiniol 32, 53, 54

rhifo 30, 32, 53-4, 78-9, 153
   trefn llinellau 55
tymheredd 83, 97

theorem 69
thesawrws 13, 24

ugain 89, 395
un 85-6, 374
undeb, undod, uned, uniad 213
unigryw 180
unioni
   colofn 49
   llorweddol 49
   testun 30, 59
   ymyl 49
uwch- 283
uwchlaw 362
uwchrifau cyfeirio 33, 34, 161

w gytsain 60, 62, 63
we, y 159-60
wedi, ar ôl *gweler* ar ôl, wedi
wynebddalen 32, 53
wyth 88-9, 395

y/a 301-2, 347
y, 'r (y fannod) treigladau 372-3, 386
y, yr (y fannod) *gweler* bannod
y, yr (rhagenw perthynol) 298, 300-2, 347
y, yr, 'r (geiryn berfol) 321-3
y mae/y mae ... heb 405-6
y tu ôl i 365
ynghau, ar gau *gweler* ar gau, ynghau
ynghylch, yng nghylch 212

ymadroddion 16, 105, 215,
    216–19, 342
ymarfer ysgrifennu 11–12
ymddeol, ymddiswyddo 212
ymhen, ym mhen 212
ymhob, ym mhob 212–13
ymyl 49 *gweler hefyd* marjin
yn
    adferfol 340, 367
    collnodi/talfyrru 127–8, 367,
        376
    traethiadol 324, 348, 367, 376,
        388
    treiglo ar ôl 376, 388, 394
yn, mewn *gweler* mewn, yn
yn barod, eisoes
    gweler eisoes, yn barod
yn/ym 82–3, 394
ynteu/neu 350
yr, y (y fannod) *gweler* bannod
yr holl, yr oll 213
yr wyf/yr wyf heb 406
ysgrifennu, mynd ati i 11
yw, i'w *gweler* i'w, yw
yw, mae *gweler* mae, yw
yw/sydd 184

Nodiadau

Y Golygiadur

Nodiadau

Y Golygiadur

Nodiadau

Y Golygiadur

Nodiadau